新媒体系列丛书

总主编　周茂君

新媒体概论

INTRODUCTION TO NEW MEDIA

周茂君　编著

西南師範大學出版社
国家一级出版社　全国百佳图书出版单位

图书在版编目(CIP)数据

新媒体概论 / 周茂君编著. —2版.—重庆：西南师范大学出版社，2019.11

ISBN 978-7-5621-7939-9

Ⅰ.①新… Ⅱ.①周… Ⅲ.①传播媒介—概论 Ⅳ.①G206.2

中国版本图书馆CIP数据核字(2016)第102564号

内容简介

本书从总论、技术、传播、经营和管理五个方面，对新媒体进行了分析，既剖析了技术发展对传播参与者、传播内容、传播过程和传播效果的影响，又考察了新媒体——网络媒体、手机媒体、数字电视与户外新兴媒体的经营活动和企业的新媒体营销，还观照了新媒体政府规制及新媒体伦理和用户的媒介素养，是一本供新闻传播学各专业在校本科生、研究生使用的教材，亦可作为从事新媒体工作的专业人士使用的重要参考书。

新媒体概论

XINMEITI GAILUN

周茂君　编著

责任编辑：杜珍辉　唐　倩
装帧设计：尚品视觉 CASTALY 周　娟　刘　玲
排　　版：重庆大雅数码印刷有限公司·周敏
出版发行：西南师范大学出版社
　　地址：重庆市北碚区天生路2号　邮编：400715
　　网址：http://www.xscbs.com
　　市场营销部电话：023—68868624
印　　刷：重庆市国丰印务有限责任公司
幅面尺寸：185mm×260mm
印　　张：21.25
字　　数：520千字
版　　次：2019年11月第2版
印　　次：2019年11月第1次
书　　号：ISBN 978-7-5621-7939-9

定　　价：49.00元

序

媒介技术的发展将我们带到了一个众语喧哗、瞬息万变的新媒体时代。在这里，人们都在放声疾呼，也都被这个由媒介构建的全新世界所迷醉。然而，伴随着新媒体时代的到来，思想观念、生活方式乃至行为举措的急剧改变，也常常让人们有些不知所措和无所适从。新媒体到底是什么？新媒体时代到来又意味着什么？人们如何正确处理好与新媒体的关系？这些问题看似简单，却又真真切切地摆在人们面前，需要我们去面对，去解决。因此，理解新媒体在当下显得尤为重要。

人类社会发展的每一阶段都会有一些新型的媒体出现，它们都会给人们的社会生活带来巨大的改变。这种改变在今天这个新媒体时代表现得尤其明显：受众这一角色转变成了“网众”或“用户”，成了传播的主动参与者，而非此前的被动信息接受者；传播过程不再是单向的，而是双向互动的；传播模式的核心在于数字化和互动性。这一系列改变的背后是网络技术、数字技术和移动通信技术的发展，并由此衍生出多种新媒体形态——以网络媒体、互动性电视媒体、移动媒体为代表的新兴媒体和以楼宇电视、车载移动电视等为代表的户外新型媒体。

由周茂君教授主编的这套新媒体系列丛书，就是在移动互联、数字营销、大数据和社会化网络等热点问题层出不穷的背景下，沿着技术、传播、运营和管理的逻辑，对新媒体进行的梳理和把握。从技术层面上看，新媒体是用网络技术、数字技术和移动通信技术搭建起来，进行信息传递与接收的信息交流平台，包括固定终端与移动终端。它具备以新技术为载体、以互动性为核心、以平台化为特色、以人性化为导向等基本特征。从传播层面看，新媒体从四个方面改变着传统媒体固有的传播定位与流程，即传播参与者由过去的受众成了网众，传播内容由过去的组织生产成了用户生产，传播过程由过去的一对多传播成了病毒式扩散传播，传播效果由过去能预期目标成了无法预估的未知数。这种改变从某种程度上可以说是颠覆性的，传统的“5W”“魔弹论”和“受众”等经典理论已经成为明日黄花。从运营层面看，在新媒体技术构筑的运营平台之上，进行各类新媒体的经营活动，包括网络媒体经营、手机媒体经营、数字电视与户外新媒体经营和企业的新媒体营销。这就在很大程度上打破了报刊、广播和电视等传统媒体过分倚重广告的单一经营模式，实现了盈利模式的多元化。从管理层面看，新媒体管理主要从三个方面着手，即新媒体的政府规制、新媒体伦理和新媒体用户的媒介素养。这样，政府规制对新媒体形成一种外在规范，新媒体伦理从内在方面对从业者形成约束，而媒介素养则对新媒体用户提出要求。

这套新媒体系列丛书既有对新媒体的发展轨迹和运行规律的理论归纳，又有对新媒体运营实务的探讨，还有对大量鲜活新媒体案例的点评，真正做到了理论与实务结合、运行与案例相佐，展现出丛书作者良好的学术旨趣与功力。希望以这套丛书为起点，国内涌现出更多的作者和更多的研究著作，早日迎来新媒体教育与研究的新时代。

是为序。

罗以澄

前言

关于新媒体，从概念到特征，有很多说法，也有各种各样的表述。我们认为，新媒体是指采用网络技术、数字技术和移动通信技术进行信息传递与接收的信息交流平台，包括固定终端与移动终端。它具备以下基本特征——以新技术为载体，以互动性为核心，以平台化为特色，以人性化为导向。

以新技术为载体，是指新媒体的应用与运营以新技术为基础。网络技术、数字技术、移动通信技术的发明与普及，不仅为新媒体的诞生提供了技术支持，同时也为新媒体的运作提供了信息载体，使得信息能以超时空、多媒体、高保真的形式传播出去。可以说，新媒体的所有特征，都是建立在新技术提供的技术可能性的基础之上。

双向互动是新媒体的本质特征。传统媒体一个很大的弊端在于信息的单向流动，而新媒体的出现突破了这一局限。它从根本上改变了信息传播的模式，也从根本上改变了传播者与受传者之间的关系。传播参与者在一个相对平等的地位进行信息交流，媒体以往的告知功能变成如今的沟通功能。这种沟通不仅体现在媒体与用户之间，还体现在用户与用户之间。可以说，新媒体的这一特征，不仅对传统媒体，而且对整个社会都将产生深远的影响。

新媒体搭建起一个综合性信息平台，传统媒体与新媒体在这个平台之上逐渐走向融合。新媒体的出现并不会导致传统媒体的消亡，二者会相互补充、共同发展。而新媒体以其包容性的技术优势，接纳与汇聚了传统媒体的媒介属性。报刊、广播、电视等传统媒体只有在适应新媒体环境、与新媒体的新技术形式相互渗透之后，才能获得二次发展。如今数字化报纸、网络广播、手机电视等融合性媒体如雨后春笋般出现便是明证。而新媒体脱胎于旧的媒介形态的特征，为新旧媒体的相互融合提供了可能。

人性化是所有媒介的发展方向：口语媒介转瞬即逝、不易储存，于是有了文字媒介；文字媒介无法大规模复制，于是出现了印刷媒介；印刷媒介难以克服时空的障碍，电子媒介便应运而生。可以说，每一种新型媒介的出现，必然是对以前媒介功能的补充与完善。新技术是其出现的基础，而人性化导向意味着技术围绕人们的需求而展开。新媒体的出现，满足了人们渴望发声、渴望分享的需求；满足了人们渴望交流、渴望互动的需求；满足了人们渴望以一个更快更便捷的方式，获取与传播更多的个性化信息的需求。而在不远的将来，新媒体将带来真正的去中介化——人们在经历了部落社会的无中介、脱部落社会的中介化之后，正在迎来人与人之间交流的去中介化。届时，人们将欢欣鼓舞地迎接一个所有人都与其他人紧密相连的"地球村"时代。

编写这套新媒体系列丛书，我们希望达到如下目标：

1.在指导思想上，本套丛书的编写着眼于新世纪合格的新媒体应用型人才培养，适应人才培养逐步由知识型向能力型转变的需要。因此，它在编写组成员的构成、编写大纲的拟定、资料的取舍、内容的写作，乃至行文等方面都围绕着这个中心目标而展开。这是本套丛书编写的基本方针，也是编写的基础和前提。

2.本套新媒体丛书将"技术""传播""运营"和"管理"四个层面作为着力点，将网络技术、数字技术和移动通信技术发展带来的多种新媒体形态——以网络媒体、移动媒体、数字广播电视媒体为代表的新兴媒体和以楼宇电视、车载移动电视等为代表的户外新型媒体作为主要研究对象。丛书中的每本书在研究内容上既相互关联，又厘清彼此间的研究边界而不至于重复。

3.本套新媒体丛书瞄准高等学校网络传播或相关专业的专业主干课，因而丛书的编写内容，除了具备普通高等学校网络传播或相关专业在校本科生、研究生必须掌握的新媒体传播、营销实务的基本知识和技能外，还必须具备开阔的思路和国际化的视野，有利于完善学生的知识结构，有利于培养其适应新媒体发展需要的网络传播能力，有利于保证其毕业后能胜任新媒体经营与管理工作，即有利于使其成为合格的新媒体编辑和经营管理人才。

4.本套丛书既关注理论前沿问题，吸收和借鉴国内外新媒体研究的最新成果，又注重这些基本理论的实际应用。在具体编写过程中，本套丛书将基本理论、实际应用和案例点评相结合，展现出独具的特色：

其一，基本理论部分。对新媒体涉及的网络技术、数字技术和移动通信技术等，只作概括性的叙述，不进行全面性的描述，对其基本原理，力争深入浅出，易学易懂。

其二，实际应用部分。新媒体基本理论的实际应用是本套丛书的写作重点。无论技术层面，还是传播层面，抑或是营销层面，新媒体基本理论的实际应用都是重点，这个思路将贯穿于每本书的编写之中。

其三，案例点评部分。每本书的大部分章节都要求安排与本章内容相关联的案例点评，点评的篇幅可短可长，从数十字到数百字均可，用具体的案例点评，来回应前面的基本理论和实际应用。这样，就在很大程度上避免了同类新媒体图书编写中存在的问题——要么全是枯燥的理论表述，要么全是一个个的案例堆砌，缺少理论与案例的结合，也缺少精到的点评。

5.本套丛书在编写过程中尽力做到有思想、有创见、有全新体系，观点新颖，持论公允，丛书整体风格力求简洁、明了、畅达，并在此基础上使行文生动、活泼、风趣。

“理想很丰满，现实很骨感。”上述设想在编写过程中是否实现了，还有待学界和业界专家、学者，以及广大读者的检验，为此我们祈盼着！

本套丛书首批十本书的编著者，既有来自武汉大学新闻与传播学院的刘友芝女士、周丽玲女士、杨嫚女士、侯晓艳女士和洪杰文先生、何明贵先生、周茂君先生，又有来自重庆师范大学新媒体学院的李明海先生和来自重庆工商大学文学与新闻学院的马二伟先生，还有来自国家开放大学传媒学院的张玲女士。作者队伍虽很年轻，但绝大多数都拥有博士学位和在国外留学的经历，因此他们能够站在学术研究前沿，感受新媒体的新发展，研究新问题，并在书中奉献自己的独到见解，进而提升丛书的质量。

在本套丛书付梓之际，需要感谢和铭记的人很多。首先要感谢武汉大学新闻与传播学院的老院长罗以澄先生，他不仅为本套丛书的编写提出了许多建设性意见，还亲自为丛书写了序言，老一辈学者对年轻后辈的爱护与提携之情溢于言表。其次要感谢西南师范大学出版社的李远毅先生、杨景罡先生和李玲女士等，是你们的辛勤付出和宽大包容才使本套丛书得以顺利面世，感激之情无以言表。

周茂君

于武昌珞珈山

目录

第一章
新媒体概述

【知识目标】

☆新媒体的概念及基本特征。

☆新媒体的主要媒体形态。

【能力目标】

1.了解新媒体的概念及基本特征。

2.熟悉网络媒体、数字电视媒体、移动通信媒体和自媒体的媒体形态。

【案例导入】

案例背景:“伊利方舟工程”是由内蒙古伊利实业集团股份有限公司与中国西部人才开发基金会共同发起的一项以“儿童安全”为主题的安全教育公益项目。自2012年11月启动以来,该项目主要通过考察培训和回访调研的方式在全国进行一站一站的儿童安全深度培训。虽然这种项目开展方式颇具实效,但也亟须借力高速发展的新媒体,在公益传播的效率上有新的发展。有鉴于此,“伊利方舟工程”开始在2014年发力于新媒体传播,以实现儿童安全教育快速而广泛地传播与覆盖。

传播策略:内容渠道创新整合,线上线下联动。

内容创新:针对新媒体用户,“伊利方舟工程”将涉及面广、内容枯燥的儿童安全知识转换成符合儿童特性的科普漫画、幽默图文。比如将儿童安全知识聚焦在如今社会频发的交通安全、防震、防火、防拐、防踩踏等数十个方面,再将常规知识进行故事化演绎,形成更容易被受众接受的内容,吸引受众通过微博、微信朋友圈等展开分享,产生二次传播内容和效果。

2014年11月28日,“伊利方舟工程”结合线下安全课件大赛和专业老师的教学经验,对儿童安全知识进行了二次创作,设计了“安安”“全全”两个漫画人物,通过“安安”和“全全”一天的故事,演绎在各类场景下儿童所面临的安全隐患和应对方法。这组标题为“安安全全每一天”的儿童安全教育漫画图因其内容丰富、可读性强、易于孩子主动接受的特点在微信和微博上引起了广泛关注和转发。

粉丝效应:在“伊利方舟工程”儿童安全公益行动中,邀请著名音乐人、北京奥运主题曲《我和你》音乐团队核心成员常石磊作为“儿童安全大使”参与活动。在2014年5月贵州站行动中,常石磊现场教孩子学唱安全歌,教孩子学习儿童安全知识。这次活动被实时推送到微博、微信上,迅速引起粉丝团的响应。针对常石磊为“伊利方舟工程”谱写主题曲《世界等我出发》的事件,通过事件告知、主题曲上线、主题曲MV首映等方式,循序渐进地吸引粉丝团关注，并随着事件的引爆，大批量粉丝团在微博、微信、网络视频等渠道进行了大规模“刷屏”。

线下线上互动：2014 年 10 月 15 日至 11 月底，由伊利和永辉超市集团携手共建的“伊利方舟永辉号”在福建举行了一场联动 10 城的儿童安全主题教育活动。活动通过伊利官方微信和永辉超市官方微信做线上“送安全”行动，向所有关注微信的粉丝和会员赠送“伊利方舟永辉号”儿童安全课门票，同时在福建 10 个城市的近百家永辉超市门店，推出线下扫码分享活动，通过终端的微信互动、安全手册发放等形式向福建的家长和孩子普及儿童安全知识。

案例点评：“伊利方舟工程”作为目前国内最大的专注儿童安全的公益项目和国内唯一的中国儿童安全公益样本，是伊利公益活动中重要的一部分。借助“伊利方舟工程”，伊利成功树立了关注儿童健康成长的有责任、有担当的企业形象，传播了伊利“健康为民”的品牌理念。因此，此次“伊利方舟工程”借势新媒体实现快速有效传播也是伊利公关活动的一个有力的手段。再从营销传播的角度看，“伊利方舟工程”的新媒体传播效果明显。首先，“伊利方舟工程”通过内容的创新和定制，结合日常儿童安全场景，将儿童安全教育以知识科普、漫画故事等形式呈现，迅速吸引诸多媒体和受众人群关注，并在社会化媒体平台下，实现了最大化分享的效果。其次，“伊利方舟工程”借势明星和公众意见领袖等优质资源扩大公益行动影响力。最后，借助新媒体平台，“伊利方舟工程”实现了线上线下的互动，在优化了活动参与者体验的同时，也实现了与参与者更深入的交流，让“伊利方舟工程”和伊利的企业形象更加深入人心。

第一节　新媒体概念及其演进

伴随着网络技术、数字技术和移动通信技术的迅猛发展，以网络媒体、数字电视媒体和移动通信媒体为代表的新媒体，已经渗透到社会生活的方方面面，给社会带来了巨大的变化与深刻的影响。新媒体发展越迅速，它在人们日常生活中占据的地位就越重要，从工作方式到生活习惯，从思维方式到行为准则，甚至交友、购物和媒体接触，无不打上它的烙印。

一、新媒体概念

关于“新媒体”(New Media)概念最早由谁提出，一般有两种观点。一种观点认为，该概念由美国哥伦比亚广播公司(CBS)技术研究所所长 P.戈尔德马克(P.Goldmark)提出，他在 1967 年发表了一份“关于开发电子录像(Electronic Video Recording，EVR)商品的计划”，首次提出“新媒体”的概念，并将电子录像称为“新媒体”。1969 年，美国传播政策总统特别委员主席 E.罗斯托(E.Rostow)在向美国总统尼克松提交的报告书中，也多次使用“新媒体”概念。此后，“新媒体”一词便在美国和欧洲被广泛使用，并风行世界各地。另一种观点则认为，“新媒体”概念至少可追溯到 20 世纪 50 年代。1959 年，马歇尔・麦克卢汉在美国芝加哥参加全美高等教育学会举办的一次会议上，发表了“电子革命：新媒体的革命影响”的演讲，第一次提出“新媒体”的概念。①

（一）新媒体的定义

什么是新媒体，即如何定义新媒体？对此，国内学界与业界一直都各执一词，莫衷一是，有的从技术的层面定义新媒体，有的从传播的层面界定新媒体，有的从内涵方面揭示新媒体，有的从外延方面表述新媒体，等等。科学而准确的概念是进行科学研究的必要前提，只有在准确把握概念的基础上，思想才能澄澈，思维才能深刻。

新媒体是指采用网络技术、数字技术、移动通信技术进行信息传递与接收的信息交流平台，包括固定终端与移动终端。它具备以下基本特征：以新技术为载体，以互动性为核心，以平台化为特色，以人性化为导向。一般来说，新媒体有狭义与广义之分，“狭义新媒体仅指区别于传统媒体的新型传媒，主要包括被称为第四媒体的互联网（以电脑为终端的计算机信息网络）和第五媒体的移动网络（以手机等移动通信工具为终端，基于移动通信技术的移动互联网服务以及电信网络增值服务等传播媒介形式），这两种新媒体，又可被统称为网络媒体。广义的新媒体则包括大量的新兴媒体，指依托于互联网、移动通信、数字技术等新电子信息技术而兴起的媒介形式，既包括网络媒体，也包括传统媒体运用新技术以及和新媒体融合而产生或发展出来的新媒体形式，例如电子书、电子纸、数字报、IPTV 等。”②这里说得很清楚，狭义的新媒体是以互联网技术为内核，以电脑、手机等设备为终端，并通过与终端相适应或匹配的方式来进行传播，它以网络媒体为代表。而广义的新媒体则是基于网络技术、数字技术和移动通信技术，通过互联网、无线通信网、卫星等渠道，向电脑、手机、电视机以及各类数字化电子屏等终端传播信息的媒体形态，包括网络媒体、数字电视、IPTV、车载电视、楼宇电视和手机媒体等。本书所说的新媒体即指广义的新媒体。

以新技术为载体，是指新媒体的应用与运营以新技术为基础。网络技术、数字技术、移动通信技术的发明与普及，不仅为新媒体的诞生提供了技术支持，同时也为新媒体的运作提供了信息载体，使得信息能以超时空、多媒体、高保真的形式传播出去。可以说，新媒体的所有特征，都是建立在新技术提供的技术可能性的基础之上。

双向互动是新媒体的本质特征。传统媒体的一个很大的弊端，在于信息的单向流动。新媒体的出现突破了这一局限，它从根本上改变了信息传播的模式，也从根本上改变了传播者与受传者之间的关系。传播参与者在一个相对平等的地位进行信息交流，媒体以往的告知功能变成了如今的沟通功能。这种沟通不仅体现在媒体与用户之间，还体现在用户与用户之间。可以说，新媒体的这一特征，不仅对于传统媒体，而且对于整个社会都将产生深远的影响。

新媒体搭建起一个信息交流平台，传统媒体与新媒体在这个平台之上逐渐走向融合。新媒体的出现并不会导致传统媒体的消亡，二者会相互补充、共同发展。新媒体以其包容性的技术优势，接纳与汇聚了传统媒体的媒介属性。报刊、广播、电视等传统媒体只有在

---

①廖祥忠.何为新媒体？[J].现代传播，2008(5)：121—125.

②尹韵公，刘瑞生.新媒体发展的全球视野与中国特色——2009 年中国新媒体发展态势与前沿问题[J].中国报业，2010(8)：25—30.

适应新媒体环境，与新媒体的新技术形式相互渗透之后，才能获得二次发展，如今数字化报纸、网络广播、手机电视等融合性媒体如雨后春笋般出现便是明证。新媒体脱胎于旧的媒介形态的特征，为新旧媒体的相互融合提供了可能。

人性化是所有媒介的发展方向：口语媒介转瞬即逝、不易储存，于是有了文字媒介；文字媒介无法大规模复制，于是出现了印刷媒介；印刷媒介难以克服时空的障碍，电子媒介便应运而生。可以说，每一种新型媒介的出现，必然是对以前媒介的功能补充与完善。新技术是其出现的基础，而人性化导向意味着技术围绕人们的需求而展开。新媒体的出现，满足了人们渴望发声、渴望分享的需求；满足了人们渴望交流、渴望互动的需求；满足了人们渴望以一个更快速、更便捷的方式获取与传播更多的个性化信息的需求。而在不远的将来，新媒体将带来真正的去中介化——人们在经历了部落社会的无中介、脱部落社会的中介化之后，正在迎来人与人之间交流的去中介化。届时，人们将欢欣鼓舞地迎接一个所有人与其他人都紧密相连的“地球村”时代。

（二）围绕新媒体概念的争议

对新媒体概念的讨论，大致可分为技术、传播、实务与调和四个派别。其中技术派侧重于从技术的角度去定义新媒体，强调技术进步在新媒体发展过程中的作用；传播派着重强调新媒体的传播特征，以及它对于传统的传播模式的影响与改变；实务派多是从实际运用的角度分析，其新媒体概念浅显直白、通俗易懂；调和派则是调和上述三个类别之间的差异，融合它们各自的特点，以概括的手法笼统地提出一个尽可能全面的新媒体概念。

1.技术派的观点

持技术派观点的人认为，新媒体的内涵是在世界科学技术发生巨大进步的背景下，在社会信息传播领域出现的建立在数字技术基础上的能使传播信息大大扩展、传播速度大大加快、传播方式大大丰富、与传统媒体迥然相异的新型媒体，其外延包括数字广播电视、手机短信、互联网络等。① 这一派观点强调了科学技术在新媒体发展过程中的作用，指出了由于新技术的引入所带来的传播活动的整体变化。同时，它从外延与内涵两个角度去界定新媒体，避免了内涵定义的抽象与外延定义的宽泛。

它的缺点在于由于时代的局限性所带来的片面性，主要体现在：首先，当今新媒体已然运用了数字技术、网络技术和移动通信技术等多种技术手段，而不仅仅是它所提到的数字技术；其次，新媒体带来了传播活动方方面面的变革，特别是互动性与个性化，而不仅仅是传播信息、传播速度与传播方式方面的变化；最后，随着技术的进步与时代的发展，新媒体衍生出了许多新的形式，不只是它的外延定义中提到的那几类，而且数字广播电视、手机短信只能说是当时一种新出现的媒体，不是严格意义上的新媒体。

2.传播派的观点

传播派认为，要从数字化、碎片化、话语权共享、全民出版四个方面解读新媒体，新媒体意味着技术的进步、传播语境的改变、传统话语权的解构和内容生产方式的转变。② 这

---

①蒋宏.新媒体环境下看传统媒体的盲点及策略[J].新闻界，2006(4)：8—9.

②喻国明.解读新媒体的几个关键词[J].广告大观（媒介版），2006(5)：12—15.

一派观点指出了新媒体引发的传播领域的变化，上述四个方面对新媒体的解读，基本概括了新媒体的本质。同时，它也考虑到了传播技术和传播语境因素对于新媒体的影响，而二者的进步与改变正是新媒体产生与发展的主要驱动力。

但这不能算一个严格意义上的新媒体概念，只能算是对新媒体概念的描述与解读。尽管它比较全面地介绍了新媒体的主要特点，但没能以凝练的语言提出一个明确的新媒体定义。此外，它找到了新媒体同传播技术与传播语境的相关性，却没能发现它们之间的因果性，正是后者的变革而引发了前者的变迁。

3.实务派的观点

实务派以《连线》杂志为代表，将新媒体定义为由所有人向所有人进行的传播。① 这一观点很好地概括了新媒体的核心特征，简短而明确。在传统媒体时代，传播活动呈现出两极化趋势：一种是我们只能被动地接收媒体传递的信息，而无法将自身的意见及时反馈给媒体；另一种是由于话语权掌握在传统媒体手中，一般大众由于无法接触到稀缺的传播资源而很难将自己的声音与观点传播出去。新媒体的出现打破了传统媒体对传播资源的垄断，使得人人都有了麦克风，人们都可以利用手中的新媒体，对传统媒体以及其他所有人传播信息。反馈也变得及时而高效，避免了由于传播的迟滞带来的一系列问题。

但这派观点也存在一些问题。首先，这种观点缺乏定义的严谨性。媒体是人们进行信息传播活动的工具、载体、中介或技术手段，是一种实体的存在。而《连线》的观点将新媒体视为一种"传播"，最终将由于定义的随意性而沦为空泛之谈。其次，缺乏定义的全面性。对一个事物进行概念定义，应在准确把握事物实质的基础上对其主要特征进行全面概括。双向互动、自主传播是新媒体的核心特征，但不是全部特征，在定义新媒体时还要将它的技术特征、平台特征考虑在内。

4.调和派的观点

持调和派观点的学者认为，新媒体是一个相对的概念，新相对于旧而言；新媒体是一个时间的概念，在一定的时间段内有代表这个时间段的新媒体形态；新媒体是一个发展的概念，它永远不会终结在某个固定的媒体形态上。② 这个定义几乎将人类历史上出现过的媒介都囊括在内，上文提到的界定新媒体概念发展阶段的三种媒体也都与这个定义相吻合。它从时间维度去界定新媒体，解释新媒体，赋予新媒体概念与时俱进的特点。

凡事都有两面性，这种单维的概念界定也存在缺陷。首先，它从宏观的层面去把握新媒体的概念，指出了新媒体概念随着时间的推移而不断演进的特征，但未能指出新媒体的本质特征。其次，它概括了所有已经出现和将要出现的新媒体，但面面俱到并不是面面俱全，广度的代价是深度与精度的缺失。最后，定义需要逻辑的严谨性，是一种"什么是什么"的表述，后者必须能够高度概括前者的特征。而采用这种宽泛的概念来定义新媒体，可能造成新媒体概念的浅表化。

①胡昱晖.新媒体的泡沫经济？[J].广告人，2007(12)：145.

②熊澄宇.新媒体与移动通讯[J].广告大观（媒介版），2006(5)：31—33.

二、新媒体概念的演进

早在20世纪50年代，加拿大传播学大师马歇尔·麦克卢汉(Marshall McLuhan)就曾发表过题为"电子革命：新媒体的革命影响"的演讲，不过他所说的"新媒体"是以时间维度为衡量标准，主要指的是他所处时代的"新媒体"，例如电报、照片和广播。而在国内，最早提出新媒体概念的时间可以追溯至1986年。目前可以查到的最早的一篇关于新媒体的文章是由方晓虹翻译，并发表在《外语电化教学》上的日本学者冈村二朗的《视听教育在新媒体时代的地位》。在冈村二郎的这篇文章中，广播、有线电视、录像和小型计算机被看作新媒体。新媒体概念的演进，经历了以互联网为代表的网络媒体、以博客为代表的自媒体、以手机为代表的移动新媒体三个阶段。

(一)互联网：从资源有限到资源无限

互联网的出现，突破了传统的报刊、广播与电视媒体在媒介资源上的局限性，使得海量的信息资源突破时空的限制传递到受众面前。同时，互联网信息内容的多媒体属性，使得信息的形式更为丰富，受众更易于接受。而且，由于调动了受众的多种感官，因而较之报刊、广播、电视等传统媒体，受众的参与性更强。

联合国教科文组织提出过一个简洁的新媒体定义："新媒体就是网络媒体。"后来在1998年联合国新闻委员会年会上，联合国秘书长安南提出了"第四媒体"概念，他呼吁在加强传统的文字和声像传播手段的同时，应利用最先进的第四媒体——因特网，以加强新闻传播工作。[①] 我们将这种定义视为新媒体概念沿革第一阶段。在此之前提出的新媒体概念，是新旧之"新"，是一种修辞学上的表述，因而不能被看成一种严谨的概念。例如麦克卢汉提出的新媒体概念，有人认为卡拉OK、电脑光盘杂志、电子传单、挂历等都是新媒体。

(二)博客：从组织生产到用户生产

从1998年的德拉吉报道(Drudge Report)率先挖掘克林顿与莱温斯基的性丑闻开始，博客开始崭露头角，到2003年的伊拉克战争时则充分显示了自身的自媒体特性。博客滥觞于1993年，到1999年定名为BLOG，典型的代表是Slashdot和德拉吉报道。它打破了大众传媒对于媒介内容的垄断，使得用户可以自行生成内容，而不再完全依赖媒介组织生产的内容。同时，大众化的信息传播被个性化的信息传播取代，用户在使用这一媒体的过程中获得了更多的自主性与能动性。此外，博客使得用户可以方便地与传统媒体以及其他用户进行互动，传统的单向传播模式被打破。可以说，正是博客的出现，实现了由Web 1.0向Web 2.0的转变，使传统的"人机对话"模式向"人人对话"模式的转变。

熊澄宇和廖毅文在2003年提出，所谓新传媒，或称数字媒体、网络媒体，是建立在计算机信息处理技术和互联网基础之上，发挥传播功能的媒介总和。它除具有报纸、电视、电台等传统媒体的功能外，还具有交互、即时、延展和融合的新特征。[②] 他们在这里提到的新媒体指的便是博客。从这个定义开始，新媒体概念沿革迎来以博客为代表的第二个阶

①廖祥忠.何为新媒体？[J].现代传播，2008(5)：121—125.

②熊澄宇，廖毅文.新媒体——伊拉克战争中的达摩克利斯之剑[J].中国记者，2003(5)：52—53.

段。这一阶段的新媒体概念开始强调新媒体的自主性、互动性与个性化特征。网络媒体只是将传统媒体的内容照搬到了互联网上，而以博客为代表的新媒体真正实现了媒体形式的变革。

（三）手机：从时空固定到无处不在、无时不有

在手机媒体出现以前，用户只能在固定的时间与地点接入互联网，进行信息的传递与接收，传播活动被限制在了固定的PC终端。手机媒体将人们从这一桎梏中解放出来，它使得传播活动的参与者不再局限于狭小的时间、空间范围，传播活动变得无处不在、无时不有。同时，作为信息的接收与发布平台，手机整合了报刊、广播、电视、互联网等媒体的传播特点与传播属性，通过多种媒体表现手段传播信息，是真正意义上的全媒体。此外，手机媒体具有其他所有媒体望尘莫及的便捷性与交互性，随身携带与使用便利的特点，使得媒体用户可以“永远在线，随时互联”。

早在2003年，熊澄宇便指出新媒体不仅是互联网，手机已开始从个人通信工具向媒体终端的过渡。① 冯光华和后天也提出过类似的观点。②③ 但在那个时代背景下他们所说的手机新媒体，主要是指手机短信，而手机短信虽然改变了传统的信息接收方式，但由于媒体表现形式过于单一（文本和图片）而不能被看作严格意义上的新媒体。相较而言，廖祥忠的观点更准确，他指出“新媒体”是“以数字媒体为核心的新媒体”——通过数字化交互性的固定或移动的多媒体终端向用户提供信息和服务的传播形态。④ 至此，新媒体的概念沿革进入第三个阶段——以手机为代表的移动新媒体。

长期以来，人们对于新媒体的概念缺乏一个统一的认识，可能的原因是技术的进步带来了媒介形态的不断变化，进而带来媒介概念的变迁。同时，新媒体研究是一个新兴领域，以往在传统媒体基础上发展起来的传播理论与媒介理论不再完全适用，需要根据媒介形态的变化做出相应的调整。但是，我们必须认识到技术因素在新媒体概念变迁中的作用。随着网络技术、数字技术、移动通信技术的发展，尼古拉斯·尼葛洛庞帝提出的“个人报纸”与“互动的新媒体”等概念已然成为现实。而媒介技术的发展并不会就此停滞，它将继续向前，将我们的社会推向远方。新媒体确实是一个时间的概念，它存在于过去，也存在于现在和未来。未来的新媒体会呈现出一幅怎样的景象？莱文森在其“媒介进化理论”中给我们提供了某些指示：媒介将朝着更加人性化、更加完善化的方向发展。新媒体仍在发展，朝着更高的阶段进化。

---

①杨谷.新媒体不只是互联网[N].光明日报，2003-08-06.

②冯光华.初露端倪的新媒体——手机[J].新闻记者，2003(7)：13—14.

③后天.新时代 新媒体 新手机 手机媒体渐成新兴势力[J].数字通信，2004(19)：100—101，103.

④廖祥忠.何为新媒体？[J].现代传播，2008(5)：121—125.

第二节　新媒体的基本特征

关于新媒体的基本特征，有海量信息、超时空、全球化、分众化、个性化、多媒体性、交互性、即时性、综合性、开放性、平台性、低成本、检索便捷、虚拟性、延展性和融合性等各种各样的说法，它们都从不同的侧面揭示了新媒体的特性。与报刊、广播和电视等传统媒体相比，新媒体的基本特征主要表现为海量性、交互性、即时性和多媒体性。

一、海量性

在传统媒体时代，报刊的版面无论有多少、广播和电视的时长无论有多长，它们的信息贮存与容量都是有限的。到了新媒体时代，这种状况才得到根本性的改变。新媒体借助网络传播技术、数字技术和移动通信技术，通过国际互联网向全球用户提供海量信息。这种"海量信息"不仅数量众多、内容丰富，甚至包罗万象、无所不有，而且它们不受时间、数量和传播途径的限制，可以随时随地在互联网上进行传播与流动，这在之前的任何一种传统媒体上都无法实现。这些海量信息，既来自对人类既有知识的积淀与总结，又来自全球新媒体用户在互联网上的创造；这些新媒体用户借助各种固定终端和移动终端，通过互联网实现对这些海量信息的共享，并由此带来其工作、生活的一切领域发生改变。对此，中央电视台制作、播出的大型电视纪录片《互联网时代》有这样的表述："一家微博网站一天内发布的信息，就超越了《纽约时报》辛勤工作的 60 年；全球最大的视频网站，一天上传的影像，可以连续播放 98 年；如今两天积累的信息总和，就相当于人类历史留下的全部记忆。伴随着海量信息几乎无成本的全球流淌，伴随着人与人、人与物、物与物之间囊括一切的连接，人们有理由预见，财富、生活、交往、创造、观念，立体的又一轮激烈变革，就在眼前。"

二、交互性

交互性，是新媒体区别于传统媒体的最重要，也最本质的特征。在传统媒体时代，媒体机构与受众之间的关系是不平等的，即媒体机构负责传播，受众被动接受；前者主动，后者被动；传播模式为从传者到受众的单向传播。这种状况在新媒体时代得到彻底改变：受众（姑且称为"受众"，实际上在新媒体时代是没有严格意义上的"受众"）由单一的受众身份变而为多元的参众、网众和用户身份；受众角色由被动变而为主动；传播模式由"从传者到受众"的单向传播变而为"传者与受众"双向互动传播。具体地说，其一，受众的身份与角色彻底改变，从被动身份到主动角色。传统媒体时代的受众，在传播过程中处于弱势地位，其身份是被动的接受者，面对媒体机构的强势作为，往往敢怒而不敢言。新媒体使受众的身份发生改变——由受众到参众、网众和用户，无论是参众、网众，还是用户，都强调的是受众的主动介入、积极参与；受众身份的改变使其在新媒体使用过程中扮演角色随之发生改变——由单一的被动接受者到多元的主动参与者，或者将二者融为一体，既是信息的接受者，又是信息的传播者。其二，彻底改变了传者与受众之间的不平等地位。过去的时代，媒体机构作为传播者，由其传播主导地位决定，对传播哪些内容，选择何种传播方式，一般是不顾及或者完全忽视受众的需要与感受的，往往居高临下，进行信息的编辑与传播；受众由于接收信息的渠道有限和自身的弱势地位，不得不选择沉默或者被动接受。而在新媒体时代，参众、网众和用户的地位空前提升，他们不再是被动接受者和沉默一族，而是选择积极参与、主动介入，对传播机构的强势做派选择"用脚"投票的方式加以否决，于是在与后者的博弈中彻底改变了之前的不平等地位。其三，彻底改变了"由传者到受众"的单向传播模式，变而为"传者与受众之间双向互动式"的传播模式。在新媒体传播过程中，传者与受者之间的角色常常发生变化：在一次传播活动中，受者 A 可能是被动的接受者，是受者身份，但当他将这则信息转发出去，他就变成主动传播者 A，具有了传者身份；在这种不断地接收再转发、转发再接收的过程中，传者、受者的身份也不断地随之发生改变。因此，可以说交互性是新媒体最本质的特征。

三、即时性

传统的报刊、广播、电视在新闻报道上是讲求时效性的，但是受技术和生产流程的制约与影响，新闻从采编到刊播出来之间总会有一个时间过程。报纸媒体今天采写的新闻，最快也要明天才能见报，期刊媒体的时间周期更长；广播、电视媒体今天上午采编的新闻，至少要到今天中午或者下午才能播出（当然，现场直播除外）。新媒体不仅追求实效性，更把这种实效性推向极致——讲求传播的即时性。一方面，网络技术、数字技术、移动通信技术为人们应用 QQ、MSN、博客、播客、微博、微信等新媒体形式消除了技术障碍，使人们可以借助这些新媒体形态进行即时传播、即时交流，诸如在线交流思想的点滴体会、行动的些微收获和片刻的心理变化等；另一方面，人们在现实生活中目击的新闻事件、拍摄的新闻图片、采写的现场短新闻等，则可以通过微博、微信等上传网络，成为新媒体的即时报道，并不断丰富新媒体的报道内容。因此，新媒体具有即时性的特征。正如陈力丹所说，新媒体对传播实效的不断追求，也使得人们的交往模式向即时在线转变。微博的简洁、手机的及时和便携，加上无线上网技术的成熟，使得人们可以随时随地进入网络获取信息并发布信息。但也正是因为网络的全方位覆盖，使得社会交往的速度越来越快，很多时候都要求人们及时甚至即时做出回应。新媒体所带来的这种全天候信息传播方式，使得人们的零碎时间被最大限度地整合，新媒体不断渗入个人生活的方方面面，最大限度地侵袭着人们的时间，使社会交往时刻处于即时在线的紧迫感中。①

四、多媒体性

报刊、广播、电视等传统媒体的表达形态比较单一：报刊是平面媒体，其表达形态以文字、图像为主；广播是声音媒体，其表达形态以声音为主；电视是声画媒体，其表达形态以声音、画面为主。新媒体运用数字技术，在媒体表达形态上突破传统的报刊、广播、电视的种种限制，将文字、图像、音频、视频和动画等多种媒体形态整合在一起传递信息，实现信息的多媒体传播或全媒体传播。当然，新媒体要实现多媒体传播，离不开超文本计算机技

---

①陈力丹，曹文星.山中一夜雨 树杪百重泉——新媒体十年发展述评[J].编辑之友，2012(1)：64—68.

术。多媒体超文本是一种按信息之间关系非线性地存储、组织、管理和浏览信息的计算机技术。王长潇在《新媒体论纲》一书中说："它(多媒体超文本)是指通过超链接，在各种信息之间建立联系，对超链接图标做微小的一次键击，受众就可以通过几乎无处不在的横向链接(树形分枝检索)或纵向链接(导航)离开一个新闻网站而进入另外一个新闻网站。多媒体超文本链接改变了传统媒体的信息传播方式，使新闻网站的信息结构呈现非线性的特征，这种非线性可以使网络新闻在时间上无限延续，在空间上无限拓展，在保留旧有信息的前提下随时随地增添新的内容，进而实现以视频、音频、文字、动画、游戏、论坛的形式多角度地向人们传播新闻事件。"①换言之，新媒体借助数字技术和超文本的非线性信息组织方式，实现传统的报刊、广播、电视等多种媒体形式的互相融合，使新呈现的媒体形态，既可以是"可看"的文字、图像，又可以是"可听"的音频，还可以是"可观"的视频、动画。

第三节　新媒体表现形态

新媒体在不同的历史发展时期，其表现形态是不相同的。Web 1.0 时代由网站雇员主导生成内容，网络用户主要通过浏览器在搜索引擎、门户网站上获取信息，是信息的消费者。Web 2.0 时代由网络用户主导而生成内容，他们由信息接受者变而为信息制造者和传播者，主要通过社交网络服务(SNS)、博客(BLOG)、简易信息聚合(RSS)、对等网络(P2P)、即时通信(IM)等进行信息的生产与传播，更强调建立以兴趣为聚合点的社群，并进行信息聚合，在开放的平台上与其他用户分享信息。"如果说 Web 1.0 是下载、浏览、搜寻，那么 Web 2.0 就是上传、分享与创建交互。"②3G、4G 和移动互联网时代(Mobile Internet，MI)将移动通信和互联网结合在一起，它采用移动通信技术，通过智能移动终端，向人们提供信息和服务，进而搭建起便捷的社会交往平台和媒体融合平台，甚至人们生活和工作的平台。按照新媒体运用技术不同，新媒体可分为网络媒体形态、数字媒体形态、移动通信媒体形态，同时，自媒体形态是新媒体区别于传统媒体的重要媒体形态，因而作为新媒体形态单独列出。

一、网络媒体形态

网络，即互联网，其全称是国际互联网(Internet)。网络媒体是继报刊、广播和电视之后最早出现的新媒体形态，因而被称为"第四媒体"。关于网络媒体的定义有很多，雷跃捷等的定义最简洁明了：网络媒体是借助国际互联网这个信息传播平台，以电脑、电视机以及移动电话等为终端，以文字、声音、图像等形式来传播新闻信息的一种数字化、多媒体的传播媒介。③ 网络媒体形态包括搜索引擎、门户网站、垂直网站、新闻网站、视频网站、社交网站等。

①王长潇.新媒体论纲[M].广州：中山大学出版社，2009.
②杨继红.新媒体生存[M].北京：清华大学出版社，2008.
③雷跃捷，金梦玉，吴风.互联网媒体的概念、传播特性、现状及其发展前景[J].现代传播，2001(1)：97—101.

（一）搜索引擎

搜索引擎（Search Engine），是在互联网上专门为用户提供信息检索服务的网络系统。它是按照一定的计算机程序在网络上搜寻信息，并依据特定的规则对这些信息进行加工处理，然后向用户提供信息搜寻与检索服务。世界上最早的搜索引擎出现在加拿大，该国麦吉尔大学的三位大学生 Alan Emtage、Peter Deutsch、Bill Wheelan 在 1990 年发明了 Archie 程序。“Archie 是一个可搜索的 FTP 文件名列表，用户必须输入精确的文件名，然后 Archie 会告诉用户哪一个 FTP 地址可以下载该文件。该程序是世界上第一个自动搜索互联网上匿名 FTP 网站文件的程序，其工作原理与现在的搜索引擎很接近。”[①] Archie 由于是第一个搜索引擎系统，因而被称为现代搜索引擎鼻祖。目前国内外著名的搜索引擎有谷歌（Google）、百度（Baidu）、搜狗（Sogou）、360 搜索、雅虎搜索（Yahoo!）等。搜索引擎的类型主要有目录式搜索引擎、全文搜索引擎、元搜索引擎、垂直搜索引擎等。

1.目录式搜索引擎

它的工作原理是依据人工目录，按类搜索信息。搜索引擎首先提供一份由人工按照类别编排的网站目录列表，再在网站目录下细分出具体内容的子目录，子目录资料库保存着各网站的站名、网址和内容提要等，网络用户则按照这类子目录搜索相关的信息，雅虎、搜狐即属此类。

2.全文搜索引擎

与目录式搜索引擎不同，全文搜索引擎是全文扫描，建立索引，并按照索引查找。即借助计算机索引程序，对文章中的每个词进行扫描，确定其出现的次数与位置，并建立相应的索引；当用户搜索该文时，该检索程序就会依据先前建立的索引进行搜索，并将搜索结果反馈给用户。百度、谷歌即全文搜索引擎的代表。

3.元搜索引擎

它的工作原理是一个用户界面，多个搜索引擎。即将用户的查找请求发送到多个搜索引擎之上进行信息检索，再用同一界面将搜索结果提供给用户。元搜索引擎没有自己的独立数据库，而是调用多个搜索引擎的搜索结果，以统一的格式在同一界面上集中显示。元搜索引擎由于处于多个搜索引擎之上，借助分布于网络的多种检索工具进行全局控制，所以又被称为“搜索引擎的搜索引擎”。国内著名的元搜索引擎有搜魅网（Someta）、BaiGoogledu 等。

4.垂直搜索引擎

它是针对某一特定行业的专业搜索引擎，是全文搜索引擎的细分和延伸，具有“专、精、深”的特点。它的工作原理是用网络蜘蛛在互联网上不断搜集页面，再“按照对象不同，对搜集到的网页所包含的信息进行区分，然后分门别类地将内容信息集成到对象信息库中。在网络抓取、对象分类和内容集成之后，垂直搜索引擎就可以利用这些结构化的对象信息为用户的特定需求提供全面、专业、有深度的服务”。[②]

---

①②王长潇.新媒体论纲[M].广州：中山大学出版社，2009.

（二）门户网站

门户（Portal），原意为入口、正门，现在多指互联网上的门户网站和企业应用系统的门户系统。门户网站（Portal Web，Directindustry Web），由英文的“Portal Site”翻译而来，属于 ICP（Internet Conetnt Provider，互联网内容提供者）的一种，指的是将互联网上浩繁多样的信息按照一定的规则进行整理、分类以后提供给搜索引擎，以便用户能够快速找到所需信息的网站。门户网站最初提供的是搜索服务和目录服务，随着互联网的发展和竞争的加剧，门户网站也迅速地拓展各种新的业务类型以吸引和留住互联网用户，从新闻信息、娱乐资讯到搜索引擎、电子邮箱、增值服务，门户网站的业务包罗万象、应有尽有，因而有“网络超市”、网络世界的“百货商场”之称。根据门户网站主要服务对象的地域特征，可以分为综合门户网站和地方门户网站。综合门户网站面向的是全国乃至全球范围内的互联网用户，以提供综合型的新闻信息、娱乐资讯为主，也提供搜索引擎、网络邮箱、在线游戏、移动增值等其他产品，拥有庞大的用户群体和较高的流量来源，影响力比较广泛。目前，综合门户网站明显存在着盈利模式比较单一、同质化竞争严重等问题。随着互联网个性化风潮的来临，综合门户网站还需要进一步在分析用户需求的基础上，不断创新产品和服务，打造个性化、独特性的品牌风格，才能建立利润屏障，获得行业竞争优势。地方门户网站指的是通向地方综合性互联网信息资源并提供信息服务的地方综合网站系统。它最基本的特征是有着强烈的地方属性，以服务于当地互联网用户为宗旨，主要为当地用户提供地方的新闻资讯、房产信息、招聘求职、商场促销、旅游招商、文化历史等特色信息。这些信息一般都是跟当地用户的生活息息相关的，具有针对性、实用性和互动性。该类网站既包括综合门户网站与各地媒体合作成立的地方门户网站，诸如大楚网、大湘网、大粤网等，也有红网、芜湖民生网、武汉门户网等本土原生型网站。

国内外比较著名的综合型门户网站有雅虎、AOL、MSN、腾讯、新浪、网易和搜狐。

1.雅虎

雅虎（Yahoo）是美国著名的互联网门户网站，也是一家全球性的因特网通信、商贸及媒体公司，由美籍华人杨致远（Jerry Yang）和大卫・费罗（David Filo）于 1994 年 4 月在美国创立。Yahoo 的名称来源于乔纳森・斯威夫特（Jonathan Swift）的小说《格列佛游记》。在小说里，Yahoo 指一种粗俗、低级的人形动物，它具有人的种种恶习，无论外表，还是其行为举止都非常令人讨厌。杨致远和大卫・费罗“反其意而用之”，于是就有了“Yahoo!”。1995 年 4 月 12 日，雅虎公司正式在华尔街上市，其服务包括搜索引擎、电子邮箱、新闻等，业务遍及全球 24 个国家和地区，是全世界网络流量最大的网站，也是最早的门户网站，为超过 5 亿的用户提供多元化的网络服务。后来的大部分门户网站都是参照它的模式建立和经营。

2.腾讯

腾讯（Tencent）公司的全称为“腾讯控股有限公司”，是马化腾与大学同学张志东于 1998 年 11 月在广东省深圳市注册成立的，其主要任务是拓展无线网络寻呼业务，为寻呼台建立网上寻呼系统。腾讯公司以即时通信工具 QQ 为其产品核心，附带游戏平台 QQ 游戏、门户网站腾讯网、交易平台拍拍网等产品。其主要产品腾讯 QQ 在中国年轻人中有较大影响。其门户网站腾讯网为中国四大门户网站之一。腾讯公司一直秉承"一切以用户价值为依归"的经营理念，始终处于稳健、高速发展之中。2004 年 6 月 16 日，腾讯公司在香港联交所主板公开上市。公司成立十多年来，腾讯已发展成为中国服务用户最多的互联网企业，也是中国最大的互联网综合服务提供商。2013 年，腾讯品牌价值超越 Facebook（第 31 名），在"BrandZ 全球最具价值品牌百强榜"排名第21 名。2014 年 6 月 12 日，腾讯宣布与加多宝成为战略合作伙伴；6 月 27 日，腾讯入股58 同城，获得 19.9%的股份。到 2014 年 11 月，它已成为中国进入全球互联网公司十强的四家企业之一，其余三家互联网企业是阿里巴巴、百度和京东。①

3.新浪

新浪（Sina）公司是一家服务于中国及全球华人社群的网络媒体公司，是中国四大门户网站之一，由四通利方公司和华渊资讯网于 1998 年 11 月 30 日合并而成。Sina 一词源于拉丁文 Sino。在拉丁语系中，Sino 是"中国"的意思，而在古印度语中，Cina 也是中国之意。这样，Sino 与英文 China 合拼，即 Sina，意为"中国"。Sina 的中文名称"新浪"是由其首任总裁王志东所起，这个域名很好地表达了新浪网希望成为中华区最大门户网站的决心。新浪的公司口号是"一切由你开始"。它通过门户网站新浪网、移动门户手机新浪网和社交网络服务及微博客服务新浪微博组成的数字媒体网络，帮助广大用户通过互联网和移动设备获得专业媒体和用户自生成的多媒体内容（UGC）并与友人进行兴趣分享。2000 年 4 月，新浪在纳斯达克股票市场正式挂牌交易。2012 年 11 月，新浪微博注册用户突破 4 亿。2013 年 4 月 28 日，新浪微博迎来最大战略投资者阿里巴巴，双方签署战略合作协议，阿里巴巴将斥资 5.86 亿美元购入新浪微博发行的优先股和普通股，占微博公司全稀释摊薄后总股份的约 18%。2014 年 3 月，新浪微博正式更名为微博。2014 年 4 月微博在纳斯达克证券交易所上市。

4.网易

网易（NteEase）公司的全称是"广州网易计算机系统有限公司"，是中国四大门户网站之一。由丁磊于 1997 年 6 月，在广东省广州市创立，正式推出全中文搜索引擎服务。2000 年 6 月，网易公司在纳斯达克证券交易所上市。网易是中国领先的互联网技术公司，利用最先进的互联网技术，加强人与人之间信息的交流和共享，实现"网聚人的力量"的公司口号和目标。在开发互联网应用、服务及其他技术方面，网易始终保持业界的领先地位，并在中国互联网行业内率先推出了包括中文全文检索、全中文大容量免费邮件系统、无限容量免费网络相册、免费电子贺卡站、网上虚拟社区、网上拍卖平台、24 小时客户服务中心在内的业内领先产品或服务，还通过自主研发推出了一款率先取得白金地位的国产网络游戏。网易公司推出了门户网站、在线游戏、电子邮箱、在线教育、电子商务、在线音乐、网易 bobo 等多种服务。②

①马凯：中国互联网公司有全球"三最"[EB/OL].http://news.163.com/14/1123/21/ABP2C7PG0001124J.html#f=dupdate.

②网易：网易概况[EB/OL].http://gb.corp.163.com/gb/about/overview.html.

5.搜狐

搜狐(Sohu)公司是中国四大门户网站之一,是中国领先的新媒体、通信及移动增值服务公司,是中文世界最强劲的互联网品牌,由留美博士张朝阳创办。1996 年 8 月,从美国麻省理工学院毕业回到中国的张朝阳博士,利用风险投资创建了“爱特信信息技术有限公司”。1998 年 2 月,爱特信正式推出搜狐网,中国首家大型分类查询搜索引擎横空出世,“出门靠地图,上网找搜狐”成为当年的时尚流行语。2000 年 7 月,搜狐在纳斯达克证券交易所上市。目前搜狐已发展成为富有影响力与公信力的新闻中心、联动娱乐市场,跨界经营的娱乐中心、深受体育迷欢迎的体育中心、引领潮流的时尚文化中心。同时,搜狐以雄厚的实力,着重突出四大专业频道——汽车、房产、财经和 IT,全方位多维度打造实力媒体平台。

(三)垂直网站

垂直网站(Vertical Website),也被称为专业化网站,是指针对某一特定领域、群体或某些特殊需求而提供与之相关的深度信息和服务的网站。与大而全的综合性网站不同的是,垂直网站的定位非常清晰,它力求提供某个领域内最全面、丰富的信息和最专业的服务,针对性强、专业化程度高和服务的深度性是其最显著的特点。

目前国内的垂直网站用户覆盖数比较多的主要有博客类(如新浪博客、博客中国、网易博客等)、在线视频类网站(如优酷网、土豆网、爱奇艺、腾讯视频等)、行业新闻类网站(如虎嗅网、36 氪等互联网新闻网站;虎扑之类的体育新闻网站)、分类网站(如 58 同城、赶集网)、房产网站(如搜房网)、汽车网站(如易车网)等。随着中国网民成熟度的提升,分众化趋势开始日益明朗,网民对垂直信息和服务的需求呈现出比较乐观的发展趋势。因此,对垂直网站而言,探索适合自身的盈利模式和经营策略便更显得十分重要。

(四)新闻网站

新闻网站是根据国务院新闻办公室、信息产业部在 2000 年 11 月联合颁布的《互联网站从事登载新闻业务管理暂行规定》第五条,在中央新闻单位、中央国家机关各部门新闻单位以及省、自治区、直辖市和省、自治区人民政府所在地的市直属新闻单位依法建立的、以登载新闻业务为主要生存手段的互联网站。① 我国新闻网站按照三级布局:中央级的国家重点新闻网站、省级的地方新闻网站和依托传统媒体建设的大型新闻网站。按照有关规定,国家大型新闻门户,如新华网、人民网、中国网等政府网站的后缀为“.gov”;中国网站的后缀为“.cn”;商业门户,如网易、新浪等商业网站的后缀为“.com”。此外,还有长江网、大江网、大洋网等地方新闻门户网站和中国化工网等各种行业门户网站。

(五)视频网站

视频网站是以视频作为技术平台和经营平台的网络媒体,它让互联网用户在线发布、

①《互联网站从事登载新闻业务管理暂行规定》第五条:中央新闻单位、中央国家机关各部门新闻单位以及省、自治区、直辖市和省、自治区人民政府所在地的市直属新闻单位依法建立的互联网站(以下简称新闻网站),经批准可以从事登载新闻业务。其他新闻单位不单独建立新闻网站,经批准可以在中央新闻单位或者省、自治区、直辖市直属新闻单位建立的新闻网站建立新闻网页从事登载新闻业务。

浏览和分享视频作品。在我国，要开办和经营视频网站，必须取得国家新闻出版广电总局颁发的《信息网络传播视听节目许可证》，即获得互联网视频牌照。知名的视频网站有：以"快者为王"为产品理念、已发展成为中国网络视频行业的第一品牌的优酷网；2005 年 4 月开始运营、在中国领先的视频分享网站——土豆网；[①]国内最早购买影视剧版权的视频网站的乐视网；坚持"悦享品质"公司理念、以"用户体验"为生命的爱奇艺；中国最具行业领导地位的视频网站之一、开创差异化视频营销模式的酷 6 网；定位于中国最大在线视频媒体平台的腾讯视频；从搜狐宽频（2004 年）到搜狐播客（2006 年）再到"高清影视剧"频道（2009 年）的搜狐视频；支持对海量高清影视内容的"直播＋点播"功能的 PPTV；全球第一家集 P2P 直播、点播于一身的 PPS（全称 PPStream）；世界上最大视频分享网站的 YouTube；2011 年 2 月百度最新推出的一款全新体验的播放器产品——百度影音。近年来，无论是 P2P 直播网站、BT 下载网站，还是视频播放网站，抑或是视频点播网站，都将自己争夺的重点放在影视点播上，这种现象值得关注。在盈利模式上，有些视频网站通过让广告商给频道冠名收取费用，另一些以向注册用户提供没有广告的服务借以收取费用，还有一些找到了合作伙伴共同进军电子商务和网络游戏市场。所以，盈利模式不清晰导致我国网络视频市场尽管发展很快，但很少有企业实现盈利。

（六）社交网站

在互联网领域，英文缩写 SNS 有三层含义。其一是指 Social Network Service，这个含义的范畴最广，指的是帮助人们建立社交网络的互联网应用服务；其二是 Social Network Software，指采用 P2P 技术构建社会网络的软件；其三是 Social Network Site，是用来建立社会关系的网站，即社交网站。[②] 虽然三者侧重点有所不同，但这三个词界定的事情都是将人的社会化及社会关系的建立与维系当作核心。

虽然对于 SNS 而言最普遍的定义是 Social Network Service，但是严格来讲，国内的 SNS 指的都是社交网站而非社交网络服务，因此本书所说的 SNS 主要是指社交网站或者社交网（Social Network Site）。社交网站的特点表现为用户具有相同的属性和较高的黏性，成员之间的互动频繁，呈现出较高的群组聚合性。

著名传播学者麦克卢汉认为"媒介即人体的延伸"。SNS 作为一种社交网站，延伸了人类的交往能力和交往范围。SNS 是一种利用互联网实现人与人之间关系的建立和维系的社交平台，是对现实生活中人际交往的虚拟化补充，它不仅能够降低社交成本，而且可以最大限度地帮助用户拓展有价值的人脉资源。

二、数字媒体形态

数字媒体是建立在数字技术基础上的新兴媒体，由此衍生的媒体形态就是数字媒体形态。按照百度百科的解释，数字媒体是指以二进制数的形式记录、处理、传播、获取过程的信息载体，这些载体包括数字化的文字、图形、图像、声音、视频影像和动画等感觉媒体和对这些感觉媒体的编码等，统称为逻辑媒体，以及存储、传输、显示逻辑媒体的实物媒

①2012 年 3 月，优酷视频以价值 10 亿美元 100%换股的方式，收购最大的竞争对手土豆网。

②沈一超.我国 SNS 网站的营销策略研究[D].北京：中国传媒大学，2009.

体。但通常意义上所说的数字媒体指感觉媒体。数字媒体形态包括数字广播媒体、数字电视媒体和IPTV等。

（一）数字广播媒体

在数字媒体时代，数字广播媒体拥有主动性、互动性和个性化等新属性，同时具有了高保真、传播内容大、不受时空限制和成本低廉的优势。并且建立在数字技术基础上的数字广播媒体有多种传播形态，具体表现为无线网络广播、卫星广播、手机广播、数字地面广播等。

（二）数字电视媒体

数字电视（Digital Television），又称为数位电视或数码电视，是与模拟电视相对的，是指从节目的采集、制作、编辑、播出、传输、接收的全过程都采用数字技术的电视系统。数字电视的具体传输过程是：由电视台送出的图像及声音信号，经数字压缩和数字调制后，形成数字电视信号，经过卫星、地面无线广播或有线电缆等方式传送，由数字电视的接收器接收后，通过数字解调和数字视音频解码处理还原出原来的图像及伴音。因为全过程均采用数字技术处理，因此，信号损失小，接收效果好。与模拟电视相比，数字电视具有图像质量高、节目容量大（是模拟电视传输通道节目容量的10倍以上）和伴音效果好的特点。数字电视提供的最重要的服务是视频点播（VOD），它有效地提高了节目的参与性、互动性和针对性。因此，在可以预见的未来，电视将朝着点播模式的方向发展。此外，数字电视还提供了数据传送、图文广播、上网服务等其他服务，用户能够使用电视进行股票交易、信息查询、网上冲浪等，此举赋予了电视新的用途，扩展了新的功能，把电视从封闭的窗户变成了交流的平台。[①] 对于数字电视取代模拟电视带来的好处，赫南·加尔伯瑞曾有精彩的论述："它（数字电视）改变了从摄像机到发射塔各个方面，颠覆了现有的节目制作与发行的基础；它要求建立新的机制以补偿内容提供商和发行商，因为在这样一个世界里，传统的广告可以被选择性地跳过，而轻轻地一按键就可以进行完美的复制与传播；它还要求开发新的工具，能为观众提供在令人眼花缭乱的节目和新业务中快速搜索的导航服务，就像互联网的浏览器帮助我们在互联网上找到我们的路一样。"[②]

（三）IPTV

IPTV（Internet Protocol Television），即交互式网络电视，是一种利用宽带互联网的基础设施，以家用电视机、个人电脑和手机为接收终端，集互联网、多媒体、通信、广播电视及下一代网络等基本技术于一体，借助互联网协议，向家庭和个人用户提供包括数字电视在内的多种交互式服务的新媒体形态，用户在家里可以通过计算机、网络机顶盒＋普通电视机和移动设备（手机、平板等）三种方式享受IPTV服务。按照百度百科的说法，从NGN（Next Generation Network的简称，即下一代网络，又称为次世代网络）概念与定义来看，IPTV属Triple Play（语音、数据、视像三重播放业务）范畴，是一种宽带网络业务，涉及多媒体、视频业务，它利用各种宽网络基础设施，通过有利于多业务增值的IP协议，提供包

---

①数字电视[EB/OL].http://ic.big—bit.com/news/121143.html.

②赫南·加尔伯瑞.数字电视与制度变迁：美国与英国的数字电视转换之路[M].罗晓军，等，译.北京：人民邮电出版社，2006.

括视频节目在内的各种数字媒体交互性业务，实现宽带 IP 多媒体信息服务。IPTV 既不同于传统的模拟式有线电视，也不同于经典的数字电视，因为传统的模拟式有线电视和经典的数字电视都具有频分制、定时、单向广播等特点。尽管经典的数字电视相对于模拟电视有许多技术革新，但只是信号形式的改变，没有触及媒体内容的传播方式。相比较而言，IPTV 的最大优势在于它的交互，而数字电视的最大优点在于其图像的高清。

三、移动通信媒体形态

移动通信媒体形态，即手机媒体形态，它是将移动通信与互联网结合在一起的媒体形态，是继报刊、广播、电视和网络媒体之后的“第五媒体”。人类进入智能手机时代以后，手机不仅是用来打电话、接电话的通信工具，而且还可以在上面进行阅读、看视频，成为名副其实的媒体形态。

（一）短信、彩信

短信的英文名是 SMS，是 Short Message Service 的缩写，用户通过手机或其他电信终端，直接发送或接收的文字或数字信息。按照设置，用户每次能接收和发送短信的字符数，是 160 个英文字符或数字字符，或者 70 个中文字符。

彩信，即 MMS，是 Multimedia Message Service 的简称，中文名为多媒体信息服务，通常又称为彩信。与短信相比，彩信的特色是应用多媒体功能，传递功能全面的内容和信息，这些信息包括文字、图片、数据、动画、音频和视频等多媒体信息。

（二）手机报纸

手机报纸，又称为手机报，是整合、编辑传统报纸信息，使之变成适合在手机上观看的新闻，再通过基于 GPRS 等无线网络技术的彩信业务平台，将其发送到用户的手机上，或者用户利用 WAP 连接到网络直接浏览信息的全新传播模式。手机报纸图文并茂，在观感上更加接近传统报纸。手机报的出现不是偶然的。它是科学技术迅猛发展、电信技术突飞猛进、传统媒体应对挑战的产物，是传统媒体和电信媒体联姻的成果。它是传统报业继创办网络版、兴办网站之后，跻身电子媒体的又一举措，是报业开发新媒体的一种特殊方式。

（三）手机期刊

手机期刊，又称为手机电子杂志，是指直接在手机上阅读的多媒体资讯杂志。它突破网络电子杂志的局限，传播内容图文并茂，无须网络，无须下载，直接在手机上阅读，方便快捷。手机期刊具有精准传播（推送）、成本更低、携带方便和环保时尚等特色。

（四）手机图书

手机图书，又叫手机电子书，主要指通过手机阅读的电子图书。伴随着移动通信技术的成熟和手机的普及，通过手机看小说在国内已经成为一种时尚和潮流。当前，手机电子图书文件主要有 UMD、WMLC、JAVA（包括 JAR，JAD）、TXT、BRM 等几种格式。

（五）手机电视

手机电视(Mobile TV)，是基于 Android 平台在线音视频播放和分享应用，为用户提供电视频道和音频广播直播，是以手机等便携式移动终端设备，传播视听内容的一项技术或应用。手机电视融合多种媒体特性，将电视媒体的直观性、广播媒体的便携性、报纸媒体的滞留性和网络媒体的交互性融为一体。因此，手机电视不仅能够提供传统的音视频节目，而且还可以借助无线网络完成交互功能，更利于多媒体增值业务的开展。

四、自媒体形态

自媒体的英文名为 We Media，又称“公民媒体”或“个人媒体”，它既是一种以个人传播为主的媒体形态，又是一种个性化、平民化、自主性极强的信息传播方式，它主要借助博客、播客、微博、微信、论坛(BBS)等信息传播平台，向社会公众或者特定个人传递信息的新媒体形态的总称。

在传统媒体时代，信息传播活动由专业媒体机构主导，它们在新闻报道时通过议程设置，强化主流媒体声音，告诉社会公众哪些是对的或者哪些是错的，人们在这个过程中只是扮演被动接受者，即“受众”的角色，没有多少主动性可言。新媒体时代来临以后，由专业媒体机构把持的信息传播活动逐渐被“去中心化”取代，“主流媒体声音”也渐次被碎片化和个性化所淹没，每一个人都在从自己获得的资讯中对事物做出主观价值判断。与由专业媒体机构主导的信息传播不同，自媒体是由普通大众主导的信息传播活动，它将传统媒体时代的由“点到面”的传播，转化为自媒体时代从“点到点”的传播，是用户与用户之间的一种对等的传播活动。因此，从根本上说，自媒体是一种以个人传播为主的媒体形态，即人们常说的“人人都有麦克风，人人都是记者，人人都是新闻传播者”。同时，它还是一种为个体提供信息生产、积累与共享，传播内容兼具私密性和公开性的信息传播方式。

（一）博客

博客，是 BLOG 的音译名，有的也音译为“部落格”或“部落阁”，是 Web Log 的缩写形式，又称 Weblog，是一种传播个人思想、带有知识集合链接的网络日志。“博客”之名最早来自被称为“网络旗手”“博客教父”，并将 BLOG 引入中国的方兴东。他认为博客是继 E-mail、BBS、ICQ 之后出现的第四种网络交流方式。[①] 博客的使用者或拥有者被称为 Blogger 或者 Webloggers。博客一般由个人管理，Blogger 或者 Webloggers 不定期将自己新写的文章或者将别人的文章张贴在上面。博客上的文章通常根据张贴时间，按照由新到旧的方式排列，重要文章可以置顶。作为个人主页或者个人网站的博客，其“技术原型可以说是简化的 BBS 和个人空间的组合”，它“以‘个人日志’的链接文本形式存在，在时间维度上持续，并且可以回溯，因而表现为一个较为完整的个体。与 BBS 或个人网站中的网民相比，博客可以不依附大型网站，同时突破了传统个人主页的诸多局限，更强调受众的个性与权利，从而塑造了网络世界中个体的完整形态”[②]。在博客中，博主可以隐去自己的

---

①方兴东，王俊秀.博客——e时代的盗火者[M].北京：中国方正出版社，2003.

②王长潇.新媒体论纲[M].广州：中山大学出版社，2009.

真实身份，借助文字、图像、其他博客或网站的链接，自由表达自己的思想与观点，与他人进行交流、沟通与互动，因此博客是一种互动性极强、极具个性化的自媒体形式。目前，比较有名的博客有新浪博客、网易博客和搜狐博客等。

（二）微博

微博（Weibo），又称为微型博客或微博客，译自英文 MicroBlog 或 Micro Blog，它是一个基于用户关系的信息分享、传播以及获取平台，是由博客发展而来，是博客在 Web 2.0 时代新的表现形式。微博用户可以通过电脑（WEB）、手机（WAP）等客户端组建个人社区，以简短的文字发布或更新信息，并实现信息的即时分享。与博客相比，微博发布的文字信息更加简短，一般不超过 140 字，因而有"一句话博客"的说法，并且微博作为一种分享和交流平台，更加注重信息的时效性和随意性，可以表达出用户每时每刻的思想和最新动态，用户可以不受时间、地域限制，随时随地发布信息，发布信息的方式也更加方便快捷。世界上创立最早、影响力最大的微博网站是美国的 Twitter。2006 年 5 月，Blogger.com 的创始人埃文·威廉姆斯（Evan Williams），在美国硅谷创建微博网站 Twitter，向用户提供微博服务，由此改变了世界的沟通方式，影响到社会生活的方方面面。受 Twitter 成功的启发，国内创立的中文微博网站先后有饭否网（2007 年 5 月）、叽歪网（2007 年 5 月）、腾讯滔滔（2007 年 8 月）、嘀咕网（2009 年 2 月）、同学网（2009 年 5 月）等，而影响最大的还是由几大门户网站建立的新浪微博（2009 年 8 月）、网易微博（2010 年 3 月）、腾讯微博（2010 年4 月）和搜狐微博（2010 年 4 月）。

（三）微信

微信，英文名为 WeChat，是深圳市腾讯计算机系统有限公司于 2011 年 1 月 21 日，推出的一个为移动智能终端提供即时通信服务的免费应用程序，"微信"一词亦由腾讯公司总裁马化腾在产品策划的邮件中确定。微信支持跨通信运营商、跨操作系统平台，通过网络快速发送免费语音短信、视频、图片和文字，通过"摇一摇""漂流瓶""朋友圈""公众平台""语音记事本"等社交和服务插件，共享流媒体内容资料。微信的创新表现在两个方面：其一，微信提供公众平台、朋友圈、消息推送等功能，强化了移动通信技术条件下社交信息平台的即时通信功能，一方面用户可以通过"摇一摇"、"搜索号码"、"附近的人"、扫二维码方式添加好友和关注公众平台，另一方面微信又将内容分享给好友以及将用户看到的精彩内容分享到微信朋友圈；其二，伴随着微信逐渐由社交信息平台向商业交易平台的转移，它将对整个营销行业带来颠覆性影响，消费者只要通过微信平台，就可以实现商品查询、选购、体验、互动、订购与支付的线上线下一站式服务模式。根据腾讯在 2015 年 6 月发布的"2015 微信用户数据报告"显示，截至 2015 年第一季度，微信已经覆盖中国 90%以上的智能手机，月活跃用户达到 5.49 亿，用户覆盖 200 多个国家、超过 20 种语言。此外，各品牌的微信公众账号总数已经超过 800 万个，移动应用对接数量超过 85000 个，微信支付用户则达到了 4 亿左右。[①] 其巨大的影响力于此可见一斑。

---

①微信用户最新数据：月活跃用户达到 5.49 亿，支付用户 4 亿左右[EB/OL].网易科技.http://tech.163.com/15/0601/13/AR1F5KE000094ODU.html，2015-12-10.

【知识回顾】

新媒体是指采用网络技术、数字技术、移动通信技术进行信息传递与接收的信息交流平台，包括固定终端与移动终端。它具备以下基本特征——以新技术为载体，以互动性为核心，以平台化为特色，以人性化为导向。一般地说，新媒体有狭义与广义之分：狭义的新媒体是以互联网技术为内核，以电脑、手机等设备为终端，并通过与终端相适应或匹配的方式来进行传播，它以网络媒体、手机媒体为代表；广义的新媒体则是基于网络技术、数字技术和移动通信技术，通过互联网、无线通信网、卫星等渠道，向电脑、手机、电视机以及各类数字化电子屏等终端传播信息的媒体形态，包括网络媒体、数字电视、IPTV、车载电视、楼宇电视和手机媒体等。本书所说的新媒体即指广义的新媒体。

新媒体概念的演进，经历了以互联网为代表的网络媒体、以博客为代表的自媒体、以手机为代表的移动新媒体三个阶段。

与报刊、广播和电视等传统媒体相比，新媒体的基本特征主要表现为海量性、交互性、即时性和多媒体性。

按照新媒体运用技术不同，新媒体可分为网络媒体形态、数字媒体形态、移动通信媒体形态，同时自媒体形态是新媒体区别于传统媒体的重要媒体形态。

【思考题】

1.什么是新媒体？ 新媒体概念是如何演进的？
2.狭义的新媒体与广义的新媒体有何区别？
3.新媒体有哪些基本特征？
4.新媒体有哪些主要媒体形态？
5.自媒体形态与传统媒体有何不同？

第二章
新媒体的发展历程

【知识目标】

☆了解新媒体在我国的发展历程。

☆了解自媒体的形态、特点及意义。

【能力目标】

1.能够初步掌握互联网从军事科研向商业化转变的脉络。

2.了解移动互联网对传播环境造成的各种冲击和改变。

【案例导入】

新浪起源于四通利方公司，创始人是从北京大学无线电电子学系毕业的王志东。后来，四通利方收购了华渊生活网，于1998年12月正式成立新浪网，并于2000年4月13日在纳斯达克成功上市①。

2000年左右，在互联网泡沫期，新浪也曾一度低迷。但其在之后通过转型获得了新生，一度成为国内最大的门户网站，并在无线增值服务、手机新浪网、社交网络服务和博客、微博等数字产品领域不断发力。目前是国内四大门户网站之一。

然而，当其他同期成长起来的互联网公司，开始在游戏（如腾讯）、即时通信（如腾讯）、电子商务（如淘宝网）、搜索引擎（如百度）、网络视频（如搜狐）等领域发力并占据优势地位时，新浪网却还固守网络媒体的定位，竞争劣势明显。

2009年8月，新浪微博开始内测；2011年4月，新浪微博启用独立微博拼音域名weibo国际域名，并启动新版LOGO；2014年3月17日，新浪微博正式在纳斯达克上市②。微博的横空出世，不仅使新浪重新焕发生机，更改变了国内媒体的传播环境，使草根也能发声。

可以说，新浪是我国网络媒体发展的一个缩影。从互联网刚在中国萌芽即创办网站，再到摸着石头过河，不断探索自身发展路径，赶在互联网热火朝天的2000年赴美上市，再到之后互联网泡沫破灭，遭遇滑铁卢，而后重新抓住新媒体发展的契机，推出微博这款被誉为“改变一切”的产品。新浪的发展历程，真实地还原了中国网络媒体出生、成长、发展、变革的轨迹，也折射出中国传媒业格局的变化与社会的变迁。

---

①彭兰.中国网络媒体的第一个十年[M].北京：清华大学出版社，2005.

②新浪微博登陆纳斯达克 曹国伟称市场环境不太有利[EB/OL].凤凰财经.http://finance.ifeng.com/a/20140418/12148020_0.shtml，2014-04-18.

第一节　网络媒体发展概况

从互联网的雏形——阿帕网的横空出世至今，互联网已经走过了四十多个年头。在这近半个世纪的发展中，互联网的发展从实验室走向市场，并最终改变了人类的生活、工作、娱乐等各个方面，它的发展历程呈现出从科研教育到商业应用的清晰脉络。

一、1969—1993：网络媒体探索期

在1969年到1993年之间，互联网的主要目的还是用于军事、科研等领域，并未进入大众的生活，在此期间，网络媒体仍处于探索期。

（一）互联网在欧美的起源

世界上第一台计算机ENICA于1946年在美国诞生。1957年，苏联发射第一颗人造地球卫星，在跟美国的竞赛中赢得了空间领域的胜利。美国国防部受到刺激，决定组建高级研究计划局，计划通过计算机网络促进先进军事指挥和控制系统的发展，使其能承受苏联的核攻击。

军事目的直接指向了网络结构的去集中化。因为不能存在一个能被敌人摧毁的指挥中心，要保证即便在部分被摧毁的情况下，整个系统还能继续工作，所以直接导致了互联网作为一个权力分散的系统而存在。当时的互联网以封包交换(Packet Switching)通信技术为基础，这个系统使网络可以独立于指挥与控制中心而运作。信息被分装为单位（小包），然后才发送出去，根据流量和网络情况，信息包走不同线路，到达目的地后又重新打包。每个信息包用数字封套包装，标上运输和内容的具体参数。① 互联网的产生，从一开始就打上了军事目的的烙印。

在1969年起步时，互联网只是美国一个小型的公共计算机网络，这一网络有一种计算机语言和一套协议。② 直到1974年，TCP协议和IP协议被提出，再到1983年被确定为网络的标准协议，这时美国才真正建立起来全国性互联网。

除了军方赞助以外，科学研究的价值成为互联网发展的第二个重大因子。由于军方和科学界都不希望受到中央网络的控制，因此最初双方建立了良好的工作关系。后来，在安全问题的优先排序上，军方跟科学家双方发生了严重分歧。经友好协商后，1983年，互联网分成军用和民用两部分。然而当时互联网仍然是专家和精英的用品，未曾开放让大众消费。

20世纪80年代，商业网络服务已经在公共互联网之外兴起，给用户提供购物和聊天的机会，但收效不大。同期，美国反文化运动和欧洲反文化运动的兴起，把互联网从技术精英的工具改造为虚拟共同体的创造力，将其改造为亚文化的游戏场、民主的代理场。

1985年，欧洲粒子物理研究所的内部网启用了互联网协议，1989年又开通外部网互

---

①曼纽尔·卡斯特.网络社会的崛起[M].夏铸九，等，译.北京：社会科学文献出版社，2001.

②詹姆斯·柯兰，娜塔莉·芬顿，德斯·弗里德曼.互联网的误读[M].何道宽，译.北京：中国人民大学出版社，2014.

联网协议,并于1991年创建了万维网。20世纪的80年代和90年代,互联网的发展实现了国际化,此前主要以美国为中心。

1990年,美国军方把公共互联网的骨干业务分流出来交给国家科学基金会,从此,其军事使命就终结了。1991年,美国互联网商业开发的禁令才被解除,这是互联网迈出的非常重要的一步。

1993年,马克·安德森等人创办了"网景"公司,"网景"浏览器的推出加速了互联网的普及速度,因为它将WWW思想付诸实践,使得互联网有可能真正走出技术高手的圈子飞入寻常百姓家。同年,克林顿政府提出"信息高速公路"计划,旨在使所有的美国人方便地共享海量的信息资源,进一步推动了互联网的商业化进程。之后,互联网就开始逐步从实验室走向了市场,并最终席卷全球,成为推动人类社会进步的重要驱动力量。

(二)互联网在中国的萌芽期

互联网在中国拉开序幕也始于实验室。1987年9月20日,钱天白教授向世界发出我国第一封电子邮件"越过长城,通向世界",宣告中国人开始使用互联网。1990年11月28日,钱天白教授代表中国正式注册了我国的顶级域名".cn"。直到1994年4月20日,中国开通与国际互联网相连的64K网络信道,才标志着我国正式加入互联网国际大家庭。[①]

正式接入国际互联网以后,我国的互联网基础设施建设也在积极铺开,CHINANET(中国公用互联网)、CERNET(中国教育和科研计算机网)、CSTNET(中国科技网)、CHINAGBN(中国金桥信息网)等四大骨干网工程相继展开。

二、1994—2000:网络媒体商用尝试期

1994年到2000年期间,互联网走过了商用尝试期。在此期间,搜索引擎、商业网站、网络广告等有了初期的发展和壮大,网络经济的热潮一度达到顶峰。

(一)欧美地区的互联网商业化尝试

20世纪90年代中期,互联网的市场化开始被人们接受,因为它符合当时的时代精神。麻省理工学院的尼古拉斯·尼葛洛庞帝预言,公众将从互联网和数字媒体中主动获取想要的东西而不是被动接受媒体推给他们的东西。

1994年,杨致远和大卫·费罗在美国创立了雅虎。搜索引擎的到来,进一步加速了互联网的商业化步伐。到1995年,美国的公共互联网完成了私有化。1996年4月12日,雅虎正式在华尔街上市,上市第一天的股票总价达到5亿美元。互联网的商业价值开始逐渐凸显,也使互联网的性质发生了变化。1997年通过的信用卡交易标准协议大大促进了网上销售。在一定程度上,互联网成了一个大型商场,虚拟商店开张,产品和服务在此出售。

在互联网的普及上,商业化发挥了重要作用,使更多公众能用上互联网。然而,商业化又实施了经济控制和元数据控制,启用新的商业化的监控技术,这就影响了互联网的多

①彭兰.中国网络媒体的第一个十年[M].北京:清华大学出版社,2005.

样化和自由。①

互联网商业化的变迁让它的中性被终结了，因此也带来了一系列的副作用。它促成的网络广告可能会打扰人，如互联网体系为富人提供快速的上网服务，穷人却只能享受低速的上网服务；互联网曾经是非市场化的，内容自由流通，如今这个空间却可能变得商品化，销售和广告可能成为主导，损害了互联网作为开放的公共领地的性质。

（二）中国地区的互联网商业化萌芽

互联网这个新生事物在中国的发展也很迅速，网络经济在快速升温的同时，传统媒体创办网站的热情高涨，商业网站谋求着创造跟"美国在线"一般的网络神话。

从1995年《神州学人》周刊成为我国第一家走上互联网的媒体开始，此后3年里，网络媒体在数量上迅速增长，呈现出向前推进的强劲势头，多路媒体开始了摸着石头过河的探索之路。

在此期间，张树新开发的"瀛海威时空"网络翻版了"美国在线"，成为普通中国人网络生活的启蒙导师。《人民日报》《中国经营报》《广州日报》《北京青年报》《中国日报》等多达30余种报纸在互联网上开始发行电子版。

与此同时，新浪等商业网站的纷纷成立，给互联网经济的红火添了把柴。根据1999年的广告监测数据显示，互联网站的广告收入在当年第四季度比第一季度增长了651%，互联网址在电视和报刊上大肆投放广告，投放总计达1.56亿元。网站开始了争先恐后烧钱买版面来博关注，"烧钱""圈地""风险投资""上市"等曾是当时的热门词汇。

网络媒体的发展被政府提到了战略高度。1999年，江泽民总书记在一次工作会议上强调，要对新闻媒体积极利用。2000年，国务院新闻办更是首次召开互联网络新闻宣传工作，并确定了包括中国互联网新闻中心、人民日报、新华社、中国日报和中国国际广播电台等在内的首批重点新闻宣传网站，这从侧面说明了网络媒体当时地位上升的事实。

2000年美国在线与时代华纳的合并更是给整个互联网行业强大的信心，网络经济的热潮达到高峰，国内互联网行业从业者希望复制美国的神话。此时，互联网的商业化发展已成燎原之势。

三、2001—2004：商业网站启动期

2000年下半年，互联网的第一场暴风雪从美国刮到中国，互联网遭遇到第一次寒冬。2000年4月纳斯达克科技股一泻千里，美国的网站陷入倒闭潮、并购潮，但中国仍有三家门户网站新浪、网易、搜狐逆风上市，虽然一直徘徊在垃圾股边缘，却通过自身的绝地反击获得重生。总体来说，从2001年到2004年，是世界商业网站的启动期。

（一）商业网站的破冰重生

2000年年底的互联网泡沫破灭是必然的，因为当时互联网的发展并没有达到成熟的局面，"烧钱圈地热"和"上市融资热"一度蒙蔽了创业者的眼，他们未能清醒地认识到当时

①詹姆斯·柯兰，娜塔莉·芬顿，德斯·弗里德曼.互联网的误读[M].何道宽，译.北京：中国人民大学出版社，2014.

的经济环境和技术环境。

然而，顽强的互联网人并未就此倒下。从2001年到2002年上半年，网络经济在跌落谷底以后开始了绝地反击，用多种方式寻求适合自身特点的发展道路。

在此之前，中国的商业门户网站一直沿袭着美国雅虎网站的模式，即通过内容与搜索服务来吸引网民，提升点击率，再用点击率来吸引广告主进行在线广告的投放。这与传统媒体的二次售卖模式其实并没有本质差异，都是要先吸引用户眼球。然而，互联网低潮的到来让各家网站开始探索新的发展道路。

美国的网站先做出了示范性探索。2001年4月，微软公司宣布要开设订阅收费服务网站，《纽约时报》也开始测试一系列收费的信息产品，ABC News、雅虎等纷纷走上收费的尝试之旅。

国内的网站为了生存，开始效仿收费，并且尝试用重新定位和其他的方式盈利。2001年，网易在纳斯达克的停牌使其传统广告受到剧烈冲击，开始进行战略转型，向提供个人收费服务的方向转型。2002年4月12日，新浪进行架构整改，核心业务包括了新浪网、新闻企业服务、新浪热线；搜狐开始面向个人和企业开展了一系列收费服务。当时商业网站的收费服务主要包括对个人用户收费、对企业用户收费和提供互联网服务进行收费。

这三家门户网站逐渐摆脱对雅虎的纯粹模仿，开始重新定位并摸索自身发展之路后，终于在2002年下半年走出了寒冬，实现了盈利，为之后更好的发展打下了良好的基础。而通过这次寒冬的自救，中国商业网站的发展开始逐步走向规范化、理智化。

相对而言，这场互联网泡沫破灭带给传统媒体网站的负面影响和冲击要小得多。从2001年到2002上半年，传统媒体网站开始了自我调适和改版，以提升自身新闻传播的实力，并适应新时期竞争的需要。新华网、人民网、央视国际等代表官方话语的媒体，与千龙网等地方新闻网站和其他行业网站，继续自身发展与整合的步伐。

（二）商业网站的跨越成长

2003年被视为中国网络媒体发展史上的一个分水岭。这一年，网络媒体开始复苏，网络经济重现曙光。国际国内上的重大事件，让网络新闻有了更多的表演舞台。商业门户网站继续自身改革和提高的发展之旅。尤其是非典事件的爆发，更让网络媒体和电子商务网站获得了迅速生长的契机。

2003年2月，美国“哥伦比亚”号航天飞机失联时，新浪网第一时间将信息发布在网站上，并且向手机新闻订户发出第一条短信，这比新华网、人民日报等媒体都要早；此后在3月打响的伊拉克战争期间，中国网络媒体纷纷主动出击，推出关于伊拉克战争的最新报道和手机短信服务，开辟战争专题页面，24小时滚动直播战争动态，开通战争的网络视频直播等举措，让我国网络媒体有了新闻时效性竞争的意识。而在这次战争报道之争中，不仅出现了网络视频流媒体播放、Flash新闻等新的新闻报道形式，报道手段和方式也得到了提高。

这一年，非典肆虐全国。此事件被网络媒体踢爆之前，传统媒体却“集体失语”。在之后的抗击非典的过程中，商业网络媒体相比传统媒体，行动更早、手段更丰富、报道的资讯更加多元，向网民通报最新疫情和预防的手段、知识，发布最新资讯，网民也从商业门户上获取了很多传统媒体不曾报道的侧面消息，商业门户彰显了自身的传播广度和传播影响力。

在非典期间，人们的生活方式发生了改变。通过电子商务网站进行购物的方式开始逐渐被很多网民接受，电子商务网站获得了飞速的发展；通过网络写日志来记录生活并发表，成为人们休闲时间的新选择；网络聊天室、BBS，成了非典这一特殊时期中小道消息和官方消息横飞的渠道，人们在此交流感情、打发时间。可以说，非典使得网络生活方式在人们生活中打下了深刻的烙印。

网络的发展更进一步使其彰显民众的呼声，维护公民的权利得到了见证。2003 年的网络舆论，焕发出了巨大的能量，甚至推动了官方制度的改革和社会的进步。其中尤以孙志刚事件最为轰动，因为该事件直接导致了收容遣送制度的废止，这被视作网络舆论发挥力量的里程碑。

2004 年，网络媒体纷纷推出“2003 年十大新闻评选”，对过去一年的新闻事件进行回顾和点评，标志着商业网站的竞争姿态凸现出来。在经历了网络经济寒冬洗礼后重生的商业网站，经过短暂的休整后，在新闻内容、发展模式、盈利手段上都有了新的发展，终于重整旗鼓，并最终迎来了网络媒体的跨越式成长。

四、2005 年至今：网络媒体全面发展期

从 2005 年以后，互联网呈现出全面的发展态势，先是 PC 端网络媒体的全面发展，之后移动端媒体也开始强势增长，互联网成为改变全球人类生活的重要力量。

（一）2005—2008：PC 端网络媒体全面发展

仅以国内互联网的发展为例，商业网站汇聚起大量人气和流量，传统媒体网站也成长为网络新闻影响力的主导者；同时，博客、网络杂志、网络视频开始兴起，校内网（现为人人网）、开心网、QQ 空间等社交网站获得蓬勃发展；新型的网络盈利方式得到拓展。

2006 年，网络新闻作品正式进入中国新闻奖的评选范畴，网络媒体的“主流”身份得到了充分的认可。① 人民网、新华网创作出许多优秀作品，成为传统媒体网站中的佼佼者和网络新闻影响力的主导者。

同年，网络阅读这一新兴阅读方式开始兴起，截至 2006 年 5 月，全国已有 400 多家出版社开展了网络出版。网络视频开始兴起，恶搞短片《一个馒头引发的血案》在网上风靡一时，IPTV 的技术根基日益坚固。②

博客是这段时期最引人瞩目的互联网产品。2005 年，是博客发展的关键一年，这一年，全球博客数量突破一亿，中国博客数量达到 1600 万，实现了从“小众”走向“大众”的过渡，③各大商业门户也纷纷开通博客抢占用户。

社交网站的火爆是这时期另外一个热点。在国内，校内网、开心网、QQ 空间等社交网站，都曾风靡一时，注册用户数和活跃用户数都居互联网应用的前列。而基于社交关系的商业应用则得到迅速的发展。

①②匡文波.2006 新媒体发展回顾[J].中国记者，2007(1)：76－77.

③方兴东，张笑容.2005—2006 年中国博客发展与趋势[J].国际新闻界，2006 (5)：44－48.

（二）2009 年至今：新媒体百花齐放

2009 年 1 月，3G 牌照的发放宣告了 3G 元年的到来，移动互联网产业开始跃入新的发展阶段。① 此后，移动互联网、微博、微信、三网融合、媒介融合等热点成为传播学界热议的主题，也成为业界争相热捧的对象。

基于智能手机的各种 APP 开始火热，各家门户网站趁热打铁推出了各自的新闻客户端产品，其中腾讯新闻客户端 2015 年 1 月 APP 以月度覆盖人数已达 8114 万人位居榜首②，腾讯、搜狐、网易三家新闻客户端占据了 64％的市场份额③。而传统媒体网站也纷纷推出自身的移动客户端，抢夺移动互联网时代的新闻用户，一场没有硝烟的战争在移动端展开。

2009 年 8 月，新浪推出“新浪微博”内测版，此后微博发展日益火热，在微博中诞生的各种网络热词迅速走红网络，诸多政府机构、企事业单位和各界名人、草根汇聚于微博，借着微博上的高人气和影响力成为微博上的意见领袖，利用微博反腐、微博打拐、微博营销都成为对微博应用的热点所在，微博效应逐渐形成和壮大。

而 2011 年推出的微信，则是移动互联网发展史上的一个里程碑式的产品。截至 2014 年末，微信的月活跃人数已突破 5 亿，④在移动端独领风骚，一骑绝尘。基于微信的 O2O 服务、电子商务、移动支付、微信营销、企业宣传等更是红火至今。

除此以外，在网络媒体以外的领域，电子商务、移动生活、智能穿戴设备、物联网等也方兴未艾，在改变着全球互联网用户的生活和工作方式。

第二节　自媒体发展扫描

随着互联网的不断发展，越来越多的新型传播工具开始出现，以专业的媒体组织机构为主体进行的新闻报道方式逐渐受到冲击，以个体为单位的信息传播方式得到发展，先后出现了以博客、微博和微信为代表的自媒体形式，逐渐变革传统的传播模式和媒介生态。

一、自媒体概述

所谓自媒体，是指普通公民经由数字科技与全球知识体系相连的，一种提供与分享他们真实看法、自身新闻的途径。⑤

一般认为，自媒体有如下特点：传播主体是普通大众而非专业的传播机构；传播渠道以第三方专业网站为实现平台⑥；依托于数字科技与网络技术而产生；实现了从传播到互

①吴静.数字化媒体研究的若干热点——2006 年新媒体研究综述[J].新闻知识，2007（2）：27—30.

②腾讯新闻 APP 覆盖量行业第一[EB/OL].腾讯网.http://news.qq.com/a/20150316/044907.htm，2015-03-16.

③2015 年第二季度中国手机新闻客户端报告：搜狐、腾讯、网易占 64％的市场份额[EB/OL].搜狐网.http://mt.sohu.com/20150703/n416101147.shtml，2015-07-03.

④据 2014 年腾讯公司年报数据。

⑤周晓虹.自媒体时代：从传播到互播的转变[J].新闻界，2011（4）：20—22.

⑥苏宁.自媒体时代的媒介话语权[J].中国传媒科技，2013(6)：155—156.

播的改变，传播方式更加多元化[①]；传播主体拥有了更大的话语空间与自主权[②]。

比较有影响的自媒体类型包括博客、微博、微信，三者分别在不同时期成为普通公民彰显自我、表达观点的媒介。

二、博客：Web 2.0 时代具有开创意义的个人媒体

博客，即网络日志，英文名为 BLOG，形式多以文字为主，也糅合了摄影、音乐、视频、艺术等，比较著名的博客有新浪博客、博客中国等。

（一）博客的产生与发展

最早的博客是作为网络过滤器的作用出现的，因此有人认为浏览器 Mosaic 的 What's New 网页是最早的博客网页，但“Weblog”这个术语第一次被使用却是在 1997 年 12 月，Jorn Barger 用其来描述那些有评论和链接，而且持续更新的个人网站。

目前最流行的词汇“BLOG”，一般公认为是 Peter Merholz 在 1999 年才命名的。这一年，也是博客开始高速增长的一年，Blogger、Pita、Grey matter、Diary land、Big Blog Tool 等众多自动网络出版发布免费软件出现，它们往往还提供免费的服务器空间。因此，一个博客就可以零成本地发布、更新和维护自己的网站。其中 Pyra 公司出品的 Blogger 是当时最流行和最有影响的工具。

博客与个人网站、社区、网上刊物、微型门户、新闻网页的区别，最明确的是形式而不是内容。Evan Williams 对博客的定义非常简洁：“博客概念主要体现在三个方面：频繁更新（Frequency）、简短明了（Brevity）以及个性化（Personality）。”后来继续演化，更规范更明晰的形式界定为：1.网页主体内容由不断更新的、个人性的众多“帖子”组成；2.它们按时间顺序排列，而且是倒序方式，也就是最新的放在最上面，最旧的在最下面；3.内容可以是各种主题、各种外观布局和各种写作风格，但是文章内容必须以“超链接”作为重要的表达方式。如果无法满足这些条件，就不能称为正式的博客网站。[③]

博客早在 2000 年就已经进入中国，但直到 2003 年“木子美性爱日记”的爆发，才使得博客为更多网民了解和使用。木子美事件，是博客发展历史上绕不开的一个重要事件。

2005 年，全球博客数量突破 1 亿，中国博客数量达到 1600 万，实现了从“小众”向“大众”的过渡[④]。此后到 2009 年微博出现之前，博客一直是互联网上的主流产品。博客上也出现了许多红极一时的名人，如名人博客排名第一的徐静蕾，两个月创造了 4 亿次的点击量，还有在博客上针砭时事、“大放厥词”而火的“新青年韩寒”，都一度成为文化界的焦点。

到 2009 年 12 月，博客在网民中的使用率达到 57.7%，活跃博客的规模进一步扩大。[⑤]

---

①叶晓华，程群.网络技术权利对媒介话语权的争夺[J].东南传播，2008(10)：37—39.

②张彬.对“自媒体”的概念界定及思考[J].今传媒，2008 (8)：76—77.

③来自百度百科词条“博客”。

④方兴东，张笑容.2005—2006 年中国博客发展与趋势[J].国际新闻界，2006 (5)：44—48.

⑤中国互联网络信息中心.第 25 次中国互联网络发展状况统计报告[EB/OL].http://www.cnnic.cn/hlwfzyj/hlwxzbg/hlwtjbg/201206/t20120612_26716.htm ，2010-01-15.

到 2010 年年底，博客的用户规模已达 2.9 亿，受社交网站的快速增长和微博兴起的影响，博客的增幅相比 2009 年较小。同时，博客的使用率也出现了下降，普通网民开始越来越习惯微博等快读、简单、互动和社交性更加强的信息互动方式①。如今博客的创作者也主要回归到精英人群，内容趋于专业化②，这也是互联网技术的发展和网民成熟度、个性化程度提升导致的必然结果。

（二）博客的特点

博客具有私人性、即时性、开放性和交互性等特点。正是这些特点，使其改变了传统的网络环境和传播格局，产生了深远的社会影响。

博客不再是由传统的媒介组织所拥有的工具，而是真真正正属于网民个体私有的网络空间。网民可以在上面自由表达自己的观点、态度，将其当作个人展示的舞台，也可以只是进行生活记录，当作网络日志的形式。博主对自己的博客有着充分的管理权和自主权。博客的出现标志着个人媒体时代的真正到来，信息传播得以通过博客这一中介以一种最私人化、最便捷化的方式呈现。

博客具有即时性。博客的呈现方式一般是按照时间顺序倒序排列。博客发布后，就可以及时更新在网络上，其他网民即可立刻进行浏览。而纸质媒体在其信息生产过程中，媒介工作者从采访、写作到修改、印刷、出版、售卖这一过程中所耗费的时间，会导致信息的时效性降低，而博客则能提升信息传播的新鲜性。

博客具有开放性。它允许浏览者进行自由的评论，给网民提供了一个信息和观点交流的渠道，意味着在网络环境中公共领域的兴起，降低甚至是打破了个体进入公共领域的门槛和机制。

博客具有交互性。以往的大众媒介发布信息是单向的信息输出，信息反馈这一环节比较薄弱，虽然报社有读者来信，电台有听众电话交流，但是跟博客这种博主与浏览者直接通过评论和回复的机制进行思想的碰撞、消息的互换还是存在很大的差距，博客使得传播过程中的传受双方互动性得以大大提升。

（三）博客对传播格局的影响

博客跟原有的网络传播方式有着本质上的区别。电子邮件和腾讯 QQ 是点对点或小群体之间的传播，BBS 是网民的随意发言，它们传播的结果是一个个离散的点，而博客突破了点对点传播的局限，可以使得博主的发声为更多人听到。

博客的出现预示着个人媒体时代的真正到来。因为它不仅使互联网上的信息传播可以以一种私人化的形式出现，还给网民提供可以互动的交流平台，通过对传统传播模式的冲击，打造出了一种新型的信息传播格局。

博客带来信息空间的延伸。从本质上看，博客创造了一种全新的传媒文化和民主气

---

①中国互联网络信息中心.第 27 次中国互联网络发展状况统计报告[EB/OL].http://www.cnnic.cn/hlwfzyj/hlwxzbg/hlwtjbg/201206/t20120612_26718.htm，2011-01-18.

②中国互联网络信息中心.第 35 次中国互联网络发展状况统计报告[EB/OL].http://www.cnnic.cn/hlwfzyj/hlwxzbg/hlwtjbg/201502/t20150203_51634.htm，2015-02-03.

氛，延伸了传媒信息科技的文化张力。[1] 博客为网民提供了一种新的传播渠道，使得普通网民也可以利用这个平台去分享自己的知识、信息和观点，而且主要是将其作为一种实现个体价值、张扬自我个性的工具进行使用。此外，由于博客的评论机制，使得不同网民的观点可以在此进行碰撞，产生新的思想火花，这就跟传统媒介只是让受众被动地接受消息形成了区隔，使信息空间得以延伸。

博客赋予了个体对大众媒介施加影响的权利。一旦博客被网友围观，或者其言论产生了重大的社会效应，大众媒介就会出于追逐热点的本能继续予以跟踪和报道，因此博客的出现可能会让个体反向影响大众媒介，而改变了以往个体只能受大众媒介报道影响的局面。

博客使得传播的主客体可以走向融合统一。传播的大众传播模式中，传者与受者界限分明，而在博客的环境中，网民是带有积极参与的主动性的，他们可以通过对博客内容的评论实现与传者之间的互动，甚至可以通过独立写作新博客内容予以评价和回应的方式，使自己由受者成为传者，由此博客使得传播的主体与客体的界限不再那么清晰，并得以融合统一。

总的来说，博客改变了传统媒体的传播模式，是 Web 2.0 时代具有开创意义的一种个人媒体。

三、微博：精英传播向草根传播的变革者

微博（Weibo）是微型博客（Micro Blog）的简称，用户利用微博可以实现即时分享与社交。

（一）微博的产生与发展

微博最早的鼻祖是美国的 Twitter。2006 年，Twitter 由杰克·多西、伊万·威廉姆斯和比孜·斯通创办。2007 年，在美国 South by Southwest 音乐节上第一次吸引了公众的眼球，并于当年获得了全美互动网络大奖。

国内的微博中，以新浪微博和腾讯微博影响力较大。由于新浪微博的发展现状远胜于其他微博，因此，目前微博一般被用来指代新浪微博。

1.微博的发展与红火

2009 年是 Twitter 发展迅速、用户量迅速增长的关键一年。随着其知名度和用户数量的不断扩大，Twitter 的业务和目标也在不断扩大，用户体验不断提升。Twitter 是目前全球范围内使用最广泛、信息量最大的微博应用，支持英语、日语、法语、葡萄牙语、西班牙语、意大利语等十多种语言版本，并且语言版本还在不断发展。[2]

正是在 2009 年 8 月，新浪网推出“新浪微博”内测版，成为国内第一家提供微博服务的门户网站，微博正式进入网民的视野。此后，国内其他家门户网站也纷纷推出自己的微博产品，

---

①麦尚文，丁玲华，张印平.博客日志：一种新的网络传播方式——从传播学角度看 blog 的勃兴[J].新闻界，2003(6)：37—38.

②梁晓涛，汪文彬.微博[M].武汉：武汉大学出版社，2013.

网易微博、人民微博、搜狐微博、腾讯微博先后开放用户注册。一时间，微博产品风靡整个互联网圈，主流门户网站基本都在布局微博，因而2010年也被称为中国的“微博元年”。①

Twitter不仅在诸多重要场合比如洛杉矶地震、孟买袭击事件、奥巴马竞选中发挥出不容忽视的作用，也吸引了各个领域的许多知名人士。美国的奥巴马、俄罗斯的梅德韦杰夫、法国的萨科齐、英国的卡梅伦、韩国的李明博等都在Twitter开通了个人账号；歌手麦当娜、知名脱口秀主持人奥普拉等娱乐明星也是Twitter的人气用户；此外还吸引了体育界明星、众多商家企业的青睐。

而在国内，新浪微博的风头也曾一时无两。不仅吸引了众多名人，还有诸多政府部门、相关领导、企事业单位、媒体单位纷纷入驻，微博一度成为网民讨论时政、经济、八卦，媒体发布新闻资讯，企业进行自我宣传、营销的大平台。在微博中诞生的各种网络热词也迅速走红网络，通过微博曝光的许多事件经常成为社会舆论焦点，微博效应热火朝天。②

2.微博由盛转衰

2011年是国内微博用户实现井喷式增长的一年，我国微博用户数达到2.5亿，微博花了一年时间成为近一半中国网民使用的重要互联网应用。

2013年，微博的用户规模和使用率均出现大幅下降。我国微博用户规模为2.81亿，较2012年底减少2783万。这折射出并不乐观的微博发展情况：一方面，基于社交网络营销的商业化并不理想，盈利能力有限；另一方面来自竞争对手的冲击导致微博用户量下降。据中国互联网信息中心（CNNIC）的统计报告，在减少使用微博的人中，有37.4%的用户转移到了微信。

尽管提供微博的门户很多，但除了腾讯微博通过一键互通功能，实现与腾讯旗下王牌产品QQ、QQ空间的互通，曾一度能与新浪微博抗衡外，其他微博基本都是昙花一现，甚至走向关闭的结局。2014年11月4日，网易微博宣布将正式关闭，将用户迁移至旗下的LOAFER，③同年12月5日，凤凰微博宣布关闭。其他诸如搜狐微博、人民微博，虽未明确表示关闭微博，但是已成奄奄一息之态。用户群体主要向新浪微博倾斜，新浪一家独大的格局形成。

2014年3月，新浪微博改名“微博”二字，并于当年4月17日，正式登陆纳斯达克证券交易所④，微博在已经走向下坡路的时候逆风上市。

尽管微博已经上市，但是随着微信、易信等新型移动互联网应用兴起，微博的发展受到了强烈的冲击，无论是微博用户数还是活跃人数，都呈下降趋势，业界对微博的未来也开始唱衰。

在全球范围来说，Twitter的发展仍然比较红火。Twitter目前已经比较成熟的盈利

---

①以上由作者整理自网络资料。

②以上数据均出自中国互联网络信息中心，第29次至第35次中国互联网发展状况统计报告。

③网易微博将正式关闭，用户迁至轻博客LOFTER[EB/OL].新浪科技.http://tech.sina.com.cn/i/2014-11-05/doc-iavxeafr4419384.shtml,2014-11-05.

④微博成功登陆纳斯达克 上市首日大幅收高19%[EB/OL].新浪科技.http://tech.sina.com.cn/i/2014-04-18/04139329030.shtml,2014-04-18.

模式包括实时搜索、高级账户收费、移动与客户端服务、平台开放与合作、战略合作、广告等，随着其开放平台更加成熟，Twitter 未来的商业价值仍然非常巨大。

（二）微博带来传播生态的变革

尽管博客的出现在一定程度上也改变了传播的生态，然而到了微博时代，才真正地革了传统传播媒介的命。无论是 Twitter 还是国内的新浪微博，其特点都大同小异。同样作为开放的社交化媒体，也具有兼容性和网状交叉扩散性，提高了信息传播的速度与效率，因此其对传播生态带来的变革也是相似的。

微博实现了传播主体由精英传播到平民传播；传播内容由统一生产到个性化生产；传播过程从单向到互动；传播效果呈病毒式扩散。

首先，在传播主体上，微博赋予了每个注册了微博的用户传播的权利和机会，实现了传播者的大众化。以往被大众媒介所掌握的传播权利被下放，在这种环境下能明显提高传播者的自主性。而且传受双方之间的界限被打破，传者既是受者，受者也可以成为传者，二者之间交错融合。

其次，传播的内容发生了改变。在传统媒体环境下，大众媒介对信息有一个取舍和加工的“把关人”过程，是一种统一生产的内容。而在微博环境下，普通用户发布微博几乎是零门槛，用户可以自己创作内容，微博上的热议事件往往还能吸引大众媒介跟进报道。但是，零门槛的发布方式也使得微博平台上的内容碎片化，缺乏规范和严谨，甚至内容失真或不符合社会规范，造成网络谣言。

再次，传播过程也发生了改变，传统的传播环境下，传者向受者的传播过程是一种单向流动、点对面的传播。微博的出现则提供了一种以互动和交流为突出优势的新的传播平台。传播的主体和传播的客体之间可以通过微博的转发、评论、点赞、私信等功能进行及时的、点对点的交流和互动。并且在微博平台上，由于微博用户可以添加自己的观点以后进行转发，因此微博信息除了一对一、一对多的传播外，还可以实现多对多的传播，微博实现了人际传播和大众传播的结合。

最后，传播的效果也发生了改变。其一表现为传播的病毒式扩散效果，微博突破了时间和空间的限制，使得信息的发布、传播都非常迅速、高效，甚至能产生病毒式的扩散效果。其二则表现在微博语境下，传播的客体不再全盘接受所有信息，而是具有了质疑的可能。一旦他们对微博中的某些信息抱有怀疑态度时，他们可以直接评论或转发表达自己的不同观点，甚至通过自己的例证去否定权威。

（三）微博提升公民话语权

微博的兴起削弱了传统媒体舆论控制的能力，提升了公众的话语权，从而建立起媒介话语的新秩序。

话语权有两层含义：“话语权利”和“话语权力”。简单来说就是表达自己意见的“权利”和自我的表达有一定的影响力。后者隐含着一种一定要达到某种效果，使“权利”得到保障的蕴意。①

媒介的形态与结构和话语权之间关联紧密，甚至可以认为谁掌握了媒介，谁就掌握了话语权。互联网的自由性、平等性、开放性、交互性和匿名性，为人们广泛参与公共事务、发表政治意见和表达自我的利益诉求提供了一个交流的平台，使公民话语产生的土壤更加肥沃。尤其是在微博兴起的互联网媒介环境下，传统媒体对话语权的绝对垄断地位被打破，话语间互动的维度、频度、广度和深度上都发生了深刻的变化。

传统媒体控制话语权的一个很重要的手段就是议程设置，传统媒体环境下，是媒介议程影响公众议程；然而在新媒体环境下，网民的讨论热点一旦成为社会讨论的焦点，媒体出于追逐社会热点的职业本能，就会对这些网民讨论的焦点话题跟进报道和考证，也就是说公众议程会反向影响媒介议程。这就直接对传统媒体话语权的作用机制之一形成了直接的冲击。

在新媒体冲击的环境下，传统媒介在捍卫话语权上处于相对被动招架的状态。我国的媒介组织，作为宣传体系下的一环，受到来自政治体制上的束缚，加之商业因素的压力，不可能很好地履行社会监督角色，因此在公众心中的公信力不断下降，这必将导致媒介话语权处于极大的被动局面。

然而，微博并未真正改变传统微博的传统意见领袖的形成机制及其影响。整个媒体系统中的话语权仍归属于既有的意见领袖，草根的话语只是得到了更大程度上的彰显而已。

一方面，微博上影响力比较大的媒体账号，大多来源于现实中的既有媒体。因为微博是一种用户主动关注机制，这使得意见领袖的门槛被提高，传统媒体或来自传统媒体的记者所管理的微博号，更加能够赢得用户的信任和青睐。微博意见领袖对传统媒体的依附，会加深既有意见领袖的地位，非但没有使既有意见领袖失去话语权，反倒加强了其话语权。②

另一方面，虽然草根的话语得到一定程度的放大，但是草根用户的微博在信任度、扩散程度、影响力上都无法跟传统的意见领袖相抗衡。加之草根用户在信息量不足、信息内容的把关、信息传播缺乏专业性上的弱势，导致仅有部分草根用户能成为微博上的意见领袖，而绝大多数草根用户仍然只能维持其草根身份。

（四）微博的负面性与治理

微博的快速发展虽然带来一系列可喜的变化，却也带来一系列新的社会问题。

微博发布主体繁多、信息不定量也没有明确的目标定位，在海量信息面前，受众难免会产生“选择困难症”。此外，由于微博发布的低门槛，可能会导致海量信息中夹杂着虚假、非理性、煽动性的言论，使其成为垃圾信息、虚假信息的收容站。

在微博场域下，下放的话语权使得网上的信息精华与糟粕并存；微博的传播广度之大、传播效率之快，也会成为谣言的催化剂，加快了假新闻传播的可能；微博碎片化的表达

---

①庄会晓.从全民传播的发展趋势分析话语权转移[D].青岛：中国海洋大学，2011.

②桑亮，许正林.微博意见领袖的形成机制及其影响[J].当代传播，2011(3)：12—14.

方式，可能导致在传播过程中信息失真，成为假新闻滋生的温床。虽然针对网络谣言，目前有微博的官方辟谣和一些专业人士出来“打假”，但是在此之前网络谣言早已弥漫网络，会造成极其恶劣的社会影响。

此外是网络暴力的泛滥。既包括对他人毫无来由的诽谤和泄露隐私，也有漫天的网络谩骂。微博的低门槛发布、转发和评论机制使得很多无辜者被丑化、玷污清白，使陷于舆论漩涡的人遭受无穷无尽的网络谩骂，甚至被逼关闭评论或者清空微博。尽管早在2013年9月，“两高”就已出台司法解释规定“同一诽谤信息实际被点击、浏览次数达到五千次以上，或者被转发次数达到五百次以上的”，应当认定为诽谤行为“情节严重”，从而为诽谤罪设定了非常严格的量化的入罪标准，然而在具体执行中该法规的操作性和现实性却大打折扣。

针对微博可能导致的一系列社会问题，更呼唤规范化的、可操作化的新媒体管理体系的出现。

首先，需要优化目前的网络治理模式。合理的网络监管体系应该是多方参与的治理，需要有政府层面的行政管理条例、互联网行业的行业治理体系、微博平台的把关人角色担当、网民自身素质的提升和社会监督的参与。这离不开相关微博内容管理条例和自律规章的建立，也离不开网民自身媒介素养的提高。只有多方的参与和合作，完善政府、企业、社会、网民这四者之间的协商对话，建立良性互动机制，才能优化现有网络治理模式。

其次，要建立网络舆情的预警系统。利用网络搜索引擎技术和网络信息过滤技术，实现对“与己有关”的网络舆情监督管理的需要，最终形成舆情简报、舆情专报、分析报告，为决策层全面掌握舆情动态，建立网络舆情应急处理工作机制提供舆情预警和分析依据。①

再次，强化网络舆论引导机制。一方面，要发挥出政府微博主动引导舆论、拉近与网民距离、满足民众表达诉求，为官民交流创新渠道和途径的功能；另一方面，要培养一批微博意见领袖，利用他们在公共舆论事件上去影响青年社会心理和公众舆论走向，以建构网上舆论引导的主动权，实现虚拟社会管理的科学化。

最后，要依靠传统媒体的力量，合理利用传统媒体的公信力和影响力，在微博环境中辟谣与扬善，弘扬主旋律。

四、微信：“连接一切”的移动平台

无论是博客还是微博，都是模仿国外类似产品进行中国化以后的产物，没有原创性。而微信的出现，则是一种新兴的“中国式互联网产品”，对于中国互联网的发展具有非比寻常的意义。

微信出生于2011年，截至2015年5月13日，微信已经覆盖中国90%以上的智能手机，当之无愧地成为移动互联网时代的霸主。它的出现不仅动摇了微博的王者地位，而且也进一步推动了移动互联网的发展，创新了企业的营销方式。

---

①相德宝.新媒体问题与管理——2011中国新媒体研究综述[J].新闻界，2012(2)：41—46.

（一）微信公众号

微信公众号是商家、媒体或者个人在微信公众平台上申请的应用程序账号，通过它可以实现与该公众号的订阅用户之间的文字、图片、语音、视频的全方位沟通和互动，可以说微信公众号的出现改变了企业的营销方式，已发展成为一种主流的宣传和营销方式。

1.微信公众号的运营方式

微信 5.0 版本发布以后，微信公众号被区分为订阅号和服务号。订阅号每日可以群发一条消息，且所有订阅号将被折叠在一个订阅列表中，不再有群发提醒，未认证的订阅号不可以自定义菜单；而服务号群发的消息会出现在用户消息列表中，不用认证即可免费申请自定义菜单，但是每月只能群发 4 条信息。

作为微信商业化的重要环节，微信公众号在连接商家和用户上充当着重要的桥梁作用。针对公众号，微信也逐步开放了很多重要的接口和功能，比如微信支付接口、微信小店、智能硬件接口、账号体系、打通 APP 等，一步步完善着公众号的生态体系，使其能成为"连接一切"的平台。

微信公众号的运营主体除了传统媒体、企事业单位外，还有一批在移动互联网时代兴起的自媒体人(大多从传统媒体转身或兼任)。截至 2015 年第一季度末，微信公众平台已经拥有超过 800 万的公众号①，微信公众号已经成为企业营销的一种热门新选择。

传统媒体的微信公众号因其原有阅读群体广泛，内容运营的专业性强，是用户订阅和阅读的重要来源。目前，国内主流媒体大都采用"订阅号"的模式进行运营，主要有"以信息推送为主"和"构建用户系统，试水微信营销"两种营销模式。②

第一种模式，主要还是采取传统媒体"内容为王"的策略，通过在微信公众号每天向订阅用户推送媒体生产的原创资讯或转载的资讯来吸引粉丝关注，以维系和打造自身在移动互联网时代的影响力。一般而言，这些公众号的推送内容是精心挑选以后的能吸引用户的，也有刊物内容的简介，吸引用户去购买杂志的，如《南都娱乐周刊》。然而虽然这种模式的公众号也会涉及跟订阅用户的互动，但是在社交关系的搭建、企业营销上还较弱。

第二种模式，则开始用互联网思维尝试构建新的用户系统，将微信视为新型营销工具。其中具体的做法又包括：一是要求用户关注微信并且截图分享至朋友圈来抽奖或者通过朋友圈集赞，给予一定的奖励，这是大部分微信公众号开办之初为了吸引粉丝常用的手段；二是认证的微信订阅号或者服务号可以通过自定义菜单栏，跳转到相应的期刊订阅或者商品购买的网页；三是软文广告营销，通过结合自身账号定位在推送消息内植入商家信息获取商家的广告费用；四是自愿付费成为会员或者为作者打赏，让用户自愿"打赏"是目前比较常见的一种方式。

2.微信公众号的局限与突破

在微信公众号如火如荼的背后，仍然存在不少局限。诸如内容同质化，缺乏品牌个

---

①2015 微信用户数据报告：已覆盖中国 90%以上的智能手机[EB/OL].凤凰科技.http://tech.ifeng.com/a/20150601/41096795_0.shtml,2015-06-01.

②李彪，陈璐瑶.传媒微信：现状、问题及对策[J].新闻战线，2014(3)：27—29.

性；运营思路老套，互动性和社交性不够；受限于微信平台的功能限制，比较被动等。

微信公众号已经推出至今，已然走过了涨粉的红利期，订阅用户对公众号的敏感程度明显下滑，订阅图文信息的打开率也在下降，这说明微信公众号的运营亟须往精细化方向发展。

首先，要突破内容逐渐同质化的情形。微博一度走向衰退的一个很重要原因也是因为同质化信息越来越多，垃圾信息的价值低，同质化的冗余消息让用户产生审美疲劳。虽然微信公众号上的传统媒体的账号，可以有丰富的原创内容作为支撑，但是因为对新闻事件的报道角度区别不大，就容易导致内容上的同质化出现。因此，媒体的公众号需要体现媒体品牌的个性与价值，善于从不同角度去分析新闻事件，给订阅用户耳目一新、不可替代之感。

其次，要转变运营思路，用互联网思维去改进运营方式，真正做到从用户出发，善于利用微信公众平台的用户分析和图文分析数据，掌握用户阅读微信公众号内容的习惯和偏好，才能有的放矢。

最后，还要加强跟用户的交流和互动，但不能仅限于简单的线上互动，线下开展粉丝见面会、期刊签名购买等活动也未必不可取。

（二）微信与移动互联网生活方式

微信的出现，不仅改变了人们的交流方式，而且还对人们的生活方式产生了深刻的、持续的影响。

微信被互联网行业视为是腾讯公司抢占移动互联网入口的一张船票。在互联网经济中，信奉的是“渠道为王”，认为只要抢占到了用户，就能把应用和服务分发出去，从而谋得利润。作为腾讯公司布局移动互联网的重要一环，微信“连接一切”的野心就已经彰显出微信不仅仅只是一个通信工具那么简单，而是要做用户在移动互联网时代的服务平台。

2013 年 8 月，微信 5.0 版本推出，新增了“游戏中心”和“微信支付”等商业化功能，已经凸显出微信在移动支付和搭建移动娱乐业态的熊熊野心。2014 年 3 月 19 日，微信支付接口正式对外开放，标志着微信的商业化路径又深入一环。[①] 目前，微信支付已实现刷卡支付、扫码支付、公众号支付、APP 支付，并提供企业红包、代金券、立减优惠等营销新工具，满足用户及商户的不同支付场景。

此外，腾讯公司入股滴滴打车、大众点评、京东等企业，并将其服务接入微信平台中，完善了微信对人们生活服务、O2O 服务和网络购物等方面的支持。可以预见在不久的将来，微信支付将成为现实生活中的重要支付手段，而微信所搭建的移动生活方式，也将彻底改变人们长久以来的生活习惯。

第三节　移动通信媒体发展巡礼

移动通信媒体的产生，改变了新闻生产方式，构筑了媒介融合的平台，重塑了人们的生活方式，搭建起人类社交平台和智能化生活方式。

---

①以上数据由作者整理自互联网资料。

一、移动通信媒体的产生及意义

移动通信媒体，指的是通过移动终端（手机、平板电脑及其他手持终端）连接互联网，来获得海量资讯和服务的媒介。

（一）移动通信媒体的产生

移动通信媒体的产生、发展离不开移动通信技术的进步；移动终端硬件的普及、移动应用软件的丰富以及移动互联网用户规模的增长。

1.移动通信技术的发展

2009 年是移动互联网发展历程中的关键节点。这一年，3G 通信获得正式牌照，手机网民规模达到 2.33 亿，占网民总体的 60.8%①。3G 业务实现了计算机、通信、消费电子和内容的融合②，为移动通信媒体的发展提供了技术保障。

2013 年 12 月 4 日，工业和信息化部正式向国内三大电信运营商中国移动、中国联通、中国电信发布了 TD-LTE 制式牌照，标志着我国 4G 时代的大幕开启③。4G 时代的来临，不仅网络速度得到大幅提升，数据流量的价格也得以降低，使得通过移动互联网能够实现的应用场景越来越多，尤其是网络视频的发展迎来了春天。

根据工业和信息化部（工信部）数据显示，截至 2015 年 4 月，我国移动电话用户的总规模已经达到12.93 亿户，其中 3G/4G 用户总数达到 6.44 亿户④，3G/4G 技术正快速席卷与改造移动通信行业，在技术层面保证了移动互联网向前推进。

2.移动终端硬件的普及

终端设备对上网支持程度的逐步完善也对移动通信媒体的发展起到重要作用。

2007 年，第一代 iPhone 的发布，标志着智能终端序幕的开启。此后 iPhone 不断升级换代，智能机的技术工艺也得以不断提升，iPad、iTouch 等手持智能设备的问世也扩展了移动智能终端的格局。

在国内市场，电信运营商推出的"充话费送手机"或"购手机送话费"等活动也进一步刺激了智能手机用户的增长。国内的智能手机竞争相当激烈，市场经常陷入价格战或配置战中，千元以下的智能机市场火爆异常，各智能手机终端厂商推出的"饥饿营销"手段经常引发抢购狂潮，其中又以主打性价比的小米和华为表现最为醒目。目前市场上的主流手机终端已基本都是大屏幕、支持高速上网服务的智能手机，2014 年中国的智能手机用户首次超过 5 亿，预计在之后几年将保持高速增长，到 2018 年有望超过 7 亿智能手机用户量。⑤

---

①中国互联网络信息中心.第 25 次中国互联网络发展状况统计报告[EB/OL].http://www.cnnic.cn/hlwfzyj/hlwxzbg/hlwtjbg/201206/t20120612_26716.htm，2010-01-15.

②罗玲.3G 时代的传媒变局[J].青年记者，2009(23)：109—110.

③王武彬.4G 时代的媒体机遇与发展策略选择[J].中国记者，2014(2)：26—27.

④工信部：4G 用户总数达 1.78 亿 4 月净增 1603 万户[EB/OL].网易科技.http://tech.163.com/15/0520/15/AQ2N48V0000915BE.html，2015-05-20.

⑤2018 年智能机数量超功能机 中国用户数将达 7 亿 [EB/OL].腾讯数码.http://digi.tech.qq.com/a/20141215/008519.htm，2014-12-15.

移动终端的普及，为移动互联网的发展提供了硬件支持，终端工艺和技术的提升，也必将提升移动互联网用户的使用体验。

3.移动应用软件的丰富

移动应用软件，主要指的是智能手机的第三方应用程序，通过第三方应用程序，能为用户提供多元化、全方位的移动互联网应用和服务。

国际上比较主流的应用程序商店有苹果的 App Store，谷歌的 Google Play Store，诺基亚的 Ovi Store，还有黑莓用户的 BlackBerry App World，微软的 Marketplace 等，国内市场则以豌豆荚、腾讯应用宝、安智市场等最受欢迎。最近几年，APP(应用程序，Application 的缩写)的分发成为各个互联网巨头的争夺重点。

目前，比较热门的移动应用主要有即时通信工具、搜索引擎、移动地图、移动支付工具、移动视频、新闻客户端、移动音乐、移动游戏、移动电子商务等类型，移动应用往往成为互联网公司争夺用户的入口，竞争激烈，因此各类型的应用层出不穷，使得移动互联网的服务和功能愈来愈丰富多彩。

（二）移动通信媒体的发展阶段

移动互联网的发展主要有四个阶段，包括了雏形阶段、起步阶段、发展阶段和成熟阶段，目前已经进入成熟阶段。

2000 年以前是移动互联网形成的雏形阶段，移动梦网的推出是其最初的雏形。但是当时的移动梦网只是基于 Web 2.0 时代浏览器的一种产物，还是一个封闭的系统，当时的应用都比较简单，主要满足信息浏览和搜索、简单的通信功能。

2001 年到 2006 年，是移动互联网的起步阶段。在这个阶段，出现了很多移动 SP(Service Provider，服务提供商，一般指电信增值业务提供商)，这类厂商作为独立门户的出现，使得移动互联网得以快速发展，在这阶段很多 SP 通过与门户网站的合作获得了盈利，移动增值市场的用户和收入也不断提升，但这一时期的主要应用也以获取资讯和搜索信息为主。

从 2007 年智能手机的推出到 2009 年 3G 牌照发放，是移动互联网的发展时期。在这一阶段，智能手机开始逐渐普及，移动通信技术不断优化，移动数据流量的资费也开始快速下降，用户对于移动互联网也逐渐熟悉。在这一阶段已经出现了不少独立的移动应用，手机音乐、手机阅读、手机游戏、手机电视等种类的应用不断出现、丰富和普及。

2010 年至今是移动互联网的成熟期，移动互联网的发展进入快速发展期，互联网服务商全面接入，移动终端制造厂商也开始通过内置软件或自建生态加入移动互联网领域，电信运营商也通过跟互联网服务商或移动终端的制造商的合作，抢占移动互联网市场，用户对移动互联网的习惯和依赖程度进一步加深①。整个市场在多方参与者的推动下取得了飞跃式的发展，涌现了大量具有移动互联网特点甚至是颠覆传统互联网、传统行业的应用。

---

①陈跃华.移动互联网历史、现状及发展[J].邮电经济.2013(1):43—47.

二、移动通信媒体的发展推进媒介融合

移动通信媒体的发展改变了新闻生产方式，推动着媒介融合的进程。

1.移动通信媒体改变新闻生产方式

移动通信媒体的出现改变了传统的新闻生产方式，出现了全民记者化。普通的移动互联网用户，可以通过移动智能设备，即时记载、拍摄生活中发生的突发事件，上传至微博或朋友圈，通过社交圈中的人际传播和转发机制，让突发事件得以呈现在大众面前，成为“业务记者”。

“全民记者”的出现也倒逼传统媒体的记者必须具备快速获取信息关键词和进行信息整合、处理的能力，以专业性来保证自身的影响力。传统媒体更需要依靠多年积累而来的影响力、独特的新闻视角和鞭辟入里的新闻解读能力，保持并突出自身专业内容和原创优势。同时，还要适应新环境下用户需求的变化和多元化的特点，转变内容运营的思维，实现从传统的新闻思维到以产品思维、服务思维、数据思维和互动思维为中心，即互联网思维的转变。

除了提升专业新闻生产能力以外，传统媒体也应适应互联网快速发展的特点，利用云端存取和挖掘大数据等手段，改变新闻采写方式，用结构化数据来进行新闻的采写，融入新媒体技术和移动终端的特点创新新闻的呈现方式，比如图说新闻、数据可视化新闻和基于移动端浏览特点的 Html5 格式的新闻专题，这样才能保持对用户的吸引力。

2.移动通信媒体发展促进媒介融合

在移动互联网发展日新月异的当下，媒介融合的趋势已不容逆转，传统媒体和新媒体的融合也进入了新的历史阶段。

从根本上讲，媒介融合的主导因素有两个。一是技术因素，提供创新和体制机制调整的动力；二是用户需求，提供媒介融合的市场。成功的媒介融合形态正是充分利用技术的推力，沿着满足受众—用户需求的角度逐步推进。①

对传统媒体而言，要更好地在移动互联网时代发展和生存，就必须要以积极的心态迎接互联网。不少传统媒体虽然叫嚷着要进行媒介融合，但是实际上只是想采取“传统媒体为体，新媒体为用”的方式，不改变传统媒体的根本体制和运营模式，而是借助新媒体渠道去获得信息发布的新路径，只是在原有运动模式的基础之上画延长线，这并非真正的媒介融合。

移动新技术的发展，为传统媒体和新媒体之间的媒介融合提供了技术创新的动力和保障。传统媒体应该合理利用移动新技术，不再将移动通信媒体视为一种工具，而应该是与之融合的主体，把移动互联网当基础，当运作的基本逻辑，在内容生产和营销行为上考虑移动互联网的规则和机制，致力于建立有影响力、公信力和权威性的内容，然后利用新媒体平台和资源将内容最大限度地分发出去，获得内容方面的机会，弥补链接的短板。②

---

①②吴世文，谢湖伟.媒介融合的多重逻辑及发展取向[J].青年记者，2015(1)：54—55.

传统媒体在进行媒介融合的过程中，还必须坚持以用户为中心的思维来进行指导。在互联网时代，强调的是用户为王，用户的体验、用户的喜爱程度直接关系到一个产品或企业能否获得好的发展。因此媒介融合要求传统媒体改变以往高高在上的姿态，需要从为用户解决问题的服务思维上着手，真正使得自身的信息发布有价值；需要利用互联网数据和自身积累的数据进行严谨分析，挖掘用户需求；需要加强跟媒体内容的用户之间的互动，彻底抛弃高高在上的自得感和不重视“受众”的想法，将“受众”当作“用户”对待，生产真正符合用户口味的内容。

此外，在跟媒介相关的其他要素方面进行汇聚和融合也是必不可少的，包括媒介的形态、媒介功能、媒介传播手段、媒介的资本所有权和组织架构等。在节点众多的媒介融合的产业链上，传统媒体绝不能仅仅满足于做好一个内容提供商的本分，而应该努力学习、吸纳新媒体的技术特性，往产业链的上下游方向延伸。

三、移动互联网搭建人类社交平台

移动互联网的发展为用户塑造了新的生活方式，搭建人类社交平台，智能化和娱乐化也成为移动互联网用户的生活新体验。

智能手机的发展，使得人们的交流可以突破时间、空间的限制，实现随时随地的联系。通过各种第三方应用软件，可以与远方的同学、朋友、亲人甚至陌生人共享文件、音乐、图片和资讯。微博、朋友圈等基于熟人关系的社交网络的兴起，以及陌陌、探探等基于陌生人交友的社交软件的风靡，让移动互联网时代的虚拟社交越来越成为人们生活的重要方式。

社交性又带来新的内容生产和传播方式。甚至可以说，社交性已经成为当今新媒体内容发布的起点。用户化身为社会化媒体的主角，他们利用社会关系来进行新闻信息内容的生产、传播和接受。无论是进行原创内容的创作，还是对已有内容或专业媒体内容的加工、整合，都是基于用户自身的兴趣和需求而来的。由于拥有较稳定的社交关系，因此他们往往可以使得自己原创或加工的内容更容易得到受众的认同，也就更加容易实现广泛传播。基于社交关系的黏性和可靠性，也兴起了许多新型的营销方式，如微商等。

此外，智能化的穿戴设备也给了移动互联网用户新的体验。谷歌公司 2012 年发布了一款“拓展现实”眼镜 Google Project Glass，这款眼镜具备和智能手机一样的功能，可以通过声音控制拍照、视频通话和上网等，这款智能设备的出现也带动了一系列可穿戴设备的研发。像小米公司发布的小米手环可以监控睡眠状态和运动情况，还有 iHealth、Uwatch 等定位于记录生活习惯、进行健康管理的智能腕表等。

可以预见的是，此后智能化的设备将越来越多，而这一切必将推动人们的生活进入智能化体验的新时代，从而改变人们的生活方式。

不可否认，在移动互联网时代，娱乐仍然有着重要的地位。随着移动智能终端的不断革新，通信技术的支持和数据流量资费的下降，人们对网络视频、网络阅读、网络游戏的需求量也在不断提升，主打休闲时间的移动游戏如“天天爱消除”“全民打飞机”等都曾风靡一时。并且随着移动智能终端性能的提升，一些大型游戏也可以在移动端进行，这使得娱乐化趋势在移动互联网时代也十分明显。

【知识回顾】

本章对新媒体的发展历程进行了回顾，分别从网络媒体的发展和移动互联网的发展进行了具体的论述，并对新媒体发展过程中三种重要的自媒体工具：博客、微博和微信的发展历程、产品特点和对传播环境及公众生活带来的影响进行了探讨。

【思考题】

1.你最常使用的 APP 是什么？ 谈谈它的盈利模式是怎样的。
2.在移动互联网时代，大众媒介该如何保持自己的竞争力和影响力？
3.你认为 PC 互联网会被移动互联网取代吗？ 为什么？

第三章
网络技术和数字技术

【知识目标】

☆网络技术的基础知识和网络技术的基本原理。

☆网络技术中门户网站、搜索引擎、即时通信、网络视频的关键技术及应用。

☆了解数字媒体技术的基础知识及原理。

☆把握数字图像、数字音频、数字视频的原理及应用。

【能力目标】

1. 了解我们生活中常见的网络技术和数字技术。
2. 掌握网络技术基础，把握网络传播特点和应用，初步认识网络技术。

【案例导入】

网络技术实现了信息的共享和自由流通。早期人们对信息动态的把握主要是通过传统媒体，但由于传统媒体自身的局限，信息在传达过程中存在时间偏差，易受到地域的阻隔，影响力远不如我们现在所处的网络社会。

网络社会最大的特点在于人人互联，每个人都可以成为信息的传播者，正面或负面的信息，在极短的时间内就可以达到传播的峰值。

从郭美美事件到北京暴雨，再到雅安地震，无不牵动着整个社会的心。在这些信息流动的背后，网络媒体的平台属性不断凸显，伴随着网络舆论集群效应，从而推动事件的发展。

2014 年 3 月，马来西亚航空“MH370 事件”发生后，各媒体平台相互联动，搭建起一个立体的媒体空间。网络媒体作为主要的信息传播载体，它的功能是第一时间内将事故告知网民。搜索引擎作为信息的检索工具，它的功能是帮助网民根据关注点找寻相关话题。网络社区作为信息的分享空间，它的功能便在于信息的多级分享和传播。

马航“MH370 事件”发生后，微博上的信息流动攒动，形成大大小小的峰值。处于网络信息节点上的网民，通过丰富的媒体表现形态，也加快和拓展了信息传播的速度和范围。

网络技术从出现到普及，经历了数十年的演变。它的发展大概可以分为“聚合阶段”“交互阶段”和“智能阶段”。“聚合阶段”的网络，主要作用在于实现信息的聚合，以便网络用户能够自由获取信息，以门户网站为代表，从信息的传播上看，初期的网络信息以单向传播为主。“交互阶段”的网络，在信息聚合的基础上，实现了双向交互，呈现出个性化态势，互联网两端的网民不再是分离的个体，相互间的黏度大大增强。“智能阶段”的网络，应用开始变得五花八门，能够满足不同网民的需求，它的理念在于智能化生活、便捷化操作，虚拟与现实之间的界限变得模糊。

第一节　网络技术

新媒体环境改变了我们的生活环境，带来了数字化和互动的传播方式。网络技术作为最早出现的新媒体，它的出现具有划时代的意义。用户通过网络门户、网络视频和即时通信，走向了比传统媒体时期更为广阔的信息空间。

一、网络的组成部分

网络如同一张大网将独立的计算机紧紧连成一个整体，信息则根据网络协议予以传递，避免信息传送过程中的杂乱无章。

一个完整的网络由硬件系统和软件系统这两个部分构成。我们通常使用的终端设备属于硬件系统，网络应用则属于软件系统，二者缺一不可，协同作用支撑起整个计算机网络的运作。

（一）网络硬件系统

网络硬件系统，是构成计算机网络的设备与部件的总称，也是网络中必不可少的配置，简单地说就是主机、传输介质和通信设备。

1.主机

主机通常可以分为服务器(Server)与客户机(Client)两种。服务器主要负责管理信息资源和提供数据服务，是网络的核心设备。呈现在网民面前的符号信息，不管是文字、图片，还是音频、视频都需要预先储存在服务器上，用户提出访问请求后，服务器会根据不同的需求返回相关数据信息。客户机是一个与服务器相对的硬件设备，主要功能是实现用户对数据信息的访问。

2.传输介质

传输介质是计算机网络通信中信息传输的通道。计算机网络中数据的流通需要依附有线介质或无线介质。有线的数据传输介质主要有双绞线、同轴电缆和光纤，它的传输环境相对单一，不易受外界环境的干扰，但因传输距离的限制，数据传输只能在小范围内进行。而无线传输可以打破地域的限制，不同传播频率会产生不同的信号传输效果，无线传输的介质可以是无线电波、微波、红外线、激光等。

3.通信设备

通信设备是传送或者接收数据的设备。在数据通信过程中，通信设备可看成信息在网络上流动的接口，如网卡、路由器、集线器、交换机等。其中，路由器是最为常见的通信设备，它能为经过路由器的每个数据分组寻找一条最佳传输路径。①

①王宏.数字媒体解析[M].重庆：西南师范大学出版社，2006.

（二）网络软件系统

网络软件作为组建网络的重要部分，可通过一系列的软件程序实现数据的交换，以可视化的界面和易操作的程序实现计算机与用户间的交互。在没有网络软件系统的计算机上，显示的会是一连串的字符，用户如果要对计算机进行操作，就必须键入相应的程序代码，操作很复杂，不利于计算机技术的普及。一个完整的网络软件系统主要由网络操作系统、网络协议和网络通信软件三部分组成。

1.网络操作系统

网络操作系统是网络软件的核心，它是用户与计算机交互的前提条件，简化程序运行的同时实现更高效的数据资源管理。如在 Windows 操作系统中，电脑桌面会显示任务栏、开始按钮和程序的图标，用户只需轻轻一点鼠标就能够调动程序，使计算机运作起来。

2.网络协议

网络协议在网络通信过程中扮演着“把关人”的角色。网络协议是数据交换中相互遵守的规定和约定，如 TCP/IP 协议、NetBEUI 协议、IPX/SPX 协议等。网络协议包括双方在交换数据时应采用的数据格式、传输的时间顺序、纠正错误的方法等。① 通常一个完整的协议包括语法、语义和时序三个部分。其中语法规定了信息的结构和格式；语义涉及需要发出何种控制信息，完成何种动作及做出何种应答；时序是对事件实现顺序的详细说明。②

3.网络通信软件

网络通信软件是互联网通信中必不可少的主体，信息经由通信软件，才能够实现用户之间信息的交互。狭义上看，可以等同于用户日常使用的电子邮箱、即时通信等工具。

二、网络结构

互联网世界中，计算机的数量庞大，彼此交织成一个错综复杂的网，对网络结构的把握主要从网络的覆盖范围和拓扑结构入手。

（一）按网络覆盖范围分类

根据覆盖范围的不同，网络可分为广域网、城域网和局域网。

1.广域网

广域网（Wide Area Network，WAN）又称远程网，它能够覆盖一个城市、一个国家，甚至是全世界。Internet（因特网）是典型的广域网，也是目前最大的网络。由于通信技术的局限，广域网的传输速率较低，一般维持在 64Kbit/s～2Mbit/s 之间。

2.城域网

城域网（Metropolitan Area Network，MAN）和广域网都能够适用于城市网络的构建，但是城域网与广域网相比，覆盖范围就要小得多，只能达到几十千米。城域网早期主

①②王宏.数字媒体解析[M].重庆：西南师范大学出版社，2006.

要通过电缆进行连接，所以应用会受到一定程度上的局限。随着无线通信技术的发展，城市中逐渐兴起的无线网势必会为城域网带来更丰富的应用。

3.局域网

局域网(Local Area Network, LAN)顾名思义是适用于小范围内的计算机网络，覆盖范围最大不超过 20km，通常在企业或者校园中应用得较为广泛。因为局域网的网络负载压力相对较小，传输速率大大提高，一般可以达到 10Mbit/s。此外，短距离降低了延迟率和误码率。局域网的建造标准则大多是按照 IEEE802.3(以太网)标准建设。

（二）按网络拓扑结构分类

网络拓扑(Network Topology)这个概念是从网络的物理结构形态上予以界定的，即各个网络节点以及链路之间相连的不同结构形态的抽象表示。不同形态的网络拓扑，作用也不尽相同。常见的拓扑结构有星型拓扑结构、总线型拓扑结构、树型拓扑结构、环型拓扑结构和网状型拓扑结构五种，如图 3-1 所示：

图 3-1

三、网络体系结构

网络体系结构和网络结构都属于结构范畴，但二者区别很大。网络结构强调的是网络节点的结构形态，而网络体系结构则是对网络通信系统的一种结构化设计，主要是从逻辑上对网络协议进行分层，以解决网络系统不兼容的问题。

当前，使用得最为广泛的网络体系结构是国际标准化组织(International Organization for Standardization, ISO)于 1979 年提出的开放系统互联(Open System Interconnection, OSI)参考模型。这个模型根据功能的不同，将网络的通信分为 7 个层次，这 7 个层次由低到高依次为物理层、数据链路层、网络层、传输层、会话层、表示层、应用层。各层之间是相互连接的关系，而不是相互独立，数据按照层级顺序依次传递。

四、网络信息表现形态

网络信息的形态主要表现为图像、音频和视频，与早期的信息相比，现阶段的信息形态更加丰富，对用户的吸引也更大。

（一）图像

图像是新媒体信息的构成要素之一，随着数字技术的发展，图像被大规模用于信息传播。快节奏的读图时代，图像丰富的色彩和前卫的设计能给人强烈的冲击感，从而迅速吸引人们的眼球。图像也就逐渐成为新媒体时代网络信息的主要形态之一。

1.像素和分辨率

像素是构成图像的基础单位，一个单位是一个像素（pixel），如图 3-2，该图像素为 3008px×2000px。将图片不断放大可以看到不同颜色的方块，如图 3-3，每个方块就是一个像素点。即该图横向有 3008 个色块，纵向有 2000 个色块，不同色块通过颜色的变化构成了这幅风景图像。

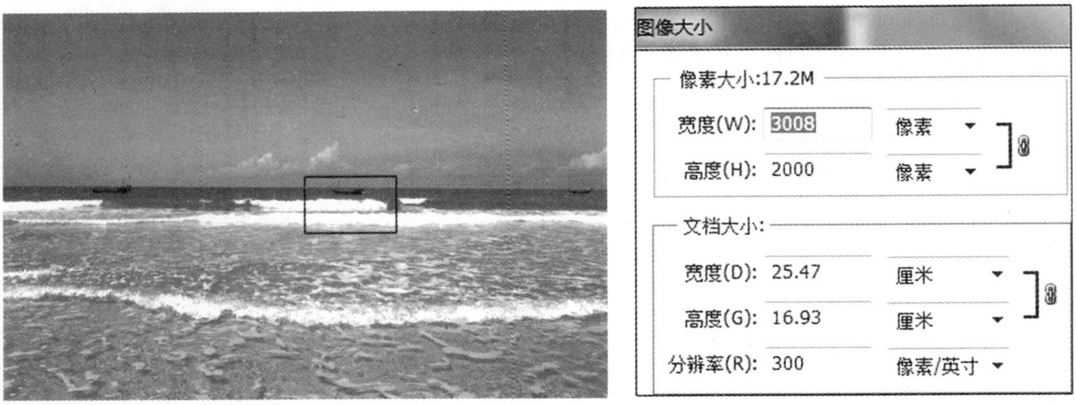

图 3-2

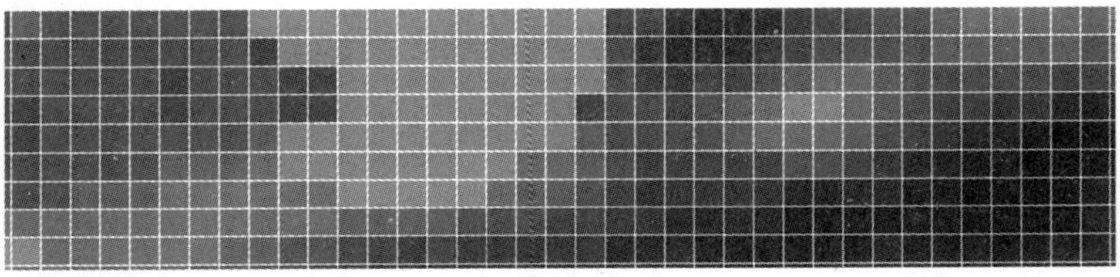

图 3-3

分辨率是描述图片清晰与否的标准，它指的是单位面积内的图片中包含的像素点个数，通常以像素/英寸为单位(PPI)。

像素：3008px×2000px

图 3-4a

像素：100px×67px

图 3-4b

同样画幅的图像，图 3-4a 中，横向有 3008 个像素点，纵向有 2000 个像素点，而右图 3-4b，横向与纵向分别有 100 和 67 个像素点。显然，图 3-4a 的图像要比图 3-4b 的清晰度高很多。因此在同等画幅的情况下，像素高的图像清晰度就高，像素低的图像清晰度就低。

二、网站的架构

传统门户网站时期，架构普遍简单，对系统的性能要求不高，因此无法承载网站大量的访问。随着数据库读取频率的增加，程序的响应速度变慢，若网站瞬间流量激增，就容易让服务器瘫痪，用户便无法继续访问。

网站主要使用的服务器有应用服务器、文件服务器和数据库服务器。为了解决网站访问量和承载量之间的矛盾，应用服务器和数据服务器逐渐分离。当前多数网站会根据自身业务在分离服务器的基础上增加服务器的数量，而在存储上采取分布式缓存存储，以提高系统的可伸缩性，减少数据库的读取压力，节约数据连接资源。

网站的架构可以分为前端架构和服务器架构。前端架构指的是网站的表现层和结构层，它们是和用户接触有关的部分，包括“前端缓存”“代码优化”“前端框架选择”和“路由机制”。“前端缓存”是将网站页面的信息储存在用户的电脑硬盘里，如图片、CSS、Flash等，避免用户多次调用数据库信息，可有效缓解服务器的压力。“代码优化”能让网页代码更简洁地呈现，多采用 DIV＋CSS 布局。为节约程序响应时间，优化过程中应避免过多嵌套。“前端框架选择”是根据网站的规模、用户的需求和成本效率选择合适的框架。“路由机制”指在传输过程中，数据借助路由器寻找最佳通信路径，实现短时间内的信息传输。

服务器架构包括“服务器的部署”以及“环境的搭建”。“服务器的部署”是根据业务的需要针对服务器来部署软硬件设备，使服务器平稳运行，合理分配应用服务器、文件服务器、数据服务器之间的比例关系。因此，服务器不是越多越好，而是要恰到好处，好的网络架构一定是适合自身发展的。

三、网站架构中的软件系统

当前网站的数量正成倍增长，尽管网站之间的内容和服务各有差异，但它们各自的基础架构却是类似的。从网站架构中的网站软件系统来看，它大致可分为 4 层，每层均采取分布式部署。第一层为应用层，它直接面向用户，通过客户端浏览器，用户能获取文字、图片等类型的数据。第二层是服务层，又称为分发数据层，所有数据都将在这一层进行处理，数据处理完后便返回给应用层相关数据类型和数据包。第三层是高速缓存层，它的工作就是处理逻辑数据和运算数据。第四层是数据库层，它主要用来提供数据库储存访问服务，[①]如数据库、缓存、文件和搜索引擎等。

第三节　搜索引擎技术

传统门户网站时期，用户主要通过“冲浪”获取信息，门户网站便是信息的入口。相较于纸媒，网络已为用户提供了足够多的信息。当新的信息搜索时代来临，信息开始过于泛滥，如何精准搜寻信息成了新的问题。搜索引擎的出现，逐渐弥补了海量信息带来的“漏

①李智慧.大型网站技术架构：核心原理与案例分析[M].北京：电子工业出版社，2013.

洞”,将信息智能化地呈现在搜索者面前。

一、搜索引擎技术概述

1990 年,加拿大麦吉尔大学的三名学生发明了 Archie,它被视为所有搜索引擎的鼻祖。在搜索引擎出现之前,用户在找寻信息时,需要在浏览器中输入特定的地址,打开网站后再开始搜寻信息。显然,单一的搜寻方式无法长久满足用户的需求,信息搜寻成本越大,用户放弃的可能性越大。为弥补传统信息搜索的缺陷,搜索引擎走进用户眼帘。用户只需通过关键字,就能迅速获取自己想要的信息。搜索引擎的发展大致经历了分类目录时期、文本检索时期、链接分析时期和用户中心时期。

分类目录时期的搜索引擎网站如同导航标,通过收录排名靠前的优质网站为用户提供包括新闻、搜索引擎、社交、网络购物、视频等在内的服务,形式上类似于“网络黄页”的电话号码收录,只是它的内容要丰富得多。从收录方式上来看,分类目录时期以人工收录为主。但这种信息搜索存在很大的局限性,只有很少的网站能被收录,并不能满足网民日益复杂的信息搜索需求。

文本检索时期的搜索引擎网站主要根据用户输入的关键字和关键词来检索信息,类似于图书馆的书目查询系统。用户在客户端输入某个搜索关键字或词后,服务器会捕捉到数据并产生响应,进而在数据库中找寻符合检索规则的信息,最后将信息返回给用户。一般来说,文本检索出的网页内容与用户查询的信息之间的匹配度较高,可采用布尔模型、向量空间模型或者概率模型进行检索,它的不足就在于对用户检索能力有较高要求。

链接分析时期的搜索引擎网站主要是对检索到的网页链接进行排序,重要的网页会优先排序并返回给用户,而次要的网页排名就相对靠后。因此,通过链接分析筛选出的网页与用户的需求匹配度较之前面几个检索时期都要高很多。Google 作为首位采用者获得了很大的成功,随后该网页分析技术陆续在其他搜索引擎中使用开来。

用户中心时期的搜索引擎网站最大特点在于“智能化搜索”,搜索引擎为用户提供的不是简单的数据,而是在把握了用户的搜索行为和心理习惯之后返回的同用户真实需求高度匹配的搜索结果,体现出人性化的查询机制。

在整个搜索过程中,数据库起到了很大的作用。通过大数据分析,用户的行为轨迹变得可测量,可跟踪。但也有人质疑“人性化”或许存在窥探用户隐私的嫌疑。因此搜索引擎在未来的发展中需要在满足用户搜索需求和掌握用户个人信息之间把握好一个度,这样才能获得更长久的发展。

二、搜索引擎的工作原理

搜索引擎出现后,信息搜索变得井然有序,核心在于页面的抓取,通过建立索引提供检索服务。

(一)搜索器抓取页面

搜索引擎运作的第一步是利用“搜索器”搜集网页信息,搜索器又被称为“网络蜘蛛”,它的工作就是每天反复“织网”,扩大搜集范围,获取尽可能多的页面。针对那些没有价值的网页，搜索引擎会定期进行更新，若更新不及时，用户就会遇到死链接或无效链接①，如图 3-6：

图 3-6　无效链接打开之后显示的内容，表明该 URL 已经失效②

搜索器对网页的抓取是随机的，它从任意一个网页开始之后会顺着 URL 中的超链接(Hyperlink)，以“宽度优先”“深度优先”或“启发式”方式获取网页信息。

“宽度优先”是指搜索器在某个页面发现多个链接时，先不考虑深入某个链接抓取信息，而是先将这个页面上的所有链接全部获取之后，再进行下一层次的搜索，如图 3-7：

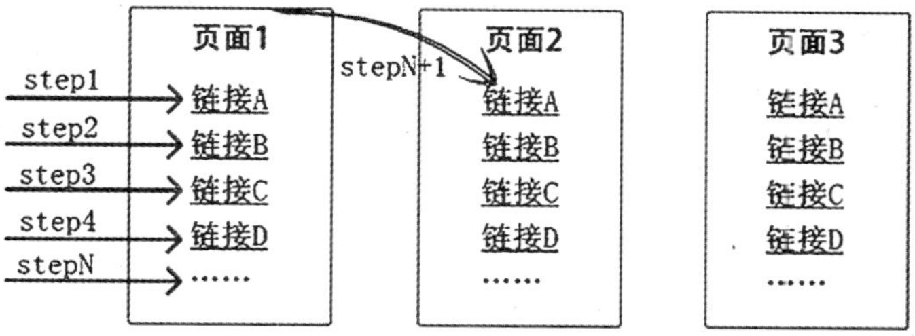

图 3-7

“深度优先”则是指搜索引擎优先满足搜索页面的深度，当搜索器在某个页面发现一个链接时会不断地顺着链接层层抓取信息，直到没有链接才返回第一个页面，然后再继续搜索，如图 3-8：

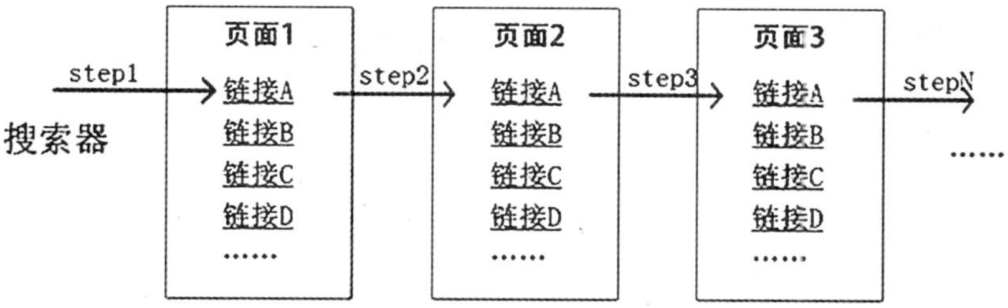

图 3-8

“启发式搜索”是对搜索位置评估之后再进行搜索的一种策略。因为宽度优先搜索策略和深度优先搜索策略可能存在搜索对象空间无限大的情况，所以通过事先预估，从权重较大的位置开始搜索可以避免很多无用功，还大大提高了搜索效率。

(二) 索引器建立索引

搜索引擎运作的第二步是通过“索引器”理解“搜索器”所搜索的信息，并从中抽取若

①唐忠，欧旭.因特网搜索引擎技术原理及发展趋势研究[J].大众科技，2009(1)：17—18.

②“失效链接”，http://bbs.sowang.com/dispbbs.asp? boardID=51&ID=704&page=1.

干索引项，用于标识文档以及生成文档库的索引表。[①] 简单地说，建立索引的过程就是从抓取的网页中抽取出若干关键字、关键词以便用户进行信息检索。

获取索引项之前，搜索引擎需要对网站中的标签信息进行过滤，这样做能够保证包含在标签中的信息被准确获取。

以下面的测试文档为例(该文档用 HTML 语言编写)，截取出的部分代码如下图 3-9：

```
  <div class="two">
  <ul>
<li><a href="#">[人口]300万，多生活在南部沿海地区</a></li>
<li><a href="#">[语言]印度尼西亚语、英语</a></li>
<li><a href="#">[宗教]信仰阿加玛印度教(Agama Hindu)  </a></li>
<li><a href="#">[民族]主要为巴厘岛的原住民 </a></li>
<li><a href="#">[时区]东8区，与中国无时差 </a></li>
<li><a href="#">[性质]宗教、海滨、公园、都市</a></li>
<li><a href="#">[气候]  热带海岛型气候，气候常年炎热  </a></li>
</ul>
  </div>
  </div>
```

图 3-9

假设搜索引擎获取网页之后筛选出以上部分标签，那么图中标签“<a>”和“</a>”之间的文本内容便是索引器得到的正文。获得文本之后，索引器会对内容进行切分，该环节涉及的切分技术包括正反向切词、正向切词、反向切词、关键字最少化切词、反馈切词技术等[②]，切分的目的就在于获取一系列目标关键词，最终形成关键词索引库。

（三）提供信息检索服务

搜索引擎运作的第三步是在抓取海量网页信息之后，根据网页的相关性排名向用户提供信息检索服务。相关性的排名主要和算法有关，以 Page Rank 算法为例，它是衡量网页重要性的指标之一，此外有 HITS、HillTop 等算法。Page Rank 算法最初由 Google 的创始人佩奇于 1997 年提出，是一种链接分析算法。它将“入链”的数量和网页的质量结合作为好的网页重要性评价的标准。[③]“入链”指的是其他网站指向某网站的链接，和“出链”相对；网页质量则与网页的访问流量、注册用户、活跃度、更新频率、网页内容的质量等因素相关。

如图 3-10，假设有 A、B、C、D 四个页面，每个页面的网页权重均赋值为 1，网页 A 的“入链”数为 0，网页 B 的“入链”有 1 个，网页 C 的“入链”有 2 个，指向网页 D 的链接有 3 个。初步可以求得 A、B、C、D 四个网页的权重分别为 0、0.33、0.83、1.83。显然网页 D 的权重最大，那么也就最容易被搜索引擎抓取到。

---

①唐忠，欧旭.因特网搜索引擎技术原理及发展趋势研究[J].大众科技，2009(1)：17—18.

②搜索引擎如何建立索引[EB/OL].http：//zhidao.baidu.com/question/303956514372122244.html? qbl=relate_question_0&word=%CB%D1%CB%F7%D2%FD%C7%E6%C8%E7%BA%CE%BD.

③张俊林.这就是搜索引擎：核心技术详解[M].北京：电子工业出版社，2012.

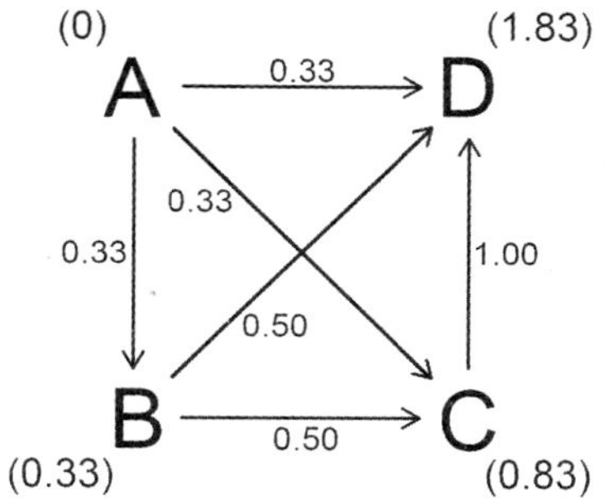

图 3-10

网页的排名除了和权重有关，还与网页自身的重要性有关。因此，对于一个网页或者网站来说，如果想让自己的网页排名比较靠前，不但需要有大量的“入链”，自身的内容也需要提升。

三、搜索引擎的应用

作为网站入口的搜索引擎，在生活和工作中的利用率相当高。对企业而言，搜索引擎是一个极佳的推广平台，通过搜索引擎优化，企业的相关信息可以呈现给有特定需求的用户。常用的优化策略有以下几种。

（一）域名优化

域名是与 IP 地址相对的主机名称。搜索引擎在抓取关键字的时候，若页面中的关键字和搜索引擎索引库中收录的关键词匹配度高，网页就会优先排列。域名优化常采用便于记忆或常用的名称。但实际情况是，常见的域名大多已被抢注，所以企业更多时候是通过类似名称来优化。域名优化是最简单的搜索引擎优化方式，容易理解，但实际效用仍有待考究。

（二）关键字策略

搜索引擎的“蜘蛛”在抓取页面时对页面文字内容的标题十分敏感。因此营销者在编辑网页的文字信息时，需要着重考虑标题的设置。要学会运用逆向思维，分析对手的关键词，增加自身的曝光率，吸引用户，将流量引入自己的网站。如在搜索引擎中输入“京东”这两个字，百度搜索页面的右侧推广链接会显示“淘宝”“天猫”“唯品会”等购物网站的图标。

除了标题策略，企业还可通过联想词汇来设置关键字，降低优化成本。如某中小企业最近新研发了一件化妆品，需要在搜索引擎上进行推广，但国内外各大化妆品品牌常年雄踞搜索引擎榜首，因此该企业考虑将关键字设置成“冬季如何保湿”“最佳护肤”这类冷门关键字。如果和用户需求的匹配度高，网页排名自然就会提前，降低了搜索引擎推广的成本。

（三）结构优化策略

结构优化策略中，网络蜘蛛对网络架构的要求比较高，在规划网站层级时，目录结构最好不要超过3层。[①] 网站还需要适当地添加“外链”模块，借助知名度高和质量高的网站提高自己的网页级别。

总的说来，搜索引擎优化只是推广策略的一种，提高网站自身的内容和服务质量才是发展的重点，用户也要学会在搜索引擎优化大行其道时擦亮眼睛。

第四节 即时通信技术

人类文明诞生的基础是社会交往的发展。原始时期的人类为了生存而聚居，相互之间通过肢体语言进行交流，随着生产力的提高，人类逐渐形成了自己的语言体系，交流方式开始多样化。不论是文字传播阶段还是网络传播阶段，都带来了人类沟通的新纪元。尤其在新媒体时代，即时通信工具的出现让人们可以随时随地联系彼此，不但通信成本大大降低，沟通形式也愈发丰富多彩，人人互联构成一个在线的整体。

互联网和移动通信技术的发展，促进了即时通信工具的普及。这个时期，人与人之间只需要通过即时通信软件就能实时地传递文本信息和声音信息，随着网络技术的成熟，图片、音频、视频等信息的传播都已实现。以腾讯QQ6.3版本为例，它不仅支持免费的语音通话，还能够多人视频，共享屏幕演示PPT文件，未来即时通信工具的形式势必会更加丰富。

一、即时通信软件概述

最早的即时通信软件为ICQ(I SEEK YOU)，由以色列人于20世纪90年代创造。由于技术限制，ICQ只能在用户间传递简单的文本信息。随着网络技术的不断发展，国内外才陆续出现了MSN、腾讯QQ、网易POPO等即时通信工具，并呈现出向移动端渗透的趋势。根据使用方式的不同，即时通信工具大致可以划分为以下三种，它们有相通之处，却各具特色。

（一）基于PC客户端的即时通信

PC端的即时通信工具是用户最早接触到的一种，用户使用PC客户端即时通信工具前，需要在客户机上下载应用软件，然后按步骤注册账号，通过网络协议与服务器或另一客户机进行通信。常见的PC端即时通信工具有MSN、腾讯QQ、阿里旺旺、新浪UC、网易POPO等。绝大多数PC端即时通信工具不但支持“一对一”或“多对多”的文字、语音、视频通信，还能便捷地通过在线或离线方式传递多媒体数据。

（二）基于WEB网页的即时通信

网页版的即时通信是在互联网技术发展到一定程度后产生的基于浏览器/服务器(B/S)结构的网络应用，用户的通信行为可直接在浏览器上进行，而不需要客户端的支持。

---

①王春艳，王雷.SEO策略研究[J].科技创新导报，2012(26)：45.

它最大限度地保持客户端软件操作习惯的同时，还具有极大的便利性。① 网页版即时通信工具以 Yahoo Web Messenger、WebQQ 为代表，除了可支持常规的通信服务外，还能随意增添新的应用，交互性强，可以很好地实现本地计算机与服务器端的对接。

（三）基于移动终端的即时通信

移动端的即时通信工具结合了网络技术和移动通信技术，让用户通过移动终端就能直接实时交流，而不需要借助电脑，彻底将用户从电脑中解放出来。其中移动网络对移动终端上的即时通信服务影响最大，早期的移动网络并不完善，即时通信只能传输单一的文字信息和少量简易图片。随着 4G 网络时代的到来、智能手机的普及和移动通信网络的完善与发展，移动终端的即时通信功能日益多元化。用户不但能在 Wi-Fi 环境下轻松实现语音和视频通话，功能甚至比 PC 端即时通信工具还强大。

二、即时通信软件技术

即时通信软件和其他网络应用一样，数据都要经由“传送—接受”环节。其中网络是连接两端的传输纽带，端口是大门，服务器则是信息的“粮仓”。

（一）客户端版即时通信

客户端版即时通信功能的实现主要基于客户端/服务器（C/S）网络模型。客户端负责为用户提供交互界面，服务器端则响应客户端的请求然后将信息发送给另一用户。随着即时通信用户的增多，服务器的负担越来越大。为了保证网络传播的效率，信息的传递开始采用 P2P 模式，该模式中的数据可以不经过服务器，而是直接在用户之间进行交互。

用户使用即时通信工具的第一步就是向服务器发送登录请求，建立主机和服务器之间的联系。在登录过程中，若用户注册的信息和后台数据库的预留信息不相符，连接就会处于断开状态，若相符便直接进入用户个人的主界面。

登录界面之后，用户可以点击自己好友的头像或者用户名，在弹出的聊天界面输入相应的文字或图片信息。这些信息会在后台程序中转换为由字节组成的字符串，经过识别，再传送给好友。

为了确保数据准确地从一个端口传到另一个端口，就需要运用到网络协议。对于即时通信工具而言，主要用到的有 XMPP 协议、SIMPLE 协议、UDP 协议和 TLS 协议。

XMPP（Extensible Messaging and Presence Protocol）协议又称可扩展通信和表示协议，主要在客户端/服务器之间进行消息传送。X 指的是 XML 格式的消息通信协议。② 消息一般放置在〈msg〉〈/msg〉标签中，拓展起来十分方便，通常一条消息可附加多种内容，这为开发、调试都带来较大的便利。③

SIMPLE（SIP for Instant Messaging and Presence Leveraging Extensions）协议又被称为即时通信对话初始协议和表示扩展协议，其中的 SIP 能够支持语音和视频通话，也具备较高的拓展性，使用成本相对较小。

---

①在移动互联网的冲击下 WebQQ 终将告别[EB/OL].http://column.iresearch.cn/u/caogenarui/685285.shtml.

②③胡东锋.微博是这样炼成的：从聊天室到 Twitter 的技术实现[M].北京：人民邮电出版社，2010.

UDP(User Datagram Protocol)协议,即用户数据报协议,和 TCP/IP 相比,是一种不可靠的、非面向连接的通信。TCP/IP 在通信中必须先建立一个通信管道,而 UDP 只需要知道目标地址(IP 和端口)就可以发送,缺点在于无法保证数据是否被对方收到,而优点是响应的速度很快。

TLS(Transport Layer Security)协议,即安全传输层协议,它的作用是在通信过程中保证数据的安全性和完整性。

(二)WEB 版即时通信

WEB 版即时通信工具作为另一种形式的即时通信应用,它的网络模型主要是浏览器/服务器(B/S)结构。其最大特点是能够摆脱客户端的束缚,用户无论在任何操作系统上,都可以通过浏览器实现通信功能。WEB 版同客户端版本的即时通信工具相比,除了网络结构和平台有较大差异以外,用户在体验上并没有太大区别。

浏览器和服务器之间的数据传输主要采用基于"请求—响应"模式的 HTTP 协议。如用户用浏览器打开某个网页,浏览器就会根据用户的 IP 地址向服务器发送请求,服务器端随后在后台返回相应的数据。但如果按照上面的方式进行通信,消息并不能自动推送,也就无法满足用户实时的通信需求。为了解决这个问题,网页即时通信便采用了基于 Ajax 长轮询的 Comet 技术。Ajax 轮询主要是通过设定再次发送请求的时间实现信息的更新,但这样容易造成资源的浪费,对客户端来说压力较大。而在 Comet 的应用架构中,服务器则会主动以异步的方式向客户端程序推送数据。[①] 通过使用 Ajax 长轮询可以避免轮询一次就结束,极大地提高了工作效率。

即时通信在新媒体时期,应用范围很广,早期单一形态的信息传播逐渐转变为现在的多媒体信息传播,衍生出众多增值服务的同时,即时通信的形态也发生了变化,移动端的即时通信开始崭露头角。以"腾讯 QQ"为例,它于 2009 年首次推出 Web QQ,2014 年 9 月底就传出告别传闻,这期间只经历了短短 5 年时间。且不论它的退出是真是假,移动终端一定是大势所趋。不论哪种即时通信工具,只有跟上用户步伐的通信方式才能获得持久的生命力。2006 年,一个新的时期到来了,一批批风险投资让中国的网络视频行业异军突起。在接下来的几年,网络技术不断成长,用户对网络视频的需求大幅攀升。不论是技术上还是商业应用上,网络视频都是一枝独秀,新的网络视频时代已经来临。

第五节 网络视频技术

据中国互联网络信息中心第 36 次中国互联网络发展状况统计报告显示,截至 2015 年 6 月,中国网络视频用户规模达 4.6121 亿,网络视频用户使用率为 69.1%,网络视频逐渐成为用户主要的网络娱乐应用。

网络视频是用户在网页或软件客户端上查找相关视频信息,并通过互联网实时观看

①WEB 通信交互的几种方式——实时通信发展过程简介[EB/OL].http://www.cxy808.com/cxy/20140512/856.html.

的一种网络应用技术。早期的网络视频，由于存储压缩技术的局限，多以片段的形式呈现给用户，并且需要缓冲很久或者将影片完整下载之后才能保证播放的流畅，给用户带来很大不便。

网络技术的发展带动了视频行业的进步，流媒体的出现带给了用户更多可用的资源，也改变了传统视频“先下后看”的播放方式，走向多元化的网络视频传输阶段。

一、网络视频初探

日新月异的技术给网络视频带来了新的发展和机遇，特别是 P2P 传输技术的应用使各种视频资源在现有互联网上得到整合，汇聚成一个庞大的数据源，并根据用户的需求，提供个性化的视频内容。

对网络视频而言，它的“生杀大权”掌握在存储和传输二者手中。视频越清晰，需要的存储空间就越大，若没有足够的带宽，播放就会受到影响。为了解决大容量和高速度之间的矛盾，流媒体和 P2P 技术逐渐走进人们视线，很大程度上缓解了服务器的存储压力和带宽的传输压力。

（一）流媒体技术

流媒体技术是一种音频和视频播放技术，简单地说，就是把连续的音频和视频数据经过压缩编码后放到专用的流媒体服务器上，用户通过网络一边下载一边观看多媒体节目，而无须下载完整文件的即时播放技术。① 流媒体技术会先在用户电脑上创造一个缓冲区，于播放前预先下载一段资料作为缓冲，当网络实际连线速度小于播放所耗用资料的速度时，播放程序就会取用这一小段缓冲区内的资料，避免播放的中断，也使得播放品质得以维持。②

一个完整的流媒体系统主要由数据采集、数据压缩、数据存储、数据传输和数据播放五个部分组成。

1.数据采集

数据采集是流媒体系统的初级阶段，该阶段的作用在于汇聚尽可能多的视频数据。具体的数据采集方式有三种。第一种是网站或者客户端以后台自制或者购买的方式掌握视频资源，不论哪种方式，视频播放平台都需要投入大量的资金。第二种是网站或客户端经由转载获得的视频资源，随着网络逐渐走向开放，这类共享资源会越来越多，群体的力量不容小觑。第三种是平台内用户自行录制并上传的原创视频资源，该数据采集方式不但能够缩小成本，还能让用户最大限度地参与到视频制作中来。

2.数据压缩

数据采集是一个资源整合的过程，数据汇聚后，为了节省服务器存储空间，缓解带宽传输压力，需要对视频资源进行压缩编码。常见的网络视频压缩编码标准有 MPEG-4 和 H.264，音频、视频采用不同压缩标准压缩之后，质量各有差异。MPEG-4 标准最初由 IOS

---

①②胡泽，赵新梅.流媒体技术与应用[M].北京：中国广播电视出版社，2006.

推出，是基于对象化的编码方式，具备稳定性、适应性和伸缩性，使用成本较低，互动性较高。[①] H.264 标准则由 ITU-T 推出，是面向 Internet 和无线网络的视频图像编码和传输技术，较适合媒介融合环境下的跨网传输。[②]

3.数据存储

视频数据的存储是流媒体技术的关键，一般视频资源的存储包括信息缓存管理、流媒体码流管理、流媒体存储管理、流媒体检索管理和日志管理。[③] 视频数据不论是存储在流媒体服务器上还是 WEB 服务器上，或者是用户的电脑中，最终目的都是为了提高播放效率。

4.数据传输

数据传输离不开传输协议，因为只有通过协议，信息才能准确无误地从一个端口传递到另一个端口。流媒体数据在传输中常用的协议有 HTTP/TCP 协议和 RTP/UDP 协议，前者主要用来传输控制信息，后者则主要用来传输实时多媒体数据。[④]

传输方式上，流媒体传输可分为顺序流式传输和实时流式传输。顺序流式传输是指用户在观看视频的时候，只能收看已经从互联网上下载的那部分，其余部分需按照数据包接收的顺序依次观看。[⑤] 实时流式传播则指视频可以实时地观看，特别适合现场事件的视频播报，支持随机访问，用户可快进或后退观看前面或后面的内容。[⑥]

5.数据播放

用户观看网络视频时，会用到点播和广播这两种播放方式。点播可理解为一对一的视频播放，它允许用户按照自己喜好选择节目。广播则可以理解为一对多的视频播放，视频网站将视频数据发送给所有的网络用户，如用户通过网络看实况世界杯，流式传输能够满足用户流畅观看的需求，却无法直接对视频进行操作。

（二）P2P 技术

传统的网络视频是在客户机/服务器（C/S）模式的基础上播放，尽管数据包以流式传输，但网络带宽的局限常常让服务器负载过重，因此 P2P 技术逐渐为视频传输所用。

P2P（Peer to Peer）作为一种对等网络技术，它的每个节点间，地位相等，并不存在中心节点，彼此既可以是服务器，又可以是客户机。P2P 网络中的信息不经过中心节点便能直接进行点对点的传输，极大地减轻了服务器的压力。当网站的服务器被大量访问时，这种结构的优点更加凸显。通常 P2P 技术的网络结构可分为以下三种。

1.集中目录式结构

集中目录式结构的网络结构中有一个中央服务器，负责管理多个 P2P 节点，处于某个节点的用户在搜寻信息时，会向中央服务器发送请求，当用户所在节点获得查询数据后便

---

①②邓秀军，刘静.基于流媒体技术的网络视频用户自制传播模式分析[J].现代传播，2011(10)：107—112.

③陈利，吕格莉，潘正清.流媒体视频存储服务器设计与研究[J].计算机工程与设计，2010.31(4)：903—906，910.

④李建廷.流媒体技术综述[J].现代电子技术，2005(3)：91—93.

⑤本节主要介绍的是网络视频，默认流媒体文件就是网络视频文件。

⑥李建廷.流媒体技术综述[J].现代电子技术，2005(3)：91—93.

会直接和另一个存放相关数据的节点建立连接。但如果服务器失效，和服务器连接的对等节点的效用也不复存在。

2.纯 P2P 网络结构

纯 P2P 网络结构中，对等节点之间不通过中央服务器就可以直接互联，具有较高的拓展性。它主要采用洪泛的方式和随机转发机制进行信息搜索，数据会由源节点依次从邻近节点传递至目标节点。它的不足之处在于容易受到恶意病毒的攻击，用户面临信息安全隐患。

3.混合式结构

混合式结构的网络结构综合了集中目录式结构和纯 P2P 结构的优点，它能够根据各节点的不同能力划分为搜索节点和普通节点两大类。当普通节点无法满足搜索需求的时候，才会继续进行洪泛搜索，相比其他结构混合式结构更为有效地缓解了带宽资源不足的问题。

二、流媒体技术和 P2P 技术的应用

从优酷、土豆的合并到爱奇艺收购 PPS，视频行业的兼并之风越演越烈，当然一切都离不开技术的支持。和传统时期的网络视频相比，新媒体时期的网络视频大多采用了流媒体技术和 P2P 技术，如暴风影音、迅雷看看、爱奇艺 PPS 等，这些技术让用户在有限带宽条件下也能流畅观看高清视频。

以爱奇艺为例，用户点播自己喜欢的节目后，会接触一段广告。这段广告是经过压缩并存储在专用的服务器上的，所以用户在观看广告时会十分流畅，不需要长时间的缓冲就可观看。这种类型的视频广告是一种顺序流式的传输，视频信号传输过程中，用户只能选择暂停或播放，而不能进行快进、快退的操作。

广告播放结束后，视频下方会显示多个小节点。如图 3-11，它们可以看成一个一个的数据包，通过流式传播，用户可以边接收数据边观看。视频数据存放在流媒体服务器上，因此用户在视频点播时可随意前进、后退。为减少服务器的压力，网络视频会先缓冲一部分数据，再一点点提供给用户。

图 3-11

通常采用了 P2P 技术的网络视频为了在客户机间交换数据，会在用户电脑中放置缓存。这种缓存方式会挤压用户电脑的硬盘空间，反复的信息读取也会给硬盘带来一定的损耗，而这些问题用户很难轻易察觉到。

尽管网络视频技术存在些许弊端，但从用户体验的角度来看，技术的效用是达到了。毕竟技术不是决定一切的标准，产品最终要以人为本，如何在满足用户的使用需求同时维护用户的利益，对各视频运营商来说就是“仁者见仁、智者见智”了。

第六节　数字电视技术

新媒体时代，从某种程度上又可以被称为数字时代。数字技术蔓延至生活的各个角落，对于用户而言，互动便是其最大的特色。虽然说我国的数字电视还停留在“电视机＋机顶盒”的阶段，但后起之秀的增长态势已充分说明了数字时代的不可逆转性。随着信息爆炸时期的来临，越来越多的信息以比特流的方式从一个终端走向另一个终端，而在信息的流动过程中，势必会占用更多带宽，影响信息传输的质量。数字技术的发展缓解了传播的压力，不仅带来了更高效的传播，还节省了大量的空间，为新媒体的传播奠定了夯实的基础。本节着重以数字电视为例探讨数字技术的原理和应用。

一、数字电视概述

数字电视（Digital Television）从具体形态上看，指的是播放电视节目的设备。而从技术层面上看，数字电视更多地强调的是电视节目信号从制作、传输到播出环节的数字化处理过程。

（一）数字信号与模拟信号

早期的电视节目是通过模拟信号进行传输，即模拟自然界的声波和光波以记录下声音和图像的运动轨迹，包括信号波长、振幅、频率、时间等。但这种信号容易受到外界环境的影响导致信息的失真，所以数字信号的优势逐渐凸显。

数字信号主要是将声音和图像信息转换成二进制的形式进行传输，这些数字序列不容易受到噪音的干扰，且易储存和传播。

（二）数字电视分类

数字电视的分类大致有以下几种。按信号传输方式分，数字电视可以分为地面无线传输（地面数字电视 DVB-T）、卫星传输（卫星数字电视 DVB-S）、有线传输（有线数字电视 DVB-C）。按屏幕幅型，可以划分为 4∶3 幅型比数字电视、16∶9 幅型比数字电视。按产品类型，可以划分为数字电视显示屏、数字电视机顶盒、一体化数字电视接收机。按清晰度，可以分为低清晰度数字电视（LDTV）、标准清晰度数字电视（SDTV）、高清晰度数字电视（HDTV）。按扫描线，可以划分为 HDTV 扫描线数、SDTV 扫描线数。

二、数字电视技术原理

1949 年，美国两位信息学者香农和韦弗提出的“香农—韦弗模式”就阐述了电子信息从信源到信宿的传播过程，信息通过发射器转变为可供传输的信号，经由信道到达接收器，然后接收器对接收到的信号进行解码，最后到达信宿。同理，数字电视信号的传播也包括编码、调制、发送、解调、解码这几个部分，如图 3-12：

图 3-12

（一）节目制作与信号生成

这里的节目不仅仅指电视节目，还包括多种视频内容。电视观众所看到的影像是处理过的数字产物。回溯到最初阶段，便是节目的制作与信号的生成。通过节目的制作，将真实场景中的影像录制下来，以便储存和传输。

1.节目制作

节目影像制作主要是通过摄像机、录音机这类输入设备记录影像，涉及图像信息的扫描、合成和处理。其中扫描是电视传播的基础，主要是通过控制电子束在水平方向从左到右和垂直方向从上到下有规律运动形成的光栅（扫描所形成的轨迹）。水平方向的扫描叫“行扫描”，垂直方向的扫描叫“场扫描”，合称“行场扫描”。①

另外，扫描还可以分为逐行扫描和隔行扫描。逐行扫描是对影像一行一行地进行扫描；隔行扫描则通过隔行交替的方式扫描，包括奇数行扫描和偶数行扫描。如图 3-13 为奇数行扫描，图 3-14 为偶数行扫描，二者嵌套在一起构成帧，如图 3-15：

图 3-13

图 3-14

图 3-15

每一帧扫描的行数越多，显示的图像就越清晰。不同的制式，扫描行数不同，电视记录的相关参数也不同，目前的制式主要有如下三种：

表 3-1　主要的电视制式

制式	国家（或地区）	扫描方式	扫描行数	帧频	分辨率
NTSC	美国、日本、加拿大等	隔行扫描	525 行/帧	30 帧/s	720×480
PAL	中国、欧洲部分国家等	隔行扫描	625 行/帧	25 帧/s	720×576
SECAM	欧洲部分国家等	隔行扫描	625 行/帧	25 帧/s	720×576

2.节目编码

录制好的节目影像以多媒体格式存放在存储器中，但是这种未经加工的影像是无法经由信道直接传输的，必须对影像信息进行编码，让图片、音频、视频等信息转换成二进制的数字信号。

①电视行场扫描原理[EB/OL].http://blog.csdn.net/yuan892173701/article/details/8683166.

信号合成阶段。电视是集图像、音频、视频等为一体的媒体形式，而观众观看的节目是经过合成处理后的信号。美国学者J.R.多米尼克等人称这个过程为信号的放大、混合和处理，电视信号在这个过程中的电磁强度得以强化，他们认为只有经过放大处理的信号才能播出。①

节目压缩处理阶段。视频文件的大小通常和每秒的帧数、画面的分辨率以及文件的格式相关。假设有一部长约60分钟，码率为600Kbps的视频文件，那么它的容量大小约为263.67M。若是蓝光高清电影，其容量更是可以达到30G。大容量的视频给信息存储带来了挑战，对传输设备来说也是个很大的负担，因此多媒体信息在传输前需进行压缩处理。常见的视频压缩标准主要有以下几种：

（1）H类压缩标准：H.261压缩标准是最早的运动图像标准，主要采用帧内编码和帧间编码，用于视频会议和可视电话，基本速率为64Kbps；H.262压缩标准大规模用于数字电视系统，支持卫星、有线和地面传输；H.263压缩标准是最早用于低码流通信的标准，在H.261基础之上发展而来，同样采用了帧内编码和帧间编码，能够在低码率的条件下提供良好的视频效果；H.264压缩标准是由ITU-T和ISO组织联合制定的标准，能够实现视频的高压缩比、高图像质量、良好的网络适应性等。②

（2）JPEG压缩标准：它不仅可用于静态图像，还能用于动态图像的压缩编码。该标准主要是通过实时帧内编码单独地压缩每一帧，对频域里人眼不敏感的部分进行滤除。③

（3）MPEG类标准：MPEG-1压缩标准是MPEG制定的第一个用于音频和视频的有损压缩格式，用于CD和DVD上的信息压缩，传输率为1.5Mbits/sec；MPEG-2压缩标准压缩后的影像质量和传输率都较高，支持固定比特率传送、可变比特率传送、随机访问、信道跨越、分级解码、比特流编辑等特殊功能，④传输率在3～10Mbits/sec之间；MPEG-4压缩标准主要用于交互式的视频通信，带宽要求较低，但影像的画质仍能够保证，传输率在4800～64000bits/sec之间；MPEG-7压缩标准能够根据语义内容对多媒体信息进行检索，是一种基于内容检索的编码标准；MPEG-21压缩标准主要是规定数字节目的网上实时交换协议，致力于为全球多媒体信息用户提供透明有效的电子交易和使用环境。⑤

（二）节目的传送

在传送环节，根据传输介质的不同，数字电视节目的传播可以分为地面传输、卫星传输和有线传输。地面传输过程中，节目信号是通过广播电视基站发送到数字信号接收机上，支持固定接收和移动接收，优点是覆盖面广，接受便捷，但容易受到地形和天气的影响，导致信号传输不稳定。有线传输过程中，信号是在有限区域内通过同轴电缆、光缆等这类介质进行传送，和地面信号传输相比，它不容易受到外界环境的影响，且影像传输质量高，最大还原电视节目画质，但不足在于信号传输接收设备投入的成本较大。在卫星传输过程中，信号主要通过卫星以无线电波的形式进行传输，它可以打破信号传输的地域限制，在大

---

①J.R.多米尼克，F.梅塞，B.L.谢尔曼，等.电子媒体导论[M].上海：复旦大学出版社，2006.

②王宏，陈小申，张星剑.数字技术与新媒体传播[M].北京：中国传媒大学出版社，2010.

③王宏.数字媒体解析[M].重庆：西南师范大学出版社，2006.

④钟玉琢，等.多媒体技术基础及应用[M].北京：清华大学出版社，2008.

⑤王宏，陈小申，张星剑.数字技术与新媒体传播[M].北京：中国传媒大学出版社，2010.

范围内进行传播，信号无须中转就可以直达用户，不足是信号易受天气因素的干扰。

（三）信噪比

信号在传送环节，受到环境的影响，不可避免会发生失真的现象，使接收到的信号和原信号间产生一定的差异，这种差异主要通过信噪比（Signal to Noise Ratio，SNR）表现出来。

（四）节目的接收

节目的接收阶段包括解调环节和解码环节。解调环节是解调器从已知调制信号中恢复出原数字信号送解码器解码，而解码环节是解码器把接收到的数字信号转换为用户可以直接看到的节目。在接收环节，通常会采用纠错编码、自适应均衡和自适应滤波等技术①消除视频信号在传输过程中的各种干扰和噪音。

【知识回顾】

进入21世纪以后，网络技术和数字技术进入迅速发展的轨道，颠覆了世界信息的流动，实现了传统的媒体到网络媒体的跨越，也标志着人类信息社会的重构。不论是从时间还是空间上，网络技术和数字技术都在最大程度上为人们带来便利。在网络技术不断成熟的同时，也衍生出越来越多的网络应用。在不同需求的刺激下，网络应用这个长尾会不断延伸下去。政府通过网络这个开放平台能够实现政务公开，进行舆论监控。媒体则可以在网络上获得大量的信息源，最大范围内掌握一手信息。企业通过网络可以更好地宣传自身，进行一系列的营销活动，谋得利益。用户则能够在网络中，寻觅到满足自己工作或娱乐需求的应用。

【思考题】

1.如何理解网络技术和数字技术对传统媒体的影响？ 是挑战还是机遇？

2.网络技术面临哪些问题？ 数字技术又有哪些挑战？

3.网络应用的未来发展趋势会怎样？

①王宏，陈小申，张星剑.数字技术与新媒体传播[M].北京：中国传媒大学出版社，2010.

第四章
移动通信技术

【知识目标】

☆了解移动终端运作的基本原理。

☆把握移动终端中所采用的 LBS 技术、二维码技术、移动支付技术基本原理及应用。

【能力目标】

1.了解我们生活中常见的移动通信技术。

2.掌握移动通信技术基础，了解移动通信传播的特点和应用。

【案例导入】

2007 年，当第一部 iPhone 手机面世时，乔布斯就曾预言它将改变未来。在随后几年时间里，移动智能的旋风刮至世界的各个角落。人们脱离电脑桌，渐渐走向手机、平板电脑这类移动终端，移动生活理念在人群中扩散开来。

移动媒体的兴起成了继网络媒体出现后的又一股新媒体浪潮，手机不再是简单的通话工具，而成了拥有丰富应用的“社交玩具”。不论是手机 QQ，还是微博、微信，它们在简化人际交往时最大限度地展现了“六度分割”带来的社交魅力。在这个移动互联的时空中，人与人之间的距离无限缩小。

在生活上，移动终端则扮演了十分贴心的角色，大到金融理财、文件处理，小至生活提醒，它都游刃有余。手机银行能够满足人们实时掌握资金动态的需求，降低时间成本；移动电子商务，通过定位，捕捉用户所在位置，推送相应信息，简化消费行为。

随着生活节奏的加快，人们拥有大量的碎片化时间，智能手机和移动互联网的出现让一切变得恰到好处，在闲暇时间为用户提供移动化的娱乐体验，极大地填补了时间的漏洞，越来越多的丰富应用更是锦上添花。

第一节　移动技术基础

3G 时代的出现让整个移动互联网异彩纷呈，当用户高呼还未充分过足瘾时，4G 时代便悄然来临，最近还有业界人士提出和 5G 相关的概念，6G、7G……也将不再遥远。在这一系列更迭背后是网络的不断升级完善以及消费者需求的提高，而移动互联网中摩尔定律的周期势必会大大缩短。

移动技术严格来说是网络技术的一种，没有移动通信网络的支持，很多移动应用都将难以实现。网络技术逐渐成熟，智能手机和平板电脑的相继出现，让生活和工作变得移动化，大屏到小屏的演变也使人类社会与网络达到一种更高层次的融合与共生。

一、移动通信网络

自19世纪70年代电话诞生以来，通信技术不断演进，人与人之间的语音交流越来越便捷，而移动通信技术的出现，更是打破了地点的局限，让人们可以在全球范围内进行移动通信。

短短十年，移动通信技术已经历了模拟移动通信时期、数字移动通信时期、多媒体移动通信时期和宽带接入与分布式时期。

（一）模拟移动通信时期（20世纪80年代至90年代）

模拟移动通信时期即移动通信的"1G时代"，这个时期的移动通信主要采用模拟技术和频分多址技术（FDMA），它有NMT、AMPS和TACS等多种制式（我国主要采用的是TACS制式）。模拟通信过程中，语音信息主要以模拟信号的形式进行传输，速率一般为2.4Kbps，它作为早期的移动通信方式，能够简单地满足用户的需求，但缺点也很明显，就是信号的抗干扰能力较差，容易造成信息失真，通话质量不高，只能在小范围内进行。频分多址技术（FDMA）采用的则是调频的多址技术，用户在通信过程中，信道会根据频段的不同予以分配，通话内容易遭到窃听，保密性相对较差。

（二）数字移动通信时期（20世纪90年代）

数字移动通信时期即移动通信的"2G时代"，以数字语音移动通信服务为主，使用最多的是时分多址技术（TDMA）和码分多址技术（CDMA），以GSM和CDMA两种制式为代表。其中GSM系统中，就主要采用时分多址技术，它的频率在900～1800MHz之间，信号传输速率一般为9.6Kbps，而信道是根据时间的不同予以分配。码分多址技术是一种扩频的码分多址技术，信道在同时间、同频段的情况下，是按照编码的不同予以分配。

技术的发展存在时代局限性，带有阶段性发展的特征，移动通信网络从2G到3G的跨越并不是一蹴而就的，中间还经历了短暂的"2.5G时期"和"2.75G时期"，服务于这两个时期的技术则分别是GPRS技术和EDGE技术。GPRS（General Packet Radio Services）技术是由GSM基础上演变来的无线分组交换技术，传输速率可以达到115Kbps，它能支持简单移动互联网信息处理。EDGE（Enhanced Data Rate for GSM Evolution）技术则是一种基于GSM/GPRS网络的数据增强型移动通信技术，传输速率一般可以达到384Kbps。①

（三）多媒体移动通信时期（3G）

多媒体移动通信时期就是移动通信的"3G时代"，主要采用的是CDMA技术。同前几个时期相比，这个时期用户的使用范围更大，享受到的服务也更多元化。除了常规的通信服务，CDMA技术还支持文字、图片、音频、视频等多媒体信息的联网服务，传输速率依

①雷震洲.蜂窝移动通信技术演进历程回顾及未来发展趋势[J].移动通信，2008(24)：24—28.

数据类型而异，但一般可以达到 100～300Kbps，它的主流的技术标准有 WCDMA（Wideband CDMA）、CDMA2000（Code Division Multiple Access 2000）、TD-SCDMA（Time Division-Synchronous Code Division Multiple Access）。WCDMA 指的是"宽频分码多重存取"，它是架构在 GSM 网络基础上的技术标准，能够很好地同 GSM 网络兼容，交互性较好。CDMA2000 采用的是 MC-CDMA 多址方式，可以支持语音、分组数据等业务。[①] TD-SCDMA 是中国制定的移动通信标准，集 CDMA、TDMA、FDMA 技术优势于一体，信号不容易被干扰，且频谱能够得到充分利用。

（四）宽带接入和分布式时期（4G）

宽带接入和分布式时期即移动通信的"4G 时代"，它的国际标准是 TD-LTE，主要采用了 OFDM 技术、MIMO 技术、SDR 技术、切换技术、智能天线技术和基于 IPv6 的核心网络技术，[②]其中 OFDM 技术（正交频分复用技术）可保证较高的频谱利用率，具备较强的抗噪声和抗多信道干扰能力。MIMO 技术（多输入多输出技术）能够有效地将通信链路分解成许多并行的子信道，提高系统通信容量及数据传输质量。[③] SDR 技术（软件无线电技术）则类似于一个开放的通用硬件平台，能够实现各类网络及业务的无缝漫游和相互转换。[④]而智能天线技术在改善信号质量和扩大信号传输范围上有很大的优势。IPv6 技术极大地提高了 IP 地址容量，为移动通信时代实现大规模 IP 服务提供了可能。随着 4G 移动通信技术渗透率的增加，移动应用智能化水平将有很大的提升。

而当人们还沉浸在 4G 时代所赋予的便利时，5G 已经悄然来临。尽管现在 5G 还处于概念阶段，但它仍有许多值得期待的地方。与 4G 时代相比，5G 各方面都会有很大提升。按照技术发展规律，5G 将集中在新型多天线、高频段、同时同频全双工、直接通信和自组织网络上发力，最终将打造成一个多层次、多应用的移动智能网络。[⑤] 在满足用户需求方面，5G 能够更好地满足用户对超高流量密度、连接密度和移动性的需求，并提供更极致的应用体验。[⑥] 从商业应用上看，5G 作为一个有着极高兼容性的平台，将加快工业、医疗、交通等行业的融合，并推动各产业在更大范围内信息化服务的升级。伴随 5G 技术的深入发展，我们有理由相信，不久的未来，移动通信领域乃至整个社会都将面临新一轮的移动浪潮。

二、移动终端及其操作系统

移动通信的终端在信息传递过程中是最为基础的一环，通过移动终端内置的无线设备，手机或平板电脑可以随时随地同网络相连接，从而实现移动化与便捷化。移动终端可以是笔记本、平板电脑、手机、掌上游戏机、POS 机或移动电视，种类十分丰富，从通信方式上来看，移动终端可分为无线通信设备、红外通信设备、蓝牙通信设备三种。

---

①谭艳梅，曹华.从 1G 到 3G 移动通信技术[J].广西质量监督导报，2008(8)：80，97.

②胡海明，董绍经，姜有田，等.第四代移动通信技术浅析[J].计算机工程与设计，2011(5)：1563—1567.

③徐俭.浅议 4G 移动通信技术[J].有线电视技术，2014(1)：17－19，24.

④胡国华，袁树杰，谭敏.4G 移动通信技术与安全缺陷分析[J].通信技术，2008(7)：157.

⑤夏威，刘冰华.5G 概述及关键技术简介[J].电脑与电信，2014(8)：51－52，55.

⑥还有五年，中国将进入 5G 时代[EB/OL].http://tech.qq.com/a/20150529/008529.htm.

移动终端的载体是实体设备，运载主要依靠背后的操作系统。操作系统主要用于管理应用程序，为用户提供更友好的界面，从而实现交互。常见的移动终端操作系统有 iOS、Android、Symbian、Windows Phone、Blackberry OS 等。

iOS 操作系统由苹果公司研发，属于 UNIX 体系，支持多点触控，界面简洁美观，主要用于 iPhone、iPad、iPod touch 等系列产品上。它的系统源代码是不对外开放的，所以应用相对封闭，用户只能从内置的 App Store 中下载。

Android 操作系统由 Google 公司开发，属于 Linux 体系，它可以在多品牌的移动终端上使用。同 iOS 操作系统的封闭性相反，它的系统源代码可以对外开放。Android 操作系统主要通过 Java 语言开发，可以任意修改，开发成本较低。但这种开放性容易导致恶意软件的滋生，程序在后台运行时会占用较大内存，从而降低工作效率。

Symbian 操作系统，最初由塞班公司推出，后被诺基亚收购。尽管该操作系统能耗低、内存占用少，但随着新型智能手机的普及，Symbian 操作系统难以适应市场的发展，于是逐渐退出了舞台。

Windows Phone 操作系统，由微软公司推出，系统源代码和 iOS 系统一样也不对外开放。作为 Windows Mobile 操作系统的延续，拥有很强的操作感，Tiles 主界面由直接连接应用程序的动态框架组成，用户可以任意删减，但它无法同时处理多个任务。

Blackberry OS 操作系统由黑莓公司推出，它能够依赖特定的服务器软件和终端，兼容无线数据链路，实现移动网络和软件系统在手机平台上的无缝对接，尤其是能够支持电子邮件无线信息服务，系统运行稳定。①

第二节　LBS 技术及应用

每逢春节，我国大量的旅客从一个地方迁移到另一个地方，为交通出行带来了极大的挑战。2014 年春节期间，百度旗下的“百度迁移”将流动的人群以数据化的形式展现出来，多条发散式曲线牵引着路途中的人们回到家乡。基于 LBS 数据分析，人口迁移的轨迹与特征得以直观、动态地展现在人们眼前，为人们的出行带来许多便利。

一、LBS 概述

LBS(Location Based Service)又称基于位置服务，属于地理信息产业的一部分。它是在计算机技术、无线网络技术和电子技术的基础上，确定移动终端设备和用户的所在地理位置，并提供各类增值信息的一种服务。用户在实际使用中可以很方便地通过 LBS 获取位置周边信息。

LBS 定位技术最早是用于军事定位，随后才应用在测绘和车辆跟踪定位等领域。LBS 技术最早源于美国，在定位技术和通信技术发展到一定阶段后，西欧国家英、法、德，以及

①手机系统哪个好？5 大智能手机系统对比[EB/OL].http://product.pconline.com.cn/itbk/bkxt/1112/2630377.html.

东亚国家日、韩等才相继推出了各具特色的商用位置服务。[①] 我国 LBS 技术的出现相对较晚，目前它的发展大概经历了三个阶段。

第一阶段(2001—2004)：2002 年，中国移动旗下移动梦网品牌首次开通位置服务，这项服务包括“你在哪里”(亲友位置查询)、“我在哪里”(用户位置授权)和“寻找最近的”(城市信息查询)这三项功能，但由于定位技术发展不成熟，查询的精确度不高，加上市场的需求不足，所以位置服务市场也就一直处于低速增长的状态。

第二阶段(2005—2007)：中国 LBS 定位市场发展良好，定位服务进一步走向大众化。2006 年，联通的所有省市(区)公司都推出了移动定位服务。但是技术限制、终端限制仍制约着定位服务的发展，商业模式不成熟。

第三阶段(2008—)：2008 年开始，中国电信运营商开始筹备建设 3G 网络，3G 时代逐渐来临，消费者的多样化需求得到更多的满足。而 LBS 的商用价值开始凸显，LBS 技术不断深化。

二、LBS 技术实现前提和方法

LBS 的发展离不开移动互联网技术、移动定位技术和电子地图信息系统技术的进步以及客户端和服务器端的不断升级。一个完整的 LBS 系统通常由定位系统及定位网络、移动通信网络、移动终端、移动服务中心四个部分组成，如图 4-1：

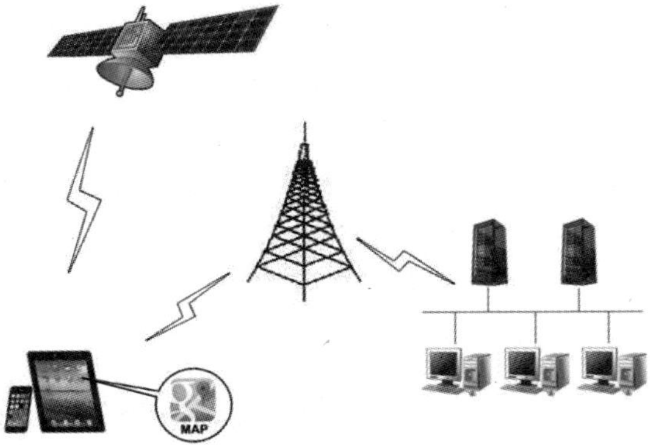

图 4-1

定位系统及定位网络。定位系统是 LBS 得以实现的前提，包括三种定位方法，即通信基站网络定位、基于 GPS 的精确定位、混合定位。[②] 平时我们所说的定位多指全球定位系统(GPS，Global Positioning System)，利用定位卫星，可以在全球范围内进行实时定位、导航。

移动通信网络。它是连接用户终端和服务管理中心的通道，要求能实时准确地传送用户的请求和服务中心的应答。LBS 可以使用两种网络，一种是基于蜂窝通信系统的

①贾丹.对我国 LBS 发展有关问题的思考和几点建议[J].地理信息世界，2012(6)：22—24.

②张高明，马力，赵璟，等.基于 Android 平台的校园 LBS 应用研究[J].西安文理学院学报(自然科学版)，2013(16)：62—67，83.

GSM、GPRS、CDMA 等，另一种是基于 Internet 的有线或无线局域网。①

移动终端。它是用户与 LBS 系统直接交互的通道，来完成用户的请求及接受系统的服务，具有友好的交互界面、良好的通信端口和完善的输入方式等。

移动服务中心。它是 LBS 系统的核心，负责与移动智能终端进行信息的交互，同定位服务器、内容提供商的网络互连，实现各种信息的分类处理、记录转发及各系统间业务信息的流动，对整个网络进行监控。②

以上四个环节的协调运作，基于位置的服务系统得以初步建立，接下来就分析下在 LBS 中常用到的几种定位方法。

其一，基于卫星的定位方法。基于卫星的定位是最常见的一种定位方法，它通过太空中的 24 颗卫星、地面控制系统、用户设备这三个独立的部分来运作的，主要运用卫星基本三角定位原理。GPS 定位一般是通过接收 4 颗卫星信号来测出信号传送和到达的时间差并算出二者的空间距离，然后转换成用户的地理坐标，如图 4-2。不足是信号在传送过程中，可能会受到天气或环境等因素的干扰，存在部分误差。

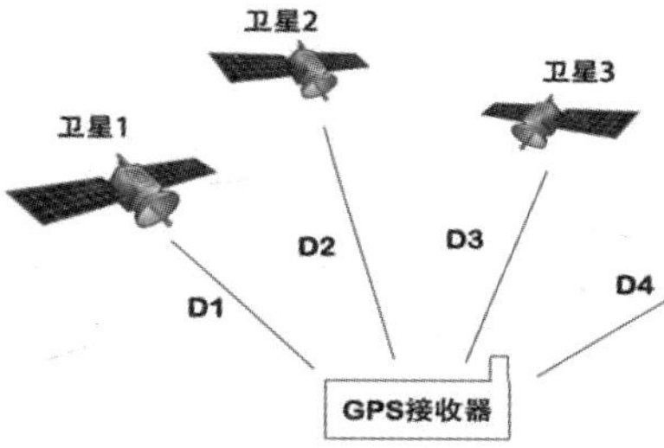

图 4-2

其二，LBS 定位。LBS 定位和 GPS 定位最大的区别在于，LBS 定位不需要 GPS 定位那么大规模的设备，而只需要通过基站、网络和移动终端就可以实现定位。LBS 定位时采用到的技术有 COO 定位、AOA 定位、TOA 定位和混合定位技术。

(1)COO(Cell of Origin)定位。COO 定位即蜂窝小区定位，是最简单且最容易实现的一种移动定位方式，当移动终端出现在某个基站覆盖的区域时，基站系统数据库就能够通过相应的小区 ID 号码识别注册用户所在的方位。该定位技术的精度取决于所在小区覆盖范围的半径，误差一般在 200m 以上，是应用最为广泛的一种定位技术，如图 4-3：

①②张高明，马力，赵璟，等.基于 Android 平台的校园 LBS 应用研究[J].西安文理学院学报(自然科学版)，2013(16)：62—67，83.

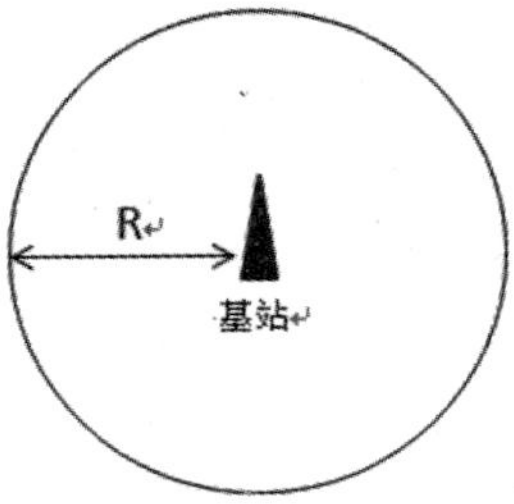

图 4-3

(2)AOA(Arrival of Angle)定位。AOA 定位又称入射角定位,主要是通过基站接收天线阵列测出移动台发射电波的入射角,利用两个入射角,交会确定出被测移动台的位置。[①] 其中,对天线阵列的方向性要求比较高。

如图 4-4,基站 1,2 分别捕捉到终端所发出的信号后,它们的基准线与终端之间会产生两个夹角"α"与"β",通过测量基站与终端的距离 D1,D2 就可以求得终端的位置。但终端所发出的信号容易被建筑物干扰,信号会产生反射和折射,造成角度测量的误差,而终端与基站的距离也会影响测量的精确度。

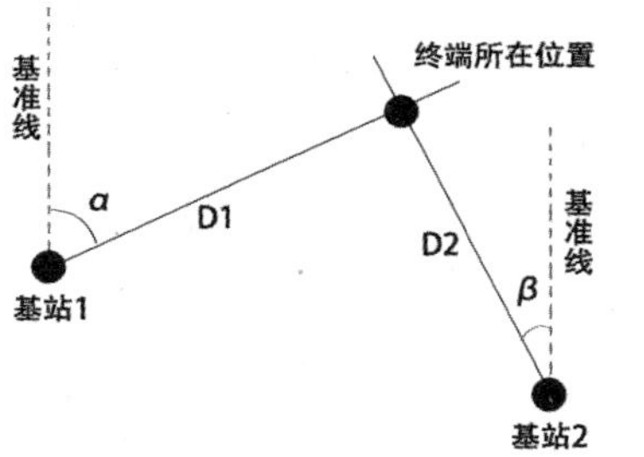

图 4-4

(3)TOA(Time of Arrival)定位与 TDOA(Time Difference of Arrival)定位。TOA 定位和 TDOA 定位又称到达时间与到达时间差定位。主要是通过测量移动终端信号到达各个地面基站的时间,以及到达不同基站之间的时间差值来确定终端的所在位置。

如图 4-5,利用 TOA 和 TDOA 定位时要确保终端发射出的信号能够被 3 个或 3 个以上的基站接收到。TOA 定位直接利用信号从基站至用户的传输时间特征量得到"伪距值",利用基站位置和"伪距值"建立"球面交会方程",求解后得到用户位置;TDOA 定位则利用多段伪距间的时间差特征量,通过"双曲面交会方程"求解得到用户位置。[②]

①②刘成.LBS 定位技术研究与发展现状[J].导航定位学报,2013(1):78—83.

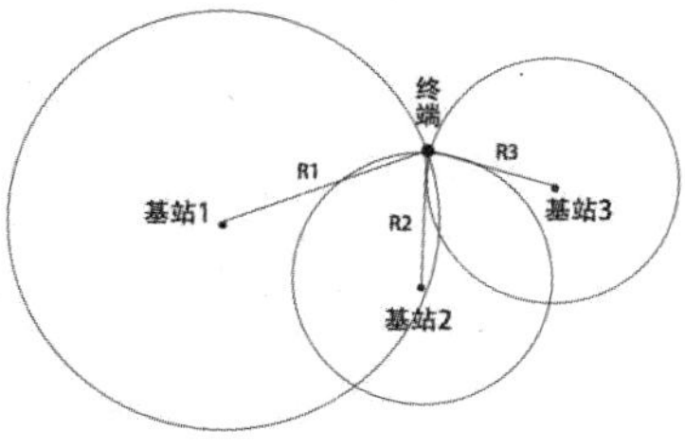

图 4-5

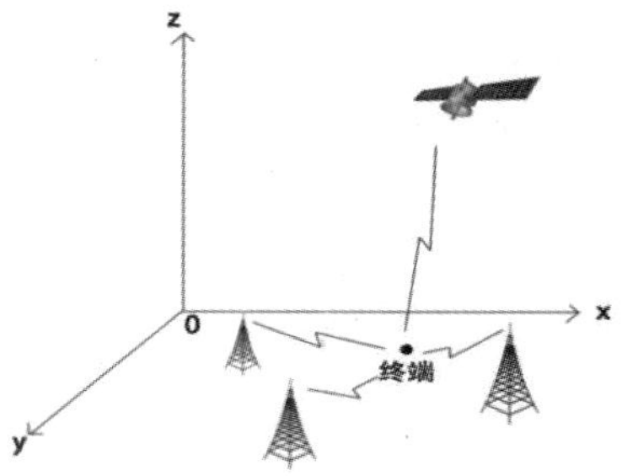

图 4-6

(4)混合定位法。混合定位技术综合了 AOA 定位和 TOA 定位，它既能够获得移动终端所在的方位，又能求得终端与基站之间的距离，可以精准地获取位置信息，定位成本相对较高。

其三，LBS＋GPS 定位。LBS＋GPS 定位可以看成是小范围定位与大范围定位的叠加，它的精确度极高。如图 4-6，在这个立体的测量空间内，通过 GPS 定位系统很容易获得移动基站的地理坐标位置，接着利用地面基站捕捉的信号测得终端的位置。

三、LBS 技术的应用

日常生活中，LBS 技术的应用十分广泛，随着定位技术的日趋成熟，它的角色也越来越重要，人们的吃喝住行都离不开它。LBS 能够将独立的个体纳入定位网络，使人际圈从虚拟走向基于位置的互动。距离带来的真实感消减了网络的不确定性，从而构建出虚拟的真实感。

在社交媒体中，LBS 的作用就在于分享式的互动。早期的人际交互主要基于文字、图片或视频信息的传递，形式较为单一。LBS 技术出现后，通过时时分享，用户的分享心理得到极大的释放，人际交互也更加生动多元。

以微信为例，它在满足用户体验度的同时，还将 LBS 应用于交友。用户开启位置功能之后，找寻“附近的人”，就会显示出用户所在位置周边的人，距离最大可精确到 200m。这样的交友方式极大满足了人们交友的需求，不但扩大了人际交往圈，还增添了交友的神秘感。

微博的 LBS 功能则主要用于满足用户的分享心理。用户通过定位或者签到告诉朋友自己在某一刻、某一地点正在做什么，以及有些什么样的心里感悟，由此记录下生活的轨迹。

在生活服务中，通过 LBS，移动终端能够为用户提供天气、交通、餐饮等信息，实用性极强，涵盖了用户出行所需的各种信息服务。看到 LBS 的良好发展态势，很多营销者都在尝试通过内容服务与用户建立良好的关系，以求打造出一个线上线下互联的服务型网络社区，用户的消费体验感大大提升。

以团购网站“美团网”为例，“美团”客户端可以通过移动终端的基站位置测得用户所在地，如武汉。点击右上角定位的标记，周边的团购产品就会显示出来。用户可以根据距离或评分对团购商家进行排名，这样就将独立的实体点评转换为线上的口碑共享。从实际使用情况来看，用户在外出旅游时对 LBS 服务的依赖较大，如预订酒店，购买车票、门票，办理租车等业务。如果要达到目的地，还可通过设置 GPS 进行导航，当然，定位也会存在一定误差，这也是未来 LBS 技术需要不断升级的地方。

第三节　二维码

二维码是新时代的产物，用“小身材，大智慧”来形容它最合适不过了。现在许多宣传单和海报上都会出现这种黑白相间的小矩形，用户拿出手机，轻松一扫就能获得更多精彩信息，极大地拓展了传单的信息承载量。

随着智能手机使用的人越来越多，人们在日常生活中接触到二维码的概率也越来越大。在营销者眼中，二维码背后蕴藏着无限的商机，它将线上和线下连接起来，搭建出一个多元的营销环境，营销者和消费者之间的联系也由此展开。

一、一维码

一维码（One-Dimensional Bar Code）早在二维码出现前，就已大量用于标记物品。作为信息自动识别技术的一种，一维码不论是在商业、图书管理还是邮政等领域，都发挥了很大的作用，极大地简化了商品信息的输入。操作人员只需要拿着扫描枪对着条码一扫便能够迅速、准确地识别物品的信息。

一维码又称为一维条码，它由若干纵向分布的“数据符”根据不同的密度、宽窄比和对比度进行排列编码。通常它只在水平方向上表达信息，垂直方向则不代表任何信息。条码所遵循的排列规则我们统称为码制，常用的一维码码制有 EAN 码、39 码、128 码、ISBN 等。

编码环节完成后，信息会在系统的数据库中一一对应进行储存。尽管一维码能在一定程度上简化操作，提高效率，但条码的分布仍会受到空间的制约，客观上的束缚决定了一维码只能携带少量信息。编码如果离开数据库和计算机网络，就会失去实际的意义。一维码的保密性和防伪性较弱，信息容易被泄露。如果条码有损毁，它也无法自动纠错，容易出现无法读取的现象，从而增加人工操作的成本。

二、二维码

一维码的出现解决了物品无序化的问题，但是随着社会走向更加高级的形态，物品的极大丰富需要更大的空间来储存相关信息，于是二维码应运而生。

1.二维码概述

二维码（Two-Dimensional Bar Code）最初起源于日本，原本是 Denso Wave 公司为追踪汽车零部件而设计的一种条码，它是按照一定规则在平面上分布的黑白相间的图形。[①]这些图形通过不同的排列组合构成涵盖大量数据信息的二维码图案。它的编码方式主要

①张育绮.二维码营销[M].北京：中信出版社，2013.

是借助若干个与二进制相对应的几何图形对其所代表的文字数值信息进行描述，用图像输入设备或光电扫描设备实现信息自动处理。①

二维码从种类上来看可以分为数百种，若按照技术来划分则可以分为“行排式二维码”和“矩阵式二维码”。行排式二维码（2D Stacked Bar Code），又称“堆叠式二维码”或“层排式二维码”，是在一维码的基础上根据需要来堆积而成的，两行到多行不等，拓展性强。具有代表性的行排式二维码有 Code 49、Code 16K、PDF417 等。矩阵式二维码（2D Matrix Bar Code），又称棋盘式二维码，是在相应的元素位置上，用“点”（方点、圆点等）表示二进制“1”，用“空”表示二进制“0”。具有代表性的矩阵式二维码有 QR Code 、Data Matrix、Code One 等。②

一维码一次只能采集几十位字符，横向上的条码排列组合是有限的。每一条一维码对应着产品的唯一信息，且不容变更，所以产品一旦退出市场，相应的条码就不再供其他品类的产品使用，这样就带来了条码空间资源的浪费。因此二维码的应用优势十分明显。

（1）信息存储量大，表述信息多样化。二维码在水平和垂直方向上都可以存储信息，所以图形本身可以携带大量的信息，具有极强的拓展性。以 QR Code 为例，它共有 40 种规格，分为 40 个版本，版本 1 的规格为 21 模块×21 模块，后一版本比前一版本每边多增加 4 个模块，其中最高版本 40 可容纳多达 1850 个大写字母或 2710 个数字或 1108 个字节，或 500 多个汉字，比普通条码信息容量约高几十倍。③ 互联网上的信息都是以字节为单位进行储存的，基于此，二维码使得图像的标识也成为可能。

图 4-7

如图 4-7 为版本 3 的二维码，规格为 29 模块×29 模块。

简单地说，模块就是横纵的小方块个数，每个小方块可以看成程序代码和数据结构的集合体。

（2）纠错能力强。二维码具备极强的纠错能力，条码被损毁后仍有可能被识读出来。通常二维码的纠错能力可以分为 L 级（可纠正 7%的字码）、M 级（可纠正 15%的字码）、Q 级（可纠正 25%的字码）、H 级（可纠正 30%的字码）。其中纠错能力和纠错容量成正比，纠错容量等于码字总数减去纠错码字量然后除以码字总量。

（3）数据保密性能高。为了防止信息泄密和伪造，使用二维码表述信息时，可以用一定的算法对内容进行加密，然后再生成二维码。在识读时，系统则根据解密算法来重述所表示的信息。加密与解密这一过程让数据变得更加可靠。

（4）信息携带和解读方便。二维码能够搭载大量信息，且模块的密度较大，就算条码离开了数据库，仍具有意义。

智能手机的广泛应用，让二维码的输入不再局限于传统的扫描器，走向了便捷化与私

①简靖韡，董林凤.二维码技术的发展及应用[J].中小企业管理与科技（下旬刊），2013(27)：290—291.

②矩阵式二维条码图片[EB/OL].http://epcool.com/knowledge/knowledge02.html.

③QR Code[EB/OL].http://www.evget.com/article/2012/10/8/17618.html.

人化，用户只需要将移动终端的摄像头对着条码扫一下，就能够获得信息并识别，数据的采集和信息处理速度在新媒体环境下有了显著提高。

三、二维码的应用

二维码目前在日本、韩国以及一些欧美国家使用的范围较大，技术也相当的成熟。在中国，二维码的技术最早可追溯至 20 世纪 80 年代。1997 年 12 月，中国物品编码中心制定了国家标准《四一七条码》，2005 年，我国自主知识产权的二维码标准“汉信码”诞生。可以说，在 21 世纪的前十年，我国二维码事业一直处于不断地摸索中。

最早的时候，二维码应用最大的难题是用户基数不够，一方面二维码需要下载安装条码识别软件，制约了用户的普及。另一方面，应用不够广泛影响了用户使用的积极性。[①]而近年来，手机用户数大量增加。据工信部统计数据，2014 年 1 月底中国移动通信用户达 12.35 亿。如此庞大的用户为二维码的发展开辟了很大的空间，在此基础上的应用也日渐繁多，主要应用于电子商务、数据凭证、信息服务这三个方面。

（一）电子商务

二维码在现代电子商务中扮演了很重要的角色，单一条码就能拓展大量售卖信息，节省了传统媒体发布的广告版面。对于消费者来说自动化处理的支付行为实现了线上线下购物的互联，带来了便捷的购物体验。如图 4-8：

图 4-8

支付宝可以通过扫描二维码来付款或者转账。用户登录支付宝后打开“扫一扫”，然后将二维码/条码放入扫描框内就会自动显示付款页面。如打车软件“嘀嘀打车”，通过支付宝，司机和乘客之间可以快速完成交易。用户在超市购物的时候还能够打开“付款码”

①崔瑜，于文.手机二维码：看上去很美[J].互联网周刊，2007(20)：38—43，6.

支付商品，免去了现金交易的麻烦。就转账功能来说，只需用户点击银行卡，将银行卡正面放置，使卡号信息显示在扫描框的区域内，确认卡号无误之后点击“转账到该卡”，随即输入转账金额，点击“确认转账”即可，操作十分简便，为用户节省了不少时间。

（二）数据凭证

二维码的数据凭证功能主要应用于身份识别，起到简化检票流程的作用，在入场券、门票、车票、发票等票据上比较常见。

以火车票上的二维码为例，它包含了火车票的运行区间、购票人姓名、身份证号、火车票票号，当乘客携带印有二维码的火车票经过安检时，工作人员就可以通过系统迅速核对火车票和乘客信息，规范乘车的同时还有效地打击了黄牛党，降低了检票的时间成本。

（三）信息服务

在资讯的时代，不论是用户还是消费者都面临着过分充裕的信息，过分的信息投递势必会造成用户的厌烦心理。而二维码的出现改变了这种大规模的信息轰炸，以更加缓和的“用户主动索取”方式传达着营销信息。企业在信息宣传中将选择权交到用户手中，用户如果对某种信息感兴趣，自然会主动获取更多丰富的文字、图片、视频等信息，使得信息传播的目标更加明确。

第四节　移动支付

“移动支付，手机就是随身钱包”这一概念逐渐成为时尚生活的风向标。尤其在白领群体中，快捷的支付方式能够帮助他们省去不少麻烦，只需要一个手机就能够轻松实现理财和资金的周转。支付宝这类移动支付工具的出现，让人们可以随时随地付款，多样化的支付方式也成了一种娱乐，在人们生活中扮演着愈发重要的角色。

传统通信时期，手机的功能只是联系彼此。随着移动通信时代的来临，智能手机的出现，手机的娱乐效用和经济效用逐渐凸显，尤其在移动支付方面，表现出很强的发展势头。本节我们着重探讨以手机为终端的移动支付。

一、移动支付概述

移动支付当前已经渗透至人们生活的方方面面，如乘坐公交、购物都会用到它。移动支付的载体是一个可以移动的物体，用户通过该物体可以轻松实现资金的流转。当前应用最广泛的移动支付有“支付宝”“财付通”和“百度钱包”等。

移动支付的定义可以从广义和狭义两个方面予以界定。广义上的移动支付，指的是借助电子设备在移动场合进行的一种资金转移行为。狭义上的移动支付则专指借助手机、平板等移动终端，利用无线通信技术进行的支付行为。

移动支付的范围十分广泛，若按照支付方式的不同，可以划分为远程支付和近场支付。

远程支付中，用户无须亲临线下的某个实体店面，只需通过手机或其他的移动终端，借助通信技术就可以获得某种产品或服务，相关费用直接在话费或者用户银行账号中扣除。

其中，远程支付就可以分为基于短信的移动支付、基于互动式语音的移动支付、基于无线通信网络的移动支付三个部分。基于短信(SMS)的移动支付主要是通过向移动运营商发送相应短信代码以获得增值服务，比如早期用户通过手机订购包月的天气预报信息。基于互动式语音(IVR)的移动支付表现为用户拨打电话号码，根据语音提示获得相应服务，如电话点播歌曲等。基于无线通信网络的移动支付是无线通信网络发展走向商业化的产物，在2G时期，也就是人们所说的WAP上网时期，这类移动支付应用还不是很广泛，但随着3G、4G移动网络的发展及成熟，移动支付的重要性渐渐凸显，日常通过手机淘宝客户端购买某产品就是典型的移动支付。

近场支付则指的是用户在线下通过付款设备与收款设备之间的短距离通信所产生的交易行为。它的分类更多是通过技术实现形式予以划分。相关技术包括红外技术、蓝牙(Bluetooth)技术、射频识别技术(RFID)、近距离无线通信技术(NFC)等。

另外，移动支付还可以根据服务提供主体予以划分。首先，是运营商为主体的移动支付，如中国移动的短信业务；其次，是以银行为主体的移动支付，如中国建设银行网络银行业务；最后，是以第三方支付平台为主体的移动支付，如支付宝转账、付款等业务。

二、移动支付相关技术

在人类支付方式的演变过程中，纸币的流通到现在的移动支付表明了未来货币流通的电子化趋势。这种演变离不开下面几种技术的推动。

GSM技术，即全球移动通信系统(Global System for Mobile Communication)，是使用最为广泛的移动电话标准，能够让手机实现在世界范围内进行点对点的通信。移动运营商就是通过该技术提供语音或者短信类增值服务盈利。

WAP技术，是一种无线应用协议(Wireless Application Protocol)，是一个在数字移动电话、Internet及其他个人数字助理机PDA与计算机应用之间进行通信的开放性全球标准。[①] 通过这种协议，移动终端能够像电脑一样与网络互连，网络页面主要以无线标记语言(WMI)编写。它的缺点在于网络连接费用高、速率低，只能显示简单的网页资讯，界面单一，交互性不及电脑。

Wi-Fi技术，即无线保真技术(WIreless-FIdelity)，是无线局域网技术(Wireless Local Area Networks)的一个分支。在无线局域网覆盖的范围内，移动终端能够搜索到无线信号，并通过射频技术连接上无线路由器，输入指令后便可实现上网功能。无线网络支持多设备的接入，且传输速度快，成本低，但是网络的稳定性和安全性仍有待加强。

红外技术，其中红外就指的是红外线，是电磁波的一种，它能根据光的折射、反射来传送相应信号。发展较为成熟，多用作1m内的点对点的数据传输，如家用遥控器就采用了这种信号传输技术。它的缺点在于红外线发射设备和接收设备中间一旦出现障碍物，交易就会中断。

蓝牙技术，也是一种近距离无线通信技术，主要通过移动设备中的无线电收发芯片进

①张安勤.移动支付技术综述[J].上海电力学院学报，2006(2)：152—157.

行数据传输，它的有效传输距离为 10m。该芯片包括无线电收发器和链路控制器（LC）。[①] 前者是蓝牙设备的核心，后者的作用则在于实现数据的交换。

射频识别技术（Radio Frequency Identification Devices，RFID），由电子标签、读写器、天线和控制单元四个部分组成。[②] 电子标签负责存储信息，然后通过天线传递信号，读写器负责将接收到的信号进行解码最后传送给控制单元。

近距离无线通信技术（Near Field Communication，NFC），是近场支付中应用最为广泛的技术。它由 RFID 及互联互通技术整合演变而来，它将非接触读卡器、非接触卡和点对点功能整合进单一芯片，以此实现在短距离内与兼容设备进行识别和数据交换。[③] 其特点是成本低、能耗低。

三、移动支付应用

移动支付的应用不论是从金融理财还是到生活服务，都为人们带来了极大的便利，电子货币的普及代替了大量的现金流，在支付环节中，衍生出的商业理念为越来越多的服务商青睐，也由此带来更加优质且多元的产品或服务。

（一）支付宝、微信钱包等移动支付

支付宝和微信钱包都是以用户体验为中心，随时随地帮助用户查询账户信息、转账、付款等，涵盖了生活的多个方面。

以支付宝的“生活缴费”服务为例，代收费种类包括电费、水费、燃气费等。若用户需要缴纳电费，只需打开手机或者平板电脑的“支付宝”应用，通过首页进入生活缴费页面，点击“电费”选项即可。如果用户的移动终端已开启 GPS 定位功能，应用会默认定位为当前所在城市。最后用户确认付款信息即可完成整个支付行为。

支付宝作为第三方支付平台能够支持多领域的支付，无论是购物还是出行都显得尤为方便。随着移动支付理念逐渐深入人心，越来越多的移动应用支持用户在线支付。

（二）手机银行

网络支付热潮过后，移动支付的重要性不断凸显，对银行来说，这块蓝海能够创造新的利润增长点，当然不能轻易放过。因此各大银行均在积极部署移动支付领域，并不断拓展新的业务满足用户多样化的需求，以求在这个移动支付的市场上分一杯羹。对于用户来说，手机银行最大的特点就在于其延续了传统银行的高安全性和保障性，信赖度较大。

早期的手机银行服务结构较单一，用户主要通过它来管理银行账户，以便直观地把握账户资金动态。而支付业务更多只是附带功能，如缴纳移动通话费用。在移动支付行业激烈的竞争下，银行不断调整自己的业务范围，支付范围不断扩大，业务类型上逐渐和支付宝这类第三方支付平台靠齐。以中国建设银行手机客户端 Android 3.01 版本为例，界面较早期版本更加美观，服务也更为多元，如用户只需“摇一摇”就能登陆“查询账户余

---

①盛红梅，李旭伟.蓝牙技术主要原理综述[J].计算机时代，2009(3)：6—7，10.

②王永喜，胡玫.RFID 技术在移动支付中的应用[J].自动化与仪器仪表，2012(6)：96—97，99.

③周训宙.移动支付业务技术现状及发展趋势[J].互联网天地，2013(11)：5—7.

额”。并且客户端中还有根据用户喜好设定的“我的最爱”，极大满足了用户个性化的消费需求和娱乐需求。

在生活出行方面，中国建设银行的“悦生活”所提供的一站式服务着实让人耳目一新，服务在不断细化。缺点是客户端的响应速度较慢，交互性仍有待提高。

作为新的生活方式，移动支付带来便利的同时也带来了很大的安全隐患，木马病毒和网络诈骗的出现时刻威胁着用户的账户安全。2014 年 7 月，360 手机卫士发布了国内首份手机银行客户端测评报告，报告上显示少数手机银行的安卓客户端可能存在安全隐患。

网络安全是整个网络社会理想化的存在形态，在这个良性循环的背景下，各方才能获得更加长足的发展。对于银行、第三方支付运营商或者移动运营商来说，他们只有提供良好的安全保障，用户才能对他们施以信任。

【知识回顾】

网络给予了人们互联的可能，移动则将这种可能延展至无限。随时随地的分享生活、新鲜事成了新的生活方式，通过这种分享机制，人与人之间的“弱关系链”不断得到强化。移动化带来的是一个双赢的时代，用户通过移动互联网享有了更加便利、更加个性化的生活，营销者则通过大数据把握住用户的行为方式乃至思维方式，从而换来更加精准的定位。企业之间的竞争从产品走向服务，开辟出市场新蓝海的同时，也促使技术不断向前发展。数字技术的出现，完善了网络媒体和移动媒体的表现形式，更加清晰的图片、更加震撼的音乐、更加流畅的视频，时刻填补着用户需求的漏洞。未来，技术作为新生活的引领者，将开辟出越来越精彩的领域。

【思考题】

1.如何理解移动通信技术同网络技术和数字技术三者之间的关系？
2.谈谈移动通信技术对生活方式的影响。
3.结合实例，阐述未来移动通信技术发展中需要解决的问题。

第五章
传播参与者：从受众到网众

【知识目标】

☆受众的类型、特点以及受众观念的演进。
☆几种主要的受众理论。
☆网众概念提出的背景及网众的特征。
☆网众的身份意义。
☆从受众到网众角色转变中的博弈。

【能力目标】

1.理清受众观念的发展脉络及受众角色差异在市场中的体现。
2.了解受众、网众的媒介使用行为。

【案例导入】

2006年，著名的微博Twitter诞生，在不到三年的时间里，它就拥有了四千多万的用户。如今，它还在以迅猛的速度发展着。在初期运营阶段，用户发布内容有140字的限制，但持续不断的信息生产创造出丰富的信息资源。而Twitter用户们，则是通过关注其他用户来接受他人的微博信息，并进行互动。

而在国内，与Twitter相对的新浪微博也在近几年里活跃在公众的视野中。不仅用户数量激增，使用人群广泛，而且新浪微博在人们的生活中扮演着越来越重要的角色。从公共事务的讨论，灾害疫情的救助，到趣味八卦的分享，社会舆论的监督：很难想象这些原本由媒体把关设置的内容，如今可以由人们自己来发起并传播。

可以看到的是，新媒体让我们见证了这样一个转变：作为传播活动的一个构成部分，我们由当初被动的受众，变成了现在主动的网众。如今，我们的角色不再仅仅是被动地接受信息，而是主动地参与到信息的生产与传播中，并影响着传播效果。

传播科技的进步为网众的形成提供了技术基础，而社会接纳则是更深层次的动因。在这样一个过程中，网众群体作为一股新的力量崛起，并形成了与传统受众不同的特点。而网众的媒介使用习惯也和以往有所区别。这些对个人、对媒介组织、对社会而言都有着十分重要的意义。人们不禁为眼前的一切叹为观止。而这华丽的背后，又衍生出许许多多令人焦虑的隐患。我们的生活似乎越来越为技术所主导，该如何应对技术的强势来袭，则是需要更加严肃思考的问题。

第一节　传统的受众概念

1948年，美国传播学者拉斯韦尔在《社会传播的结构与功能》中提出了著名"5W"模式，将传播活动划分成传播者、讯息、媒介、受传者、效果五个部分的活动。后来传播学中的受众分析，在某种程度上就是沿着这个模式发展而来。然而，"受众"这个概念本身却是由来已久，它随着历史环境的更替而发生变化，并在不同的视角下，呈现出不同的特点。

一、受众的定义及基本类型

作为传播活动的一个重要组成部分，受众的参与直接影响到传播活动能否顺利进行。他们可以是一个社会中既存的群体，也可以是伴随某一种媒介而来的流动人群。面对信息，他们可以是被动地接受，也可以是主动地寻求；他们既是被操控的对象，也是权利的所有者。可以看到，受众背后的深刻内涵已经超出了其本身的字面意义。

（一）受众的定义

从早期公共场所的围观者，竞技、表演的观看者，到媒介传播内容的接受者、资讯的订阅者，再到传播活动的参与者、沟通交流中的互动者，受众的含义由简单走向复杂，由单一走向多元。总体而言，可以从以下几个角度来进行定义。

首先，从传播活动中传播者与受众的关系来看，传播者是指对所要传递的信息进行编码，并将其传播出去的组织或个人。而受众则是指接收信息，并对信息进行解码的个人或群体。这种定义将受众视作特定信息接受者，着眼于传播活动中的角色差异，其适用性最为广泛。因为，即便在新媒体环境下，受众兼具了传受双重身份，但在具体的传播情境中，仍然存在着传播者与接受者的不同。

其次，从媒体的角度来看，受众是指特定媒体内容的接受者。这既包括媒体内容的订阅者，又包括实际接收到媒介信息的人群。报纸的读者、广播的听众、电视的收看者都可以被划归到受众之中。媒体内容的订阅者和购买者，反映了某一特定媒介的覆盖情况和影响范围，而实际接触到媒体内容的群体范围会更大。

再次，从市场的角度来看，受众是为媒体创造广告利润的群体，是媒介经济中的重要一环。这个定义着眼于受众的经济价值。媒体将特定的内容以较低的价格卖给受众，在吸引了大量受众之后，再将这些受众卖给广告商，以获得高额的广告刊登费用。而这种由受众创造出的价值，是传统媒体长久以来生存的基础。这也是为什么媒体会想尽一切办法，甚至不惜以无偿的形式，争取更多的受众。

最后，从社会的角度来看，受众存在于更大的社会环境之中，他们是一群有着相似的人口统计学特征（性别、年龄、文化、职业、收入）、心理特征和行为特征的群体。许多媒体的目标对象就是这样一个个子群体，并以他们的特征来确定自身的市场定位，从而形成不同的内容风格、价值取向等。

（二）受众的基本类型

麦奎尔认为，我们可以从多种维度理解受众。包括主动性或被动性程度、互动性和可互换性程度、规模大小和持续时间、空间上的位置、群体特征（社会/文化身份）、接触媒介源的同时性、构成的异质性、传送者与接受者之间的社会关系、讯息与在社会/行为意义上对态势的界说、"社会呈现"（Social Presence）的程度、使用环境的群己状况等多种维度。①对受众进行不同类别的划分，有助于我们从不同的角度对其进行研究，并且在日常的传播实践中，制订出不同的传播策略。

以不同媒体划分，受众可以分为报纸、杂志、宣传册的读者，广播的听众，电视、电影、戏剧的观众，手机用户，联网网民等。这种划分方式最为常规，基本上有什么样的媒体，就会相应的有什么样的受众。

以空间分布来划分，受众可以分为地方性受众（即面向当地进行传播，如地方性日报、晚报、电台等的受众）、区域性受众（即区域性传播所覆盖的受众）、全国性受众（即受众群体覆盖全国范围，如中央电视台，中央人民广播电台）、全球性受众（即受众遍及全球，如美国之声）。

以人口统计学来划分，受众可以划分为男性受众、女性受众，低收入受众、中等收入受众、高收入受众，无教育水平受众、低教育水平受众、中等教育水平受众、高等教育水平受众等。

以传播内容来划分，受众可以划分为进行广播，传递普遍性内容的一般性受众；进行窄播，传递针对性内容的特殊性受众。这样的划分很大程度上是源于传播科技的改善，使得传播资源日益丰富，市场细分成为可能，于是也就有了各种各样的受众群体。

（三）受众的特征

虽然受众的概念不断在发生变化，并且存在着多种思考的维度，但总体而言，受众作为一个集合体，有着一些普遍性的特征。

1.同质性与异质性

同质性表现为，同一类型的受众，大致上有着相似的人口统计学特征、心理特征和行为特征，这些特征使得他们具有某种内在的一致性，并对特定的传播内容产生偏好。而异质性则说明了，虽然受众可以被划分到同一个群体里，但是他们之间仍然存在着显著的差异。受众内部结构多元，关系复杂，在享有着共同兴趣爱好的同时，又保持着各自的不同。这种差异性则是更为复杂的社会结构的反映。

2.稳定性与流动性

稳定性为一种相对的状态，即在一段时间内，受众是较为固定的群体。总体而言，他们对特定媒介内容的需求以及他们自身的媒介使用习惯在短期内不会发生较大的变化。而流动性则说明，受众一方面面临着成员的流失，另一方面也会不断有新的成员进入。这种流动可以是由媒体造成的，也可以是由受众自身造成的。因此，受众的数量和规模总是在时起时伏。

---

①麦奎尔.受众分析[M].刘燕南，等，译.北京：中国人民大学出版社，2006.

3.被动性与主动性

被动性强调了受众在使用媒体时候的无意识。他们并不知道自己想要的是什么，对于媒介传播的内容，他们总是在被动地接受。虽然有时有所选择，但是总体上不会超出媒介提供内容的范围。而主动性，则强调受众在使用媒介的过程中是积极的、主动的。他们会根据自身的特点来选择特定的内容。不仅如此，他们对媒介传播的内容并非消极接受，而是会做出自己的解读，形成自己的理解。

二、受众观念的历史演进

对受众的认识是一个持续不断的过程。从早期的受众角色缺席，其存在受到忽视，到受众的客体化，人们开始从经济和社会的角度对受众进行研究，再到受众的主体性回归，受众价值被重新挖掘，每个阶段都有着不同的受众研究，也产生了不同的受众理论。

（一）受众角色缺席

在一对一的传播中，传播者与受众之间保持着相对平等的关系，双方对传播的情境、话语都有所控制。随着传播范围的扩大化，传播者与受众的地位也在不断发生改变，而当“中心—边缘”的传播格局形成之后，便正式确定了传播者对传播活动的主导地位。

在早期的传播活动中，受众虽然普遍存在，但是他们总是处于缺席状态。所谓的“缺席”并非指他们不在场，而是指他们在传播活动中不被考虑，不被关照。他们没有自身的话语权，只能被动接受信息。一切以传播者为主导，并按照传播者自身的意愿，选择传播活动开展的时间、地点以及传播方式。而传播活动并不需要及时有效的反馈来实现双方的沟通交流，传播的唯一目的在于信息的输出。

出现这种现象有着复杂的社会原因。这很大程度是源于知识水平分布不均衡，而传播资源也十分有限，并被特定的权力精英所垄断。在这些社会精英眼里，受众都是主体意识缺乏、没有文化、消极被动的“乌合之众”。传播学中的大众社会理论对这个时期的受众进行了非常详细的描述。然而，这种观点带有强烈的偏见，是一种典型的精英主义传播观。在这样的传播观下，受众不被重视，他们被传播者任意左右。这样的受众观产生于特定的历史情境中，也必须再还原到历史环境之中进行考察。

（二）受众的客体化

受众的客体化，主要是源于受众作为一个庞大的群体，他们自身有着巨大的经济价值和社会价值。正是因为这些价值的存在，促成了媒体、市场人员和学者对他们进行研究。

对于媒体而言，受众是其利润的主要来源，因为大规模的受众意味着大规模的企业广告投入。因此，从经济价值出发，逐渐形成了一种将受众视为市场的受众观。此时对受众的研究，侧重于对受众进行市场调查和心理分析，并对其进行归类，最终转卖给有特定需求的企业。

与此相对的是一部分学者试图去研究受众对媒体的使用，从而用以批判早期形成的对受众的刻板成见。这类研究旨在发掘受众在媒介接触过程中的积极性、主动性，分析他们的使用动机以及对媒介内容的解读方式，试图还原受众的真实面貌。

可以看到，这些研究虽然都在试图了解受众，将受众从早期的缺席状态中解救出来，但是，受众仍然被当作一个客体，研究的目的不是在于为受众正名，而是在于更加有效地利用受众、控制受众。从这个角度来看，处于受众客体化阶段的受众观仍存在许多局限。

（三）受众的主体性回归

受众的主体性回归很大程度上归功于新媒体的出现。新媒体的去中心化让权力由传播者分散到受众手中。受众不再是消极的接受者，他们在接收信息的同时，也在主动地创造内容，并且积极地参与到传播活动中去，并通过以“个体发声，集体呼应”的形式发挥着自己的力量。这种主体性的回归，也促成了由受众向网众的转变。

新媒体的普遍接近性，让被垄断的知识和技术在整个社会范围内得到传播。人们可以根据自己的需求进行特定的媒体选择。交互性带来了双向的沟通反馈，语言符号与非语言符号的综合运用，促成传播双方在互动过程中相互理解，达成共识。

受众的主体性回归，在某种程度上，可以看作对“一对一”的人际传播的还原。通过消除时间、空间障碍，合理分配话语权，让传播者与接受者站在同一平台上进行交流。受众不再是隐匿的、无意识的、原子般的存在。他们也不仅是信息接收者，他们还是有着自我能动性的社会人。他们的行为折射出特定的社会环境与文化特性。他们有着自身的需求，并且在使用媒介的过程中，让需求得到满足。

从被动的受众到主动的网众，传播科技发挥着重要的作用，提供了基础性保障。这种主体性的回归背后，也有着深刻的社会动因。社会的发展不断推动着人的自我意识的觉醒，而商业因素的介入，也在促成新技术的创新与普及。应该清楚的是，受众观念的转变并非一蹴而就的，这是一个逐层深入的过程，时而前进，时而倒退。但总体而言，这意味着我们需要重新来审视这样一个不断变化的群体，并在日常的实践中，去修正既有的受众理论。

三、主要受众理论

与受众观相对应的是不同阶段的受众理论。这些理论大部分是源于特定历史时期的经验性研究。它们反映了学者体察受众的不同视角，也揭示出传播学中受众分析的发展脉络。有些理论，如今依旧适用，有些理论需要在新的环境下进行调整。

（一）大众社会理论

大众社会理论产生于19世纪末期，精英阶层的权力不断丧失，世风日下，不可挽回。其矛头指向了传媒业以及受到传媒业操纵的大众读者。所谓“大众”，是工业化、城市化、现代化催生的概念，将人群视作规模庞大、彼此孤立、漂泊无根、面目模糊的人的集合。①

该理论认为媒介是一种非常有害的、癌症一般的社会力量，必须对媒介进行净化或者对媒介进行彻底的重构。② 媒介具有直达普通人头脑，并直接影响普通人头脑的力量。一旦普通人的头脑被媒介腐蚀，各种不良的、长期的后果不仅会破坏个人的生活，还会产生

---

①何威.网众传播：一种关于数字媒体，网络化用户和中国社会的新范式[M].北京：清华大学出版社，2011.

②斯坦利·巴兰，丹尼斯·戴维斯.大众传播理论：基础、争鸣与未来[M].曹书乐，译.北京：清华大学出版社，2004.

大规模的社会问题。普通人受到媒介影响是因为他们被传统社会机构隔绝和孤立出来，而以往正是这些传统社会机构，在保护人们不被操控。

而处于大众社会中的受众被认为孤立的、分散的、无组织的、原子般的存在。他们从既有的社会关系中脱离出来，变得无所依靠，只能任由媒体所摆布。他们规模巨大，缺乏理性。正是因为如此，精英阶层的权力才会不断丧失，利益不断受到损害。而这对于整个社会的发展而言是极为不利的。

毋庸置疑，这种大众社会论的受众观带有强烈的精英主义色彩，反映了没落的精英阶层对普通大众的强烈偏见。

（二）使用与满足理论

使用与满足理论最早起源于20世纪40年代的哥伦比亚学派，在经历了五六十年代的凋零之后，在近20年得以复兴。① 该理论试图消除传统受众研究中所形成的偏见与刻板印象，力图从受众自身的需求和心理出发，重现受众在媒介使用过程中的积极性与主动性。其代表的研究成果包括：赫佐格的日间广播剧调查、贝雷尔森的“失去报纸意味着什么”研究、卡茨的“使用与满足”模式、罗森格伦的“使用与满足”模式等。

该理论认为，受众使用媒介并非无意识的盲目的行为，而是出于某种特定的需求，并且在使用媒介的过程中使需求得到满足。受众通过使用媒介而获得的满足至少来自三个方面：媒介内容、媒介接触本身以及接触不同媒介时的情境。②

具体而言，这些动机可以归纳为以下几种：

1.获取信息

获取信息即将使用媒介作为获取外界信息的一个途径。最为显著的是我们对新闻信息的获取一般都来自媒介。通过使用媒介，我们可以了解到外部环境的变化，并产生特定的调适行为。

2.学习知识

在使用媒介的过程中，还伴随着各种各样的学习行为。一部分知识性内容会伴随着媒介的传播而得到扩散。这些对于公众而言，能够产生一定的教育作用。媒介可以作为正规教育的一种补充。

3.休闲娱乐

在信息娱乐化日益显著的今天，休闲娱乐的内容也越来越受到大众的欢迎。各种各样的娱乐节目一波一波地袭来，人们目不暇接。这些内容为受众提供了茶余饭后的谈资，并且能够缓解生活的压力，打发无聊的时间。

4.逃避现实

许多时候媒介使用的过程并不具备明显的目的性。人们收看电视、收听广播有时候仅仅是因为不愿跟他人接触。这反映了现代化过程中人与人之间的关系的割离，从而产生了强烈的疏离感。这样的社会病理现象最终导致人们沉浸在媒介之中，逃离社会现实。

---

①②胡正荣，段鹏，张磊.传播学总论[M].第二版.北京：清华大学出版社，2008.

5.社会交往

媒介环境一方面反映了现实环境，另一方面又在对现实环境进行再造。人们在使用媒介的同时，也在不断受到媒介的影响。通过将自身的行为与媒介中的行为进行比照，受众习得了合适的社会交往方式，并将媒介中的内容，作为社会交往的资本运用到真实的人际互动中。

（三）分众理论

分众理论的提出，很大程度上是源于媒介资源的丰富化，媒介本身不断细分、不断专业化，从而导致了受众的细分，以及特定受众群体的形成。不同的受众群体围绕特定的媒介聚合，于是就形成了所谓的分众。

分众观的核心内容：社会结构具有多样性，是多元利益的复合体；社会成员分属不同的社会群体，其态度和行为受群体属性的制约；分属不同社会群体的受众个人，对大众传播有着不同的需求和反应；在大众传播面前，受众并不是完全被动的存在，他们在媒体接触、内容选择、接触和理解上有着某种自主性和能动性。①

麦奎尔从电视领域出发，概括了受众分化的四个阶段。他认为"在电视发展的早期阶段(20 世纪 50 年代和 20 世纪 60 年代)，大部分国家，大多数观众只有有限的、最多不超过三个的重要的或全国性的频道可供选择。美国的情况稍好一些。那时，人们广泛分享着同样的媒介经验，同质性相当强。这种一元模式(Unitary Model)意味着，单个受众基本上与一般公众拥有共同的空间。随着媒介内容和频道的增长，在一元模式框架内出现了更多样化和更有特色的选择空间。例如，日间和晚间电视，各种地方电视频道等。这是一种有限的内在多样化模式，可以称为多元模式(Pluralism Model)。第三，是核心—边缘模式(Core-Periphery Model)，这一模式显示，频道的增加使得对这一框架之外其他的、竞争性频道的选择成为可能，也使人们有可能欣赏到与大多数人的喜好、与主流趣味迥然不同的电视节目。最后一个阶段，被称为分裂模式(Breakup Model)，表明受众群更广泛的分化以及核心的淡化。受众以不固定的方式，分散到许多不同的频道中，知识偶尔才会出现受众共享经验的情况。"②

事实上，媒介资源的多样化必然会导致受众的分化。这样一个过程一方面意味着更为个性化的媒介选择，更加精准的市场定位，同时，这也意味着媒介原本整合社会信息的作用受到消解，社会结构也在不断被重塑。我们可以说，分众理论给我们带来了一个全新的视角。

（四）其他受众理论

除了上述的几种受众理论之外，还有个人差异论、社会分化论、文化规范论、社会参与论③。这些理论将受众放到更为广阔的社会文化背景下进行考察。

个人差异论认为，人们的心理结构千差万别，这既是源于每个人先天条件的不同，又

---

①郭庆光.传播学教程[M].第二版.北京：中国人民大学出版社，2011.

②麦奎尔.受众分析[M].刘燕南，等，译.北京：中国人民大学出版社，2006.

③胡正荣，段鹏，张磊.传播学总论[M].第二版.北京：清华大学出版社，2008.

是源于各自后天环境的差异。个人信仰、认知结构以及文化背景、社会环境均会影响人们对客观世界的认识，因此在解释外部世界时，会产生不同的理解。

社会分化论认为受众并非一个孤立的个人，他们虽然千差万别，但仍有共同之处。受众依据性别、年龄、种族、收入、受教育程度等被划分到不同群体之中。每个群体内部具有相对一致性，这种一致性影响着群体成员对外界事物的看法。根据群体目标以及价值观念，人们会对接收到的内容进行不同的解释。

文化规范论从媒介出发，指出了媒介内容对受众的长期影响。这种影响具体表现为对既有观点的改变或强化。而媒介内容很大程度上是社会价值观的反映，通过文化规范，社会在传播互动的过程中实现整合。

社会参与论的核心在于受众应该参与到传播媒介当中，以便维护传播媒介的公共属性。受众不仅在接收信息，他们也希望参与到信息传播当中，并发挥自身的作用。通过参与传播活动，受众能够更好地进行讨论，表达自身的观点，同时达到更好的传播效果。

四、受众的媒介使用行为

对于受众的媒介使用行为研究集中表现在受众对报纸、杂志、广播、电视这四种媒介的使用研究上。具体而言，研究侧重于使用动机的探讨。总体而言，这些研究反映出受众在媒介资源相对匮乏的条件下的一些普遍性需求。

（一）对报纸杂志的使用

早期印刷媒介的受众大多都是一些受过正规教育的特定阶层。就其数量而言，他们是社会中的少数。随着印刷媒介的市场化与大众化，受众群体也由精英阶层向普通民众转移。

1940 年，B.R.贝雷尔森对书籍读者进行了研究，并发表了《读书为我们带来了什么》。在这篇文章中，贝雷尔森总结出人们阅读背后的一些动机。随后，1949 年，贝雷尔森又做了名为“失去报纸意味着什么”的研究，研究以 1945 年的纽约报纸派送员的大罢工为背景，试图弄清报刊在人们日常生活中的作用。

作为周期性的出版物，在广播、电视尚未诞生之前，报纸和杂志都肩负着传递信息的重要作用。国家大事、社会新闻、天气状况、市场行情、商业广告等这些信息都是通过报纸、杂志获取的。通过阅读报纸和杂志，人们可以了解到外部世界的新近变动，以便做出相应的适应行为。除此之外，掌握信息除了对自身有利之外，还可以作用于他人，将自己获取的信息分享给他人，一方面可以提供社会生活中的谈资，另一方面也有助于社会地位的形成。同时，阅读习惯一旦形成，便会成为一种常态。也就是说，阅读本身便成了目的。

（二）对广播电视的使用

H.赫佐格在 1944 年对一个名为《专家知识竞赛》的广播节目的 11 位爱好者进行了详细的访谈。赫佐格认为，有三种基本心理需求使得人们喜爱知识竞赛节目：(1)竞争心理需求——通过抢先猜测答案使自己与出场嘉宾或收听伙伴处于一种竞赛状态，享受由此带来的竞争乐趣；(2)获得新知的需求——从节目中得到新的知识，以充实自己；(3)自我评价的需求——通过猜测答案来判断自己的知识程度，确认自己的能力。①

1969 年麦奎尔对电视节目的调查，归纳出受众从电视节目中获得的四种满足②，包括：(1)心绪转换效用(Diversion)，(2)人际关系效用(Personal Relations)，(3)自我确认效用(Personal Identity)，(4)环境监测效用(Surveillance)。

与报纸、杂志不同的是，广播为一种伴随性的媒介，即人们可以一边做其他的事情，一边听广播。而电视为一种家庭性的媒介，人们更倾向于与家人一同坐在电视机旁，观看电视节目。同时，比起报纸、杂志，广播、电视的实效性更强，也就是说，人们更能够从广播、电视中获取外界信息。同时，电视的娱乐性内容也不断受到受众的偏爱。

第二节　新媒体环境下的网众概念

传统媒体向新媒体过渡过程中，伴随着从受众到网众的转变。这并非受众的终结，因为在很多情况下，传受关系的差异化决定了“受众”这个概念仍然有它的价值。只是新媒体环境的确催生了新的群体。他们摆脱了受众固有的局限，根据自身的需求，创造出新的可能性。

一、网众概念及基本特征

从计算机联网到社会联网，媒介系统不断更替，原本被孤立、分割的个人重新回归到各种各样的社会关系之中。网众的形成，确立了新媒体传播中新的主体。它们影响着传播的过程、意义的共享、权力的结构以及效果的达成。

(一)网众的概念

网众的概念是相对于受众而言的。有学者指出，网众是由“网络化用户”组成的群体，即当今社会中那些积极的媒介使用者，他们以跨越各种媒介形态的信息传播技术(ICT)为中介，与其他媒介使用者相互联结，构成融合信息网络与社会网络的新型网络，“网络化用户”则成为该网络的节点(Node)。③

之所以要提出“网众”的概念，是因为基于传统媒体之上的受众概念已经无法在新媒体环境中适用。受众概念的着眼点是传播过程中的角色差异，而新媒体的使用者往往兼具传播者与接受者双重角色。他们在传播过程中的主体性空前提高。从最初的媒介使用，到成熟的信息生产，他们的媒介素养不断提升，在日常的媒介实践中形成自身的价值判断，积累媒介使用经验。

与此同时，在新媒体环境下，媒介使用者不再是孤立的。他们之间的联系越来越紧密，强关系与弱关系都在信息网络中表现出来。这种社会关系网络事实上早就存在，只不过因为新媒体的发展，人们才更加深刻地感知到。而这在传统受众概念中是无法涵盖的。

以网众代替受众，不是对受众的否定，而是立足于变化，对其进行与时俱进的发展。

---

①②郭庆光.传播学教程[M].第二版.北京：中国人民大学出版社，2011.

③何威.网众传播：一种关于数字媒体，网络化用户和中国社会的新范式[M].北京：清华大学出版社，2011.

它反映了权力的重新分配以及由网众构成的全新的传播网络。同时,它让我们跳出传统上对信息接收者的偏见,更为客观地看待被科技形塑的传播活动。

(二)网众概念的提出背景

网众概念是在新媒体环境这种特定的背景下提出的。

一是计算机联网以及移动互联网走向成熟,为网众的形成提供了技术支持。信息传播科技的进步,使得媒介资源得到了最大限度的开发,同时,媒介使用日益便捷,操作日益简单,交互特性带来了互动沟通,这些技术的成熟是网众得以产生的前提。

二是由计算机联网带来的社会联网,促成媒介使用过程中社会关系的建立,网众不断被结构化。人们的社会关系网络在信息网络中逐渐显现出来,线上的社会关系加强了人与人的联系,群体聚合带来了网众地位的提升。

三是商业因素的介入,让技术的使用更为廉价。更为低廉的价格让普通民众也能负担得起。这意味,网众群体的整体数量在不断增多,而网众内部的成员结构也更为多元。巨大的规模使得任何微小的事件经过群体网络之后,就会产生难以想象的结果。

四是全球信息流通,区域之间的壁垒逐渐消除,让网众不仅在数量上持续激增,在分布范围上也不断扩大。由于地理位置差异产生的区隔被打破,世界各地的人们第一次真正意义上站到了同一个平台上。

(三)网众的基本特征

"网众"概念的提出,意味着我们需要对传播活动的主体进行重新审视。传播媒介演变使得传播活动的各个要素均发生了大大小小的变化。和传统的受众相比,网众呈现出许多新的特征:

1.网络化

网络化(Networked)即一种结构化。它所体现的是人与人之间的连接关系。传统的受众群体,通常被按照一定的人口统计学属性进行区隔和归类,他们彼此之间的联系微乎其微。即使是同一媒体的受众群,也只是存在简单的相似。而网众则是经由社会网络和信息网络连接起来的群体。以单个个人为节点可以延伸出不同的连接关系。这种连接关系会在日常的媒体使用中表现出来。

2.能动性

网众不仅仅是在被动接受信息,他们自身有着能动性。一方面,他们能够主动索取信息,来满足自身的需求。另一方面,对于接收到的信息,他们有着自己的理解和解读。同时,他们会进行选择性的再传播。这就意味着,这是一种建立在自身媒介素养基础之上的媒介使用。虽然每个人的素养水平不一,但和之前传统媒体的媒介使用相比,确实有着很大的差别。正是这种能动性让网众既成为信息接受者,又成为信息传播者。

3.全球化

网众遍布全球,他们不再受到地理位置的局限。不同国家、不同区域的网众都可以在同一信息平台接收信息,发布信息,参与讨论,进行协作。这种由网众带来的全球化的信息传播,让世界更为紧密地联系起来。一方面,它有助于促成积极合作,解决现存的人类共同性问题(例如,环境污染、恐怖主义、世界和平),另一方面,它造成了社会控制的危机。国家的权威受到动摇,由此带来的信息安全问题成了各个国家必须应对的难题。

4.繁杂性

网众无论是从成分上,还是从结构上来看都显得极为繁杂。这是因为,他们可能来自不同的国家、地区、民族、种族;同时,他们的教育程度、收入水平都存在着差异;再加上成员可以在网际空间中自由流动。这一切使得我们所面临的网众较之传统媒体的受众而言,更为复杂。传统的受众研究路径在网众身上不再适用,更多的因素需要被考虑在内。

5.数字化

在新媒体环境下,无论是文字、图片,还是声音、影像,它们的物理形式均被消除,最终以数字的形式被存储和呈现。而传播活动中的网众,他们的任何媒介使用行为同样都会转化为数字轨迹被记录下来。这些数字轨迹为研究网众提供了新的出发点。人们的各种行为被量化,最终形成庞大的非结构化的数据。大数据分析的兴起正是以此为基础,而由网众行为产生的数据,将带来巨大的财富。

二、网众身份的意义

网众不仅仅是对新媒体使用者的一个综合性概括,它更反映出新媒体用户与以往普通受众所不同的身份与角色。这些身份与角色无论从个人的角度还是社会的角度来看,都有着十分重要的意义。

(一)个人层面的意义

从个人的角度来看,网众的形成意味着受众主动性的回归。从被动接受到主动获取,从消费信息产品到参与到信息产品的生产环节中去。个人的主体性得到确立,并在日常的实践中,发挥主体的功能与作用。

1.信息的索取者

网众是信息的索取者。在媒介资源较为匮乏的时候,人们虽然也有自主权,但是由于诸多限制,总体上只能被动接受信息。随着媒介种类的增多,渠道的日益丰富,人们可以根据自己的需求来获取信息。这一方面,为网众提供了多样性的信息内容,另一方面,促使他们不断提升自己信息选择的能力,从而满足自身的信息需求。

新媒介创造出一个巨大的信息库,而网众自主地在信息库中索取信息。这种主动的索取,带来了对特定事物更为全面的了解,避免了单一报道的信息容量限制、呈现形式限制、报道立场限制。不仅如此,知识的垄断被打破,网众可以在这样一个信息库中各取所需,而不必统一接收相同的信息。同时,通过主动搜寻信息,许多个人化的问题能够在这个过程中得到解决。从这个意义上来看,媒介使用伴随着一定的教育、指导功能。相比从前,这种功能更为系统、更为专业。

2.内容的生产者

网众是内容生产者。将集中的信息生产权力分散到个人手中,意味着会有更为多元的内容产出。在大众传播时代,媒介内容在某种程度上反映出一个时代的集体记忆,而大多数个人的身影却被模糊化了。在新媒体环境下，时代的主旋律仍然被弘扬，与此同时，个人也拥有了自我表露、自我展现的平台。

自主的内容生产者一方面在进行个人的创造，另一方面在进行个人的记录。个人创造带来了各种亚文化的繁盛，个体的智慧被展现出来。同时，也带来了思想的传播，观点的碰撞。而个人的记录则进一步实现了信息的体外化。媒介的存储功能部分替代了大脑的存储功能。通过记录来存储记忆。记忆的内容更为丰富，更为具体。这些留存在媒介上的信息，于个人而言，无疑是一笔珍贵的财富。

3.意见的表达者

网众是意见的表达者。通过索取信息，我们可以对外界事物获得详细的认识；通过生成内容，我们可以形成自身的看法。而最终目的，是将我们的观点，我们的诉求表达出来，从而带来现实层面的改变。

表达意见对于个人而言具有重要意义。首先，它是网众主体性最为显著的表现。通过发表观点的参与比起简单的内容生产而言更具有意义。其次，意见的表达能够促成自身媒介素养的提高。在表达意见的同时，能与他人进行思想的碰撞，拓宽眼界，提高自身辨别的能力。最后，个人的诉求能够通过公共的讨论最终产生有利的结果，并促成事态朝着自己的意愿发展。

（二）社会层面的意义

从社会的角度来看，网众的形成无疑推动了民主政治的发展。广泛的参与带来协商的可能性，而网络本身的开放环境特点又为社会监督与民主法治提供了有力的保障。同时，网众庞大的规模，以及在这种规模之上的合作能够发挥集体的力量，解决一些共同性问题。

1.参与民主协商

民主协商是一个社会政治文明的重要标志。而真正意义上的民主协商不仅需要公民积极地参与，还需要让讨论在一个理性的环境中进行。网众的形成可以说为民主协商带来了希望。网众群体规模巨大，其构成成分多元，能够形成广泛的参与。意见领袖的存在能够将普通网众分散的意见进行整合，避免过度分散。

需要澄清的是，新媒体所提供的是一种民主协商的可能性，至于民主协商的质量，这并非其能够保证的。民主协商的实现，需要人们在这样一个公共环境中不断进行磨合，在参与讨论的过程中，提高自身的认识水平，并以理性的方式应对面临的问题。但是，我们应该看到，这种民主协商已有了雏形。网众已经开始有意识地对发生的事情进行公开讨论，发表自己的观点，而这些观点虽然不能代表全部，但至少让我们听到了一些声音，公共决策也有了更多的参考依据。今后需要做的，就是不断完善公共讨论的平台，提高网众的参与热情和知识水平，从而不断推进民主协商的进程。

2.实现集体协作

集体协作是网众身份的另一个重要社会意义。从 Web 1.0 到 Web 2.0 最大的转变就是，人们从最初的参与发展到了集体合作。单个个人的力量经过社会网络被无限放大，最终形成的合力能够创造出无穷的力量。

最为典型的集体协作表现在灾难救助上。在地震、洪水灾害发生时，网众发挥各自的力量来应对灾情。灾难发生地的人们能够向外界发布灾区信息，以便救援人员优化救援方案。同时，寻人信息、物资捐献信息、血库补给信息能够在网络上迅速扩散，网众们参与信息转发传播，并给予及时反馈从而辅助救灾工作。而那些不能直接参与的网众，则可以进行祈福祈祷，施以人文关怀，传播正能量，为灾区提供精神支持。这些在传统媒体时代是很难高效实现的。其他诸如“光盘计划”“节能一小时”的公益宣传，“随手拍解救被拐儿童”“关注留守少年”的爱心行动，这些都体现出集体协作的巨大价值。

每一名网众都是一个节点，人们的社会关系网络将不同的节点连接起来。这种改变需要我们重新思考我们解决问题的方式。

3.完善舆论监督

在大众传播时代，舆论监督基本上都是由报纸、电视等传统媒体来承担，它是媒介的一项基本职能。然而，传统媒体的监督力度有限，且面临着诸多的阻碍，并不能非常有效地实现社会预警、协调控制的作用。基于网众之上的舆论监督很好地弥补了传统舆论监督的缺陷。这表现在网众对于特定的问题有着较高的敏感度。微小的线索经过集体的协作便能够刨根究底，弄清真相。无处不在的网众也验证了那句“天网恢恢，疏而不漏”，社会监督因此变得更为完善。

网众在进行舆论监督的同时，也在不断地发现问题、暴露问题。这些问题可能隐藏在社会生活当中，或者被人试图掩盖，因而之前尚未浮现在公众的视野当中。如今，群体的力量带来了问题的发现机制，我们可以发掘潜在的隐患，制订出行之有效的解决措施，同时，建立预警机制，减少社会风险。但应该注意的是，在这个过程中需要区分对公共生活的监督与侵犯私人领域的区别，必须防止权力的滥用，从而保障他人的合法权益不受侵害。

三、网众的媒介使用行为

网众的媒介使用习惯因新的媒介特性而呈现出新的特点。从互联网到手机，从最开始的尝试性使用、附带性使用到现在的习惯性使用、依赖性使用，新媒介不断在向我们的生活渗透，个人生活、市场经济、社会结构都在悄悄地发生着改变。

（一）对网络媒体的使用

据中国互联网络信息中心第 36 次中国互联网络发展状况统计报告统计，截至 2015 年 6 月，中国网民规模达 6.68 亿，全年共计新增网民 1894 万人。互联网普及率为 48.8%，较 2014 年底提升 0.9 个百分点。[①] 可以看到，从最开始互联网进入中国到现在，网民的数量已经达到了一定的规模，并开始进入缓慢的增长期。这种缓慢的增长意味着网民的结构开始走向稳定化。

对网络媒体的使用，既需要一定的物质基础（如相应的设备、网络），又需要一定的智

---

①中国互联网络信息中心.第 36 次中国互联网发展状况统计报表[EB/OL].http://www.ce.cn/xwzx/gnsz/gdxw/201507/23/t20150723_6022843_1.shtml.

力支持(如使用网络媒体的知识、技巧)。这就决定了网络媒体的用户群体相对集中于某一部分人群,而对于剩下的人群,只能在技术准入降低,自身知识水平提高后,才能增加接触的机会。

与传统媒体一样,对网络媒体的使用仍然是基于一定的使用动机。比如接收资讯,了解外部环境的变化;联系他人,进行社交;娱乐休闲,打发空余时间;获取知识,作为正规教育的补充等。值得一提的是一些伴随而来的新动机;首先,网络媒体提供了自由发声的渠道,人们可以参与公共事务的讨论,并进行舆论监督;其次,网络媒体提供了一个展示自我的平台,并在展示自我的过程中,与他人进行社会交往;再次,网络媒体让线下生活线上化,人们可以在网络上购物消费、进行日常工作、专业咨询等;最后,网络媒体提供了一个宣泄的场所,在这里人们可以以匿名的方式宣泄压力,获取他人的社会支持。

(二)对手机媒体的使用

截至 2015 年 6 月,中国手机网民规模达 5.94 亿,较 2014 年底增加 3679 万人,网民中使用手机上网的人群占比提升至 88.9%。① 这种大规模的提升很大程度上归功于智能手机的迅速发展。

手机视频、手机阅读、手机游戏、手机检索这些都是手机发展形成的产物。它们反映出网众对手机媒体的不同使用形态,以及新的资讯获取方式。同时,手机媒体不仅仅是一个获取资讯的平台,它更是一种社交的工具。它将移动互联的概念植入人们的生活当中。在某种程度上,手机取代电脑,成为移动互联网的一个接口。各种 SNS 社区都可以通过手机接入。人们利用手机,分享自己的位置信息、拍摄照片视频上传、记录个人的心情,从而与他人建立联系。人与人的交往可以在随时随地由个人发起。

不仅如此,手机还是个人的移动金融终端,通过手机,能够实现金融支付功能。通过绑定手机号、银行卡,手机消费得以实现。它不仅让消费变得更加网络化,而且促成了消费的移动化。如此一来,随时随地大家都可以通过手机来实现购买与支付。

可以看到,与网络媒体一样,手机媒体的使用伴随着不同的动机与特点。它反映了手机一族的形成与壮大,并在这个过程中产生了丰富的媒介使用体验。

第三节　从受众到网众角色转变中的博弈

从受众到网众,我们亲眼见证了这样一个转变。有的人为此狂欢,因为我们正迎来一个最好的时代。传播科技改变生活的道理从来没有像今天这样为人们所感受。也有的人惶恐不安,因为我们习以为常的规则就这样轻易被打破,我们对媒介日益依赖,以至于我们无法想象离开它们的生活。角色的转变让我们比以往更需要认清摆在我们面前的这个双刃剑。

---

①中国互联网络信息中心.第 36 次中国互联网发展状况统计报表[EB/OL].http://www.ce.cn/xwzx/gnsz/gdxw/201507/23/t20150723_6022843_1.shtml.

一、从自由乌托邦到全景式监狱：网众的社会控制

社会学家詹姆斯·贝尼格曾假设，信息社会来源于由1840年铁路和其他蒸汽动力交通工具创造的控制危机①。而社会控制一直都是媒介领域的一个重要议题。国家在维护社会稳定的同时，个人在极力争取自由，二者之间的博弈伴随着媒介发展的始终。

（一）自由乌托邦的幻想

“电子乌托邦”的幻想由来已久，它寄希望于媒介技术的进步所带来的社会的解放。早期社会学家库利就断言“印刷意味着民主”。而在麦克卢汉看来，媒介的发展可以分为“部落文化”（口头媒介）、“脱部落文化”（文字、印刷媒介）、“重新部落化”（电子媒介）三个阶段，并指出这三个阶段对应的结果：“伊甸园”“人的堕落”“重返天堂”。虽然这些不免带有技术决定论的色彩，但是确实反映出我们在不断向“理想的国度”迈进。

如今，信息的控制权已经不再被媒介组织所垄断。人们可以进行自主的信息生产、信息传播。互联网所提供的是一个广阔空间，它具有极大的包容性，能够让各方都有自己的发声渠道。对于接收到的信息，网众有权利选择赞同或者抵制。

诸如报纸、广播、电视都有着严格的准入机制，层层把关贯穿始终。国家机构、政治团体、经济组织的存在都会影响媒介的内容输出。因此，我们所接收到的信息只是传播者想让我们看到的部分，至于信息是否反映了实际状况，完整性如何，我们无所知晓。而在新媒体环境下，内容生产的工作一部分被网众所取代。在传播扩散的环节上，信息经由网众传播，扩散速度如同病毒复制一般。网众能够发掘出自己认为有价值的信息进行分享，针对事件做出评论。自由的发言成为一项可以实现的权利。人人都有一个麦克风，可以随意进行观点的表达。同时，语言符号与非语言符号的运用，让把关人的把关活动面临空前的挑战。即便存在层层筛选机制，传播中的意义在网众之间互动的过程中不断发生变化，形成不一样的符号系统和话语体系。而这些足以跟官方的话语体系与信息监控相抗衡。

此外，信息源的增多意味着无法从根源上禁止信息的传播。人们对信息的获取已由国内拓展到国外，由单一语言获取发展到多重语言获取。新媒体环境下，技术精英不再为官方所垄断。民间技术精英的崛起意味着，一部分人在限制信息自由流通的同时，另一部分人在不断突破限制，为其他网众带来信息自由获取的机会。在控制与反控制的过程中，双方争夺着役使权。

所有这些都似乎向我们表明，我们在向高度的自由迈进。网众在自我解放的同时，也在不断地解放着社会。

（二）全景式监狱的恐慌

虽然网众的呼声不断，但是我们所面临的状况远比想象中复杂。在自由不断实现的同时，我们也面临着前所未有的监控恐慌。

福柯曾经提出了“全景监狱”的概念，意指为了实现对监狱犯人的监视管理，可以将监

---

①James R.Beniger.The Control Revolution：Technological and Economic Origins of the Information Society[M].Harvard University Press，1986.

狱建成一个类似古罗马斗兽场那样的环状。在监狱的中心建一个瞭望塔，监狱的窗子都对着中心的瞭望塔，这样一来，关押在监狱中的犯人就会感到一种恐慌，即他们的一举一动随时都会被看到。如今，数字媒介充斥着我们的生活，"全景监狱"的概念重新被提出，来佐证由监控带来的焦虑。

可以看到，技术越发达，我们的社会监控变得越简单。因为，在网络空间中存在着多重把关系统与多重把关方式，而这背后是一种复杂的控制机制。

首先是控制实体准入。这既包括技术层面的硬件软件问题（如切断网络，禁止特殊网站的访问），也包括身份层面的问题，即并非所有人都能进入特定的网络系统中（比如账号被封锁）。实体的准入限制直接阻碍信息的自由获取。

其次是控制信息，包括控制信息准入与信息流通。特定的信息无法以正规渠道进入网络系统中去，这一点表现为技术上机械地把关。比如，敏感词被事先设置好，那么它就无法正常地同其他信息一样，进入人们的视野。网络空间中还有许许多多真实存在的把关人，他们作为真实的活动者，判定着网络中的信息是否利于传播，并进行着不断的把控。这种人为的控制，主要用于弥补现有技术的不足。

再次是控制网络节点。把握网络节点是网络控制的关键。进入网络中的信息十分零碎，最终是由相应的意见领袖进行整合。控制好人数相对较少的意见领袖，能够有效防止信息的分流。通过抑制意见领袖的整合作用，让观点和信息成为一盘散沙，这事实上就控制好了网络空间的信息流。

最后是控制网络系统。这个是在迫不得已的情况下采用的方式。它借助的是存在于网众当中的一个悖论，即网众与网众的连接性越强，他们反而越脆弱。因为这种结构化是建立在技术之上的，而传统社会中人与人的结构化取决于单个个体。当技术被切断之后，网众之间的关系无法正常维持。就像一个结构严谨的蜂巢，悬于一棵树的枝丫上，当枝丫被折断后，蜂巢也就掉落了。

而最关键的是，网众的行为被数字化了。任何网络中的举动都会产生数字轨迹被记录下来。而既有的非数字化信息也在向数字化转换。这意味着，信息追踪的通路在不断畅通，伴随而来的是更为精准的控制。

所有这些都向我们表明，这是最好的时代，也是最坏的时代，而人的作用往往决定着我们未来的走向。

二、从天涯若比邻到对面不相识：网众的社会关系

"海内存知己，天涯若比邻"这句诗，可以说是对移动互联今天的最好写照。我们足不出户就可以与世界各地的朋友说话聊天，信息的完整性空前提高，传送速度趋近于零，维系遥远的关系变得经济便捷。然而，当我们沉溺于媒介使用的时候，以虚拟的社会互动代替现实关系的互动的时候，我们看到的是人与人的疏离，现实的沟通交流变得困难。而在这样的双重影响下，我们需要重新思考网众的社会关系。

（一）天涯若比邻的亲密感

新媒体带来了时间与空间的破除，对人际传播进行最大限度的还原，不仅能够进行实

时的声音传播，还可以进行影像的再现。传播中的语言符号与非语言符号都被展示出来，不同地区时间的差异与空间的距离感均不复存在，这让传播沟通能够以最佳的方式进行。

我们不仅能够在一对一，或者一对多的会话中表达自我，还能够在社交平台上进行个人生活的记录和情感的流露。社交媒体除了提供一个信息流通的平台之外，它还为网众提供了一个记录、互动的场所。持续的内容生产，带来了丰富的个人讯息，按照约哈里之窗理论所提示的，我们在不断扩大彼此之间的开放区域，形成更多的共通意义空间，无论是默默围观还是回复他人，都可以带来相互的了解。

同时，在新媒体的使用过程中，人际关系网络逐渐趋于显现。人们以强关系网络为出发点，不断辅助弱关系网络的建立。新媒体特有的推荐机制与聚类机制，能够将朋友、朋友的朋友、朋友的朋友的朋友都聚集起来。而在以往，这些关系的建立总需要特殊的时间、地点，由特殊的人和事件来导引。即便是已经建立了关系，要想很好地维系已有关系，其成本也十分昂贵。

如今，即便是相隔异地，人们也不必再像以前那样因天各一方而感到烦恼。熟悉的人可以嘘寒问暖，陌生的人也可以形成潜在的联系。在社交网络上，有相同兴趣爱好的群体建立自己的讨论组，交流分享生活的经验与趣味，并将线上的交往延伸至线下，虚拟的行为转化为现实的行为，网络和现实的界限开始模糊化：这一切迹象都表明，我们与他人的距离在拉近，因为传播技术，不同的人走到了一起，一些不适合直接表达的情感被以其他方式表达出来，我们从未像现在这样接近彼此。

（二）对面不相识的疏离感

虽然传播科技让人与人之间的联系变得越来越简单，但这种技术基础并不意味着它能实现人们的理想交往。来自反面的声音认为，在传播科技日益发达的今天，人与人之间不仅没有更加亲密，反而越来越疏离。

"疏离"（Alienation）这个概念，最初是在神学著作里广泛使用，而在这些著作里，"疏离"被解释为与上帝的分离，背道而驰。学者 Seeman 认为，疏离感包括了五个要素，即无力、无意义、无规范、孤立、自我疏离。[①] Zwetkoff 指出，疏离感是现代社会的主要弊病，它有不同形式，事实上可以等同于疏远、退缩、脱离、混乱、无力、玩世不恭、无用、无意义等。[②] Clark 在陈述了疏离感的诸多定义（包括无意义感、无力感、无归属感、被操控感、社会孤立感和自我孤立感）之后，提出疏离感指的是个人无力去实现他本应该实现的角色。[③] Lystad 认为，疏离感被看作个体对某些社会结构成分不满的标志，它尤其和经济、政治相关。[④] 我国学者杨东、张进辅等人通过一系列研究，提出疏离感是指个体与周围的人、社会、自然以及自己等各种关系网络之间，由于正常的关系发生疏远，甚至被客体支配、控制，从而使个体产生了社会孤立感、不可控制感、无意义感、压迫拘束感、自我疏离感等消

---

①Melvin Seeman. On the Meaning of Alienation[J]. American Sociological Review, 1959(6): 783—791.

②Catherine Zwetkoff. On the Adequacy of the Concept of Alienation in Empirical Research[J]. European Journal of Political Research, 1997(4): 433—446.

③J.P.Clark. Measuring Alienation within A Social System[J]. American Sociological Review, 1959(6): 849—852.

④M.H.Lystad. (1972). Social Alienation: A Review of Current Literature[J]. The Sociological Quarterly, 1972(1): 90—113.

极的情感。[①] 可以看到，疏离感是一种社会病理现象，它具有多个维度，其核心是基于人与人正常关系的破裂，从而导致冷漠、排斥、空虚、孤独等多种病态心理。

新媒体为我们创造了一个多姿多彩的世界，而这所带来的负面结果是，人们沉溺于媒介使用当中不能自拔，宁愿独自玩电脑、看手机也不愿意与他人进行言语的交谈。甚至出现诸如上网成瘾的媒介依存症，因媒介使用无法得到满足时，感到空虚、焦虑、痛苦，有时还会产生暴力行为。亲朋聚会到处找无线网，谈话期间低头玩手机，人与人之间通过电子媒介交流，面对面时却无话可说。当人际交往以这样一种方式进行时，我们很难说人们的关系日益紧密了。

由新媒体带来的人的疏离，是网众研究中需要关注的一个问题。因为当中有两股力量的存在，一方面在拉拢彼此，另一方面在排斥彼此。在这两股力量的作用下，网众的社会关系也在发生变动，不同因素相互调和，其最终结果如何，仍需要进一步研究。

【知识回顾】

本章从传统的受众出发，以不同的视角来界定“受众”这个概念，探讨不同维度下受众的类型划分以及受众自身的特点。同时，以受众角色的变化为线索，对受众发展历史进行梳理，列举受众研究的主要理论及其媒介使用行为。在此基础上，结合新的媒介环境来理解网众概念的产生，分析其产生背景、自身特点，剖析“网众”这个概念所带来的个人层面与社会层面的意义。最终，我们回归理性的分析，探究从受众到网众角色转变中的博弈问题。

【思考题】

1.受众观念经历了一个怎样的演变？
2.网众的形成会对大众传播产生什么样的影响？
3.如何看待网众角色的社会意义？

①杨东，吴晓蓉.疏离感研究的进展及理论构建[J].心理科学进展，2002(1)：71—77；杨东，张进辅，黄希庭.青少年学生疏离感的理论构建及量表编制[J].心理学报，2002(4)：407—413.

第六章
传播内容:从组织生产到用户生产

【知识目标】

☆新媒体环境下用户生成内容。

☆新媒体赋权与网络狂欢的负面效果。

【能力目标】

1.了解传统媒体内容生产的基本环节、特征和制约因素。

2.理解用户生成内容的意义,正确对待其正面与负面影响。

【案例导入】

互联网的最大魅力在于使用它的人,即用户。在网络技术的带动下,隐藏在技术背后的用户潜力终于被激活,用户一方面是内容的消费者,一方面又是内容的生产者,在信息生产与消费的循环之中,大众传播逐渐实现从组织生产向用户生产的过渡。维基百科就是一个用户生产类网站的代表。

维基百科(Wikipedia)成立于 2001 年 1 月 15 日,它是一个内容自由、公开编辑且多语言的网络百科全书协作项目,通过 Wiki 技术使得所有人都可以简单地使用网页浏览器修改其中的内容。①

维基百科借助协同式生产的力量来搭建知识的仓库,用户的数量是庞大的,远远超过了编纂一本字典所需要的人数,这就使得有足够多的人来提供内容,以及修改和编辑词条,使词条的质量和数量都得到保障。互联网内容的更新是便捷而迅速的,在维基百科中,每一个词条随时都有可能根据外界的变动而得到补充和修改,换句话说,这本百科全书不仅是最全面的,而且是最时新的。这样一个动态的知识宝库是任何一本纸质百科全书都无法比拟的。

过去的百科全书是付费的产品,从内容的生产到获得均需要支付报酬,而维基百科既没有向内容的生成者付费,也不向用户收取费用,它以一种免费的力量支配着互联网背后的个人进行生产、分享,用户在生成内容的同时也实现了自我价值。在这样一种良性循环中,每个人都是受益者。

维基百科并不是唯一一个凭借用户生产内容而发展起来的网站,YouTube、土豆网以及国内的新浪微博、豆瓣都通过经营用户生成的内容获得了良好的发展。这些新媒体平台上的内容总量远远超过了传统的报纸、广播、电视所生产的内容,为受众提供了极为多元的选择。新媒体时代的用户反客为主,通过无形的互联网,越来越多地把握了传媒内容的主动权。

---

①来自维基百科词条“维基百科”。

第一节 大众传媒的内容生产

自19世纪30年代以报纸为代表的大众传媒的兴起，大众传媒通过组织生产的方式生产内容，旨在满足最大范围的受众需求。批量生产、迎合受众、价值中立是其基本特征。大众传媒主要受到政治因素、经济因素和一般社会因素的制约。

一、大众传媒内容生产的基本环节

我们在这里说的大众传媒主要指报纸（含期刊，以下同）、广播、电视三大传统传媒渠道。经过了较长时间的发展，它们生产的各个环节都有了各自的特征。

（一）报纸的内容生产环节

报纸是历史最久的大众传媒，世界上最早的日报是莱比锡的一位书商蒂莫休·里兹赫在1650年创办的《新到新闻》。经过几百年的发展，报纸在内容、形式和印刷方法上都有了显著的改变。现代报纸的生产一般都要经过以下四个环节：

报纸生产的第一个环节是策划，即对新闻报道活动进行的规划和设计，使报道达到预期的传播效果。报社各部门都有自己的编前会议，记者向主编或部门主任报告新闻选题，部门人员共同制订报道计划，安排采编时间及人力分配情况。一般来说，各个部门都会有周、月和季度报道计划，保证版面内容充实，使版面文章组合更具有整体性、深度性和趣味性。比如，四年一次的世界杯足球赛就是重点策划的对象，在开赛前的几周甚至几个月前，记者和编辑们就开始划分版面与组稿，他们搜集往年报道的新闻，分析今年赛事的新变化，构思出与众不同的报道角度和报道内容，争取在众多报纸中脱颖而出。有的媒体还会派出特派记者，讲述记者在球赛现场的见闻和心得感受，给读者带来不同的阅读体验。

第二个环节是内容的采写，这是新闻报道最重要的一个环节，也是充分体现新闻工作者水平高低的环节。采，即采访，记者根据获得的新闻线索挖掘背景信息，做好采访的前期准备工作。采访对象可以是新闻当事人，也可以是当事人的朋友、家人。记者要通过过硬的采访技巧和沟通技能从采访对象那里获得有价值的信息，发挥新闻敏感性，在对象的话语中抓住可以深挖的细节，进而深入采访，为写作提供充足的素材。写，即新闻写作，是记者综合能力的体现，通过将事实有机地组合来展现记者隐藏的意图，引导读者思考。

第三个环节是编辑与排版。记者向编辑上交稿件以后，由责编对文字内容、中心思想进行审核与修改，美编负责稿件的排版和艺术设计。排版完毕，主编将审阅全部内容，确认内容无误后签版。

最后一个环节是印刷与发行，制订好的内容被送达印刷厂进行印刷、装订，最后由发行部门统一安排报纸的投递。

（二）广播的内容生产环节

1940年12月30日被定为中国人民广播创建的纪念日。这天，在延安西北的王皮湾村里，广播人员利用苏联转运至延安的广播发射机第一次向外播音。由于条件限制，广播电台的发射机房就用两座石窑洞来充当，当时的广播时间为每晚 7 点至 9 点，波长 28 米，呼号为 XNCR。改革开放以后，我国广播事业在技术和运营上都发生了巨大的变化，全国基本上形成了从中央到地方、无线和有线相结合的广播和电视、城市和农村、对内和对外并重的现代化广播电视宣传网。①

要制作一个广播节目，首先要对节目内容进行多方面的策划，这包括对听众的调查和研究，设定节目定位，确定节目形式和节目特色。其次，进入节目主体的撰稿环节后，编辑要根据节目设定编写文案。文案内容要符合广播语言的要求，注重口语化的同时也要注重语言的个性化、文雅。编辑人员还要选择适合节目的背景音乐，设定好片花、片头。再次，节目进入录制阶段，工作人员调试好录音设备、话筒、耳麦和电脑声卡，播音员根据设定好的文案材料正式开始录音。最后，由编辑人员完成节目的后期制作，将音频剪辑完成并插入片头、片花和背景音乐，输出成为完整的节目并在预设的频道和时段播放。

（三）电视的内容生产环节

电视节目的制作主要可以分为前期制作和后期编辑两个过程。

前期制作的第一个阶段是构思创作，包括节目构思，确立主题和结构以及草拟脚本。在内容生产之前，主创人员召开编前会议，对节目的内容、风格规划提出意见，并设计出分镜头脚本。完成内容的设计之后，主创人员要制订详细的拍摄计划，包括人员配置，道具、拍摄场地准备等。第二个阶段是现场录制，以演播厅拍摄为例，演员们首先要进行排练，练习走位、动作和台词；工作人员要准备并调试摄像机、升降臂、道具、服装等。一切准备就绪之后，拍摄过程才能开始。

后期编辑的第一个阶段是节目编辑，包括对素材的剪辑、特技的运用和混录，最后完成成片的输出。第二个阶段是审片修改，一般由节目负责人审查节目内容，提出修改意见，审核通过后的节目将被复制存档，在电视中播出。

二、大众传媒内容生产的基本特征

在近百年的发展中，大众传媒的内容不断发生改变，最终形成了自己独有的特征，即：批量生产、受众本位、价值中立。我们既要把握特征形成的原因，又要了解这些特征可能存在的负面影响。

（一）批量生产

19 世纪 30 年代被认为近代大众传播的起点，《纽约太阳报》和《先驱报》的出现使报刊成为重要的大众传播媒介。在此期间，电子通信技术的出现为大众传播提供了便捷高效的传播工具。随着大众传播媒介的激增，传媒内容的需求量也在迅速扩大，报纸有更多的版面需要填充，广播电视也有更多的节目需要播出，大众传媒批量地生产、复制信息以满足不断增长的需求。

大众传媒是信息的工厂，每时每刻都在向受众输出海量的信息。进入新媒体时代后，数字化多媒体和网络技术被广泛应用到传媒生产的各个领域，信息传播的成本变低，速度

---

①陆晔，赵民.当代广播电视概论[M].上海：复旦大学出版社，2002.

变快，大众传媒的内容更像是流水线上批量生产的产品，源源不断地涌向受众市场。在门户网站、微博、博客以及微信中各种信息层出不穷，在“百度”中输入关键词“新闻”，就能出现上亿个结果，这明显超过了一个普通受众所能接受的信息量。

大规模的信息生产在满足媒介与受众的需求之外也带来了一些负面影响，受众处于信息的洪流之中难以自拔。从几十页厚的报纸到街边LED屏幕中滚动的信息，再到网络推送的最新消息，各种信息被强行植入受众的视域中，受众的注意力被裹挟到诸多媒介之中，加重其阅读负担。

（二）受众本位

受众本位意识是一种以受众需求为导向的传播意识，它是大众传播在发展过程之中逐渐形成的一种导向。大众传播的产品具有商品和文化两重属性，它需要通过市场上的交换来实现自身的价值，这表现在人们通过付费来获得印刷媒介或是部分电子媒介上的信息。为了尽可能多的完成价值交换，媒介生产的内容必须满足受众多种多样的需求，这包括政治、经济、文化、娱乐、生活等多方面、多层次的信息。在呈现方式上媒介应注重受众的阅读习惯和兴趣爱好，注重图片、文字、视频的结合，注重语言文字的风格特色，尽可能地吸引受众的眼球。

受众不仅是信息的接受者，也是传媒的选择者。他们根据自己的需求、爱好和意识对传播内容和媒介进行筛选，接受和分析。同时，受众也是媒体重要的评判者，他们的需求影响甚至决定了媒体的生死存亡。竞争是市场经济的一个显著特征，不仅在同一媒体内部存在竞争，广播、电视、报纸、网络等不同类型的媒体都在积极抢夺受众群体，力求最大程度占领市场，维持媒介自身的生存发展。

（三）价值中立

早期的报纸是政党用以维护党派利益，与其他党派进行权力斗争的工具，在内容上有着浓重的党派色彩。商业性报纸的出现和发展打破了这一局面，由于商业报纸依靠广告作为主要经济来源，摆脱了政党经费对经济来源的控制，使它能够在内容上独立，在报道方式上追求客观，得到了受众的欢迎和支持，价值中立也因此成为大众传媒内容生产的一大特征。

虽然大众传播媒介一直标榜自己价值中立，但是在媒介内容生产的过程中要完全做到这一点也是不现实的，传媒的价值还是要受到意识形态、文化历史等多方面因素的制约。传媒要尽量保证内容客观公正，不将明显的情感和价值导向投射在内容之中，不给受众带来误导。

三、大众传媒内容生产的制约因素

大众传媒的内容对我们的现实生活产生着重要的影响，我们通过传媒生产的信息来了解社会，判断是非，然而大众传媒的内容也无时无刻不受到现实生活的制约：来自政治、经济、社会文化等各个领域因素相互制约，相互妥协，它们共同决定着传媒的内容以及我们认知这些内容的方式。

（一）经济因素

二战后，西方国家的传媒公司仍处于独立经营的状态，然而，随着资本垄断加剧和市场竞争激烈化，传媒最终由相互竞争走向了兼并、收购，小的媒介公司不断消失，最终由几个大型媒介集团垄断传媒市场。美国五大传媒巨头——时代华纳、迪士尼、贝塔斯曼、维亚康姆和新闻集团控制了美国90%的新闻媒体，报纸、杂志、广播、电视台、网络以及电影等传媒领域处处存在着它们的身影。以时代华纳为例，它旗下的130种期刊的营业收入达到45.14亿美元，其中仅《时代周刊》年收入就达9.21亿美元，《人物周刊》年收入达到7亿美元。拥有全美发行量最大的发行达220万份的报纸《今日美国报》的甘尼特公司是全美最大的报业公司，仅在美国就有日报101种，它的杂志《美国周末》的发行量高达2370万份，另外这家集团还拥有22家电视台，在美国和英国拥有210多个网站，年收入近70亿美元。《华尔街日报》每年的赢利高达数亿美元，而NBC、ABC不仅规模巨大，营业收入高，赢利能力也很强。①

从宏观的角度来看，传媒的内容生产会受到垄断资本和少数大型利益集团的影响。与来自国家和政府层面的控制不同的是，经济层面的影响更为间接、手段更为隐形。它们主要表现在：一是成立超级媒介集团，以资本实力为后盾垄断传媒市场；二是利用集团拥有的经济力量影响议会党团和院外活动，从而干预公营传媒的活动；三是通过广告或赞助来影响媒介的内容生产。

从微观的角度来看，传媒的内容要受到来自广告主和受众的双重影响。一方面，传媒通过售卖时间、版面特别是受众的注意力给广告主，以获得利润；另一方面，传媒又要通过扩大发行量、收视率或点击率来提升媒体的经济价值和社会价值。然而，受众和广告主之间的利益并不是一致的，媒介在迎合一方的同时也许要以失去另一方为代价，这就使媒介的内容生产时时受到市场的压力。

（二）政治因素

政治层面对媒介内容生产的影响是直接有效的，国家方针政策直接约束着传媒的运营。不管是在资本主义国家还是社会主义国家，传媒都是当权者极力控制的一个重要领域，通过掌握传媒日常的内容生产来维护自身对国家政权的控制。社会制度指的是在“特定的社会活动领域中围绕着一定目标形成的具有普遍意义的、比较稳定的和正式的社会规范体系”，任何传播都是在一定的社会制度的条件下进行的。

社会主义制度下的大众传媒是关系国家安危的部门，它以满足人民日益增长的文化需求为目的，所生产的一切内容都必须有利于巩固社会主义制度。此外，大众传媒还要接受共产党的领导，在思想内容上坚持党性原则。

资本主义制度下的大众传媒大多数是一种企业性质的机构，政府可以通过司法部门等多种其他渠道间接控制、监督新闻机构的运行，而不能直接控制传媒的内容。在西方，传媒的内容选择更多地受到来自市场和受众的影响，而非体制性因素的干预。

社会制度并不是唯一的政治性因素，各党派力量以及各种社会团体也在大众传媒中

①赵文荟.美国传媒业的启示[J].新闻战线，2007(3)：86—88.

发挥着自己的力量，促使传媒内容向积极、健康、公正的方向发展。例如，美国早期的电视连续剧中一直存在种族歧视，黑人演员在剧中的比例非常小，出现的黑人扮演的都是仆人、工人和罪犯等角色，而知识分子、白领、老板的角色从来都是由白人占据。经过反对种族歧视的社会团体几十年来不懈的斗争，这一不公现象终于有了改观，现在我们可以看到各种电视剧、电影中经常浮现不同人种的身影，黄种人、黑人也在剧中扮演主要的角色。

虽然各国国情不尽相同，但法律条文对传媒都有着基本相同的约束。例如，不允许发表与国家制度和意识形态相关的内容以及涉及国家安全和国防机密、损害名誉权和隐私权、发布淫秽与非法出版物；对公众利益和社会文明风气有害的内容。传媒机构想要正常运行就必须保证内容和导向在法律允许的范围内进行。

（三）传媒因素

传媒的职能是影响传媒内容最重要的因素，承担什么样的责任决定了媒体报道什么以及怎样去报道。在我国，媒体的首要功能就是报道新闻、传递信息，新闻机构及时反馈社会变化，客观公正地进行报道，满足受众对于外界信息的需求。其次，新闻媒体还有反映和引导舆论的职责。作为政府和民众的桥梁，新闻媒体一方面要做党和政府的喉舌，将各项国家方针政策传递给民众，另一方面又要担任传声筒，将民众的意见和情绪如实地反映给国家，这也决定了内容生产的双向性。

大众传媒的性质也影响着传媒的内容生产。媒体的性质决定媒介的方针、宗旨和政策，影响着报道的内容导向和风格色彩。以报纸为例，党报与都市报在内容上相差甚远：党报在内容上更偏重于国家大事，而都市报更贴近地方民生；党报在风格上更为严谨，都市报更为民众化，用语更加随意。在市场竞争日趋激烈的环境下，媒体力争差异化经营，有的媒体擅长报道娱乐事件，有的则擅长新闻调查、注重深度性。不同的媒体风格也约束着传媒的不同报道内容。

除此之外，大众传媒的内容生产还要受到公共性和公益性的制约。传媒必须在有利于社会安定的条件下进行报道，不能泄露国家机密或损害国家利益；不能传播宗教或种族歧视的内容，危害人民团结；不能侵犯公民的隐私权和名誉权，更不能损害个人的合法权利；不能传播淫秽色情内容，唆使、诱发社会犯罪，不能危害社会道德和社会安定。

（四）一般社会因素

传媒面对的环境是复杂的、多变的，不同国家和地区有着不同的社会环境，因此，媒介在内容的选择上也要顾及众多社会性因素，比如社会风俗、生活习惯、宗教信仰、道德规范、文化水平等。不适合传媒所处的社会环境的内容可能会使受众感到厌恶甚至引发抗议。

例如，《国际广告》曾刊登过一则因为社会风俗差异而引起巨大争议的广告，在立邦漆的广告画面上有一个中国式的亭子，在亭子的两根立柱上各盘着一条龙，左立柱因为未喷立邦漆而显得黯淡，右立柱因为喷上了立邦漆色彩鲜艳，连盘龙都滑了下来。这则广告一经登出就引起了网民们的强烈抗议，“龙”是中国的图腾，盘龙落地则是对中国和中国传统文化极大的侮辱。传媒在发布内容时没有考虑到独特的社会风俗和文化，这才引起了一番风波。

第二节 新媒体用户自主生成内容（UGC）

Web 2.0 时代，人们可以通过互联网平台将自己的原创内容进行展示或者提供给其他用户。用户生成内容有三点特征：网络上公开发布、一定程度的原创性、非专业手段或组织创作。用户生成内容打破了大众传媒对于内容生产的垄断，使更多来自民众的声音与观点得以涌现。

一、Web 2.0 与互联网平台

Web 2.0 的出现是具有划时代意义的，它改变了人们彼此连接的方式，将整个世界纳入一张大网之中。Web 2.0 的形态是多元的，从博客到维基、RSS 等各种，渗透到人类生活的方方面面。

（一）Web 2.0 的定义

2004 年，欧雷利媒体公司的副总裁戴尔·多尔蒂在一次会议中提到，Web 2.0 将势不可挡地席卷全球互联网行业。2005 年，该公司总裁 Tim O. Reilly 在网上发表了一篇《What Is Web 2.0：Design Patterns and Business Models for the Next Generation of Software》，从互联网作为一种平台、处理集体的智慧、处理数据以及在软件出版周期、编程模式等方面的优势来勾勒 Web 2.0 的样貌。十年过去了，Web 2.0 已经深入我们的生活之中，并且改变着我们的生活方式，而学界和业界关于 Web 2.0 仍旧没有一个统一的定义。

业界较为认可的是 Blogger Don 在他的《Web 2.0 概念诠释》一文中的定义，“Web 2.0 是以 Flickr、Craigslist、Linkedin、Tribes、Ryze、Friendster、Del.icio.us、43Things.com 等网站为代表，以 BLOG、TAG、SNS、RSS、Wiki 等社会软件的应用为核心，依据六度分隔、XML、Ajax 等新理论和技术实现的互联网新一代模式”。

学界认为，Web 2.0 指的是互联网的第二代服务，这既包括互联网的底层技术变革，例如，P2P 技术对现有的客户端/服务器结构的冲突，同时也指互联网应用层面的变化，其中，博客（包括播客）、维基、RSS、SNS、社会书签等尤为受到关注。①

博客是一种在虚拟空间中发布的日志，博主通过互联网简单迅速地发布所思所想，与他人进行沟通。博客的内容是十分广泛的，从国家大事到个人情感无所不包，既可以是碎片化的生活记录，又可以是重大事件的爆料平台；博客的形式也是多种多样的，文字、图片、音频、视频的多元组合使它比以往任何媒体更具有视觉的震撼力。博客的类型较为丰富，比如商业型、教育型、科技型等。博客注重反馈，读者无须注册也可以在帖子下面发表评论，与博主进行互动。专业型博客是为特定领域的用户提供交流和讨论的平台，自主解决问题、寻求帮助，具有高度的分享性和互动性。

播客（Pod Casting）是苹果产品 iPod 和广播（Broadcast）的合成词，它是数字广播技术

---

①彭兰.Web 2.0 在中国的发展及其社会意义[J].国际新闻界，2007(10)：44—48.

的一种。网友们既可以将网络上的广播节目下载到自己的 iPod 一类的便携式播放器上，又可以通过网络向世界传播自己的“广播节目”，这就让个人既成为内容的消费者又成为内容的生产者。播客与众不同之处还在于它的订阅模式，它使用 RSS 模式是一种高效、方便、低成本的信息发布方式，使用户轻松地接受并获取定制的信息，用户可以在海量的资源面前主动选择个性化的内容，更具有主动性。

维基百科(Wikipedia)是 Wiki(夏威夷语“快点”)和 Cyclopedia(百科全书)合并而来的词语，它成立于 2001 年 1 月 15 日，是一个由世界各地的参与者共同创造、完善的免费、公开的网络百科全书。截至 2014 年 7 月 2 日，维基百科条目数第一的英文维基百科已有 454 万个条目。全球所有 282 种语言的独立运作版本共突破 2100 万个条目，总登记用户也超越 3200 万人，而总编辑次数更是超越 12 亿次。[①] 维基百科体现了一种互联网时代社群力量和免费内容的伟大性。

社会书签(Social Bookmark)，是一种提供网络书签的服务，用户可以随时将新闻、视频、图片等网络信息加入自己的收藏内，以关键词来进行个性化的标记和整理，还可以与他人共享自己的收藏。Del.icio.us 是国外著名的网络书签，它是一个免费又简单的储存、管理和探索有意思的网络链接的工具，用户不仅可以管理自己感兴趣的网站，还可以跨越地域的限制来分享他人的智力成果。被收藏次数较多的网站在被搜索时会出现在排行榜的前列，用户可以轻而易举地找到最受欢迎的网站。

(二) Web 2.0 的特征

Web 2.0 具有四大特征：去中心性、个人性、共享性、社会性，而这些特征都是与技术背后的“人”紧密相关的。

1.去中心性

Web 2.0 是一个自由、平等、开放的平台，人人都可以是内容的生产者和传播者，共同进行内容的创作。Web 2.0 采用 P2P 技术，数以亿计的用户无须身份鉴定或注册登记就可以通过联网机器调用网络空间的海量内容，实现数字信息的共享和交换。比如在新浪微博中，普通百姓也可以公开发表社会热点事件抑或是记录个人琐事，并且与其他网友互动。Web 2.0 的内容生产也是去中心化的，它来自用户自主生成的内容，不需要经过记者、编辑的层层把关也能到达受众，这就打破了门户网站的单向传播模式。

2.个人性

网络资源使用的门槛下降以后，每个人都可以订制个性化的信息。社会化标签的广泛应用使用户可以从信息的海洋中解放出来，按照兴趣、爱好来订制和管理个人信息库，也可以决定信息呈现的风格、样式。用户对于信息而言不再只是被动的接受者，而是积极的参与者、管理者。

3.共享性

网络是免费的信息共享平台，在 Web 2.0 时代，任何人都可以轻松、快捷地分享来自世界另一个角落的网络资源。比如，在百度知道中，用户通过提问的方式在网络平台发布

---

①维基百科“维基百科”词条。

疑问，等待其他网友进行回答或者是修正回答，在这里，知识、经验、技术的分享都是无偿的。再比如，哈佛大学将部分课程在网络上免费共享，使远在中国的学生也能够学习知识、开阔视野，著名的课程“幸福课”“公正——该如何做是好?”点击率惊人，也给中国传统的授课方式带来了不小的震惊。Web 2.0 连接起了电脑背后的用户，使在现实生活中毫无联系的人通过不断的贡献和分享而相互联系，随着越来越多的人参与到网络内容的生产之中，网络平台的信息容量不断扩大，工具性也不断增强。

4.社会性

Web 2.0 的应用，还是一种社会纽带，是个体吸纳与整合社会能量的接收器，同时也是个体能量放大为社会能量的转换器。[①] 一方面，诸如博客、微博等应用是个体通过网络工具向现实社会展现自我形象，构建社会关系网络的平台；另一方面，个人通过网络迅速聚集为群体，在互联网舆论场上发出响亮声音，从而对现实生活产生重大影响。近年来网络反腐事件层出不穷，比如“微笑表哥”“雷政富不雅视频”事件都是草根对抗官员的典型。草根网友们的追责不只是简单的个人意见相加，而是形成了一种舆论压力，迫使政府加快对涉事官员的调查和处理。

（三）Web 2.0 的意义

国外的 Twitter、Facebook 以及国内的新浪微博等著名社交网站都在短短几年内实现爆发式的增长，据中国互联网信息中心（CNNIC）发布的数据显示，截至 2013 年 12 月，我国微博用户规模高达 2.81 亿，[②]这相当于俄罗斯人口的两倍。虚拟的网络前所未有地将数以亿计的用户以复杂的方式连接起来，悄无声息地改变着我们的生活和行为方式。我们可以从以下两个角度来把握 Web 2.0 的意义。

1.挖掘个人的力量

与 Web 1.0 以内容为王不同的是，Web 2.0 注重将人与人连接起来，更深层次地体现人的价值。它是一种人与人的对话，并不是数据与数据，或者人与数据间冰冷的交流。在这个开放的系统里，用户主动地参与到网络构建的各个环节中，通过信息的生产和传播彼此相互连接，实行社会化协作。

Web 2.0 的出现打破了少数资源拥有者占有和控制资源的体系，使广大平民用户自下而上地集中群体智慧，利用集体智能。个人力量的凝聚使得互联网的潜力不断扩张，免费的资源吸引着更多的用户参与到分享和创造价值的过程中去，Web 2.0 的资源总量正在不断积累。

Web 2.0 的应用，还是一种社会纽带，是个体吸纳与整合社会能量的接收器，同时也是个体能量放大为社会能量的转换器。[③] Web 2.0 的技术运用满足了人们对于交往的需求，人们通过微博、微信、QQ 等社交工具构建起一种虚拟的人际关系，延伸和重构着原有的社会关系网络，满足了人们的沟通、发泄、寻找、窥探种种心理需求，调节人与人之间的相互作用。

---

①彭兰.Web 2.0 在中国的发展及其社会意义[J].国际新闻界，2007(10)：44—48.

②中国互联网信息中心.第 33 次中国互联网络发展状况统计报告[EB/OL].http://www.cnnic.net.cn/hlwfzyj/hlwxzbg/hlwtjbg/201403/t20140305_46240.htm.

③彭兰.Web 2.0 在中国的发展及其社会意义[J].国际新闻界，2007(10)：44—48.

2.冲击权力关系

网络的发展虽然没有动摇传统的社会结构，但个人的自由表达和意见分享给原有的权力关系带来了不小的冲击。Web 2.0 的时代背景赋予民众更多展露自我的机会，也给予他们更多获知信息的权力，以网络为桥梁的民众对社会生活和关键问题决策的介入越来越多。

Web 2.0 创造了更加丰富的网络社区，具有相同标签的网民群体能够快速寻找到相同的群体。从占有的资源和权力大小来讲，草根虽然难以与精英抗衡，但草根群体总量庞大，活跃程度高，能够通过网络迅速集结起来，形成舆论意见，经常影响到整体公共意见的走向，对抗精英群体。草根与精英的权力范围在 Web 2.0 的条件下不断进行调整和重塑。

二、Web 2.0 环境下用户自主生成内容

用户生成内容(User Generated Content，UGC)泛指以任何形式在网络上发表的由用户创作的文字、图片、音频、视频等内容，是 Web 2.0 环境下一种新兴的网络信息资源创作与组织模式①。其实，在 Web 1.0 时代 UGC 已经存在，然而它存在着诸多局限性，首先，用户的参与是简单地点击鼠标，被动参与，整体用户群体并没有强烈的内容生产的意识；其次，UGC 的内容较为单一，文本占据了主要网络空间，而音频、视频较少；最后，UGC 发布工具和平台较为复杂，发布的时间成本和技术要求较高。

UGC 在 Web 2.0 条件下有着跨越式的发展，我们可以从以下三个角度来认识它。

(一)平台

随着用户自主生成内容的迅速增多，专门性的 UGC 网站逐渐形成，图片、音频、视频都有专门的共享平台，用户可以根据自己的独特需求来使用某一类网络平台。比如 Instagram 就是国外一款著名的图片分享软件，用户只要注册账号就可以在其页面上发布自己拍摄的照片，来自世界各地的用户都可以欣赏到这一图片并点赞和评论。土豆则是国内最早的视频分享的平台，网友们可以将自己拍摄的创意视频节目轻松上传，内容可以是精彩的表演，也可以是平淡生活的片段。

独立平台近年来也有交叉发展的趋势，视频、音频等平台逐渐与微博、博客等 SNS 网络结合，用户在发布自己生成的内容或是观看其他用户发布的内容时可以点击关联分享按钮，将内容以链接的方式分享在自己的 SNS 账号内容之中并加以评论，吸引更多的朋友们点击和关注。

(二)用户

UGC 的用户被称为是 Prosumer，即生产者 Producer 和消费者 Consumer 的合成词，它体现了用户的双重属性——既是生产内容者又是内容的积极接受者，这是传统媒体条件下用户不具备的属性。UGC 的用户来源广泛，任何一个地区的网民只要在网络分享平台上注册账号就可以发布内容。UGC 的用户可以分为个人用户和团体用户两种。个人

①赵宇翔，范哲，朱庆华.用户生成内容：UGC 概念解析及研究进展[J].中国图书馆学报，2012(5)：68—81.

用户是指互联网上独立的个人进行的内容的制作和分享；团体用户是非专业的、非商业性质的用户的集合，他们共同完成某一段内容的创作。

用户自主生成内容的动机可能是与有着相同爱好的群体进行交流，可能是通过网络建立知名度，成为网络红人，也可能仅仅是渴望表现自我。这种对用户潜在的激励成为用户源源不断地生成内容并分享的主要原因。

（三）内容

UGC 的表现形式多种多样，基本上可以分为文字、图片、音频、视频、文件资源五类。随着手机、平板电脑、iPod 等媒介的广泛使用，用户不仅可以坐在电脑前记录下所见所闻，更可以随时随地记录下自己拍摄的图片、视频，并通过无线网络上传至社交网络。移动媒体上生成的内容已经成为用户生成内容的一个重要部分。

UGC 的发布时间具有随机性。相对于传统媒体的内容发布而言，用户自主生成的内容不需要预先设定好发布时间，也没有内容时间长短的限制，更加自由随意。

UGC 的内容具有较强烈的主观性。用户自主生成的内容完完全全从用户的视角出发，用户按照自己的需要和偏好对素材进行选取和编辑，彰显了用户独特的个性和价值观。

三、用户生成内容的特点

用户生成内容是区别 Web 2.0 和 Web 1.0 的一大特点，用户是 Web 2.0 最宝贵的资源，新媒体时代信息更新的速度是以往任何一个时代都不能比拟的，这主要得益于受众群体积极地参与、分享、互动。

（一）网络公开发布

公开发布是用户生成内容实现其价值的前提。用户通过手机、平板电脑随时可以创造各种形式的内容，如果它们不被网络共享，这些内容仍旧是单向的信息制作，不能被纳入 UGC 的范畴之中。在互联网的平台上，信息公开发布，自由流动，没有地域、时间的限制。用户在互联网的一端上传自己生成的内容，在另一端的其他用户就可以轻松地获取这些信息。只有内容发布在网络之后，信息才能参与到网络的互动之中，通过不同人群的使用，产生不同的价值。

（二）一定程度上的原创性

Web 2.0 将互联网的主导权交还给个人，从而充分发掘了个人的积极性，极大解放了个人的创作和贡献的潜能。[①] Web 1.0 一大弊端在于它缺乏原创性内容，大多数内容都是对传统媒体的复制粘贴，用户们面对雷同、同质的内容感到审美疲劳，丧失阅读兴趣。与传统媒介内容不同的是，用户自主生产的内容都具有一定程度上的原创性，有的是生活点滴的记录，有的是新闻事件的抓拍，还有的是搞笑的创意视频。用户自身成为一个媒介内容生成的机构，既避免了使用传统媒体内容带来的版权问题和购买成本，又增添了丰富

---

①胡泳.众声喧哗：网络时代的个人表达与公共讨论[M].桂林：广西师范大学出版社，2008.

的、有创意的内容，成为互联网发展的核心竞争手段。

在国外，网友们经常在 YouTube 上面发布自己录制的或自己入境的视频，任何注册用户都可以对视频进行分享、收藏、打分、评论，这些视频每天都可以吸引成千上万的点击率。例如，加拿大一名青年男子试图在飞驰的列车边自拍，因为离火车太近，被坐在车顶上的列车员重重一脚踢到了头。有人将这一段原创的视频在网络上发布后，点击率迅速超过了 2300 万，这个小伙也因此被世界多国的网友们熟知。

（三）非专业手段或组织创作

用户自主生成内容与商业的实体创作有较大差别。商业性的内容生产是由权威机构或专业人员有组织的制作的内容，具有专业性、策划性、规范性的特点，制作起来需要耗费较多的人力和物力。比如电视节目的制作就需要从编前策划、现场录制、节目编辑、审片修改到后期输出等多个复杂的过程，投入较大，制作时间较长。

用户自主生成的内容来源于广大网民自主创造，在内容上具有生活性、随意性的特点，这类内容较为简短，在制作上较为粗糙，创作中没有商业性组织或机构的介入，几乎不需要任何成本，也不需要任何回报。比如，各地网友争相模仿“江南 Style”的骑马舞，将自己用手机录制的舞蹈视频发布在互联网上，内容简单朴素却生动有趣，吸引了大量的关注，不断有网友参与到模仿的行列中来，不少主人公还因此火爆一时。

第三节　网络狂欢下的众声喧哗

新媒体给了使用者更大的话语权，人人都可以利用新媒体表达观点，因而网络上的信息更加丰富，内容更加多元。然而，过度的信息生产与内容分享，导致无用的碎片化信息充斥于耳，而真正有价值的信息夹杂在大量无用的信息中间一起被忽略。新媒体引发了用户极大的使用热情，受众获得了前所未有的传播权利，但众声喧哗之下，清醒冷静在哪里？真知灼见又在哪里？

一、新媒体与赋权理论

新媒体的环境对传统的赋权理论产生了一定冲击，既延伸了赋权的特性，同时也改变了赋权的基本路径。

（一）关于赋权理论

赋权（Empowerment）又叫增权，指赋予或充实个人或群体的权利。赋权理论出现于 20 世纪六七十年代的西方社会，在八九十年代广泛流行于美国社科领域，[①]它是一种理论和实践，处理权力、无权和压迫以及它们如何造成个人、家庭或社区问题与影响助人关系的议题，它的目标是增加个人、人际或政治权力，以便个人、家庭或社区可以采取行动改善

①范斌.弱势群体的增权及其模式选择[J].学术研究，2004(12)：73—78.

他们的处境。[①]

赋权的对象是社会中的无权群体，也就是我们常说的弱势群体。他们在政治、经济、文化等领域处于相对不利的地位，缺乏改变生存环境的资源和能力。赋权就是通过弱势群体的相互参与和连接，维护他们的基本权利并增强他们处理问题的能力，从而改善他们的生活。

赋权是在传播的过程中发挥效用的。罗杰斯提出，交流使赋权得以实现，当交流的过程是一种"对话"时，赋权的效果更为显著；对话是赋权过程的基本构成，个体通过与同伴对话而获得信念；小团体内的对话可以产生彼此的认同感和掌握自己的生活、促成社会变革的力量感。大众传媒在赋权过程中发挥着重要的作用，如向公众树立某些成功赋权的榜样；激发人们对特定话题的讨论，从而使人们在讨论中结成团体。例如，媒体报道乙肝患者遭受不平等工作机会的事件引发社会的讨论，从而缓和社会对乙肝患者的尖锐态度，也能促使乙肝患者相互认知，结合成为更大的团体，增强他们处理问题的能力。

以 Web 2.0 为代表的新媒体时代与赋权理论有着天然的契合点，网络传播跨越了时间空间、身份地位的隔阂，使分散的社会弱势成员聚集在一起。他们通过线上交流获得身份认同感和归属感，通过线下的集体活动促进社会变革。新媒体赋予了新型社会权利结构，创造了新的话语空间，网民们正在塑造新的公共领域。

（二）新媒体赋权的具体路径

新媒体赋权指的是社会中有机会使用互联网并有可能通过互联网而提升自己权力的人，通过使用互联网进行信息沟通、积极参与决策和采取行动的实践性互动过程，通过这个过程实现改变自己不利处境或者提升权力和能力，从而使得整个社会的权力结构发生改变的结果的社会实践状态。[②] 新媒体赋权主要有三重路径：提供话语平台、凝聚群体力量、吸引社会关注。

1.提供话语平台

Web 2.0 提供了一个适合公众讨论的空前优越的场所，新媒体技术运用降低了人们联络的成本，网络技术的发展给人们提供了方便、廉价的话语平台。弱势群体在互联网空间内隐匿了真实身份，减轻在现实生活中遭受的歧视感，同时，他们又通过稀释某些匿名属性来寻找群体。在虚拟的空间内，人们通过 QQ、邮件、论坛、微博、博客等多种方式来展现自我和认知他人，一方面表达和满足在现实生活中可能难以满足的诉求，另一方面获得更多相关领域的信息。例如，"淡蓝网"是国内一个著名的同志网站，网站包括同志新闻资讯、杂志、社区、交友、微博等几个板块，同志群体可以在其中自由地交流分享，结识同类人群，还可以发布微博，扩大自身影响力。

2.凝聚群体力量

网络是弱势群体聚集的最佳场所，互联网促进了异质群体的参与，拥有不同社会标签

---

①陈树强.增权：社会工作理论与实践的新视角[J].社会学研究，2003(5)：70—83.

②梁颐，刘华.互联网赋权研究：进程与问题[J].东南传播，2013(4)：14—17.

的成员们有意识地彼此联系，相互团结。网络中的弱势群体组织赋予成员们群体参与性和归属感，成员们在虚拟社区内自由地进行个人的表达，也通过相互的交流、互通提升权利意识和增权的能力。

此外，新媒体赋权的路径还表现在，弱势群体用户在网络中的呼吁和号召逐步转换为现实生活中的集体行动，影响更多群体参与到弱势群体的救援之中。比如“随手拍解救被拐儿童”就是通过微博的号召来鼓励网友们拍下被拐卖儿童的照片并发送至网络，帮助相关部门和家长找回孩子。网友们与发帖者可能并不具有强的连接关系，但他们也热衷于参加到帮助弱势群体的行动中去。这种自发性质的、通过聚集群体力量来帮助弱势群体的活动在微博、论坛上越来越多，一定程度上帮助到了许多弱势群体成员。

3.吸引社会关注

新媒体环境下的舆论场突破了传统媒体议程设置的局面，使个人表达和利益诉求有了更广阔的展示空间。过去，弱势群体寄希望于政府工作部门和传统媒体的关注来维护自身权利，现在，弱势群体利用以虚拟社交为基础的人际关系网络来吸引社会关注，改变他们所处的环境。2011 年 9 月，尘肺民工钟某通过微博讲述自己工作环境恶劣，生命安全无法得到保障，最后患上矽肺却得不到赔偿的故事。他的微博迅速引起了众多网友的关注和转发，最终吸引了媒体的介入。在社会强烈关注之下，法院协调矿主赔偿他 27 万元损失费。3 个月以后，他终于在医院得到了完善的治疗。作为弱势群体的民工通过微博这个社会平台放大自己的声音，越过传统媒体的渠道，自发地维护自己的权利。

二、话语权分散语境下的网络狂欢

新媒体平台给每一个个体提供了发言的机会，尝到了甜头的网民们如雨后春笋般出现在人们的视线中，解构着话语主体，加入网络狂欢的盛宴之中。新媒体环境下不断涌现的公民记者就是普通民众拥有话语权的产物。

（一）“公民记者”时代

2005 年 7 月 7 日的早高峰时段，英国伦敦发生至少七起连环爆炸案，造成巨大伤亡。在记者们赶赴现场的路上，身在城市各个角落的普通市民们已经用手机拍摄下了事故现场的照片，记录爆炸案发生后的事态变化。在 Web 2.0 的时代里，手机与互联网的完美结合使得每个人都可以是记者，他们处在事件的第一线，拥有最丰富的报道资源，通过图片、文字和视频实时报道事件发生的状况。

公民记者是指诸多不具备新闻专业素养的公众在新闻事件的报道和传播中发挥“线人”作用的普通民众。互联网天生就具有个人性、即时性和开放性的特点，非常符合民众对新闻的需求。随着传播手段逐渐多元和受众参与意识提高，公民不再满足单向的信息接受，主动参与到报道新闻、传递信息的行列之中。

1.博客时代下的公民记者

《赫芬顿邮报》(The Huffington Post)是美国一个著名的新闻博客网站，它创建于

2005年，号称是“第一份互联网报纸”。2011年，《赫芬顿邮报》的独立用户访问量超过了著名的《纽约时报》，确立了它在互联网新闻领域的地位。《赫芬顿邮报》的内容来自社会各界的公民，除了全职记者之外，有3000多名博主为其提供内容，12000名公民记者随时为其报道社会的变化。虽然提供内容的公民并不能得到稿酬，但大家还是乐此不疲地为它贡献内容，《赫芬顿邮报》每个月收到的投稿都超过200万条。

非新闻工作者利用博客的空间记录自己在现场的所见所感，不仅能吸引网民的关注，也能吸引传统媒体的目光，推动事件展开深入调查。此外，不同于传统媒体诸多审查的是，博客时代下的公民记者还可以爆料更多政治、经济领域的敏感事件。比如，1998年，德拉吉就冲破了传统媒体的束缚，在他的网站上爆料了一系列美国前总统克林顿与白宫实习生莱温斯基的丑闻，立即引发全美国的轰动。《华盛顿邮报》、CNN等沉默了多日的传统媒体这才介入报道，揭开这一段尘封的往事。

2.微博时代下的公民记者

随着互联网自身的进化发展，微博凭借着诸多的优点逐渐取代了传统的博客在人们生活中的地位。尤其是在Web 2.0的背景下，微博充分发挥了其分享性特征和互动性特征，网友只要拿起随身携带的手机，拍摄下新闻现场的照片，再配上几十个字的文字说明，就可以在网络中发布这条“新闻”。此外，微博具有的@功能使网友能够快速地通知媒体或政府官方账号，使新闻事件得到重视和解决。这种简便的发布方式得到了网友们的热烈追捧，以微博的形式来爆料新闻成为一种风尚。

标签的使用让每一个新闻事件都成为一个栏目，网友们可以源源不断地向它贡献新闻内容。网友在发布信息时只要使用“#”将话题框起来，就可以使信息归类到话题中去，希望获得某一话题相关新闻的用户就可以轻松掌握大量碎片化的微博内容，将某一事件的具体细节——画面或视频全部掌握。

（二）公民记者的意义与缺陷

互联网环境下公民记者的出现对传统的新闻报道产生了巨大的冲击，一方面它丰富了报道的内容，使受众们能够阅读到一手的信息；另一方面它打破了传统媒体垄断话语权的态势，为信息自由流通带来更多可能。然而，它的负面影响也是突出的，缺乏把关的信息时时面临着被怀疑真实性的困扰。

1.丰富媒体内容

当公民记者们纷纷拿起手机来报道身边的新闻事件时，我们可以阅读到的内容无形中变得更加丰富、充实。来自世界各地的公民记者每天都在生成丰富多彩的新闻内容，它们包括奇闻逸事，也包括各类灾害、事故的最新进展。公民记者通过网络平台来报道新闻，弥补了记者无法到场的缺憾，保存了新闻价值。同时，不同的公民记者有着不同的价值观和视角，他们对同一事件的报道也不尽相同，众多碎片化的信息能多维地描述新闻事件，使报道更加贴近客观现实。

公民记者的出现还改变了传统的新闻来源获取方式。在过去的新闻采写中，记者的新闻来源是通信员提供的新闻素材、记者采访获得的资料，以及政府相关部门发布的新闻信息。在 Web 2.0 时代，博客、论坛、微博等社交媒体也成为新闻消息的重要来源，追踪热门微博，分析网友评论也成为新时代记者采写新闻的一种手段。

2.打破话语霸权

在传统媒体公信力受到冲击的今天，微博作为一种新闻媒体的补充和延伸常常成为敏感事件的曝光台，打破了传统媒体对话语权的垄断。公民记者不同于专职记者，他们身份自由，较少受到媒体把关的层层控制，可以在互联网上发布出较为晦涩、敏感的新闻信息，并且进行自由讨论，这是传统媒体无法比拟的。

在公民记者的背景下，网络上可供受众参考的信息更为丰富，并且更新及时、传播迅速，而传统媒体大多只能在固定的时间段更新新闻数据，这就降低了受众对传统媒体的依赖程度。比如，微博时代的公民记者可以在网络上接力式地记录台风天气对城市造成的影响，以图片、文字、视频的形式实时记录下灾害现场的变化，网友们可以观看公民记者的网络“直播”，而电视一类的传统媒体只能在固定时间段报道台风的几个画面，所呈现的内容在时效性上不能与网络媒体抗衡。

3.信息的真实性堪忧

公民记者由于不具有专业素养，在呈现新闻时难以避免地具有较强的主观性，对新闻事实的分辨能力不强，有时会无意造成新闻失实或不客观。信息的真实性是公民记者时代一个令人担忧的问题，这不仅需要媒体进行信息的发布审核和内容验证，更需要公民本身提高自身素养，从源头上解决信息真实性的问题。

三、众声喧哗的正面与负面效果

Web 2.0 时代前所未有地调动了民众参与互联网的热情，网民们通过网络环境认知自我、表达自我、构建自我，新媒体环境下人的参与打破了既往的传播模式，也在影响着内容的表达方法。在这场个体争夺话语权的狂欢之中，网民既推动了诸多有益的变革，为群体争取到更多的权利，又不可避免地造成了一些不良的后果。

（一）传统媒体把关能力弱化

“可敬的新闻业发现自己处在历史上的一个罕见关头，破天荒地，它的新闻守门人角色不仅被新技术和竞争力量所威胁，而且可能被它所服务的受众所动摇”，谢恩 · 鲍曼和克里斯 · 威利斯这样说道。① 这句话指出了新媒体环境下媒介把关作用的弱化。新媒体的出现和广泛使用降低了受众发布信息和接收信息的门槛，任何人只要掌握了使用网络的技巧并拥有发布的条件就能自主地选择接受或者生产信息。在新的公共领域之中，受众不再是被动的、消极的主体，而是主动发布信息、自主选择内容的主体。过去，传统媒体对内容生产层层把关，它们决定着受众应该知道什么以及从怎样的角度去认知事实；现在，每个人都可以在 SNS 网络中创建自我社会网络中心，并拥有大量的粉丝，自主选择接受和传播信息。

①胡泳.众声喧哗：网络时代的个人表达与公共讨论[M].桂林：广西师范大学出版社，2008.

新媒体内容的审核往往是滞后的，较为宽松的，有时甚至是空缺的。一方面是因为新媒体平台上的信息过于庞大，把关困难；另一方面是因为新媒体不具有传统媒体的对新闻采编的多重过滤机制，信息能够在新媒体中自由地流通。受众通过使用新媒体扩大了自己选择信息的权利，也逐渐打破体制对信息的封锁，及时地掌握更多的信息，包括文字、图片、音频、视频等多种内容。

受众还可以反过来对媒体进行议程设置，决定媒体报道的内容。网友在互联网中表达自己的意见、态度，从而形成舆论话题或是舆情意见，成为人们关注的热点信息，最终受到传统媒体的重视并加以报道。"表哥"事件就是发端于网络，进而成为传统媒体报道对象的一个案例：官员杨达才因一张在微博流传的名表照片爆红网络，在网友的接力下，杨达才的其他名表也被一一挖出，一场贪污腐败的大讨论迅速展开，传统媒体也开始介入事件的报道和调查中去。传统媒体在议程设置方面的能力在网络的冲击下不断减弱，而新媒体在这方面的能力却不断增强。

然而，把关弱化也存在着负面的影响，不良信息和虚假信息入侵了网络空间，给正常的社会秩序带来了不利影响。例如，新浪微博中经常出现各类谣言，如雾霾发生之后网络中盛传化工厂爆炸使粉尘笼罩天空，给人们造成了不小恐慌。

（二）新闻娱乐化

网络的低门槛提供给民众一个了解世界的渠道，也提供给民众一个追逐娱乐、自我狂欢的平台。网络狂欢的一个重要表现就在于网民们对娱乐的疯狂追求。总的来说，网络新闻娱乐化主要表现在三个方面：一是新闻标题的娱乐化，标题通常使用夺人眼球、劲爆的内容作为看点；二是新闻内容的娱乐化，报道内容偏重于名人隐私、奇闻逸事；三是新闻形式的娱乐化，节目采用视频、文字、图片的灵活组合来报道，以戏说新闻的方式来呈现内容。新闻娱乐化由于满足部分受众猎奇和窥探的心理受到了火热的追捧，网友们热衷于点击相关内容并转发、评论。比如名人在微博上曝光的生活照经常可以获得几十万的评论量或转发量，不少名人在微博上的粉丝数量超过了千万，这比某些报纸一年的发行量还要大。活跃在网络娱乐世界里的网友痴迷于娱乐性质的信息，而对外界的硬新闻丧失热情。

网络新闻娱乐化虽然为受众带来了更生动有趣的内容，帮助受众释放压力，但近年来娱乐化的过度发展也对受众造成了不小危害。娱乐化虽然可以看作以受众为中心的一种新闻选择，但究其根源还是为了迎合受众以谋取高额利润。媒体追求娱乐化的表达使得新闻的严肃性逐渐减弱，硬新闻比例缩小和硬新闻软化表达已经成为潮流，这无形中削弱了受众获知生存和发展的必要信息的权利，受众在娱乐中变得麻木、愚钝。同时，媒介一味追求经济利益，走娱乐化的道路，使得公共性和公益性功能逐渐减弱，为大众服务的责任感愈发下降。

（三）传播碎片化

碎片化（Fragmentation），是社会学中的一个概念，用以描述社会转型时期的结构关系的碎片化分割。这里所说的碎片化指的是传播内容的碎片化。过去，我们习惯接受完整的信息，阅读媒体上长篇大论的完整内容。而网络空间内的信息呈现却恰恰相反，各种信息都以摘取精华内容或者是以超链接的形式出现在受众眼前。每一则信息都是以碎片的形式分布在各个角落，网络可以用超链接的形式将各类有关联的信息拼接在一起，组合成一幅多彩的图画。

碎片化语言的快速流行得益于社交网站的字数限制。最初，Twitter 为适应手机一次只能发送 140 个字符的特性，将用户发布内容的字数也限定在 140 个字符之内，这种较短的信息发布突出了信息内容的主干部分，节省了用户阅读的时间，保证了信息传播的效率，受到了受众的热烈欢迎和主动适应。我国的新浪微博早期也模仿了 Twitter 这一特性，用户在使用中逐渐形成了碎片化的阅读习惯和语言习惯。

除了简短精要、内容突出的特征以外，语言上的非书面化、不规范化也是碎片化的一个重要表现。2013 年 12 月，《咬文嚼字》编辑部发表了年度十大网络流行语，它们分别是中国梦、光盘、倒逼、逆袭、女汉子、土豪、点赞、微××、大 V、奇葩。简短精练的流行语包含着特殊的情感和意味，它们不仅在网络中迅速蹿红，被网友们广泛使用，还延伸到了现实生活的用语之中，新闻报道的标题中也经常充斥着这样的字眼。

碎片化的传播方式虽然满足了人们阅读的偏好，但从长远的角度来看并不利于语言和思维的健康发展。人们在跳跃式的思维中接受片段的信息，只满足于词语表面的含义而失去了对文本深层次的思考，逐渐弱化了逻辑能力和表达能力。

（四）隐私范围弱化

随着网民参与互联网的程度变高，一个十分严峻的问题浮出水面——谁来保护网民的隐私？网民在网络中留下的个人数据是非常丰富、精确的，它不仅包括用户公开发表的博文、上传的精彩图片、发表的评论，更包括诸如浏览网页、下载文件、播放记录、登录 IP 等一系列隐形的数据。即使是对那些不使用网络的人而言，网络的触角也可以深入他们生活的方方面面，比如获取他们的医疗记录、教育记录、信用卡消费记录，通过多维的数据给出精准的用户画像，分析出他们的职业、收入、社会地位和健康状况等。

网民在虚拟空间内尽情展现自我的同时也应该懂得，自己的一举一动一直处于被观看和监视之中，表露得越多，隐私范围就越小。网络的匿名性正通过个人数据源源不断地生成而变得“实名化”，近年来的“人肉搜索”就是典型。2006 年，一段踩猫视频突然在互联网上红了起来，一名女子穿着高跟鞋残忍地将小猫踩死的视频画面触动了网友的心，网友们自主发起了一场“踩猫女”的通缉。仅仅几天的时间，网友们便从一个十几亿人口的国家中找出这个女子所在的单位，并曝光她的姓名、手机、身份证号等私人信息。

法律虽然可以保护隐私，但它仍旧是滞后的，私人与公共的界限正在用户自主的公开中一步步地模糊。生活在曝光时代的网民必须更加注意公开自我的限度，以及如何保护隐私不受侵犯。

【知识回顾】

本章主要讲述了新媒体的广泛应用对传播内容生产的影响，即从传统媒体的组织生产过渡到用户自主生成内容（UGC）。本章首先介绍了报纸、广播、电视三大媒体内容生产的流程，分析了传统媒体内容生产的特点及制约因素，其中，政治和经济因素是影响内容生产的最为关键的因素。其次，本章讲述了 Web 2.0 环境对 UGC 的影响，从三个角度阐释了 UGC 的跨越式发展，并指出 UGC 的三个特点主要为：网络上公开发布、一定程度的原创性、非专业手段或组织创作。最后，本章重点分析了用户生成内容的利与弊，介绍了赋权理论及新媒体赋权的基本内容。本章还介绍了新媒体为公民记者提供了绝佳的发展机会，公民记者的蓬勃发展给传统新闻业带来的机遇和挑战，这是我们必须认真思考的问题。同时，如何管理用户自主生产的内容，减小其负面影响，是未来新媒体管理的主要方向。

【思考题】

1. 内容生产在新媒体和传统媒体环境下有哪些不同？
2. 用户自主内容生产环境下的传统媒体面临着哪些威胁？它们该如何应对？
3. 结合身边的舆情事件，分析网络狂欢对网络环境和社会发展的影响。

第七章
传播过程：从线性传播到病毒式传播

【知识目标】

☆病毒式传播的概念以及病毒式传播的基本特征。

☆新媒体对病毒式传播所具有的促进产生与增强效果作用。

【能力目标】

1.了解线性传播模式与病毒式传播模式的区别。

2.知晓“六度分隔理论”对于病毒信息扩散的影响，并熟悉这个理论在新媒体上的具体应用。

【案例导入】

“MYOTee脸萌”由腾讯原产品经理郭列等人开发设计，是一款卡通动漫主题的个性化图像制作应用。它独特的DIY设计，满足了用户自己动手的心理。同时它涵盖的风格广泛，适合各类人群制作自己独一无二的头像。此外这个应用制作的图像可以广泛应用于社交媒体、漫画制作甚至是文化衫设计，因而受到了社会大众特别是年轻群体的热捧。2014年5月，“脸萌”应用几乎是在一夜之间火了起来。根据《北京日报》2014年6月9日的报道，“犹如病毒传播一般，‘脸萌’手机APP在微信朋友圈、QQ空间、人人网等社交空间内迅速走红，目前已经‘俘虏’2000多万用户的欢心，其中6月6日单日下载量更是超过500万次。不少人的手机上，好友们的头像如同排队一般整齐地换成了风格一致的卡通形象”。“脸萌”应用之所以能够在如此短的时间内像病毒一样席卷网络，一方面是它抓住了年轻群体个性化表达的需要，另一方面网络媒体与手机媒体搭建的平台对于它的传播和推广所起到的巨大促进作用同样不能忽视。

第一节　传统点对点的线性传播模式

在传统媒体环境下，媒体资源与传播渠道掌握在少数人手中。一般个体不具备大规模传播信息的能力，因此，大众传播活动呈现出中心化、单向度的传播特征。在对信息论、控制论、系统论下出现的传播模式进行梳理后不难发现，无论是拉斯韦尔的“5W”模式、奥斯古德—施拉姆模式还是韦斯特里—麦克莱恩模式，它们都是在传统媒体环境下提出的，最终都能还原成点对点的线性传播。

一、传播学三论概述

传播学三论包括信息论、控制论和系统论，它们为传播学提供了大量的借鉴与参考，对传播学发展有着重大的影响。三论对于传播学的贡献在于，它们是传播学的理论起点，奠定了传播学的理论框架和发展方向。此外，三论帮助传播学大量吸收自然科学的研究成果，许多三论中的术语被传播学直接拿来使用。

（一）信息论

信息论最早由贝尔实验室的电器工程师香农提出，它在本质上是一种信号传送理论。香农认为“传播的基本问题是在传播的一端精确地或近似地复现另一端所挑选的信息”①，也就是说，传播的核心功能在于信息的精确复制与转移。一般认为，香农和韦弗在1949年发表在《贝尔实验室技术杂志》第27卷上的《传播的数学理论》是信息论的奠基性论文，这篇论文的发表标志着信息论的诞生。

信息是信息论的核心概念，那么什么是信息？根据香农的观点，信息是一种负熵，是“两次不确定性之差”，是能够减少或消除不确定性的东西。其中“熵”表示的是不确定性，是混乱和无序的量度。某件事物的熵值越高，其组织程度和预测性就越低，混乱无序的程度就越大；熵值越低，则预测性越高，无序性越小。不同于人们在日常生活中使用的“信息”概念，信息论将信息作为一个高度抽象的概念进行分析。前者可以指某则具体的新闻、消息，而后者则是一个具有哲学概括意味的范畴。信息论对于传播学的贡献在于，信息论提出的信息概念，使得后来的学者们能够摆脱“意义”等主观因素的干扰，从具体的物质层面分析传播，以一个全新的、富有成效的方式看待传播的整个过程。不仅如此，信息论对于整个科学事业也具有深远的影响，根据王雨田在《控制论、信息论、系统科学与哲学》中提出的观点，“信息论的重要贡献之一，就是在科学史、技术史上第一次提出了与质量、能量并列的信息概念”。

说到信息论，就必须提到《传播的数学理论》提出的香农—韦弗数学模式。这个模式由九个要素组成，它们包括信源、消息、发射器、信号、渠道、噪音源、接收到的信号、接收器和信宿。虽然这个模式具有单向传播模式的缺陷，而且将复杂的传播活动简化为消息在相互独立的信源和信宿之间的流动，适用于机械系统而不适用于人类传播系统，但这并不能掩盖它对于传播学的贡献。根据香农的观点，消息由熵和冗余组成，香农—韦弗数学模式为传播学研究引入噪音和冗余这样的信息概念，指出了传播过程中的干扰因素与弥补措施，为传播过程研究提供了重要启发。此外，它首创建构传播模式的图解形式，以一个比文字描述更为直观的方式概括传播过程，影响了后来的研究者，推动了传播模式的许多后续图式的兴起。如图7-1：

---

①李彬.传播学引论[M].增补版.北京：新华出版社，2003.

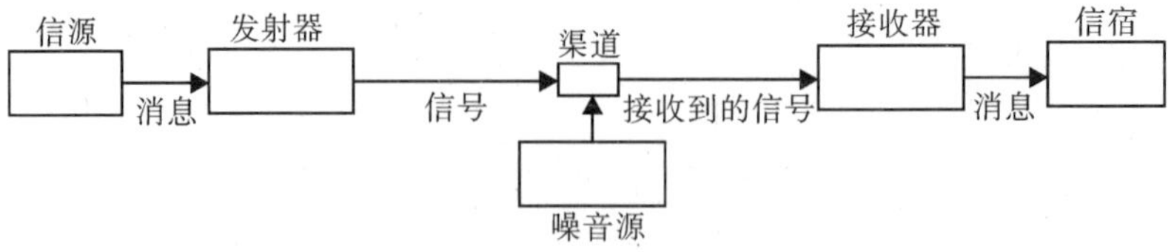

图 7-1

（二）控制论

控制论由美国数学家维纳在其 1948 年出版的著作《控制论：或关于在动物和机器中控制和通信的科学》中提出，它同信息论一样，也是一门技术科学。控制论是研究各类系统的调节和控制规律的学科，它研究生物体和机器以及各种不同基质系统的通信和控制的过程，探讨它们共同具有的信息交换、反馈调节、自组织、自适应的原理和改善系统行为，使系统稳定运行的机制。[①] 维纳在这本书中提出了两个重要概念——传播的统计学基础和反馈，其中后者是传播学中最常借用的概念之一。[②] 反馈是控制论的核心概念，因为要想控制系统运作，改善系统行为，必须通过获取反馈实现。而这里的反馈主要是指信息反馈，因此信息论与控制论的关系十分紧密，或者可以说，信息论是控制论的基础。维纳本人也曾指出，"控制工程的问题和通信工程的问题是不能区分开来的"。

关于"反馈"概念，不同学者的观点并不完全相同。施拉姆在《传播学概论》中指出，反馈是介于信源和接受者之间的一种结构，是由接受者在收到讯息后对信源的一种反向传播，信源可以利用反馈来对后续传播做出相应的调整。赛佛林和坦卡德在《传播理论：起源、方法与应用》中指出，反馈可以允许某个系统对自身的操作进行修正。李彬在《传播学引论》中指出，反馈就是将输出再回输到系统中去。在人类社会中，反馈是指接受者对于传播者发出的讯息的反应。传播者可以根据反馈检验传播的效果，并据此采取进一步的行动。

比较有代表性的观点是，反馈是传播过程中受传者对接收到的信息所做出的反应，并将这些反应的一部分或全部作为信息传递给上一则信息的发送者。反馈对于整个传播活动意义重大：对于传播者而言，反馈可以帮助传播者检验传播活动是否产生作用，并根据反馈调整下一次传播行为；对于受众而言，反馈是受众的意见和态度的流通形式，畅通的反馈渠道能保证受众更加积极主动地参与到传播活动当中。根据反馈产生的作用，可以分为正反馈和负反馈；根据反馈的发生和响应时间，可以分为即时反馈和延时反馈。

（三）系统论

系统论的观点可以追溯至古希腊哲学家亚里士多德"整体大于部分之和"的观点，强调系统的整体观念。系统论认为任何系统都是一个有机整体，而不是各个部分的机械组合和简单相加，系统的整体功能是各要素在孤立状态下所没有的新质。

与信息论、控制论不同的是，由于系统的思想源远流长，系统论并没有一个明确的创立时间，而且系统论也没有像信息论、控制论那样被普遍采纳。但一般认为美籍奥地利理

①童天湘.控制论的发展和应用[J].哲学研究，1979(3)：75—80.

②赛佛林，坦卡德.传播理论：起源、方法与应用[M].郭镇之，徐培喜，等，译.北京：中国传媒大学出版社，2006.

论生物学家贝塔朗菲于1968年发表的专著《一般系统论：基础、发展和应用》确立了这门学科的学术地位，自此系统论开始作为一门科学出现。

这里虽然将信息论、控制论和系统论三者分开进行讨论，但实际上三者的关系密不可分。在研究信息的传递与控制时，需要在系统的前提下进行；而在研究系统的运作和控制的过程时，则必然要涉及信息，因此才称之为"三论"。目前，这"三论"相互结合、相互渗透，正朝着"三归一"的方向发展。

二、典型的线性传播模式

传播模式有三种类型，包括线性模式、控制论模式与社会系统模式。但这种分类方法与这里提到的线性传播模式并不相同。这里的线性传播模式是指，由于传统媒体上的信息传递受到时间、空间、技术与媒介准入等因素的制约，传播过程最终都能还原成发生在两点之间的线性传播。

（一）拉斯韦尔的"5W"模式

"5W"模式由传播学四大先驱之一的拉斯韦尔于1948年在发表的论文《社会传播的结构与功能》中提出，包括谁（Who），说了什么（Says What），通过什么渠道（In Which Channel），对谁（To Whom），产生了什么效果（With What Effect）。这个模式虽然是用文字进行描述的，却将人们每天都在从事却又阐释不清的传播活动明确表述为由五个环节和要素组成的过程，为人们理解传播过程的结构和特征提供了具体的出发点。[①] "5W"模式可以普遍应用于各种类型的传播活动，它的五个环节分别对应传播学研究中的控制分析、内容分析、媒介分析、受众分析和效果分析。由于"5W"模式界定了传播学的研究范围和基本内容，它对后来的传播学研究产生了极为深远的影响。

"谁"对应传播活动中的传播者，它提出了对信息的控制问题。由于传播者是传播活动的起点，他对于信息传播的控制直接影响到后续的整个传播过程。后来的学者进行的"把关人"研究，就是控制分析下的一个子研究。

"说了什么"对应传播活动中的传播内容，它是内容分析的主题。传播内容是由一组有意义的符号组成的信息，其中符号既可以是语言符号，也可以是非语言符号。内容分析是传播学研究的一个基本领域，其主要方法是文本分析法。

"通过什么渠道"对应传播活动中的传播媒介，它强调了媒介特征对于传播活动的重要性。自从以伊尼斯和麦克卢汉为代表的媒介环境学派崛起以来，媒介分析开始引起研究者们的注意。其中麦克卢汉认为，在社会发展的各个阶段，真正有价值的信息不是媒介传播的内容，而是这些媒介本身。传播媒介具有变革社会的巨大力量。

"对谁"对应传播活动中的传播对象，它提醒传播者要关注信息的接受者。无论是人际传播、群体传播还是大众传播，都必须对传播活动的受众有一个清晰的认识，否则就会出现传而不通的情况，传播活动本身也失去了意义。

"产生了什么效果"对应传播活动中的传播效果。由于传播效果是检验传播活动是否

---

①郭庆光.传播学教程[M].第二版.北京：中国人民大学出版社，2011.

成功的重要尺度，效果研究历来是传播学者最为关注的一个方面。无论是对传播者、传播内容、传播媒介的研究还是对传播对象的研究，最终都是为效果研究服务。

“5W”模式也遭到一些学者的批评，原因是这个模式本身存在缺陷：首先，它将传播活动中的信息流动描述为直线的，单向度的，忽视了传播过程中的反馈环节；其次，它固化了传播者与传播对象的身份，没有考虑到实际的传播活动中二者的角色是互换的；最后，它将传播活动描述得过于简单，没有考虑到传播环境与社会背景等一系列复杂因素。

（二）奥斯古德—施拉姆模式

奥斯古德—施拉姆模式是传播学科的创立者施拉姆在奥斯古德模式的基础上提出的一种循环模式。奥斯古德认为，香农和韦弗的数学模式是为了解决工程问题而提出的，从来就不是为人类传播准备的。数学模式中信源、发射器、接收器和信宿之间相互独立，这种情况仅仅适用于机械系统。因此奥斯古德提出每个人都应该被看作同香农—韦弗数学模式相对应的完整的传播系统，每个人都是一个既能发射信息又能接收信息的“传播单位”。[①] 如图 7-2：

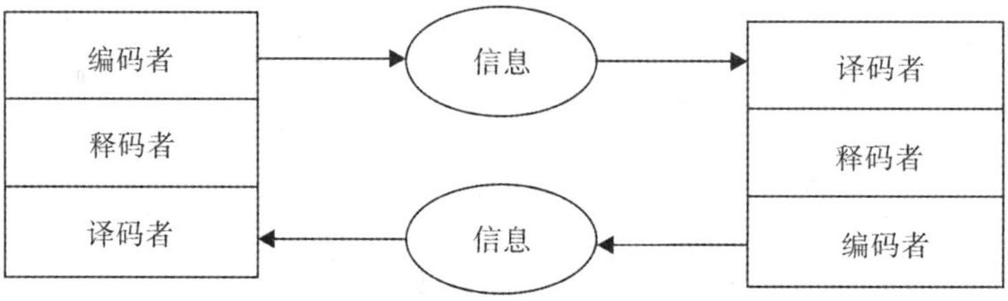

图 7-2

施拉姆在奥斯古德观点的基础上于 1954 年提出了循环模式，这个模式将传播活动中的个体看作一个“传播单位”，信息在两个传播单位之间自由流动。同以往的传播模式不同，在这个模式中传受双方可以利用信息进行互动，传播者和受传者的身份被消解，每个个体既可以是传播者，也可以是受传者，并在这两种身份之间进行相互转化。不仅如此，这个模式还引入了反馈的机制，认为信息传播可以产生反馈，并为传受双方所共享。

当然，这个模式也存在一些问题。首先，它假定传受双方的地位是平等的，这与传播活动的实际情况不符。即便是相比而言较为平等的人际传播，也存在长辈与晚辈、领导与下属、长官与士兵对话的情况。其次，它认为传受双方的角色可以相互转化，这种观点更适合人际传播，而不适合大众传播。在传统媒体时代，大众传媒的信息传播基本上是单向度的。最后，它假定传播活动中的一方发出信息，另一方必然有所反应。这种观点过于绝对，没有考虑到传而不通、通而不应等没有产生反馈的情况。

（三）韦斯特里—麦克莱恩模式

韦斯特里—麦克莱恩模式又称大众传播概念模式，是由韦斯特里和麦克莱恩于 1957 年在《传播研究的概念模式》一文中提出的。这个模式不仅吸收了拉斯韦尔和香农的传播模式的特点，而且丰富与发展了纽科姆的人际对称模式，对于人们认识大众传播的过程意义重大。

---

①赛佛林，坦卡德.传播理论：起源、方法与应用[M].郭镇之，徐培喜，等，译.北京：中国传媒大学出版社，2006.

在这个模式中，X 代表无数的事件、观点、对象和人物，是传播活动的信息源；A 代表众多的信息发送者，它既可以是个人、组织，也可以是整个社会系统；C 代表信息传播的中介与渠道，通常由媒介组织及其组织成员承担；B 代表广大受众，它既可以是个人、团体、公众，也可以是整个社会系统；F_{BA}代表受众向原始信源的反馈，F_{BC}代表受众通过直接接触或受众的研究向传播组织的反馈，F_{CA}代表传播者向鼓吹者的反馈。如图 7-3：

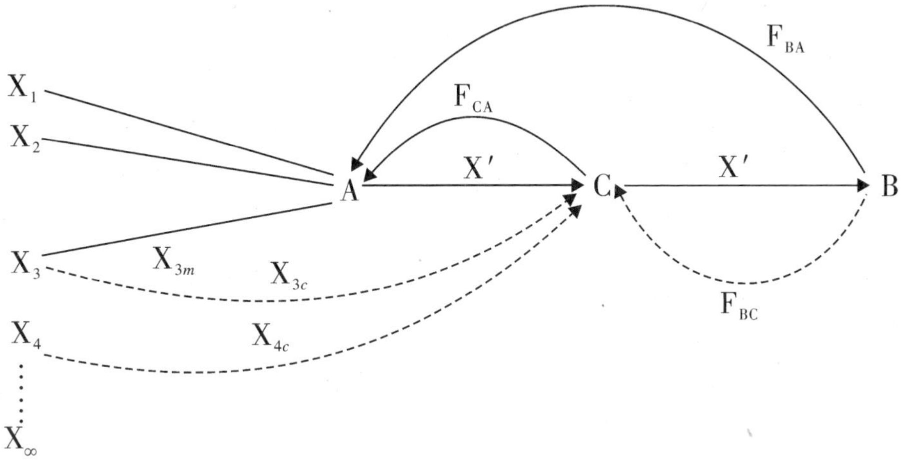

图 7-3

韦斯特里—麦克莱恩模式对以往模式的超越之处在于，首先，它认为传播过程可以始于某个事件，也可以始于某个人，指明了信息的来源问题。信息发送者可以在各个信息源中进行选择，而大众传媒既可以在各个信息源中，也可以在各个信息发送者中进行选择。其次，信息可以直接经过大众传媒传递给受众，也可以先经过某个发送者或者中间人到达传播媒介，再由传播媒介传播出去。这个发挥中介作用的信息发送者既可以是目击者，也可以是爆料人，还可以是通信社，等等。再次，它指出了大众传播的内容是经过选择了的，而且这种选择经过了若干阶段。在信息源发出信息之后，既有信息发送者对于信息的选择与把关，也有大众传媒对于信息的选择与把关。这说明大众传播过程中存在把关人的把关作用，而且这种把关是多重把关。最后，这个模式强调了反馈的重要性。图中不仅有受众对大众传媒的反馈，受众对信息发送者的反馈，还有大众传媒对于信息发送者的反馈。

这个模式同样存在缺陷，主要有两点。首先，它认为传播活动中的三个主体的地位是平等的，但实际上这种平等很少存在。例如我国普遍存在的媒介强势局面。其次，它过分强调了信息发送者和大众传媒对于社会的独立性。系统论的观点在于将传播活动放在整个社会系统中进行考察，强调传播过程中的各种社会因素对于传播活动的影响，而这些在韦斯特里—麦克莱恩模式中很少涉及。

第二节　新媒体环境下由一点对多点的放射性传播模式

新媒体的出现消解了大众媒介的传播控制权，普通民众不再是传播活动的被动接受者，而成了发散型传播网络的中心。因此，在新媒体环境下，由一点对多点的放射性传播模式，更符合当下传播过程的特征。

一、六度分隔理论概述

六度分隔理论(Six Degrees of Separation)由哈佛大学的心理学教授斯坦利·米尔格兰姆(Stanley Milgram)于1967年创立，又被称作小世界现象(或小世界效应)，也称六度空间理论。它不仅为研究社会网络提供了理论基础，也为后来社交网络服务(Social Network Service)的出现提供了理论支持。

(一)理论缘起

20世纪60年代，哈佛大学社会心理学家斯坦利·米尔格兰姆设计了一个连锁信件实验：他在内布拉斯加州奥马哈找到160个人，并交给每个人一封连锁信件。每封连锁信件中都放了一个股票经纪人的名字，这个人居住在距离内布拉斯加州2575千米之外的波士顿。信中要求每个收信人将这封信寄给自己认为是比较接近这个股票经纪人，或者是比他们更有可能与这个股票经纪人有私人关系的朋友。最终，大部分信在经过五六个步骤后都抵达了该股票经纪人。

根据六度分隔理论的观点，最多通过六个人，人们可以认识世界上任何一个陌生人。也就是说，两个素未谋面的人，总能通过一定的方式建立联系。依靠六度分隔，个体的社交范围理论上可以无限扩大，最后形成一个足以容纳全世界的社交网络。

六度分隔理论得以实现的基础在于“物以类聚”，也即平时所说的圈子。在圈子内部，每个成员之间的联系是强关系；而在圈子与圈子之间，个体之间的联系变成了弱关系。但不能忽视这些弱关系的作用，因为正是这些跨越结构洞建立的桥接关系，建立了圈子之间的联系，传递了社会资源，使得六度分隔成为可能。

但也有人质疑六度分隔理论，认为建立联系并不等同于建立关系。的确，人们可以通过微博等社交媒体关注明星甚至是通过“@”等方式直接与他们进行对话，但这种对话并不总是双向的。明星由于追随者太多，也许无法一一回复，甚至是没有看到绝大多数人发送过来的消息。最终，这种对话变成了隔空喊话，而非实质性的交流。此外，人们可以通过六度分隔同知名人物建立联系，但根据“邓巴数字”，人类智力允许人类拥有稳定社交网络的数量有限，因此一般民众同知名人物建立关系(例如杨丽娟与刘德华)的成本是巨大的。

(二)六度分割理论在新媒体上的运用

作为采用数字技术、网络技术和移动通信技术搭建的信息交流平台，新媒体使人们摆脱了时空对于交往的束缚，增强了个体的交际范围与交往能力。六度分隔理论同网络媒体以及手机媒体的结合，产生了各类社交网站与社交软件及其 PC 终端与移动终端。此类网站与软件被统称为 SNS(Social Network Service)，六度分隔理论是其理论基础。SNS 通过相同或相似的交际圈、兴趣爱好、学习经历、工作地点等将人们聚集在一起，使个体得以进行社交拓展。SNS 在国外的发展较早，创建于 1997 年的 SixDgrees.com 是世界上公认的首个社交网站。[①] 国外较为成功的 SNS 有 MySpace、Facebook、Pinterest、Twitter、LinkedIn 等，国内则有开心网、人人网、新浪微博、微信朋友圈等。

以人人网为例，2005 年内地最早的校园社交网站校内网成立，2009 年 8 月正式更名为人人网。通过实名制与限制注册等手段，人人网保证了其绝大多数用户是在校大学生。六度分割理论在人人网上得到了充分的体现：用户可以为新入网的好友推荐朋友，可以通过好友找到或者认识其他朋友；同时人人网按照所在地域、学校等资料为用户提供“可能认识”的朋友链接，用户可以在查询个人基本资料后选择是否添加其为好友[②]，诸如此类。建立在六度分隔理论之上的人人网，降低了交往成本，扩大了交往范围，一时间颇受在校大学生的追捧。

二、新技术带来病毒式传播

网络技术、数字技术和移动通信技术的发展与应用，使得媒介用户的地位得到显著提升。同时，这些技术使得媒介用户的传播活动兼具人际传播与大众传播的特征。一旦有吸引力的“病原体”出现，在一定条件下便能引发信息的超高速大范围传播——病毒式传播。

（一）从有序传播到病毒式传播

传统媒体的传播活动，基本上是遵循拉斯韦尔的“5W”模式，即 Who—Say What—In Which Channel—To Whom—With What Effect。传播内容由传播者发出，通过传播渠道到达接受者，继而产生相应的传播效果(也可能没有效果)。后来奥斯古德、施拉姆等人根据控制论的观点引入了“反馈”概念，以及韦斯特里、麦克莱恩等人根据系统论的观点，在宏观的社会背景下对传播活动进行考察。无论是何种观点，传播活动的本质没有变，信息仍然是在一个或多个渠道内进行有序的传递。传播者发出信息，可以预想到会有哪些受众接收信息，并能对信息传播的效果做出评估。受众在发出反馈后也是如此。除非出现信件丢失、线路异常等情况，读者来信、读者热线所传递的信息都能也仅能到达传播者。总的来说，信息在传统媒体上的传播呈现出从一个点到另一个点的有序传播模式。

病毒式传播这一概念最早由美国 O'Reilly 媒介公司 CEO 提姆·奥莱理提出，他称之为病毒式网络传播。[③] 国内有学者认为，病毒式传播是使受众可以在参与信息的制作和传播过程中受益，让信息接收者同时成为信息的发布者和转发者，利用大众的力量，以人际圈席卷的模式携带信息迅速蔓延的传播方式。[④] 一般而言，病毒式传播具有以下特征：传播者主动传播信息；传播内容具有较大的吸引力；传播媒介有利于信息的复制与转发；传

---

①②张玮.人人网对大学生的影响及对策研究[D].秦皇岛：燕山大学，2012.

③张强.病毒式网络传播特点及一般规律[J].当代传播，2012(2)：84—86.

④刘文勇.新时代传播的宠儿——病毒式传播[J].东南传播，2007(9)：54—55.

播对象具有较高的易感性。正是这些特征的协同作用，引发了信息的大量增殖与快速传播。

病毒式传播模式同以往传播模式的区别在于，它的传播过程是无序的。由于混杂性代替了精确性，信息传播的起点和终点变得无法预料。大众传媒发出信息的接收对象不再局限于其媒介用户，还包括这些用户将信息进行再加工后进行二次传播、三次传播、四次传播等。只要信息具有足够大的吸引力，传播活动就能一直进行下去。同时，由于用户的信息传播活动具有大众传播的特征，过去以传统媒体为中心的线性传播模型不再适用，取而代之的是去中心化后的网状传播模型。每一个用户都是传播网络上的一个节点，每一个节点都与其他许多节点相连，此时信息如同病毒一般，能在一瞬间传遍整个网络。

（二）新技术构建新型连接关系

在进入工业社会之前，人类的活动范围比较狭小，人们只能同自身所处环境之内的其他人建立联系。虽然发生了"哥伦布发现新大陆""郑和七下西洋"等跨国界跨大陆的信息传播与交往活动，但由于当时技术条件等因素的限制，这些特殊事件不可能大规模地进行。工业革命的发生打破了空间对于人类活动范围的限制，汽车、火车、飞机的运用使得人们可以轻易地同其他地区、其他国家甚至是其他大陆的人们沟通、交易、建立友谊。

但工业革命带来的人类连接关系的变革是有限的，原因在于信息传播与建立关系的成本依然很高。那些能够到其他国家进行信息交流活动的往往是政府官员、企业高管以及其他处于社会中上层的人，处在社会底层的广大人民则由于无力支付昂贵的车/机票费用等原因而无法进行。电话、电报等媒介的使用成本相对较低，但跨国电话的高资费仍然将大多数人拒之门外。书信媒介的费用可以为一般民众所接受，但由于书信的传播速度慢，实际上耗费了使用者大量的时间成本，影响了传播活动的效率。总之，工业革命的各项技术仅仅是改善了人们的连接状态。

真正给人类的连接关系带来革命性变化的当属数字技术和网络技术的发明与应用。这两种技术使得任何接入互联网的人都可以使用多种媒体形式同其他人进行交流。通过互联网，人们可以结识新朋友，进行贸易往来，甚至是进行外交活动。在此之前，还没有哪种技术能够将人类的交往成本降到如此之低，降到绝大多数普通百姓能够接受的水平。关于新技术对于人类新型连接关系的建构，美国学者邓肯·瓦茨和他的同事彼得·多兹、罗比·穆罕默德的研究能够很好地说明。

2002年，几位研究者决定再做一次米尔格兰姆的信件实验，原因是内布拉斯加州和波士顿虽然相距很远，但仍然都处于美国境内，这让研究者们质疑信件实验的准确性。这次研究将实验范围扩展到全球，在印度、爱沙尼亚、澳大利亚等13个国家选取了18个人作为收信人。与米尔格兰姆实验的不同之处在于，这次实验中研究者们使用了电子邮件作为人们的沟通工具。由于网络媒体将全世界人民连接在了一起，最终的研究结果符合米尔格兰姆实验的结论：电子邮件平均经过六次传递后到达收信人的电子信箱中。[①]

---

①克里斯塔基斯，富勒.大连接：社会网络是如何形成的以及对人类现实行为的影响[M].简学，译.北京：中国人民大学出版社，2012.

三、病毒式传播的产生条件

病毒式传播的产生，同网络媒体与手机媒体的普及是分不开的。网络媒体与手机媒体搭建起的传播平台，不仅赋予了用户极大的传播主动权，同时为信息提供了快速增殖与高速传播的渠道。

（一）从"传者本位"到"受众本位"

传统的传播理论认为，受众在传播活动中处于接受者的地位，只能被动地接受传播者传递的信息，并对信息做出反应，魔弹论便是典型的例子。后来出现的使用与满足理论，虽然强调受众在传播活动中的主动性，指出受众是根据自己的喜好与需要接触相关信息，但过于依赖心理学的相关概念，行为主义和功能主义色彩较浓，因而受到其他学者的批评。使用与满足理论虽然指出了受众对信息的自由选择，但实际上这种自由是有限的、消极的，即受众只能够在媒体提供的有限信息中进行选择。考虑到大众媒介的议程设置效果与涵化效果，受众在大众媒体面前仍然处于被动地位，容易受到后者施加的影响。因此，这一时期的传播活动处于"传者本位"时代。

以网络媒体和手机媒体为代表的新媒体的出现，真正实现了由"传者本位"向"受众本位"的转变。新媒体通过赋予受众传播权利，使得受众在传播活动中获得主动地位，而不再被动地从传统媒体获取信息。传统媒体的信息垄断权被打破，受众可以利用新媒体积极地传播信息。受众传播主动权的获得引发了大众传播领域一系列的深刻变动，例如以往的议程设置效果都是自上而下，大众传媒出于各种目的为普通民众设置议程。而如今由于网民的主动传播以及网络聚合所带来的协同效应，传统媒体未报道的新闻信息能够在网络上迅速发酵，最终形成新闻事件，引发传统媒体的报道。厦门 PX 事件、华南虎事件、宜黄拆迁事件都是很好的例子。传播主动权的获得使受众能够为传统媒体设置议程，实现自下而上的议程设置效果。不仅如此，传统的涵化效果也发生了改变。传统媒体时代，大众媒介通过为受众提供窄化的、带有偏见的信息，潜移默化地影响受众的观点与立场。而在新媒体时代，根据桑斯坦的《网络共和国》，网络技术使得人们更容易获得自己喜欢的信息，拒绝接受不喜欢的信息，而信息窄化的最终结果是社会趋于分裂。[①] 通过信息的选择性接触进行自我培养，以强化自身原有的观点。因此，新媒体的出现昭示着"受众本位"时代的到来。

需要指出的是，"受众本位"这种表述在新媒体时代并不准确，新媒体的使用者中已经没有严格意义上的"受众"概念。用户可以是接受者，也可以是传播者，某些时候还能担任信息传播的中介与渠道。"网众"概念更为恰当，它是网络化用户的集合。网络化用户通过积极的媒介使用行为，以跨越各种媒介形态的信息传播技术为中介相互联结，构成融合信息网络与社会网络的新型网络。[②] 第六章对这个概念做了详细说明，在此不做赘述。

---

①桑斯坦.网络共和国：网络社会中的民主问题[M].黄维明，译.上海：上海人民出版社，2003.

②何威.网众与网众传播[D].北京：清华大学，2009.

（二）人际传播与大众传播的双重特征

普通大众的信息交流活动同时具备人际传播与大众传播的特征，这是病毒式传播产生的另一个条件。过去的人际交往活动发生在个人与个人之间，这种交往活动是私密的、排他的。新媒体上也可以进行这种私密排他的交往活动。不仅如此，人们运用新媒体交流信息时，处在交往活动之外的人们也能获取二者交流的信息。换言之，新媒体上的交往活动也可以是公开的，它不仅发生在个人与个人之间，还发生在个人与大众之间。

人际传播同大众传播的结合，使得信息的传播范围发生了质的飞跃。信息传播在小范围内有明确指向，是点到点的传播。信息精确到达传播对象，产生相应的传播效果与反馈。而信息传播在大范围内呈现网状发散，是点到面的传播。信息的接收对象不再明确，继而无法确定信息的传播效果。通常这种大范围传播活动的反馈机制较弱，不像小范围内的反馈那样及时高效。

以博客、微博和微信朋友圈为代表的社交媒体，可以很好地说明这种结合。一篇博文发表之后，不仅通过 RSS 订阅的用户可以看到，其他博客用户也能看到，并能进行评论与转发；微博在这方面则更进一步，通过@等方式，可以让信息精确到达指定用户，避免这条微博淹没在碎片化的内容当中。其他收听或者没有收听的人也能够看到这条微博，以及被@对象对微博进行的评论。社交媒体上的人际交往活动变得越来越透明化，原因之一是它同时具备了大众传播活动的特征。

新媒体上传播活动的这种双重特征是由新的传播技术赋予的。在新技术产生之前，人际传播与大众传播的界限泾渭分明，用户与用户之间的连接关系是由终端到终端，此时的人际传播活动被局限在两个或少数几个参与者当中。新的传播技术彻底改变了人与人之间的连接状态。有能力接入互联网的人们，都处在一张巨大的传播网络上，每个人都是这个传播网络上的一个节点，理论上每个节点都能同其他任意一个或多个节点建立连接。这样，当一条信息发布时，它有许多个潜在的接受者；用户采用转发的方式让他的朋友看到这则信息，信息的传播范围得到进一步扩大。经过一级级的传递，最终形成了席卷整个传播网络的病毒式传播。

（三）主动传播与自愿接受相交替

病毒式传播的产生，离不开新媒体用户的传播和参与。传播活动逐级进行，最终实现信息的超大范围传播。在病毒式传播活动过程中，新媒体用户呈现出主动传播与自愿接受相交替的特征。要使得传播活动具备这种特征，需要满足以下三个条件。

1.有吸引力的传播内容

传播内容要么是经过加工提炼，要么是本身具有与生俱来的吸引力，总之它必须能够抓住用户的眼球，这是病毒式传播产生的先决条件。这种传播内容让用户觉得有趣、值得关注，或是能够引发情感上的共鸣，从而从其他碎片化的内容中脱颖而出。不仅如此，传播内容还要能够引发用户的参与热情，使得用户在看到这则内容后，有将这则内容继续传递下去的念头，并付诸行动。这种传播内容便是病毒式传播过程中的“病毒”，它不仅有着极强的感染力、极快的传播速度，而且能够入侵接受者的思维，使其按照自己的意愿去行动。

2.愿意主动传播的用户

病毒式传播的传播主体是新媒体用户，用户的参与与否对于病毒式传播能否产生发挥着决定性的作用。没有足够多的用户参与，“病毒”在传递过程中传播力会逐渐衰减，最终淹没在互联网海量的信息当中。而当用户从纯粹接受者转变为积极传播者时，“病毒”才能被逐级地传递下去。用户在病毒式传播过程中的作用如同赛跑中的运动员，“病毒”则是接力棒，一名运动员在体力将要耗尽时将接力棒传给下一位运动员，从而保证“病毒”能够持续地传递下去，因此“病毒”的流行离不开这些用户的作用。需要指出的是，格拉德威尔在《引爆点》中认为，一件事物的流行，是由“联系员”“内行”“推销员”三种人主导的，信息与事物先传至他们，再由他们扩散开，从而引发了流行风潮。[①] 这种观点类似于拉扎斯菲尔德的“两级传播模式”，后来被学者证明是错误的：决定一件事物能否像病毒一样流行开来，关键在于有多少愿意主动传播的个人。

3.容易被复制与转发的媒体介质

有了内容和传播者还不够，病毒式传播的产生还需要一定的媒体介质作为载体。这种媒介首先应当具备平等性与开放性，保证每个用户都能使用它进行信息传播。传统媒体时代之所以难以发生病毒式传播，原因之一在于传统媒体的版面、时段是一种稀缺资源，运用传统媒体传播信息的成本过于昂贵。新媒体的出现赋予了普通个体以传播权，同时使得传播活动的成本急剧降低，使得媒介用户利用新媒体积极传播信息成为可能。其次，这种媒介上的内容应当容易被复制与转发。病毒式传播的产生，需要愿意主动传播的用户持续不断地进行信息传播与扩散，如果复制与转发的成本太高，则会抑制用户的传播热情，“病毒”也不会传播太远。传统媒体的内容复制和转发难以实现，而新媒体的复制转发成本几乎为零，只需要动动手指头便可以了。显然，新媒体更适合充当病毒式传播的中介与载体。目前，这种载体主要有网络媒体和手机媒体，具体表现形式则包括网络/手机文本、图片、音频、视频等。

第三节　新媒体激发病毒式传播

病毒式传播现象在传统媒体时代便已存在，如流言在群体性事件中的传播，但这需要特定的背景和语境。新媒体通过将全世界人民联系在一起，简化了病毒式传播的产生条件，增强了病毒式传播的传播效果，最终激发“病毒”的快速扩散。

一、新媒体构建新型传播语境

不同时代的传播语境，来自信息载体的更替与社会环境的变迁。新媒体的开放性、平等性、交互性等特点，与整个社会的物质繁荣以及电子媒介的高度普及，共同构建了新媒体时代的传播语境。新媒体语境不仅带来了新型的信息传播方式，而且对于整个社会结

---

①格拉德威尔.引爆点[M].钱清，覃爱冬，译.北京：中信出版社，2009.

构产生了内在的、普遍的影响。

(一)简化病毒式传播的产生条件

在过去,对受众具有巨大吸引力的内容,能够在短时间内传遍大江南北,例如流行歌曲《冬天里的一把火》。某些负面信息也能像病毒一样在人群中快速扩散,一则关于洪涝灾害、物品短缺、银行倒闭的谣言,可能引发人群抢购生活物资与银行挤兑等群体性事件。这些群体性事件发生时,社会成员在谣言四起与恐慌弥漫的社会环境中变得失去理智,表现出集体无意识的状态。正如勒庞的《乌合之众》所言,个人一旦融入群体,他的个性便会被湮没,群体的思想便会占据绝对的统治地位。而与此同时,群体的行为也会表现出排斥异议、极端化、情绪化及低智商化等特点,进而对社会产生破坏性的影响。① 但这种群体性事件的产生需要具备一定的社会条件,郭庆光在《传播学教程》中指出有三点:结构性压力、突发性事件、非常态的传播机制活跃化。由此可见,在一个社会和谐稳定、传播渠道通畅的环境下,病毒式传播现象不太容易发生。

新媒体的产生与普及改变了这一状况,让信息的病毒式传播变得简单。其主要原因在于新媒体极大地降低了信息传播的成本。过去人们向大众传播信息,需要向报社、电视台支付高额的广告费用,整个过程十分烦琐,信息的接收对象也仅仅局限于该媒体所能到达的受众范围。现在通过新媒体,只需要动一动指头,信息便能马上传递到互联网。与传统媒体不同,这种传播没有时滞,也没有噪音,保证了信息的实时性高保真传播。同时,这种传播摆脱了空间的束缚,信息可以无国界地自由流通,能够接入互联网的用户在理论上都能成为该信息的接受者。不仅如此,根据摩尔定律与吉尔德定律,电子设备的成本在不断降低,而主干网的带宽在不断增加,这意味着将来上网可能是免费的,而电脑等设备也仅需要一个相当低廉的价格,从而进一步降低信息传播的成本。这样,不需要整个社会处在紧绷的状态之下,主流媒体消息闭塞与小道消息活跃,仅仅需要某个突发事件或是某个具有足够吸引力的事物,信息便能霎时传遍整个社会网络。

例如,"MYOTee 脸萌"由腾讯原产品经理郭列等人开发设计,是一款卡通动漫主题的个性化图像制作应用。从 2014 年 5 月开始,"脸萌"应用受到社会大众特别是年轻群体的热捧。根据《北京日报》2014 年 6 月 9 日的报道,"犹如病毒传播一般,'脸萌'手机 APP 在微信朋友圈、QQ 空间、人人网等社交空间内迅速走红,目前已经'俘虏'2000 多万用户的欢心,其中 6 月 6 日单日下载量更是超过 500 万次。不少人的手机上,好友们的头像如同排队一般整齐地换成了风格一致的卡通形象"②。"脸萌"应用之所以能够在如此短的时间内像病毒一样席卷网络,一方面是它抓住了年轻群体个性化表达的需要,但另一方面,网络媒体与手机媒体搭建的平台对于它的传播和推广所起到的巨大作用同样不能忽视。

(二)增强病毒式传播的传播效果

在传统媒体时代的病毒式传播中,信息、观点、情绪在人群中迅速蔓延,并最终支配人群,引发人们的集体无意识行动。由于这些信息、观点和情绪通常具有极端性,其引发的

---

①勒庞.乌合之众[M].张好洁,译.北京:中央编译出版社,2004.

②张倩怡.脸萌 APP"萌煞"2000 多万用户[N].北京日报,2014-06-09.

集体行动往往会干扰和破坏正常的社会秩序。

而在新媒体时代，新媒体以其实时性、互动性、全球性、平等性、开放性等特点，使得以新媒体为媒介进行的病毒式传播能够产生更大的传播效果。具体表现在以下三个方面。

1.传播速度更快

新媒体打破了时间对于传播的束缚，使得信息能够在一瞬间到达接受者，受众的反馈也能以同样的速度进行；通过增加带宽、拓宽信道等方式，以往需要耗费较长时间的大规模数据传输也能瞬时完成。传播的瞬时性对于整个病毒式传播过程的影响是巨大的，由于时滞的消除，病毒的感染者能够以积极的方式同感染源进行互动，并将病毒传给下一位感染者，在一瞬间完成角色转换。

2.传播范围更广

伊尼斯在其著作《传播的偏向》中提到，一切媒介不是偏倚时间的，就是偏倚空间的，前者有壁画、岩刻，后者有羊皮卷、莎草纸。新媒体的出现颠覆了伊尼斯的观点，因为它同时打破了时空的束缚。通过新媒体，病毒的传播突破了空间的壁垒，将触角伸至世界的每一个角落。可以这么说，只要有信号接入的地方，那里的人群就是病毒式传播的潜在感染对象。

3.传播影响更深

新媒体使得病毒式传播突破了时空的束缚，病毒传播的范围得到空前的扩大，因而能对整个社会产生更加深远的影响。一份感染力很强的“病毒”，在人群中以极快的速度进行“脱域传播”，最终能够形成一股席卷整个社会的集体行动浪潮。

以2011年的抢盐事件为例，由于日本地震造成的核泄漏，“碘盐可以预防核辐射”“被放射性物质污染的海水会影响今后食盐的质量”等谣言在微博等社交媒体上的传播，引发了群众的抢盐风潮。先是浙江的沿海地区，继而包括广东、江苏、山东、河南乃至全国各地居民纷纷通过各种渠道抢购食盐，一些超市中的食盐被抢购一空，部分地区盐价飞涨，引发了社会恐慌。在这个病毒式传播事件中，以微博为代表的新媒体扮演了重要的角色。“碘盐防辐射”“盐库告急”等病毒，由于它的急迫性，以及同人民群众利益攸关，借助新媒体在线上与线下大肆传播。信息传播的实时性与脱域性，使得抢盐风潮蔓延至全国各地。而新媒体上“把关人”的缺位以及信息传播的随意性与简易性，更加助长了这一趋势。由此可见，由于传播速度更快、传播范围更广以及传播的便利性，病毒式传播的传播效果在新媒体时代得到了增强。

当然，并不是所有的病毒式传播都会危害正常的社会秩序，这取决于病毒式传播的传播内容。一则时政新闻，能够为人们设置议程，引起社会的关注；一则生活常识，能够传播日常生活知识，服务人们的生活；一则轻松幽默的笑话，能够给工作一天的人们提供娱乐与放松。但传播的信息如果是负面的、消极的，甚至是煽动性的，那就有可能造成社会恐慌，甚至是群体极化。因此，病毒式传播是一把双刃剑，既能推动社会进步，也能威胁社会的正常发展，在使用新媒体进行传播时必须谨慎对待。

二、病毒式传播的基本特征

经过病毒式传播，信息、事物或事件在社会上以病毒的方式进行扩散。同以往的信息传递方式不同，新的媒介载体与社会环境赋予了信息如同病毒扩散一般的特征，它的传播是爆发的、混杂的、无序的。

（一）从线性到发散

关于传统媒体的线性传播模式，本章第一节已经做了详细说明。信息经由特定的渠道到达接受者，受众的反馈也是通过相对固定的方式进行。而在新媒体环境下，信息的传播呈现出类似于病毒感染的发散特征，不再有固定的流通渠道，而是以极快的速度在整个传播网络中蔓延。病毒内容的传播之所以能够以发散的方式进行，主要有以下三个原因。

首先，由于新媒体构建了新型的连接关系，具有相同兴趣爱好、生活背景、工作经历的人们能够更加方便地聚合在一起。网络媒体环境下的人们不再是分散的、孤立的"原子"，他们通过地缘、业缘、兴趣爱好等因素形成了一个个虚拟网络社区。这种同质化的社区为病毒内容的扩散提供了极好的环境。较高的信息可信度、具有吸引力的传播内容，促进了信息在病毒感染者之间的传播与扩散。

其次，新媒体唤醒了人们的分享意识。信息分享作为一种互惠互利的社会行为，自人类诞生之初便一直存在。但传播渠道的缺乏，使得信息分享活动只能在小范围内进行。网络媒体和手机媒体的出现为内容分享提供了便利的渠道，彻底改变了人们的行为方式。根据日本电通公司提出的"AISAS分析模型"，受众由关注某则信息到产生实际行动，最后根据自身的体验进行信息的传播与分享。"AISAS分析模型"突出强调了受众的信息分享行为，这在以往的媒介环境下是难以存在的。

最后，病毒感染者本身的需求促进病毒的发散传播。根据马斯洛的"需求层次理论"，人类有五种需求，包括生理需求、安全需求、社交需求、尊重需求和自我实现的需求。信息传播对于各种需求的满足，会激励病毒感染者将接收到的病毒信息再传播出去。例如，通过将病毒信息传递给新老朋友，可以起到维护关系与结识新朋友的作用，这属于社交需求的范畴。而通过转发特定的病毒信息，可以实现形象塑造与印象管理的目的，这属于尊重需求和自我实现需求的范畴。

（二）从一对多到多对多

大众传媒典型的信息传播方式是"一点对多点"的辐射状传播，虽然将信息通过"广撒网"的方式传递了出去，但它实际上不能确定信息最后是否真正到达了受众。而在病毒式传播的过程当中，每个个体不仅接收到了信息，而且自发地将信息推广和传播出去。大多数情况下这种信息推广也是面向多个信息终端，但同传统媒体"广撒网"的方式不同，这种传播不是将信息盲目地传给社会上的每一个人，而是通过人际传播的渠道，将信息传递给那些同信息的最初接受者有着某种联系的个体，例如他们的亲人、好友与同事。

在病毒式传播"多点对多点"的传播方式中，处在传播网络中的每个个体都被称为"节点"。"节点"是指若干条连接关系的公共结合点，它对于信息在网络中的传递起到中介与桥梁的作用。病毒式传播之所以能够实现，有赖于每一个"节点"的共同努力。病毒式传播中的"节点"具有以下两个特点。

第一，每个"节点"既是病毒的感染者，又是病毒的生产者和传播者，其身份具有同一性。同传统媒体时代大众只能作为被动的信息接受者不同，新媒体赋予了用户传播的主动性，使得任何个体都能通过新媒体进行“一对多”的信息传播。本章第一节提到的奥斯古德关于“每个人都是一个既能发射信息又能接收信息的‘传播单位’”的观点，在新媒体时代才真正得以实现。不仅如此，这种“一对多”的信息传播同时还具备人际传播的特征，它面向的是许多同“节点”有着某种联系的个人，因而更容易产生传播效果。

第二，在信息传播的过程中，具有多重身份的“节点”并不固定于某种身份，而是在各种身份之间相互转换。当一个“节点”制作了一条对其他“节点”有吸引力的内容时，他是病毒的生产者，传播行为使他马上变成了病毒的传播者；其他“节点”在接收到这则信息时，他们是病毒的感染者，出于某种目的将信息通过“转发”等方式传播出去使他们也变成了病毒的传播者；接收到这则信息的“节点”若是将病毒信息进行解读与改编，他们又变成了病毒的生产者，如此无限循环。与传统媒体大众传播活动中的角色转换不同，病毒式传播中的角色转换是快速的、即时的，类似于人际传播中传播者和接受者的身份转换。正是由于无数“节点”不停地进行角色转换，参与到病毒式传播活动中，才造就了病毒信息的几何倍数传播。

（三）从有序到无序

正是病毒式传播的上述特征，使得病毒信息的传播变得毫无规律可循。传播过程变得混乱无序，而不再像以往那样从传播者到大众传媒再到受众逐级进行。此外，传播效果也变得难以预测，即便是一则短小的消息，也可能引发人们的无数次转发，最终形成一股强大的舆论声浪，对事件与社会的发展产生巨大影响。

有序代表着秩序、规律，而无序代表着一种混乱无规则的状态。新媒体上病毒式传播的无序性，主要表现在五个方面。

第一，信息的传播者难以辨认。类似于流言在群体性事件中的传播，在经过无数次改动后，连最初的传播者本人也不能辨别信息出自何处，而将其作为一则新的信息加以接收。除非使用特殊的技术手段，否则很难追踪到病毒信息的传播源头。

第二，信息内容易被篡改。传统媒体上的一则信息传播出去之后，大众会对信息做出不同的解读。虽然解读多种多样，但这种解读发生在接受者的心中，信息仍能够保持完整性。新媒体使得用户可以将自身对于信息的独特见解表达出来，对信息内容进行加工，甚至是戏谑、调侃和恶搞。由于新媒体的去中心化特征，最终病毒式传播将完整的信息变成了碎片化的信息。

第三，信息传播的渠道不再固定。新媒体上的病毒式传播可以跨越多个媒体平台进行，信息可以在各个媒体平台上进行复制与转发。例如，视频网站上看到的一段精彩视频可以转发到社交网络上；通过手机媒体能够很轻易地访问与使用网络媒体上的文字、图片、音频、视频等各类信息。

第四，传播对象难以被认知。在病毒式传播的过程中，人人都可以是传播者，这为病毒信息的传播提供了无限多种可能性，因而无法确定病毒式传播的传播对象。上文提到新媒体改变了人们的连接状态，互联网将全世界的人民联系在了一起。因此，从理论上讲，所有接入互联网的人都是病毒式传播的潜在传播对象。

第五，信息的传播效果无法预料。关于这一点，下一章将做详细论述。

【知识回顾】

本章主要讲述了传播过程如何由线性传播向病毒式传播演变，其中新媒体在这个演变的过程中扮演了至关重要的角色。传统媒体时代，由于传播媒介不够发达，人们只能进行由点到点的线性传播，传播活动的效率较低。而新媒体技术构建的新型连接关系，打破了过去传统媒介对于传播资源的垄断，使得用户与用户之间能够发生广泛的联系，而不再是信息的被动接受者。新媒体强化了用户的主体性地位，兼具人际传播和大众传播的特点，使得新媒体上传播的信息呈现出类似病毒扩散的特征。不仅如此，新媒体通过将所有用户联系在一起，简化了病毒式传播的产生条件，增强了病毒式传播的传播效果，使得病毒式传播具有“从线性到发散，从一对多到多对多，从有序到无序”的特征。

【思考题】

1.什么是传播学三论？ 它与线性传播模式有什么关系？
2.六度分隔理论为什么能够运用在新媒体上？
3.结合实际情况，分析病毒式传播的产生条件。
4.面对新媒体传播活动的无序性，你认为应当怎样降低新媒体带来的负面影响？

第八章
传播效果：从可知效果到未知效果

【知识目标】

☆传播效果的历史演进与新媒体环境下的传播效果问题。

☆新媒体对于传播控制权的消解及碎片化传播特征。

【能力目标】

1.了解信息的传播效果由可以预测向无法预测转变的原因。

2.掌握新媒体的传播特征以及这些特征对于信息传播效果产生的影响。

【案例导入】

2011年3月，全国各地发生了群众抢盐事件，使得正常的社会秩序遭到了干扰与破坏。“抢盐事件”发生的缘由在于，日本地震造成福岛核电站核泄漏之后，国内出现了“碘盐可以预防核辐射”“被放射性物质污染的海水会影响今后食盐的质量”等谣言。这些谣言在微博等社交媒体上的大肆传播，最终引发了群众的抢盐风潮。先是浙江的沿海地区，继而蔓延至广东、江苏、山东、河南乃至全国各地，居民纷纷通过各种渠道抢购食盐，一些超市中的食盐被抢购一空，部分地区盐价飞涨，引发了“今后无盐可吃”的社会恐慌。武汉甚至出现了一位“抢盐帝”——市民郭先生在“抢盐”风波中花了近3万元在3家商铺买了260袋、总计1.3万斤的食盐。这些盐堆成了一座“小盐山”，需要一辆东风6吨载重卡车才能拉得动。“抢盐事件”的幕后推手与谣言传播的始作俑者到底是谁，如今已经无从查起。但这个事件提醒我们，由于新媒体上“把关人”的缺位和信息传播的随意性，一则简短的谣言也能迅速传播，酿成无法预知的后果。而当这则谣言中包含“盐价飞涨”“盐库告急”等同人民群众利益攸关的字眼时，传播的破坏性后果将得到进一步放大。

第一节　传统的效果可知论

本节主要论述传统媒体大众传播活动的传播效果。传统的传播理论认为，传播活动可以产生传播效果，而且这种效果可以被认识，如议程设置效果、涵化效果、第三人效果。从时间上看，可分为短期效果和长期效果；从期望上看，可分为预期效果和非预期效果；从层级上看，可分为魔弹效果、有限效果、适度效果和强大效果。

一、传播效果概述

任何传播活动都是为了取得相应的传播效果，如果没有产生效果，传播活动本身便失去了意义。正因为如此，以如何取得最佳效果为目的的效果分析历来最受研究者们的关注。传播效果研究一直以来都是传播学研究的核心，关于传播理论的大部分研究都是效果研究。

（一）传播效果定义

传播效果是指传播活动对于受传者的认知、态度、行为产生的有效结果。传播效果有广义和狭义之分。广义上，它指的是传播出去的信息受到了关注、留下了记忆、改变了态度，并最终导致个人或者社会的某种行为的变化，它强调传播活动对个人和社会产生的一切影响和结果，通常是宏观的、抽象的。狭义上，传播效果指的是一次具体的传播活动引发的受传者的各种变化，以及这种变化与传播者期望变化的符合程度，它更多地强调传播活动产生的即时效果，通常是微观的、具体的。

关于传播效果的定义，比较有代表性的是郭庆光在《传播学教程》中提出的观点。他认为，传播效果具有双重含义。第一，传播效果是指带有说服动机的传播行为在受传者身上引起的心理、态度和行为的变化。这种观点通常以传播者的目的是否达到作为判断传播活动是否产生效果的标准。第二，传播效果是指传播活动尤其是报刊、广播、电视等大众传播媒介的活动在受传者和社会上所产生的一切影响和结果的总体，无论这些影响是有意的还是无意的，直接的还是间接的，显在的还是潜在的。这种观点强调的是传播行为所产生的长期的、综合的效果。

但是郭庆光的观点也存在问题，这与他提出这个定义的时代背景有关。他只考虑了报纸、电视等传统媒体，而没有考虑到包括网络媒体、手机媒体在内的新媒体对于传播活动的变革和对于传播效果的影响。比起传统媒体，新媒体的传播效果产生机制要复杂得多，本章的后两节将对于这个问题做详细探讨。

（二）传播效果分类

由于效果是个比较抽象的概念，因此对于传播效果可以有多种分类方法。这些分类方法并不能涵盖所有类型，并且可能存在相互搭界的情况，但这些分类方法都具备一定的合理性，都从侧面反映了人类对于传播效果的认识。

首先，在传播活动作用于传播对象的层面，传播效果可以划分为认知层面的效果、态度层面的效果和行为层面的效果。这种分类方法可以追溯到拉维奇和斯坦纳在 1961 年建立的用来预测广告效果的框架。他们将消费者的行为划分为六个步骤：获知、认识、喜欢、偏爱、相信和购买。并将这六个步骤归纳为三个方面：认知、情感和意愿。其中认知层面包括思想领域、消息提供、信息和事实；情感层面包括情绪领域、消息改变、态度和感受；意愿层面包括动机领域、消息刺激、导向欲望。① 他们的这种分类方法也是后来广告理论中的“AIDA 法则”的思想源头。这三个层面是递进关系，每一个层面都必须在上一个层面

①赛佛林，坦卡德.传播理论：起源、方法与应用[M].郭镇之，徐培喜，等，译.北京：中国传媒大学出版社，2006.

的基础上才能产生效果。通过对认知、态度和行为这三个层面的分析，逐级深入，研究者能够对传播行为效果产生的具体层面有一个清晰的认识。

其次，按照传播者的期望，传播效果可以分为预期效果和非预期效果。预期效果是指传播者期望产生的效果，非预期效果是指传播者预料之外的效果。英国传播学者、政治经验学派的戈尔丁在研究这个问题时引入了时间维度，将传播效果分为四种类型：短期的预期效果、短期的非预期效果、长期的预期效果、长期的非预期效果。其中短期的预期效果是指短期内产生的，传播者希望看到的效果，包括"个人的反应"和"对媒介集中宣传报道活动的反应"；短期的非预期效果是指短时间内传播内容在受传者身上引起的与传播者意图无关的变化，包括"个人的自发反应"和"集合的自发反应"；长期的预期效果是指长期的信息传播所产生的与传播者意图相符的累积效果，包括"推广和普及""知识的传播"；长期的非预期效果是指整个传播事业日常的、持久的传播活动所产生的综合效果或客观结果，包括"社会化""社会控制""媒介与社会变革"。

也有学者指出，短期的预期效果可能被认为"偏见"，短期的非预期效果会被认为"无心的偏见"；长期的预期效果表示"政策"，而长期的非预期效果是"意识形态"。①

二、传播效果的历史演进

人类对于传播效果的认识，有一个由浅入深的过程。从最开始认为大众传播无所不能，可以自由支配受众的意志，到后来认为大众传播的影响微乎其微，远不如人际传播对受众的影响大；接着又从受众的角度考察大众传播，发现大众传播仍然对个体和社会有一定的影响；最后在探讨媒介带来的间接、潜在、长期的影响的同时，研究者将大众传播过程置于所在的政治经济环境中进行宏观分析，得出的结论是大众传播对于整个社会能够产生巨大的影响。

（一）魔弹效果

魔弹效果的代表理论是"魔弹论"，也有人称为"子弹理论""皮下注射论"。这一效果观的核心观点是大众传播媒介拥有不可抵抗的强大力量，普通个体在接收到媒介传播的信息之后，就像被子弹击中或是被注射药剂一样，能够产生直接速效的反应。它认为大众媒介能够操纵人群，对他们的认知、态度和行为产生全面的影响。

回顾历史不难发现，魔弹论的提出有其特定的时代背景。首先是本能心理学和大众社会理论的盛行。本能心理学提倡"刺激—反应"机制，认为对生物体施以某种刺激，便能产生相应的反应，人类也不例外。由于人类的遗传生理机制是类似的，因此大众传媒发出相同的信息刺激，能够引起人群相似的反应。大众社会理论认为，资本主义的发展和城市化运动割断了个体同传统社会的联系，打破了传统的等级秩序，使得个体变成了一个个孤立的、分散的"原子"，变成了一盘散沙。此时专业的传播机构对这些个体进行的有组织的传播活动，能够很容易产生效果。

其次是大众传媒的迅猛发展和社会各界对于传播媒介的广泛应用。魔弹论的提出时

---

①董璐.传播学核心理论与概念[M].北京：北京大学出版社，2008.

间正好处在第一次世界大战结束与第二次世界大战爆发之间，此时社会迎来短暂的和平期，包括大众传媒业在内的各行各业进入一个高速发展阶段。商业广告的繁荣为报纸和广播提供了充足的资金支持，电视技术的研发也在有条不紊地进行。无所不在的商业广告与政治宣传，让人们处处可以感受到大众传媒的力量。此时对大众传媒由崇拜转变为膜拜，继而过分夸大大众传媒宣传力量便不足为奇了。

此外，第一次世界大战中协约国大量使用宣传战和心理战，以及潘恩基金会研究和火星人入侵地球等特殊事件的发生，进一步印证了人们对于媒介力量不可抵挡的认识。

（二）有限效果

魔弹论明显是错误的，这种观点过于简单和天真，是一种唯意志论的观点。但研究者们很快走入另一个极端，认为大众传播产生的效果相当有限，有时甚至不能产生效果，这便是有限效果论。

有限效果论之所以产生，原因在于大众传播的效果研究从一开始就没有给予魔弹论太多的实证支持。与之相反，研究者们往往发现大众传播只有少量效果。开创了传播效果有限论传统的《人民的选择》，是拉扎斯菲尔德和贝雷尔森等人在美国伊里县开展实证研究的调查报告。“伊里调查”针对美国总统大选期间大众传媒对于选民投票意向的影响进行研究，研究者们最开始是为了验证大众传播的魔弹效果。最后研究者却发现大众传播并没有左右选民投票意向的力量，选民的“既有政治倾向”造成了他们对于大众传媒内容的“选择性接触”，回避与其原有政治立场相反的宣传信息。此外，拉扎斯菲尔德等人发现意见领袖对于大众传播的信息存在把关作用，大众传媒的传播内容并不是直接流向大众，而是要经过意见领袖这个中间环节。整个调查中几乎没有找到关于媒介让人们转变意见的证据，“伊里调查”的研究结论指出，在说服人们改变态度方面，大众传播远不如人际传播有效。

不仅是拉扎斯菲尔德的《人民的选择》，同为传播学四大先驱之一的霍夫兰在军队中进行“说服性传播”效果研究时发现，导向类影片在传递信息上虽然有效，但并未能改变士兵的态度。此外还有库珀和贾戈达“反对成见的漫画”的研究，研究表明持有成见的人和没有成见的人在漫画中所提炼出的信息都只是强化了他们既有的态度，个体对于信息的选择性理解会减弱信息传播的效力。

1960 年，克拉珀所著的《大众传播的效果》对有限效果模式进行了详细的介绍，并提出了关于大众传播效果的“五项一般定理”。由于克拉珀的这些观点极力强调了大众传播影响的无力性和效果的有限性，因而被后来的学者称为“有限效果论”。

（三）适度效果

有限效果论的缺陷在于只考虑到传播对于人们态度和行为层面的影响，忽略了对于认知层面的影响；只考虑传播的短期效果，而没有对传播活动长期的、间接的、潜移默化的效果进行衡量。此外，无论是魔弹论，还是有限效果论，都是以传播者为中心。当以受众为中心，从受众的角度考察大众传播效果时，会发现大众传播对受众仍然具有一些基本效用，例如受众对于媒介内容的“使用与满足”。适度效果论为拓宽研究领域，在研究方向上进行了转向，关注受众在大众传播活动中的主动性，并着重考察大众传播活动对于受众认知变化的中长期的、宏观的效果。适度效果论纠正了以往理论的缺陷，摆脱了魔弹论的肤浅与有限效果论的狭隘。

适度效果论的代表理论有“使用与满足理论”“议程设置理论”“涵化理论”和“知识沟理论”。其中“使用与满足理论”突出强调了受众在传播活动中的主动性，纠正了大众社会论中受众绝对被动的观点。对这个理论的研究，最早可以追溯到 20 世纪 40 年代，赫卓格对广播媒介的“使用与满足研究”和贝雷尔森对印刷媒介的“使用与满足研究”，后来麦奎尔等人对电视媒介的“使用与满足”进行了研究。1974 年，卡茨等人在《个人对大众传播的使用》一文中，正式提出了“使用与满足”的基本模式。“使用与满足理论”认为受众接触媒介是为了满足自身的特定需求，它将能否满足受众的需求作为衡量传播活动的基本标准，开创了从受众角度出发考察大众传播过程的先河。

“议程设置理论”认为大众传播虽然不能改变人们的态度和行为，却能够影响人们对于事物的认知。人们讨论最多的内容，往往是大众传播媒介上报道次数最多的内容。换句话说，大众传媒为一般民众设置了议事日程。“议程设置理论”的思想源头可以追溯到 20 世纪20 年代李普曼提出的“拟态环境说”，以及 20 世纪 40 年代拉斯韦尔提出的大众传播的“环境监测功能”。“议程设置理论”强调了大众传播在人们认知层面上的作用，而且由于传播效果的产生是一个循序渐进的过程，认知层面的效果同样也能对态度和行为层面产生联动效果。

“涵化理论”又称“培养理论”，其核心观点是，社会要作为一个统一的整体存在和发展下去，需要全体社会成员对社会有一种“共识”，而大众传媒在形成人们的“共识”方面发挥了巨大的作用。“涵化理论”认为大众传媒通过传播有倾向性的内容，潜移默化地影响人们的现实观和社会观，达到“培养”的目的。“培养”的方式有两种，一种是“主流化”，一种是“共鸣”。

“知识沟理论”认为大众传媒虽然能够带来全体社会成员的知识增长，但这种增长是不平衡的。由于经济地位高者在传播技能、既有知识储备、社交范围等方面具有优势，通常能比经济地位低者更快地获取知识和信息，因此大众传播实际上可能会扩大不同社会阶层成员之间的知识差距。“知识沟理论”主要研究社会经济地位对知识获取的影响，其中社会经济地位的衡量标准是教育、收入与职业情况。“知识沟理论”的逆命题是“上限效果假说”。

（四）强大效果

强大效果论认为，在某些特定的情况下，大众传媒可以对很多人产生重大影响。这个观点最早由诺依曼发表的论文《重归大众传播的强力观》中提出。强大效果论不是魔弹论的简单恢复，而是在适度效果论的基础上发展起来的。[①] 它将传播过程放在整个社会大背景下进行宏观的分析，探讨大众传媒带来的间接的、潜在的、长期的影响。强大效果论中最为著名的研究成果有“沉默的螺旋理论”“依赖理论”和“全国精神健康研究所电视与行为报告”。

“沉默的螺旋理论”缘起于诺依曼对 1965 年德国议会选举中发生的选民“雪崩现象”

①胡正荣.传播学总论[M].北京：中国传媒大学出版社，2006.

的观察与思考，她发现对周围意见环境的感知使得许多人在最后关头改变了投票对象，使得原本僵持不下的支持率呈现出一边倒的局面。诺依曼在对此深入研究的基础上提出了“沉默的螺旋理论”，她认为，由于害怕孤立，人们在采取行动之前会观察周围的意见与看法，当周围的意见同自己相同时，便大胆表露自己的意见，反之则转向沉默与附和。而周围意见环境有时并不是“多数人的意见”，而是由大众传媒营造出来的。最终，大众传媒通过意见环境影响舆论，并通过舆论导向实现社会控制，从而对整个社会产生巨大的影响力。

三、传统媒体与效果可知

传统媒体的线性传播模式，使得传播活动的各个环节易于被观察与追踪。传播效果的产生受到传播者、传播内容、传播渠道、传播对象，以及整个媒介生态和传播生态的影响，当这些因素相对稳定并且可以被量化分析时，便可以对传播效果进行测量。

（一）传统媒体时代的效果可知论

媒介的传播效果历来受到传播学者，特别是经验学派学者的关注。实用主义的研究目的使得经验学派学者在研究传播现象时，格外关注传播活动所产生的传播效果。他们认为传播效果可以被认知和测量，具体的做法是使用经验性方法，搜集可以被观察、测定和量化的经验材料来对传播效果进行考查，由此得出关于某次具体传播活动传播效果的一般解释。使用经验性方法的原则包括设计客观的、可以重复进行的研究程序；搜集关于本次研究的科学数据与材料；构建关于传播现象的一般理论模型与定理。

经验学派学者不仅认为传播效果可以被测量，而且由于他们自称采用的是客观的数据和材料，因此标榜其效果测量的客观性。上文提到的“伊里调查”“说服性传播”效果研究等，都是采用的这种方法研究传播效果。但这些研究过分强调大众传播效果的有限性，遭到了批判学派学者的强烈批评。经验学派学者后来转变了研究视角，同样是使用经验性方法，得出了“议程设置”等强调传媒影响有力性的效果论。

（二）效果可知原因剖析

传统媒体时代认为传播效果可以被测量，原因主要有四点。第一，传播者地位稳定。传播者是内容的发送者，能够对媒介信息特别是劝服信息的传播效果产生很大影响。根据霍夫兰在其耶鲁研究中提出的“可信性效果”概念，传播者的信誉和专业权威性与信息的说服效果成正相关关系。第二，传播内容易于控制。传播内容的主题、观点和价值取向等信息内在因素，直接决定了信息的传播效果。许多时候，“说什么”比“怎么说”更重要。由于传统媒体时代媒介资源的匮乏，大众传媒上的内容刊播基本上控制在少数人手中。第三，传播媒介难以进入。在传播活动中，媒介形式的选取也会影响到传播效果。内容轻快并且需要配以图像说明的内容适合刊播在电视上，篇幅较长的时政新闻则适合刊登在报纸上。同样是因为媒介资源匮乏，一般民众很难获得“媒介接近权”。第四，传播对象相对固定。无论是全国性的报纸、电台、电视台，还是省、市、县的各级报纸、电台、电视台，都有自己相对固定的受众。受众是传播效果的反映者，受众的属性对于传播效果起着重要的制约作用。如果传播活动的受众难以被估计与调查，那么效果测量也就无从谈起。正是由于这些环节相对稳定，减少了材料与数据搜集中的不确定性，才使得传统媒体上的效果测量成为可能。

第二节　新媒体环境下传播效果难以预测

传播内容一经发出，传播者就失去了对它的控制权，即便在传统媒体环境下也是如此。但通过对传播过程的各个环节进行分析，可以预测其传播活动可能产生的效果。在新媒体环境下，由于用户生成内容与病毒式传播等特征，无法确定一条具体的信息会传得多远，到达哪些类型的受众，因而无法确定该信息的传播效果。

一、新媒体消解传播控制权

就媒体对于社会的影响，较之传统媒体而言，新媒体的主要影响来自它的消解力量。新媒体不仅消解了传统媒体之间、产业之间、国家之间的界限，更重要的是它消解了政府与媒介对传播的控制权，从而使整个传播活动处在“失控”的状态之下。

（一）对传播者控制的消解

传播者又被称为信源、传者，他是传播活动的发起者，是整个传播过程的起点。只要有传播活动发生的地方，便有传播者的存在，绝不会有凭空产生的传播内容。传播者可以是人，也可以是机器。由机器担任传播者的传播活动，其最终源头还是人。在不同的传播活动中，传播者的地位也不相同，例如在人内传播中，传播者和接受者完全平等，互动和反馈毫无障碍；在人际传播中，传播者和接受者的地位相对平等，可以进行有效的双向互动；而在群体传播、组织传播、大众传播中，传播者的地位一般要高于接受者，此时信息传播是单向的，反馈是迟延的。

对传播者的控制是指对传播活动设置门槛，限制传播活动中传播者的数量。这里的传播活动主要是指大众传播活动。由于大众传播的覆盖面大，传播范围广，能够对社会的各个方面产生深远的影响，因此必须对大众传播活动的传播者加以限制。这种限制主要有政治与经济两个方面：政治方面，例如允许与执政者意见相同的媒体进行新闻报道，打击取缔与自己政见不一致的媒体；经济方面，例如提高大众传媒的注资金额，超出绝大多数社会成员所能担负的水平。

在传统媒体时代，对传播者的控制较为容易实现。政府通过政治与经济两方面的手段，保证只有少数人员可以参与到大众传播的过程中来，以维护自身利益和社会效益。而新媒体的出现，消解了政府对于传播者的控制。新媒体赋予了每一个使用它的社会成员自主传播权，打破了传统媒体时代少数人的传播垄断地位。通过使用新媒体，人人都有“麦克风”，人人都是“公民记者”。

（二）对传播内容控制的消解

传播内容是传播者为了达成传播效果而编码的信息，它经传播渠道，由传播者传递给传播对象。传播内容由符号和意义两个方面构成，其中符号是传播内容的物质载体，意义是传播内容的精神实质，是传播者借助符号真正想要传递的内容。近代以来大众传媒的高速发展，使得媒介内容丰富多彩，包罗万象，其具体形式主要有文本、图片、音频、视频等。

之所以要对传播内容进行控制，是出于社会管理的考虑。血腥、暴力、色情内容的传播，不仅会干扰正常的社会秩序，而且会对社会成员特别是未成年人造成极为恶劣的影响。但对传播内容的管制不能超过一定的限度，如果政府与媒介打着维护社会稳定的旗号，限制和禁止一切于己不利内容的传播，那就违背了内容控制的初衷。这种内容管制发展到最后，就成了施拉姆在《报刊的四种理论》中提到的"集权主义理论"的具体呈现，此时国家利益高于一切，自由讨论和信息传播被严格限定，媒介则成为权贵势力与利益集团的吹鼓手。

由于传统媒体的版面、波段、时段是一种稀缺资源，出于资源最优配置的考虑，传播内容必然要经过筛选。而且一直以来传统媒体都附庸于某些政治集团和经济势力，为了迎合他们的利益，必须对传播内容做出相应限制。而在新媒体时代，由于传播门槛的降低，传播内容得到前所未有的丰富。社会的多元化反映到互联网上是传播内容的多元化：不管是喃喃自语自说自话，以及朋友间的亲切交谈，还是意见领袖的振臂疾呼，不同的传播内容都能在互联网上广泛传播。当然也有不法分子利用新媒体传播威胁社会稳定的内容，新媒体上的内容控制放松加大了社会管理的难度，这点是值得注意的。

（三）对传播渠道控制的消解

传播渠道又被称作传播媒介，它是传播内容的载体，是信息传播的中介和工具。任何传播者都需要一定的媒介和渠道将信息传递出去，可以说，传播渠道在传播活动中扮演着桥梁纽带的作用，通过承载传播内容，将传播活动的各个环节串联起来。

关于传播媒介，值得一提的是媒介环境学派的观点。该学派主张关注媒介形态本身，而不是媒介传播的具体内容，研究的目的是从媒介形态及其变化的角度来解读社会历史的变迁，代表人物有伊尼斯、麦克卢汉、波兹曼、梅罗维茨和莱文森等人[①]。其中以麦克卢汉的"媒介三论"最为著名，即"媒介即信息""媒介——人的延伸""热媒介和冷媒介"。他主张电子媒介使人类重新回到部落化生存，人们将欢欣鼓舞地迎接一个所有人都与其他人紧密相连的地球村落时代。

麦克卢汉的预言如今已基本实现，通过新媒体，人们理论上可以与任何人展开交流。时间和空间对传播的束缚已被打破，偌大的世界宛如一个"地球村"。新媒体消解了上层社会对于传播渠道的控制，使普通个体有了表达发声的机会。在过去，传播资源掌握在少数人手中，媒介最终沦为他们维护自身利益的工具。从"集权主义理论"到"自由主义理论""社会责任理论"，再到"民主参与理论"，只是既得利益者发生了改变，媒介接触依旧不平等。新媒体的出现赋予了每一个个体平等使用传播媒介的权利，人类重归部落化生存的过程，正是从新媒体诞生的时刻开始。

---

①李明伟.媒介形态理论研究[D].北京：中国社会科学院，2005.

（四）对传播范围控制的消解

这里的传播范围主要指传播活动到达的对象，即传播接受者，也称受众。受众是一次具体传播活动的终点，在发出反馈后他又成为新的传播活动的起点。受众可以是一个庞大的集合体，也可以是单个个人，依照不同的划分标准而有所不同。具体而言，按照接触的媒介，可以划分为报纸的读者、广播的听众、电视的观众、网络媒体的使用者；按照所在区域，可分为全国受众和区域受众；按照卷入程度，可分为核心受众和边缘受众。

“受众”概念在新媒体时代并不适用，这里使用这个概念主要是想说明在传统媒体时代受众是一个被动的角色，只能单方面地接收传播者传递的信息。受众处在媒介掌控者的控制当中，通过什么渠道，接收何种信息，都只能在对方提供的有限范围内进行选择。

新媒体对传播范围控制的消解主要表现在两个方面、一方面是控制者主动施加，将传播范围控制在某一区域内。这种现象在传统媒体时代极为普遍。传播者有意将信息传播的范围缩小，防止信息传播出去之后造成不良社会影响，或是威胁到自身利益。例如有些官员为了免受惩罚，刻意瞒报灾情，并给记者派发封口费。另一方面是控制者被动承受，虽然期望将信息传播得更远，但由于实际传播能力有限而无法实现。过去的报纸、广播、电视，由于派发、信号等问题，发行范围与收听或视范围只能局限在本地。如今新媒体的实时性、开放性、全球性等特点使得传播活动的范围扩展到了全球，同时也能第一时间接收到世界各地发送的消息。信息的自由流通是社会长治久安的保障，如果一味封堵消息，而不是加以疏导，只会引发更强大的舆论声势，同时谣言四起，威胁社会的正常秩序。信息的无国界流通使得任何信息封锁都失去了生存的土壤，新媒体在促进信息的自由流通方面，无疑是具有积极作用的。

（五）对传播效果控制的消解

传播效果是指传播活动对信息接受者所产生的具体效用，是传播内容引起的传播对象思想和行为的变化，它是传播过程的各个环节共同作用的结果。传播效果研究历来受到学者们特别是经验学派学者的重视，它几乎成为整个传播学研究的根本所在。根据经验学派的观点，无论是对于传播者、传播媒介还是传播对象的研究，归根结底都是为了对传播活动的效果进行探讨。由于传播行为的目的性，不为实现某种传播效果的传播活动如同一支无的之矢，是毫无意义的。

传统媒体的使用者本质上也不能控制传播效果，因为传播内容一经发出，传播者就失去了对它的控制。同时，根据卡茨的“使用与满足理论”，传播对象是根据自身的实际需求对媒介内容进行选择；根据霍尔的“编码解码理论”，传播者对于接收到的内容采取不同的解码方式，并做出偏好解读、协商解读与对抗解读。虽然不能在微观层面上将传播效果控制到具体个人，但由于传统媒体的使用者能够很容易对传播者、传播内容、传播媒介与传播范围进行控制，他们能在宏观层面上对传播效果进行掌控，保证传播效果符合他们的期望，并通过各种社会调查方法进行验证。

新媒体赋予普通个体进行大众传播的权利后，传播效果从此变得难以预测。“新媒体赋权”带来的变革贯穿了传播活动的各个环节：社会成员无须再忍受大众传媒千篇一律的内容，他们能够在新媒体海量的信息当中寻求到自己需要的信息；媒介垄断被打破，用户可以轻易地利用工具进行自主内容生产；信息传播没有终点，其传播力不会因为单次传播活动的结束而衰减。这些变革合力作用的结果是传播效果不再掌握在传统媒体手中，新媒体消解了对它的控制，并将它交给了全体社会成员。

二、新媒体语境下传播效果难以预测

新媒体构建的新型传播语境，使得病毒式传播等传播形式得以发生。同时，个体能够自主传播信息，解释媒介内容并进行再生产，增加了整个传播过程的不确定性。即便是一则短消息，也可能引发无数人的加工与转发，其结果是经新媒体渠道传播的信息所产生的传播效果变得难以预测。下面以实例对网络媒体和手机媒体的传播效果做具体说明。

（一）网络媒体的传播效果

伊拉克战争又称美伊战争，是人类进入新世纪以来最大规模的一场局部战争。除了战争中使用大量的先进技术和现代化武器，本次战争还有一点值得注意，那就是网络媒体在报道战争局势与战斗场面方面展现出了巨大的优势。网络媒体通过丰富的媒体形式，多样的表现手段，海量的信息内容，将战争的场面完整地展现在全世界人们面前。这种“全景式传播”所产生的传播效果，是传统媒体难以望其项背的。不仅如此，博客也在本次战争中强势崛起。博客充分显示了网络媒体的自媒体特性，用户可以在博客上自行生成内容，这对于打破传统媒体的消息封锁发挥了巨大的作用。战争期间，以 CNN、泰晤士报为代表的传统媒体，妄图通过对信息的把关与筛选，达到控制本国舆论的目的。但这不能阻止人民通过博客、电子邮件等网络途径了解舆论的真实情况和战争的人心向背。通过网络媒体，人们逐渐意识到伊拉克战争是一场没有得到联合国安理会授权的非法战争，反战情绪开始在全球蔓延，并最终引发了全球的反战大游行。网络媒体既能增强信息传播效果，又能削弱传统媒体的舆论控制效果。因此，有学者指出，以网络媒体为代表的新媒体，是伊拉克战争中一把高悬在大众传媒头上的达摩克利斯之剑。

“帮汪峰上头条”事件，不仅是新媒体环境下网民的又一次狂欢，从中也能看到网络媒体的协同作用对信息传播效果的放大。2013 年 9 月至 11 月，汪峰宣布离婚当天碰上李亚鹏和王菲宣布离婚，向章子怡告白当天又遭遇广州恒大夺得亚冠，发布新曲当日又撞上各种娱乐圈重大新闻，后者的消息迅速将前者淹没。而网民对待汪峰连续几次被抢风头的态度，也从最开始的调侃逐渐转变为要帮助汪峰上头条。自新浪微博大 V“使徒子”发布图片微博《心疼汪峰》起，网民以新浪微博为主要阵地，纷纷转发“帮汪峰上头条”的相关消息。由于网民们的协同作用，“帮汪峰上头条”话题长期雄踞微博热门话题榜的前三位。不仅如此，网络媒体上的狂欢也引发了线下媒体的参与，以《华西都市报》为代表的传统媒体纷纷加入这个话题的讨论中，《南方都市报》甚至将关于汪峰的新闻倒着放在娱乐版头版的底部，并宣称“翻转过来，便是头条：汪峰老师，我们只能帮你到这了”。到最后，是否上头条已经无关紧要，“帮汪峰上头条”话题的火热带来了强大的传播效应，由网络媒体带来的网民的协同与合作，以及线下媒体的联动与参与，最终对汪峰的新歌发布取得了非常好的宣传效果。

（二）手机媒体的传播效果

手机媒体具有便携性、互动性、即时性、用户广泛等特点，这些特点使得手机媒体上的信息传播能够产生其他媒体无法实现的信息传播效果。在下面的例子中，不仅可以看到手机媒体对中国民主进程的推动作用，还能看到手机媒体在自然灾害中发挥的灾情通报与应对作用。

厦门市海沧 PX 项目又称对二甲苯化工项目，是厦门市有史以来引进的最大的一个工业项目。虽然投产后能够给厦门市带来每年 800 亿人民币的工业产值，但由于这个项目将厂址选在距厦门市中心不足 10 千米的海沧区，该地区不仅人口稠密，而且与厦门风景名胜地鼓浪屿仅 5 千米之遥，周围居民担心化工厂建成后会污染环境，危害民众身体健康，对这个项目表示强烈反对。从 2007 年 5 月 20 日开始，有人开始通过手机短信在厦门市民中间传播反对 PX 项目的信息，并在这条短信的结尾处号召市民举行游行。在短短几天内，该短信被相互转发，据估计大约有一百万厦门市民都收到这条短信。该短信扩散的速度之快，扩散的范围之广，实乃前所未有。游行于 6 月 1 日举行，厦门政府迅速采取行动，积极应对人民的呼声和诉求，最终 PX 项目被迁到了漳州市漳浦县的古雷半岛。

2012 年 7 月 21 日，北京市遭遇了 61 年来最强暴雨及洪涝灾害，这次暴雨给北京市及其周边地区造成了严重的经济损失。在这次灾害中，以手机媒体为代表的新媒体在危机信息传播、民间力量的组织与动员方面发挥了巨大的作用。例如，北京市气象局在这次暴雨中通过手机短信、声讯电话、手机微博等形式向公众发布灾情预警信息，累计发送短信 140 万人次。又如，一位名为“菠菜 X6”的网友，通过手机微博发出救助的倡议，最终动员了 300 多辆私家车，共接回首都机场的滞留旅客 500 多人。这件事情后来被称作“双闪行动”，被全国各大媒体广泛报道。[①] 在认识到手机媒体的危机应对作用后，各地的危机管理部门开始重视手机媒体的传播力量，并将其作为危机预警与应对系统中的重要组成部分。

三、传播效果难以预测的原因

新媒体上的传播活动之所以难以预测效果，是因为新媒体具有许多传统媒体不具备的特征，如实时性、互动性、自主性、海量性、多媒体性。这些特征改变了传统传播过程的各个环节，实现了传播活动质的飞跃。同时，由传播变革带来的关系变革，改变了人与人之间的连接状态，进而从根本上改变了整个社会的面貌。具体而言，传播效果难以预测的原因，主要有以下三个方面：

（一）海量内容的使用与满足

信息作为一种资源，在社会上的分配是不均等的，这种现象被称作“信息不对称”。在传统媒体时代，由于“信息不对称”，传播者与传播对象之间存在着信息落差：传播者占有大量信息，是“信息富有者”；而普通大众仅仅知晓少量信息，是“信息贫困者”。信息落差

①路鹃，陈恋明.公共危机事件中手机媒体的传播效果分析——以“7・21 北京特大暴雨灾害”为例[J].新闻界，2012(20)：45—49.

的存在，使得普通大众不得不依赖由媒体提供的信息。这种依赖心理在大众缺少对照信息的情况下，逐渐演变为对媒体提供信息不加分辨地接受，甚至是对这些媒体顶礼膜拜。这便是“魔弹论”提出的社会背景之一。而进入后工业社会后，信息与知识的作用愈发凸显，并逐渐成为权力、财富、地位的象征。

1.海量的信息储存

新媒体上的海量信息储存，彻底改变了过去传播者与传播对象之间的“信息不对称”状态。过去信息资源的分配之所以不均等，是因为信息的载体——传播媒介本身也是一种稀缺资源。世界上每天发生的事情多如繁星，而媒介的容量是有限的：报纸的版面、广播的波段、电视的时段，因而必须对媒介登载的信息进行取舍。这里便是问题所在：由于取舍标准是传播者人为制定的，因此传播者可以通过一定的筛选标准，使传播活动的效果符合自身的期望。例如，通过对某件事情的持续大规模报道，为社会公众设置议事日程，以转移公众的注意力；或是通过一系列带有偏见的内容与节目，对公众产生潜移默化的“培养”效果。然而传播者的这些手段在新媒体时代不再完全适用，原因是新媒体的信道容量不再是稀缺资源。通过将信息内容转化为数字形态，极大地降低了信息的存储空间，使得新媒体在理论上可以承载无数信息。在这种情况下，传播者有意挑选的传播内容，很容易淹没在信息的汪洋当中。而之前通过控制传播内容所产生的“议程设置”效果、“培养”效果也不复存在：根据尼古拉斯·尼葛洛庞帝在《数字化生存》中的观点，人们可以通过自助新闻筛选设计“我的日报”，自己给自己设置议程；①而桑斯坦在《网络共和国》中指出，人们总是有选择地接触符合自身原有价值观的信息，从而实现“自我培养”。

2.对海量信息的使用与满足

新媒体上丰富的信息内容，缓解了过去普通大众的信息匮乏，大众在获取信息时有了更多的选择。根据使用与满足理论，人们总是根据自身的实际需求选择特定的媒介与信息，从而使需求得到满足。在信息匮乏的时代，人们的需求是压抑着的。由于缺少其他获取信息的渠道与途径，人们只能通过大众传播媒介获取信息，于是便有了“千家万户同看一个节目”的局面。这种信息的强制性接触，为传播者实现传播效果提供了条件，他只用将精心设计的内容传播出去，便能收到期望的效果。新媒体上的海量信息，使用户可以根据自身的偏好进行选择，传统媒体的信息强制接收不复存在。此时传播者的传播内容若无法满足用户的需求，或是不符合用户的接收习惯，则会遭到冷落与忽视，从而无法产生传播效果。

由此可见，新媒体的内容存储优势对于传播效果的影响主要表现在两个层面：从宏观上看，海量的信息提供削弱了单一传播活动的传播效果；从微观上看，个体在信息选择上有了更大的自由，从而使单个传播内容的效果变得难以预测。

（二）用户生成内容与信息再生产

用户生成内容（User Generated Content，UGC），指的是任何由网络用户自主创作的

---

①尼古拉斯·尼葛洛庞帝.数字化生存[M].胡泳，范海燕，译.海南：海南出版社，1997.

文本、图片、音频、视频等内容，它是互联网上海量信息的重要组成部分。用户生成内容的具体形式包括网络百科、视频网站、贴吧、网络社区，开源软件，以及各类社交媒体，其产生背景是 Web 2.0 时代的到来。Web 1.0 时代是“人机对话”时代，网络用户被动地从互联网中获取信息；而 Web 2.0 时代是“人人对话”时代，它为用户构建了一个参与表达、创造、沟通和分享的环境。Web 2.0 具有去中心化、去威权化、协同生产的特征，用户既是网站内容的使用者，也是网站内容的生产者和传播者。UGC 则充分体现出了 Web 2.0 的时代精神，即每个个体都有潜力贡献出有价值的信息，有机会接触网络的人都具有自我表达的话语权。

1.用户生成内容

用户生成内容带来了信息繁荣，但也带来了信息的混乱无序，增加了寻求有用信息的成本。根据世界经济合作与发展组织（OECD）在 2007 年发布的报告，用户生成内容需要具备三个特征：以网络出版为前提，内容具有一定程度的创新性，非专业人员或权威组织创作。[①] 它不仅丰富了互联网上的信息内容，而且打破了传统媒体对于信息传播的垄断。宽泛地讲，其实传统媒体上也存在用户自主生成的内容。20 世纪 70 年代以后，媒介垄断程度进一步提高，民众要求使用大众传播媒介的呼声越来越高，“民主参与理论”正是在这个时代背景下提出的。欧洲一些国家开放部分电视频道，允许公众播放自己制作的电视节目。这种内容生产往往成本高昂，而且由于开放的频道资源有限，许多人不得不排队等候。互联网，准确地说是 Web 2.0 真正实现了用户生成内容，它将内容制作与发布的成本降低到一般民众可以接受的水平，极大地鼓舞了人们的创作热情。凡事都有两面性，用户生成内容的出现，也使得互联网上面的信息变得冗余、混杂。人们每天被太多与己无关的信息包围，信息不再是稀缺资源，注意力变成了稀缺资源。注意力的分散带来的是传播效果的稀释，此时无论是传统媒体传播的内容，还是普通个体生产的内容，信息传播的效果都要大打折扣。

2.网络媒体信息再生产

这是用户生成内容的一种具体形式，用户将获取到的信息进行再加工，并通过网络媒体传播出去。无论是传统媒体还是新媒体上的内容，都能通过这种方式进行再生产。用户会对信息做出自身独特的解读，这种解读与信息的本意也许并不一致，甚至完全相反。根据霍尔的“编码解码理论”，受众会对信息做出偏好、协商、对抗三种不同的解读。用户进行内容再生产时若是采用的对抗解读，则会歪曲信息原本的含义，抵消信息的传播效果，甚至是产生相反的效果。网络上的各种恶搞、戏谑、讽刺题材作品是这种对抗解读的代表，比较典型的例子是胡戈根据电影《无极》改编制作的视频短片《一个馒头引发的血案》。由于这种再生产的解读性质取决于加工者，而新媒体使得所有用户都能成为潜在加工者，因此网络媒体信息再生产为新媒体语境下的信息传播效果又增加了一个不确定因素。

①赵宇翔，范哲，朱庆华.用户生成内容（UGC）概念解析及研究进展[J].中国图书馆学报，2012(5)：68—81.

（三）无限互联与病毒式传播

20 世纪 40 年代，当第一台电子计算机“ENIAC”在美国问世时，研究人员无论如何也不会想到这种最初为军方设计的机器会对后世产生如此深远的影响。直到 20 世纪 90 年代中期，电子计算机与互联网还是主要运用于军队、学校和科研机构，此时计算机联网的价值被低估，整个社会还没有意识到计算机带来的社会联网的价值。自 1994 年互联网进入商用阶段起，电子计算机与互联网变革社会的力量开始凸显。根据“梅特卡夫定律”，网络的价值与联网的用户数的平方成正比，加入网络的节点越多，网络的价值越大。电子计算机与互联网结合而产生的计算机网络，以其信息传播的实时性、交互性、多媒体性等传统媒体无法比拟的优势，吸引了全世界的使用者，彻底改变了人与人之间的连接关系，并从根本上改变了人类传播活动的面貌。

1.随时在线与永远互联

由于新媒体的出现，人与人之间随时可以进入联系状态，此时任何狭隘的、不公正的、带有偏见的信息都会遭到传播对象的抵制，无法产生传播效果。在过去，人们可以通过书信、电报、电话等方式进行沟通，但这些方式不是速度太慢，就是价格过于昂贵，无法让人们随时保持联系。计算机网络实现了信息的即时传播，同时信息沟通的成本趋近于零，这使得人们可以轻易地同世界各地的人们进行交流，而不至于被片面的信息误导。第二次世界大战期间希特勒、戈培尔之流所采用的宣传策略，蒙蔽了德国人民的双眼，给整个世界带来了灾难性的后果。但这种手段在新媒体时代是完全行不通的。如果说在过去“谎言说一千遍就成了真理”，那么在新媒体高度普及的今天，谎言只用说一遍，就立即有人将它揭穿。由于社会公众之间的信息交流使得传受双方的信息占有量趋于平等，因此大众传播活动，特别是宣传活动的传播效果在新媒体语境下变得难以预测，有时甚至很难产生效果。

2.信息的病毒式传播

上一章已经谈到了病毒式传播的具体情况，这里主要谈信息的病毒式传播对于传播效果的影响。新媒体的运用带来了传播活动从“传者本位”到“受众本位”的转变，传播者的垄断地位被打破，用户的主体地位得到确认。同时计算机网络将人与人之间的关系从线下搬到线上，织成一张巨大的社会关系网络。“六度分隔理论”通过计算机网络得到强化，世界上任何一个人都处在这张互联网织成的社会关系网络当中。当一则信息进入社会关系网络时，人们可以将信息继续传播出去，此时信息不断地从社会网络上的一个节点扩散到多个节点，最终像病毒一样蔓延至整个网络。这种病毒式传播的传播效力是惊人的，只要满足相关条件，它便能将信息的传播效果无限放大。

第三节 碎片化后的重新聚合

新媒体使得个体可以参与媒介内容的生产与传播，包括对传统媒体传播内容的再创造；同时个体接收信息的情境与方式不再固定，从整体上看新媒体环境下呈现出碎片化的传播特征。但碎片化并不代表“去中心化”，个体参与的过程中仍然存在意见领袖的引导作用，仍然需要意见领袖的提炼与整合。通过意见领袖对碎片化内容的重新聚合，个体才不至于迷失在碎片化的信息汪洋之中。这些意见领袖包括个人意见领袖和组织意见领袖，他们的传播活动具有大众传播活动的某些特征，其传播效果是可以被认识的。

一、新媒体环境下的碎片化传播特征

人人都是传播者，多种可供选择的媒介、内容，以及无处不在的信息接受者，这些因素共同造就了新媒体的碎片化传播特征。较之传统媒体，新媒体的传播能力在总体上得到了极大提升，但碎片化的存在使得单个传播媒介与单次传播活动的传播能力下降。这种碎片化传播特征为新媒体所独有，它主要包括内容碎片化、媒介碎片化和受众碎片化。

（一）关于碎片化

碎片化(Fragmentation)是指原本完整的东西，在外界因素的作用下支离破碎，变成诸多分散的碎片。碎片化原本为社会学术语，指的是传统社会向现代社会过渡期间，传统的社会关系、市场结构及社会观念的整一性被瓦解，取而代之的是利益诉求与社会成分的碎片化分割。对碎片化的研究最早见于20世纪80年代西方对于“后现代主义”的研究文献中，80年代末90年代初第三世界国家开始陆续对其展开研究。21世纪后，我国以黄升民为代表的学者开始把碎片化引入传播学的研究中，将碎片化广泛应用于传媒研究和信息传播研究。①

根据黄升民的观点，碎片化指的是社会阶层的多元裂化，并导致消费者细分、媒介小众化。由于社会阶层的碎片化，消费、品牌、媒介、生活方式也开始朝着碎片化方向发生相应变化。碎片化的产生主要有三个原因：首先，经济发展是社会阶层碎片化的物质基础；其次，不断扩大的贫富差距是社会阶层碎片化的根源；最后，人们生活方式、态度意识的多样化趋向是社会阶层碎片化的直接原因。② 以上三点在中国的现代化进程中尤为明显。改革开放以来，中国加快了由传统的乡土社会向现代社会转变的步伐，经济的快速发展也带来了分配制度不公等一系列社会问题，同时统一的价值观被打破，社会开始出现多元的利益诉求与价值取向。原本单调而一致的社会阶层开始崩塌，价值体系变得多元化，整个社会开始尊重社会个体的个性、尊严、权利、和财产。③ 正是在碎片化社会的背景下，碎片化传播应运而生。

---

①刘昊.碎片化语境下的网络传播策略[J].新闻爱好者，2011(10)：80—81.

②黄升民，杨雪睿.碎片化：品牌传播与大众传媒新趋势[J].现代传播，2005(6)：6—12.

③彭兰.碎片化社会背景下的碎片化传播及其价值实现[J].今传媒，2011(10)：9—11.

（二）内容碎片化

新媒体碎片化传播的第一个特征是内容碎片化，主要表现在用户接收到的信息零碎而庞杂。过去无论是报纸、广播还是电视，由于有专门的媒体从业人员充当“把关人”的角色，传递给媒介用户的信息都是经过筛选与整合的，媒介内容具有完整性，价值取向具有统一性。而新媒体传播的低门槛使得任何用户都能参与到媒介内容的生产当中，虽然丰富了新媒体上的信息，但也使得媒介内容变得碎片化，包括事实性信息传播的碎片化与意见性信息传播的碎片化。前者指的是信息来源的多元化、观察视角的分散化、信息文本的零散性和信息要素的不完整性。例如，汶川地震与舟曲泥石流等自然灾害发生时，许多亲历者利用媒介将灾害发生时的情况与灾后景象传播出去。由于受到观察视角等因素的局限，每则内容只概括了灾害的一小部分信息。将所有人的所见所感整合起来，便构成了一幅关于本次灾害的完整图景。后者不仅指传播信息本身的零散性，更指意见的异质性与分裂性。[①] 针对一起事件，不同的人做出不同的解读，得出不一致甚至是完全相反的观点，没有所谓的谁对谁错，只有谁更有道理，谁有更多的社会支持者。

在原有的基础上，新媒体的互动性加剧了传播内容的碎片化，网络内容生产由博客向微博的转变就是一个典型的例子。博客为用户生成内容提供了一个很好的平台，它打破了传统媒体对于传播内容的控制，是网络信息开始碎片化的标志。但博客也存在着互动性不强，内容生产需要耗费较多时间等问题。微博的出现很好地解决了这些问题。通过“@”等方式，微博可以让指定用户看到，对方的评论与反馈也能很方便地进行。不仅如此，140 字的字数限制，方便了传受双方通过简短的对话进行互动。但微博的负面效果是传播内容的进一步碎片化，最终网络上充斥着喃喃自语与你问我答式的内容，信息的零散性和不完整性问题进一步加剧。

（三）媒介碎片化

新媒体碎片化传播的第二个特征是媒介碎片化，主要表现在用户接收信息的情境与方式不再固定。在传统媒体时代，读报、看电视等媒介接触行为总是发生在一些固定的场景。例如，人们通常在早上阅读报纸，读报的环境通常是家里、办公室或者是去上班的车上；看电视则通常发生在晚上，一家人坐在电视机前的沙发上收看电视节目。新媒体改变了这种状况，它赋予了用户信息接收的主动权，而不必受制于信息接收的环境。人们可以在任意时间任意地点读报纸、听广播、看电视，无论是在餐厅、商场、住所，还是在各类交通工具上。

新媒体对于信息接收情境的改变，源自它对于信息传播方式的整合。报纸在光线不好的地方难以阅读，广播受制于所在地的信号，电视由于太笨重而无法随身携带，传统媒体由于自身媒介形式的缺陷，使得信息传播被局限在一定范围之内，所以便有了固定的媒介接触场景。新媒体通过将各种媒体形式整合起来，运用多媒体的传播形式，实现了信息的跨媒体传播。传统媒体上的内容经过数字化改造，可以在任意电子媒介上传播与转换。读报行为不再局限于报纸这种单一媒介形式，人们可以在个人电脑、数字电视等终端阅读

---

①彭兰.碎片化社会背景下的碎片化传播及其价值实现[J].今传媒，2011(10)：9—11.

报纸。广播和电视也是如此。移动通信技术的发展进一步拓展了人们的信息接收方式，智能手机、平板电脑、掌上阅读器的出现使得传统媒体的信息接收终端合而为一，利用移动终端人们不仅可以读报纸、听广播、看电视，还能进行网上冲浪、即时通信、视频下载等活动，而这些活动无法在传统媒体上进行。移动终端将媒介碎片化进一步向前推进，最终人们将生活在一个媒介无所不在的环境中。

（四）受众碎片化

新媒体碎片化传播的第三个特征是受众碎片化，受众的时间与思维在频繁的媒介接触和海量信息的裹挟中变得支离破碎。在媒介匮乏的印刷传播时代，人们只能从有限的渠道获取信息。电视的出现极大地丰富了媒介的信息资源，但由此也带来了“电视人”“容器人”等一系列社会问题。由于长时间沉浸于电视媒介环境，人们的工作学习时间被大量占用，社会行动力也在不知不觉中丧失。新媒体的出现加剧了媒介对于社会的负面影响。由于传播渠道的整合，人们可以通过移动终端随时随地接收信息；由于传播内容的极大丰富，人们可以很容易找到自己感兴趣的内容。但新媒体的这些特点如同一把双刃剑，其负面效果是人们花在媒介接触上的时间更长，“媒介依存症”进一步加深。以微博为例，许多人除了在工作、学习时间使用微博外，走在路上甚至在过马路时也在用手机刷微博，最终酿成悲剧，这样的新闻报道已是数见不鲜。微博、微信等新媒体不是利用了人们的碎片化时间，而是将人们的时间碎片化了。与电视的整块时间占用相比，新媒体对时间的碎片化切割会带来更大的负面影响，因此用户必须提高媒介素养，在使用新媒体时学会节制。

新媒体对用户时间的切割，还造成了用户思维的碎片化。根据麦克卢汉的观点，媒介对于人们的思维方式具有决定性作用。印刷媒介的连贯性与抽象性，培养了人们重理性、重逻辑的思维；电视媒介丰富的感官刺激，造成了人们的感性思维，同时不断切换的镜头与频道也使得人们的思维变得富于跳跃、飘忽不定；新媒体加剧了人们的跳跃性思维，并使得人们的注意力持续时间变得越来越短。人们在新媒体纷繁的媒介内容与媒介形式中跳跃转换，而集中注意力进行深度阅读变得越来越困难。“网络浅阅读”很好地概括了这种现象，过度沉溺于网络媒体，其最终结果是思维的肤浅化。

二、新媒体环境下的意见领袖

新媒体的去中心化特征，并不代表在新媒体环境下没有意见领袖。同样，新媒体的去中介化特征也并不代表利用新媒体进行的传播活动不存在“把关人”。意见领袖换了一种姿态在新媒体环境下生存下来，继续发挥他在传统媒体时代具有的功能与作用，继续对传播活动施加“个人影响”。

（一）意见领袖的由来

意见领袖是指活跃在人际传播网络中，经常为他人提供信息、观点或建议，并对他人施加个人影响的人物，这个概念最早由传播学四大先驱之一的拉扎斯菲尔德于20世纪40年代在其调查报告《人民的选择》中提出。当时拉扎斯菲尔德为了验证“魔弹论”的观点，在伊里县展开调查，研究美国总统大选期间大众传媒对于总统投票意向的影响。结果发现大众传播并没有直接左右选民投票意向的力量，大多数选民早在竞选运动之初就已经做出了怎样投票的决定。即便是那些改变了投票意向的选民，也不是因为听从了大众传媒的宣传和劝服。在改变选民投票意向方面，意见领袖的作用要远大于大众传媒。

拉扎斯菲尔德提出的“意见领袖”概念，说明大众传播并不是直接作用于一般受众，而是要先经过意见领袖这个中间环节。它对于否定“魔弹论”的效果观起到了直接作用，并由此开创了“两级传播理论”。

关于意见领袖的界定，不同的学者有不同的观点。根据卡茨的研究结论，社会的每一个阶层都有意见领袖；意见领袖与受其影响的人非常相似；意见领袖比非意见领袖更多地接触媒介。① 根据郭庆光的观点，意见领袖与被影响者处于平等关系；意见领袖均匀地分布于社会的各个阶层中；意见领袖分为“单一型”和“综合型”；意见领袖社交范围广，对大众传播的接触频度高，接触量大。② 还有研究者在总结了前人的研究成果后，提出了区分意见领袖与追随者的三个因素：价值观的人格化体现（其人为谁）；能力（其人的知识）；关键社会位置（其人所知的人）。③ 其中“价值观的人格化”指的是意见领袖是许多追随者学习效仿的榜样；“关键社会位置”是指意见领袖不仅认识本群体内的许多人，而且认识许多虽然处在本群体之外，但可以为群体成员关心的话题提供信息的人。

但意见领袖与“两级传播理论”也遭到许多学者的批评。首先，很多时候大众传播并不存在中间人。例如，韦斯特利研究指出，“大部分新闻报道是直接由媒介传播开来的，其范围远比个人信源宽广”。其次，意见领袖的划分标准太模糊，有时候意见领袖与其他社会成员并无明显区别。例如，研究者林指出，“意见领袖既有自封的，也有提名的；既应用于专门话题，也应用于一般活动。当采用不同的操作方法时，‘谁是意见领袖’这个问题就变得更为混乱”。最后，“两级传播理论”将大众传播媒介默认为意见领袖的唯一信息渠道，但在缺少大众媒介的传统社会与充满危机和不安定的现代社会，意见领袖的信息来源往往是人际传播。

（二）新媒体语境下的意见领袖及分类

在新媒体语境下，意见领袖仍然存在并继续发挥着把关人的作用。但是由于传播语境发生了变化，意见领袖的存在形态也发生了相应的变化。新媒体上的意见领袖与传统媒体时代相比，既显示出继承性，又存在着超越性。具体而言，新媒体语境下的意见领袖按照自身性质，可分为个人意见领袖与组织意见领袖；按照存在形态，可分为线上意见领袖与线下意见领袖；按照社会地位，可分为权威意见领袖与草根意见领袖。

1.个人意见领袖与组织意见领袖

这种分类方法同传统媒体时代的划分方法没有区别：乡绅、贵族、长老可以充当个人意见领袖，报纸、电台、通讯社可以充当组织意见领袖。前者是个人，后者是为实现一定目标而组成的个人的集合，二者都能对大众传播活动产生影响。与传统媒体时代的不同之处在于，新媒体将他们搬到了互联网上，从而使他们能在更大的范围内发挥舆论引导作用。前者如许多公共知识分子摇身一变，成为微博上的“大 V”，后者如许多传统媒体开设

---

①赛佛林，坦卡德.传播理论：起源、方法与应用[M].郭镇之，徐培喜，等，译.北京：中国传媒大学出版社，2006.

②郭庆光.传播学教程[M].第二版.北京：中国人民大学出版社，2011.

③赛佛林，坦卡德.传播理论：起源、方法与应用[M].郭镇之，徐培喜，等，译.北京：中国传媒大学出版社，2006.

的网站、微博、手机 APP 等。

2.线上意见领袖与线下意见领袖

在新媒体时代，这两种意见领袖呈现出某种重合性。换句话说，现实社会中的意见领袖，通常在互联网上也能成为意见领袖。上面提到的公共知识分子与传统媒体在新媒体上继续担任意见领袖，就是一个很好的例子。之所以要这么区分，是因为互联网还没有普及全社会，在农村地区与偏远山区，线下意见领袖对于信息的传递与扩散仍然发挥着很重要的作用。

3.权威意见领袖与草根意见领袖

根据出身的不同，意见领袖可以分为权威意见领袖和草根意见领袖两种，前者是社会精英阶层，后者处在社会的底层。新媒体赋予了一般民众以表达权，使得社会精英之外的草根阶层也能参与到网络信息传播与网络舆论的引导当中。草根意见领袖打破了互联网上各类权威"你方唱罢、我方登场"的局面，使底层人民也能够让世界听到他们的声音。从某种程度上说这些草根意见领袖让"意见领袖"这个词回归了本真，因为和草根意见领袖一样，权威意见领袖当初也是由草根们选举出来的，只是他们最终脱离了草根群体。与权威意见领袖的相对稳定性相比，这些年草根意见领袖的形式在不断发生变化，从最初网络论坛的版主，到现在新浪微博上的"留几手"等人，相信在将来还会出现更多新的形式。

三、新媒体意见领袖对传播活动的引导作用

新媒体环境下的意见领袖与传统媒体时代的相似，主要是通过对信息的筛选、优化与整合，对传播活动施加引导。有所不同的是，新媒体上的意见领袖需要处理的是各种碎片化的信息，其任务更加艰巨。意见领袖的信息聚合作用克服了碎片化内容的负面影响，使其成为新媒体时代的传统媒体，最终新媒体上的传播效果重新回归效果可知论。

（一）对碎片化内容的提炼与整合

对媒介上的内容进行提炼与整合，是媒体从业人员的主要任务之一。在传统媒体上，由于传播权掌握在少数人手中，对于信息传播的控制较为容易。作为意见领袖，传统媒体通过对媒介内容进行把关，可以使信息的传播效果符合自身的期望。但是，互联网上海量的碎片化传播内容，大大超过了传统媒体的控制能力。此时便需要一种新型意见领袖对碎片化内容进行聚合，保证信息传播的效力，新媒体上的各种意见领袖由此应运而生。

新媒体意见领袖对信息传播的引导，主要包括筛选、优化、整合三个方面。其中筛选是指意见领袖对互联网上纷繁而庞杂的内容进行过滤，筛选出真实的、有价值的传播内容。新媒体由于其开放性特征，用户可以轻易地通过它发布消息，这是新媒体上的传播内容鱼龙混杂、良莠不齐的主要原因。但也不排除有少数投机分子通过网络渠道传播虚假信息，以实现自身的利益，网络水军、网络推手便是这方面的代表。意见领袖对于信息的筛选作用，使得新媒体上的传播内容去伪存真、去粗存精，最终营造了一个良好的传播环境。

优化作用是指意见领袖对传播内容进行分析、解读与再加工，提升信息的传播价值与舆论引导作用。数字技术和网络技术赋予了新媒体实时性，新闻信息可以第一时间出现

在互联网上。同时新媒体的出现也宣告了信息匮乏时代的结束，用户可以通过新媒体获取到海量的新闻信息。在这种情况下，直白的信息不再是稀缺资源，用户急切需要的是对于新闻信息的准确分析与深度解读。意见领袖通过对新闻信息进行再加工，发表自己对于新闻信息与热点事件的观点，不仅有助于指导人们的实践，也使得新媒体上的舆论引导更容易进行。

整合作用是指意见领袖通过将碎片化的信息进行归纳与分类，使新媒体上的传播内容以系统化的方式呈现。碎片化的传播特征是新媒体的基本特征之一。由于内容的碎片化与媒介的碎片化，造成了人们思维的碎片化。过度沉浸在支离破碎的信息当中，使得用户的思维变得飘忽不定，很难进行深度的阅读与思考。整合信息本来是传统媒体的职责，但新媒体的平权化与去中心化的特征，削弱了传统媒体的这一功能。现在这个任务落到了新媒体意见领袖的肩上，通过结构化手段组织碎片化内容，将整个世界的图景完整地呈现在用户面前。

（二）新媒体时代的传统媒体

新媒体时代的传统媒体在这里有两层含义，一是指传统媒体的数字化生存，二是指新媒体上的意见领袖在网络时代扮演着传统媒体的角色。两者的共同之处在于，他们都是新媒体时代的意见领袖，都能对信息的传播效果产生影响。

1.传统媒体的数字化生存

网络媒体和手机媒体等新媒体的出现，对于传统媒体造成了极大的冲击。无论是信息传播的速度，还是信息的数量，新媒体都要远胜于传统媒体。此外，新媒体还具有跨媒体传播以及随时随地接收信息等传统媒体不具备的特征。新媒体的这些传播优势造成了传统媒体用户的大量流失，由此带来传统媒体广告投放的锐减，继而威胁到传统媒体的生存。为了对抗新媒体的冲击，传统媒体纷纷迁徙到互联网络上，寻求新媒体时代的数字化生存。

报业的数字化转型与广播电视业的数字化转型，是传统媒体寻求数字化生存的具体体现。具体的转型路径则包括三种：通过"数字化嫁接"实现"滋生"；以数字化的名义进行创新；通过资源整合彰显核心竞争力。[①] 转型后的传统媒体能够在新媒体环境下继续扮演意见领袖的角色，进行新闻传播、舆论引导等活动，保证传播活动的传播效果符合自身所在集团的利益。

2.个人意见领袖成为新媒体上的传统媒体

传统媒体是指运用先进的传播技术进行大规模信息传播的专业媒介组织，主要包括报纸、广播、电视三种。在过去，由于传播资源稀缺与组织运作成本高昂，传统媒体主要掌握在执政者与经济财团等少数人手中。新媒体的出现降低了信息传播的成本，削弱了传统媒体的传播效力，使得单个社会成员也能担任传统媒体的角色。例如，"微博女王"姚晨有接近两千万的粉丝，这个数字差不多是《人民日报》总发行量的七倍，就连传统媒体自己

①杨树弘.传统媒体的困境与数字化生存路径[J].新闻导刊，2006(6)：11—13.

也承认，姚晨的微博让《人民日报》有强烈的危机感。[①] 但是，与报社、广播台、电视台这样的专业传播组织不同，个人意见领袖普遍不具备娴熟的信息传播技巧，也不代表某个集团的利益，因此他们在舆论引导和实现传播的社会效果方面要逊色于传统媒体。

（三）重回效果可知论

传统媒体权威的坍塌与社会公众自我传播意识的觉醒，形成了新媒体上"去中心化"的传播环境；传播门槛的降低与信息垄断的打破，造就了信息内容空前繁荣的局面；社会网络的扩大与社会成员之间的互动性增强，使得人们可以彼此交换信息，彼此施加影响。所有这些因素的共同作用，让原本掌握在传统媒体手中的传播控制权转移到普通个体手中，新媒体上的传播效果变得难以预测。

但是，不能就因此认定新媒体上传播活动的效果是未知的，完全无法测量的。意见领袖的存在，使得新媒体平台上混杂的信息传播显示出某种规律性。碎片化的信息经过意见领袖的引导与聚合，同样能够发挥"议程设置""涵化"等一系列功能。社会生活纷繁复杂，人们有接受指导的需要，而传统媒体与新媒体意见领袖不过是不同时期满足人们需要的不同形式。在新媒体时代，传统媒体的"把关人"角色让位给新媒体意见领袖，新媒体意见领袖承担起过去由传统媒体承担的部分功能。新媒体上的意见领袖具有众多追随者，能够轻易对其追随者施加影响，这与传统媒体时代的报纸、广播、电视没有什么区别。因此，新媒体意见领袖是新媒体时代的传统媒体，他们的传播活动具有大众传播活动的特征，其传播效果是可以被认知与测量的。

需要指出的是，新媒体上的意见领袖对于传播活动的引导，也使得新媒体的性质发生了改变。起初，新媒体作为一种新型传播媒介，由于其易得性、便利性、互动性等优势，很快受到普通大众的青睐。普通大众的积极参与，也使得新媒体不断发展壮大，社会影响不断增强。同时，底层人民也能通过新媒体发出自己的声音，逐渐形成了一支同主流媒体抗衡的力量。因此，在新媒体发展的早期阶段，新媒体与草根阶层相辅相成，共同促进了社会的进步发展。但是，新媒体用户之间逐渐产生传播力的差距，原本人人平等的传播格局被打破。随着主流媒体与社会精英阶层的入驻，这种差距被进一步扩大，新媒体赋予草根阶层的话语权被精英阶层重新夺回。因此，虽然意见领袖的存在使得新媒体上的传播效果可以被认知与测量，但它也使得新媒体沦为上层社会的话语场，丧失了原本的草根性。作为草根阶层信息交流与发布平台的新媒体逐渐瓦解，最终被主流媒体收编。

---

①祝华新.人民网称姚晨微博让《人民日报》有危机感[EB/OL].网易新闻中心.http://news.163.com/12/0428/02/8055633400014AED.html,2012-04-28.

【知识回顾】

本章主要讲述传播效果的演变过程以及在新媒体环境下传播效果理论出现的新变化，显示出人们对于传播效果认识的不断深化。从最初的认为大众传播无所不能，到后来的效果有限，再到后来的强大效果，这些都是传统媒体时代人们对于传播效果的认识。新媒体的出现颠覆了这些效果认识，原因在于新媒体消解了传播者对于传播内容的控制权，影响涉及传播渠道、传播范围、传播效果等各个方面。在新媒体环境下，用户可以自主生成内容，同时传播过程呈现出病毒式传播的特征，因此无法确定一条信息会传得多远，到达哪些类型的受众，也无法确定该信息的传播效果。

但这并不是说新媒体环境下的传播效果完全无法预测，因为碎片化之后存在一个再度"中心化"的过程：在泥沙俱下的海量信息中，人们需要意见领袖给予指引，需要意见领袖对信息进行提炼与整合。由于这些意见领袖的传播活动具有大众传播的特征，其传播效果是可以被认识的。

【思考题】

1.为什么说在传统媒体时代传播效果是可以被测量的？
2.你认为新媒体是如何消解传播控制权的？请举例说明。
3.比起传统媒体，新媒体的传播效果难以预测，为什么？
4.你如何认识新媒体上的意见领袖在传播活动中的作用？

第九章
新媒体经营概说

【知识目标】

☆新媒体产业的特征。

☆新媒体产业经济面临的问题。

【能力目标】

1.了解新媒体产业链的构成情况。

2.熟悉新媒体产业经营的内容。

【案例导入】

案例背景:中国的果粒酸奶市场品牌竞争趋于稳定。从产品角度来讲,伊利大果粒与其他竞争对手并没有太大的区别,消费者只能从包装或者广告中去区分。为了使伊利大果粒从同类产品中脱颖而出,伊利选择用卡通形象代言人加强与消费者的情感联系。2010年,奥美广告让伊利大果粒品牌成功"变脸",用6个代表世界不同地区的卡通女孩推出"世博纪念装",使伊利大果粒品牌在赢得相当市场份额的同时获得好评如潮,世博纪念包装上市后,销售额仅在第一个月就增长了33.3%。2011年,伊利希望继续使用并深化这一差异化的市场策略,对品牌形象的改变进行全面的推广。于是,全面打响新一轮的卡通娱乐营销战役,代表年轻女孩的新的卡通形象代言人——莓莓、桃子、小缇在4月1日通过人人网闪亮登场。

传播目标:深化差异化市场策略;全面推广品牌形象,塑造品牌个性。

核心策略:伊利大果粒以水果为灵感,抽离出三个卡通女孩代言,这三个女孩被赋予了不同的人物性格,她们组成了一支虚拟乐队——Igirl,并请国内一线音乐公司太合麦田为她们量身打造了全新单曲《i美味,爱自己》。Igirl的主要宣传阵地在人人网中,通过展开派对狂欢等一系列卡通娱乐营销的市场策略,传达大果粒"i果粒,爱自己"的核心品牌主张,增强与年轻消费者的互动。

PC端:

(1)超级动态新鲜事。伊利大果粒将人人网作为宣传平台,全面整合推广Igirl形象,利用社交网站互动性,采用邀请好友、拍照触发新鲜事等功能,引发网友之间病毒式传播。

(2)人人网首页的水果整蛊战。借力"愚人节"这个年轻人关注的特殊时机,伊利大果粒利用人人网整蛊大战,将整蛊主角变身Igirl,从而扩大传播影响。

(3)伊利大果粒公共主页——"一起来享乐"水果派对。伊利大果粒公共主页作为此次活动的平台,提供Igirl乐队详细信息,促进卡通形象Igirl与粉丝的全面沟通。同时,伊利大果粒在人人网上开辟了活动网页，人人用户登录到网页后，选择喜爱的卡通形象即可加入派对中。派对游戏中，用户可通过换装、与派对中的其他人合影留念等方式提高派对人气。同时，活动主页还提供抽奖机会。

移动端：人人派对 APP。虽然没有直接将 APP 命名为“伊利大果粒派对”，派对中伊利大果粒的虚拟产品与游戏中的产品和环节紧紧相扣，成为不可缺少的一个任务。“人人派对”街景、音乐、雇员的系统植入增加了游戏的乐趣，而“人人爱听”以及“人人电台”的音乐推荐也进一步强化了 Igirl 乐队的形象，丰富了游戏的内容。

线下活动：此次营销活动中，伊利大果粒围绕卡通形象 Igirl 以线上活动为主体，线下活动为延伸。线下活动在十个城市高校中举行，活动分为校园派对 High 翻天、校园草根红人表演、知名艺人到场助阵等环节。活动现场，大果粒 Igirl 卡通玩偶娃娃与观众们真实互动，让 Igirl 虚拟乐队的品牌形象更加深入人心。

案例点评：首先，人人网过亿的白领和大学生人群符合伊利大果粒的目标消费群。因此，此次营销活动以人人网为主要宣传平台，定位十分准确。同时，人人网丰富多彩的游戏形式以及功能设置互动性强，也可以满足此次活动娱乐体验的要求。其次，此次营销活动是一次成功的卡通娱乐营销。根据伊利大果粒中水果果粒的特点设计的卡通形象代言人 Igirl，具有鲜活的个性特征，能够准确地代表伊利大果粒品牌的形象和个性，从而实现了品牌与目标消费者的有效沟通。最后，此次营销活动从线上到线下，从包装、条形码到社交网站形成了包括公关、促销、广告的整个整合营销过程。活动的效果反映了此次卡通娱乐营销既传播了品牌信息，扩大品牌知名度、认知度，又参与公关及促销，与受众近距离的信息“沟通”，并促成购买行为的发生，建立起品牌的美誉度与忠诚度，真正让消费者对卡通代言人 Igirl 以及大果粒的品牌个性印象深刻。

第一节　新媒体产业经济概貌

新媒体产业是一个相当庞大的产业范畴，它包含了互联网、数字电视、数字出版、移动互联网、动漫、游戏、音乐、影视等多个范畴。与传统产业经济相比，它呈现出许多得天独厚的优势，并以这些优势实现了飞速的发展。然而，机遇背后问题也在不断浮出水面，如何扬长避短，探寻到产业健康发展的出路，则是新媒体产业经济需要进一步思考的问题。

一、新媒体产业的崛起

回顾新媒体产业的崛起、变革到形态的日趋成熟，我们可以看到，作为一种经济形态，新媒体产业已由最初简单的“兜售信息”“方便通信”，逐渐转向“连接一切可连接之物”、为互联网及其技术的虚拟性不断寻找实体、为传统经济提供载体和平台的知识经济。

无论是在国外还是国内，以技术为主导的新媒体产业都带动了传媒领域的深刻变革，无形之中也影响着其他产业领域的发展，并不断发挥着媒体的中介作用，打通各个领域之间的隔阂。

在国外，新媒体依托信息技术和数字技术实现了与传统媒体不同程度的融合，博客

(BLOG)、简易信息聚合(RSS)、标签(Tag)、维客(Wiki)、社交网络服务(SNS)等新媒体应用最大限度地利用了传统媒体的信息优势，又以跨屏和吸引用户兴趣的信息呈现方式剥离了人们对于传统媒体的注意力。号称“互联网第一大报”的美国新闻博客网站《赫芬顿邮报》，在2011年5月的月独立用户访问量超过了《纽约时报》，具有里程碑意义。而以Facebook最为代表的SNS，不仅实现了人们线下关系的线上转移、人际的互动参与和关系维护，更是潜移默化地影响着人们的生活方式、娱乐途径、知识获取以及心理状态。

而随着新媒体产业的发展，从一开始就注重技术积累的科技公司集聚起了“马太效应”，通过不断的技术性变革、与传统产业的连接、对新兴力量的兼并收购，建立了自己在新媒体产业中的领先地位，并不断扩大着对社会领域的影响。以谷歌为例，其最初的搜索业务已经远远超出了搜寻结果的提供，开辟出数据挖掘和分析，从而实现了从用户的行为中创造出价值的目的；谷歌旗下半开源的安卓平台，为用户、内容创造者和外部开发者提供了创造新的市场和丰富服务内容的工具，超过iOS(Mac OS)和Windows，成为市场占有率最高的操作系统。这样的市场优势很容易转化为资金优势，数据显示，早在2012年上半年，谷歌的广告营收就达109亿美元，首次超过美国所有印刷媒体(报纸与杂志)合共的广告收入(105亿美元)。

在国内，经济全球化为借鉴国外新媒体产业成果创造了机遇，并衍生出符合本土国情的使用形态，我国的新媒体产业也走上了高速发展的道路。早期的Web 1.0时代，门户网站的兴起，不断激发着人们对资讯通信的渴求，搜狐、网易、新浪等网站开始活跃在人们的视野中。随后，Web 2.0时代(2003年至今)开启了全民共同参与的浪潮。不仅资讯服务在此时趋于完善，各种各样的信息服务满足着人们多样化、个性化的需求，而且，电子商务、金融、教育、游戏等多个领域在此基础上进行了新的蜕变，实体经济通过新媒体产业更加高效快捷地互联起来。

在互联网基础之上，移动互联网也找到了发展的契机。2014年上半年，我国网民上网设备中，手机使用率达83.4%，首次超越传统PC(不包含平板电脑等新兴个人终端设备)整体使用率(80.9%)，成为第一大上网终端设备。相对于早期的WAP(Wireless Application Protocol)仅仅能够满足人们在移动端的资讯需求，主要专注于提供小说、新闻等有限的形式，如今的移动互联网已经突破了各种限制，其涉及的范围和互联网已基本实现同步，并且其便捷性正在不断促使更多的人卷入移动互联网的使用中。

从国外到国内，不断交织的网络让这样一个产业不断向人们生活的各个领域蔓延，任何行业与互联网相加都能衍生出新的形态与特质，而这些新的形态与特质也在不断重构传统经济与我们日常的生活形态。

二、新媒体产业的特征

和传统的产业经济相比，新媒体产业经济具有其自身的特点。一方面是源于新媒体与传统媒体的差异性，另一方面是源于新媒体存在的社会环境具备了新的要素。

(一)由媒介融合带来的产业融合

媒介融合是媒体发展的一个大趋势，新媒体的出现更是加剧了其向前的进程。而媒介融合除了改变媒介本身的存在形式与业务流程之外，其影响力也逐步渗透到其他产业，由媒介融合带来全新的产业融合。

所谓产业融合，一方面是相对于媒介产业自身而言，具体表现为从生产到传播再到整合售卖更加一体化，从单次的、分散的一般性媒介内容生产转变为各个环节紧密联系，深度加工，充分挖掘信息价值的专业化内容生产。另一方面，随着新媒体向其他领域的渗透，它也充分发挥起自身的中介功能，不断打通行业之间的壁垒，促进了不同行业之间的跨界合作与竞争。在这个过程中，行业格局重新开始规划，产业之间不断融合，不同领域的竞争优势互补，从而滋生出新的产业形态，为消费者提供综合的售卖与服务体验。

（二）社交属性与文化属性的结合

新媒体的低门槛限制意味着人人都有了接近媒介的可能。伴随着媒介接近而来的是一种普遍的社会交往与文化衍生。社交属性与文化属性的结合是新媒体产业经济的一大特征。

新媒体将孤立原子式的个人连接起来，让原本相对隐性的社会关系以显性关系链的形式展现出来，个体在媒介使用的过程中持续地进行内容生产与传播，并促成新的对话和群集。而具有相似性的个体在不断的社会互动中汇聚起来，形成不同类型的文化圈子与文化标签，并且延伸出新的价值。

粉丝效应就是社交与文化结合并创造出产业价值的典型。分散的个体围绕一个共同的话题进行社交互动，然后结成特定的群体，形成广泛的群体认同，并由此树立起新的价值取向。一旦价值确立，就会产生新的衍生物，这些衍生物背后都隐藏着各种有待发掘的商业价值。如今 IP 经济兴起，围绕一个 IP 打造出来的文学作品、影视作品、广告代言、网络游戏等数不胜数，都可以视作社交与文化结合创造商业价值的体现。

（三）媒介属性与商业应用属性结合

可以看到的是，新媒体虽然带有一个“新”字，但仍属于媒体的范畴，它仍承担着媒体的一些公共职能，在社会运行过程中发挥着传播信息、协调社会、舆论监督等作用。与传统媒体不同的是，在新媒体时，代媒介信息的生产主体更加多元，传播渠道更加丰富，影响效果更加广泛。这在某种程度上也督促着传统媒体不断整改适应新的形势，更加充分地担负起自身的责任。

然而承担媒介职责不过是新媒体的一部分，由于缺少公共的资金支持，它们需要自负盈亏。因此在发挥媒介职能的同时，它们也在不断结合自身的特色进行商业应用。与传统媒体二次售卖不同的是，新媒体的商业应用形式更加多样，除了常规的通过高流量做广告之外，还有作为发布的渠道进行利润分成、通过数据采集运算进行精准化营销、对优质的节目内容进行版权售卖、IP 的影视改编和游戏改编等。可以看到，新媒体在媒介属性的基础上建立起自己生存发展的优势并不断发展壮大。

（四）信息经济与产品经济结合

新媒体产业经济是虚拟的信息经济与实体的产品经济的混合体。所谓信息经济是因为，新媒体在某种程度上可以归属于第三产业的范畴，它所提供的是一种信息咨询服务，这种服务往往以无形的方式存在。而称产品经济是因为，新媒体经济并没有在提供信息咨询服务层面止步，而是超越信息，跨入提供产品的层面，最终实现虚拟信息与实体产品的有机整合。

从信息到产品，在这样一个过程中新媒体产业经济打破了传统产业经济之间的界限，实现了优势在不同领域之间的转换。这意味着，经营新媒体需要有非常广阔的视野，能够打通不同行业之间的隔阂，充分发现在繁杂的资讯信息用户数据背后所隐含的商机，并且具备将商机转化为实际资本回报的能力。

三、新媒体产业中存在的问题

作为一个尚在发展的市场，新媒体产业经济中涌现出许许多多的问题。这是市场未成熟期间不可避免的缺陷。

（一）法律保障欠缺导致侵犯知识产权现象普遍存在

知识产权的纠纷问题表现为：产权人保护知识产权的意识不强；侵犯知识产权的行为泛滥；现有法律对知识产权的保障不力。

首先，产权人保护知识产权的意识不强。网络上的信息形式多种多样，人们不加说明地将自己的作品放置在网络空间中，人人都可以获得。加上网民在互联网使用过程中所形成的免费使用习惯，知识产权就很容易受到侵犯。

其次，侵犯知识产权的行为泛滥。这种侵犯行为，既有个人的行为，又有团体的行为。普遍的表现为，在尚未征求产权人同意的情况下，私自使用他人的成果，不注明或不清晰注明出处。有的即使注明了来源，但主观上也不愿意他人注意到原始作者。

再次，现有的法律对知识产权的保障不力。我国现行法律中对知识产权的保护已经做出了一系列规定，但是由于条件界定不明确，存在着法律漏洞，这就使得侵权人有机会打擦边球。除了涉及范围、金额较大的案件外，大部分对知识产权案件的处理，惩罚力度不够，这也导致了即便有法律约束，但也是形同虚设的结果。

因此，我们需要构建新媒体产业链，解决现行媒介系统中的知识产权纠纷问题，规范新媒体中的内容使用。

（二）商业模式复制居多而自主创新较少

商业模式复制居多，自主创新部分较少。这表现为两个方面：一方面是中国的“山寨文化”盛行；另一方面是大公司资本运作，导致形成强者越强，弱者越弱的市场环境，不利于自主创新的发展。

所谓的“山寨文化”就是模仿外国已经比较成熟的产品和服务，对其进行加工和再造，最终成为本土化的“新产品”。在刚刚进入市场的初期，这样的行为无可厚非，毕竟有前人提供的经验，这样按图索骥至少不会出太大的差错。但是，长期通过山寨模仿以求发展则并非一个健康的发展路径。因为长此以往容易形成对国外模式的依赖，而无法形成自己的发展方向。

所谓“不利自主创新的环境”表现为，每当有自主创新的内容出现在市场上，大的公司就会对其进行强势的并购，或者直接进行模仿，导致刚刚出现的“新苗”没有生存的空间，只能活生生地被扼杀在摇篮中。长此以往,各种自主创新的尝试都会逐渐消失,整个市场会缺乏生机与持久发展的动力。

(三)流量资源丰富但转换率低

在新媒体产业经济中,一个至关重要的因素就是流量。这种网络的计数方式背后反映的是用户的使用情况与关注程度。通过流量的多少判断,我们可以清晰地看到用户的焦点所在,以及不同用户群体的特征差异。

就目前的状况来看,在新媒体产业经济中,流量资源总体上是十分丰富的,但是就其资源的转换率而言,又显得十分低下。也就是说,流量资源并没有很好地转换为实际的经济利益。流量背后虽然隐藏着数以千万计的用户,但是这并没有带来交易的达成与产品服务的购买。

以网站上的广告点击为例,虽然总体显示用户浏览量较高,但是并不意味着购买量也会随同显著提高。这一方面可能是因为用户不小心点击了广告,然后直接忽视内容并且关闭页面;另一方面,对于用户而言,点开的内容并不能吸引他们,相反甚至会带来厌烦情绪。由此看来,有流量是一回事,流量转换是另一回事。为了实现最终的价值,就不能仅仅着眼于产生流量,更应该思考当流量产生之后,如何与用户沟通,说服他们产生相应的行动。

第二节　新媒体产业价值链构成

新媒体产业价值链的提出,在某种程度上,为媒介系统的运行提供了一个新方向。它将用户、媒体、平台、企业、营销机构、技术设备供给商均考虑在内,理清这些市场主体之间的关系,同时提出合理的利益分配机制,以及矛盾纠纷处理办法,有利于形成良性的媒介生态系统。

一、构建新媒体产业链的必要性

构建新媒体产业价值链,在很大程度上是出于解决现实问题的需要。它将长期存在的利益划分问题、资源配置问题、用户需求问题、版权问题都考虑在内,从宏观的角度,肯定了构建新媒体产业链的合理性与必要性。

(一)将传统媒体纳入新媒体产业链当中

罗杰·菲德勒认为,一切形式的传播媒介都在一个不断扩大的、复杂的自适应系统以内共同相处和共同演进。① 每当一种新形式出现和发展起来,它就会长年累月和程度不同地影响其他每一种现存形式的发展。新媒体在成长壮大的过程中,不可避免地对现有的媒介系统产生冲击,并凭借着自身的优越性,部分地取代旧有媒介,吞噬着其市场份额。从这个角度来看,新媒体与传统媒体之间有一种必然的竞争关系。

---

①罗杰·菲德勒.媒介形态变化:认识新媒介[M].明安香,译.北京:华夏出版社,2000.

但从媒介生态系统的自我完善来看，良好的媒介系统应该是同类型媒介分支进化，不同类型媒介共生，各司其职。所谓"同类型媒介分支进化"指的是，单个媒介利用新的科技与理念，不断挖掘自身的媒介特性与传播优势，改善传播的介质，增加媒介的接近水平，降低媒介的使用成本，提高媒介使用者的主动性。而"不同类型媒介共生"则是指，不同的媒介，在整个媒介系统中持续地扩张与收缩，直到寻找自己的生存空间，以及最佳份额。其核心是发挥该媒介自身的优越性，并与其他媒介相互配合，相互补充，形成完善的传播体系。

因此，为了改变新媒体与传统媒体之间的这种低层次竞争关系，形成互利共赢的深层次合作关系，就需要我们构建新的媒介产业价值链，将传统媒体纳入新媒体产业链当中。

（二）整合资源与优化配置

伴随着新媒介的推广普及，媒介资源得到了最大限度的开发。人们开始由被动的受众转变成主动的网众，通过媒介来获取想要的信息，并实现了以个人作为主体的媒介内容生产。我们所迎来的是一个普遍使用的时代。然而，即便使用媒介的成本已经被降到最低，媒介作为一种资源，其稀缺性的本质并没有改变。

大规模的信息采集与加工工作，仍然不是普通个体的知识水平可以胜任的。媒介生产过程中所需要的专业设备与技术，也同样超出了一般人的经济范围。至于贯穿媒介运作中的法律政治问题，也并不允许因为这种全民性生产的加入，而受到消解。由此看来，即便用户个人地位已经崛起，传播科技突飞猛进，但是，整个社会的核心媒介资源仍然是稀缺的。

与此同时，面对这种资源的稀缺，现有的媒介系统中，媒介资源浪费、资源配置不合理的现象依旧普遍存在。不仅不同媒体的资源分布不均，而且不同地区的媒体发展不平衡。在媒介所生产的内容中，精品内容较少，劣质内容较多，我们在面临信息冗余的同时，又面临着有用信息不足的问题。这种对媒介资源较低效的使用，无法为用户提供优质的信息资讯，同时也不利于媒介本身的发展。

（三）为用户提供更优质的服务

现在，无论是在哪个领域，用户体验都被看作组织在激烈的市场竞争中制胜的关键。而为用户提供优质的服务，这是源于用户既是媒介所普遍面向的群体，又是新媒体产业链的一个构成部分。

作为媒介所普遍面向的群体，用户需要从媒介那里获得优质的信息服务。这就要求媒介，一方面，要在与用户的沟通互动过程中，完善用户的使用体验；另一方面，要在了解用户需要，坚持自身原则的基础上，给用户提供丰富多样的资讯信息。

作为新媒体产业链的一个构成部分，用户在接受信息服务的同时，也进一步推动了商业行为的发生。无论是使用过程中伴随的广告收视活动，还是由媒介向销售平台导引后促成的消费行为，用户都扮演着重要的角色。他们是媒介经济的主要贡献者。

将用户作为媒介的服务对象，不仅仅反映了用户本身地位的提升，同时，也反映了媒介自身不断走向专业化的过程。用户不再以媒介附属品的形式存在，他们有着个人诉求与主动参与的精神。而媒介则是通过提供优质的信息服务，提升其传播效果与影响力，促成媒介与用户之间持续良性的互动。

二、新媒体产业价值链的构成部分

在对新媒体产业链构成要素的关联性进行分析的基础上，我们提出一个由内容供应商、技术设备支撑系统、平台运营系统三个部分组成的新媒体产业价值链，请见图 9-1：

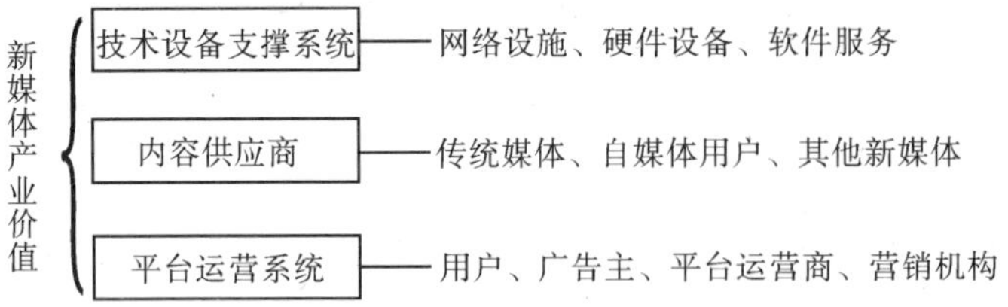

图 9-1

（一）内容供应商

作为新媒体产业价值链当中的内容提供商，它的内容来源主要是传统媒体、自媒体用户、其他新媒体。内容供应商建立内容联盟是出于整合媒介资源、实现优化配置的需要，亦是保护内容产生者知识产权的需要。它将专业化的内容生产作为自身的核心目标，发挥不同地区、不同媒体、不同生产者各自的优势，以联盟和优势资源共享的形式，和商业平台进行谈判。并且，内容联盟一旦形成，就标志着商业平台免费使用其他媒介资源的好日子宣告结束。传统的观点认为“可获得的免费的内容太多，而新闻机构声称他们希望读者支付的有附加价值的内容却太少了。”然而，“大量证据表明，人们愿意为他们所需要的特定内容付费。”①将内容的使用建立在付费的基础上，这不仅仅保障了内容生产者的知识产权，同时，也激励了内容生产者进行更加精致化的生产活动，为提供更优质的内容、更优质的服务创造了动力。

（二）技术设备支撑系统

技术设备支撑系统的形成，从技术层面保障产业价值链的顺利运行。它包括基础性的网络设施，硬件设备，软件服务等。基础性网络设施诸如宽带、移动网等；硬件设备包括电脑、手机、其他移动终端及连接设备等；软件服务包括操作系统、各类软件等。这个系统所提供的服务，一方面创造稳定的网络连接环境，确保信息的自由流通与完整呈现；另一方面，它从用户与平台运营者那里获取反馈，依据特定的需求，研发出新的技术与设备。技术设备支撑系统使得新媒体产业价值链的建构具备了可能性，它是产业价值链当中十分重要的一环。但是，它仍然受到社会的驱动，其接收与采纳是一个长期渐进的过程，技术本身不能决定一切。

（三）平台运营系统

平台运营系统由用户、广告主、平台运营商、营销机构组成。这个系统是整个新媒体产业价值链的关键所在。它建立在内容联盟与技术设备支撑系统的基础之上，并在实际

---

①Dan Gillmor. Mediactive[M]. Lulu.wm, 2010.

的运作过程中，为内容的提供、技术的改进提供反馈。在平台运营系统中，各个主体基于一定的利益诉求相互关联起来，各取所需，互利共生。其核心是实现用户与广告主的有效沟通，促进商品供应信息与用户需求信息达成匹配。营销机构在某种程度上，充当着传统广告公司的角色，为广告主进行跨数据库的考量，分析市场环境、产品特点，提供营销策略、实时监控、效果评估等。而平台运营商则是需要在与用户建立联系的基础上，发挥中介作用，形成自身的平台特色，从而满足广告主个性化的、有针对性的平台广告投放。

三、平台运营系统的运作

当内容联盟建立起来，技术设备支撑系统也趋于完善之后，平台的运营就成为可能。平台运营系统的良好运作是新媒体产业链的最终目的。它为产业链的持续运作提供经济支持，并产生持续的互动，最终让各个环节都能连接起来。

（一）广告主与用户的沟通机制

广告主与用户之间的沟通，其最终目的是为了实现“生产者与商家的商品供应信息与消费者的需求信息的互动与沟通”①。新媒体的出现，使企业的营销活动发生了巨大的变化。传统的营销活动的关键点，被放到了产品服务的最终销售上面。而新媒体平台的诞生，让用户能够以生活者的形态，进行自发式的活动。经营企业与用户的关系也就成为可能。

其沟通机制表现为：用户根据自身的偏好，在特定平台上进行聚合，形成特定的消费者画像。广告主依托营销机构寻找到用户聚合的平台，并在这个平台上面与用户进行会话。广告主与用户持续互动，由线上到线下，再由线下回到线上。在这个过程中建立信任与认同的长久关系，最终实现各取所需，互利共赢。

（二）平台运营商的中介机制

平台运营商通过自身的结构设计，以及从内容联盟中获取支撑，最终发挥其在广告主与用户之间的中介作用。传统媒体衰落的一个直接原因就是其中介作用的丧失，伴随而来的是广告费用的减少。事实上，“二次售卖”理论在新媒体环境下仍然适用，只不过它不再是唯一的经济来源。

平台运营商的中介机制就在于维系自身的用户群，增强他们的黏性，形成自身的用户资源优势。这不仅要求选择合适的内容来吸引用户，更需要创造独特的用户使用体验，让用户在平台上的活动日常化、规律化。并且，将用户的平台使用以多种形式的数据记录下来，形成具有扩展性的数据库，并将其运用到商业分析之中。

（三）营销机构的营销传播机制

新媒体环境下的营销机构，仍然是建立在环境分析、策略制定、活动监测、效果评估的基础之上。不过，它更加突出了数据在营销机构运作流程中的作用。这表现为：一方面，在量化的基础上制定决策，提供可靠的依据；另一方面，强化对数据的深入挖掘和跨数据

①张金海.20世纪广告传播理论研究[M].武汉：武汉大学出版社，2002.

库分析。其着眼点不再局限于企业提供的数据当中，而是在更大的社会环境下，通过多重数据交叉分析，提供更为全面精确的营销策略。

营销机构在发展的过程中，会不断完善自身的数据占有，形成专业的数据分析团队。在小数据时代，量化的依据是简单的市场调查和有限的企业内部数据。在大数据时代，不同数据库之间可以建立关联性，而计算机运算能力的大大提升，也使得全数据分析由理想走向现实。营销机构在新媒体环境下，会发展成与广告主和平台齐头的独立第三方。其较高的准入门槛使得广告主与平台运营商很难插足介入，这就从某种程度上促使各方更加专一于各自的领域，减少功能性重叠。

第三节　新媒体经营的组织架构

新的市场环境和新的经营策略给媒介的运作带来了新的需求。它们使得媒介不得不对自身的组织架构进行调整，从而适应环境，并在这个过程中，为自身的发展创造机会。

一、运营部

运营部承担着媒介的日常工作，他们直接生存在复杂的媒介环境中，应对环境带来的机遇与挑战，进行规律性的内容生产和媒介维护，与用户沟通，为用户排忧解难。

（一）媒体板块规划

运营部首先要做的就是对自身的内容构成做出一个科学的规划。这个规划的目的在于通过不同的板块划分，实现不同的功能区隔。同时，这也是一个用户细分的过程。不同的部分有着不同的用户导向，最终他们被整合到一个媒介生态系统中，可以说这是一种树木与森林的关系。

传统媒体的板块规划与布局较为固定，一旦确定下来，要进行更改十分复杂，还需要考虑诸多的问题。而对于新媒体而言，这种更改则相对方便，同时通过设置新旧版本的切换，能够解决在改版过程中用户的适应性问题。

总体而言，媒体板块规划为经营活动的开展奠定了基础，使各种推广运营活动得以顺利展开。

（二）日常信息维护

日常信息维护包含了日常的信息生产与媒介环境的优化。

虽然在新媒体环境下用户内容生产成为主导，但是媒体的议程设置作用并非完全失效。事实上，适当地把控能够保持媒体本身的主导地位。媒体把舞台让给了用户并不意味着它现在无所作为。应该看到的是，新媒体环境下的媒体经营者在日常的运作中发挥着催化剂的作用，即在用户活跃度较高时转移话题降温，在用户活跃度较低时制造话题升温。通过调节，保证用户活动的稳定性。

而日常信息维护的另外一个作用就是媒介环境的优化。它是媒介自我完善、自我管理的一种形式。通过剔除不和谐因素，为用户创造一个健康的媒介使用氛围，促成媒介本身向前发展。这一方面是出于创造良好用户体验的考虑，另一方面则是源于法律政治的约束。

（三）用户互动沟通

反馈的缺失与不及时一直是传统大众媒体的一大缺陷。这样一种沟通不畅对传播效果的实现、传媒职能的履行都会造成不同程度的阻碍。而新媒体自身的特性为这个问题提供了卓有成效的解决方式。

如今，用户的地位不断上升，他们不再是被动地接受信息，而是主动地介入传播活动中去，并表达自己的观点和看法。与用户进行互动沟通，一方面是出于对用户的尊重，与他们进行平等的对话；另一方面，通过互动，我们可以了解用户的想法，对其进行深刻的洞察，最终我们提供更加符合用户需求的产品与服务，实现二者的双赢。

由于与用户的接触是一种日常性的行为，因此，在新媒体经营活动中，需要经营者保持一定的灵敏度，抓住每一个合适的机会来了解自己的用户。

（四）危机风险应对

如今，危机风险不仅仅是企业和个人所面临的困境，同时也是新媒体经营过程不得不解决的问题。

在新媒体经营的过程中，新媒体用户会不断地进行媒介内容生产和互动讨论。而在这个过程中，稍不注意就可能引发危机。危机的矛头可能指向任何一方，但是，最终都需要新媒体经营者介入，权衡各方的利益，采取合理的措施来进行化解。稍有不慎，便会产生难以预料的后果。

传统媒体的层层把关机制以及高度的可控性使得他们并不用在这方面担忧过多，然而，新媒体本身就是高度不可控的，我们很难预测下一秒在新媒体上会发生什么事情，因此，必须时刻对敏感问题保持警惕，建立危机预警系统。同时，要迅速反应，高效恰当地解决面临的问题。

二、技术部

在传统概念里，技术是科技公司的事情，媒体只用做好内容生产和传播即可。然而，在新的媒介环境中，科技的驱动力作用日益明显，它的变迁直接影响了内容生产与传播的方式，因此科技也是现在新媒体不得不考虑并高度重视的部分。

（一）前沿技术的开发

前沿技术的开发着眼于现存尚未被满足的需求以及创造新的需求层面。无论是哪个层面，抓住这一点就可以创造出新一轮的市场浪潮，甚至引领新的消费趋势。

不过，对前沿技术的开发并非单纯的技术活，它仍然是对现有的消费市场与潜在的消费市场深度洞察的结果。而技术本身不过是实现目的的手段，技术背后应该反映的是人的力量，即通过与消费者之间的深度沟通互动，并以他们的视角来开发设计，从而实现特定的需求。

（二）现有技术的优化

现有技术的优化旨在对自身的巩固完善，同时不断提高用户体验。技术本身是一个不断完善的过程，它需要在日常的使用中不断进行功能的调整及漏洞的修复。由于媒介上存在着大量的用户信息，不仅涉及用户隐私，还会涉及一些经济利益，这就要求在技术层面给予很好的保障。

而用户体验则意味着能否在激烈的竞争中占有一席之地。通过对现有技术进行优化，不仅可以巩固既有的用户忠诚度，还可以让更多的新用户加入进来。在新媒体时代，得用户者得天下。因此，所有人都在千方百计讨用户欢心，而完美的用户体验正是最为重要的前提。

三、数据部

将数据部从技术部中独立出来，体现了在新媒体环境下对数据资源的高度重视。作为一笔尚待开发的财富，数据本身的价值及其背后的社会效用超出人的想象。因此，在数据海量的今天，对数据的系统性管理成为媒体经营中的重要一环。

（一）数据收录

如何将海量的数据收录储存，这是数据管理的第一步。在小数据时代，数据主要来源于用户资料及其反馈内容，并通过专门人员进行录入。在大数据时代，数据的海量性与无结构化特征使得数据的收录及存储已经无法依靠单个个人、单台计算机来完成。

计算机行业的发展与云储存概念的提出解决了这样一个难题。通过建立专门的数据库，购买虚拟服务器，将各式各样用户生产的数据与媒介自身的数据完整地收录进来，这样就有效避免了实体存储的有限性及机械操作、数据调用的复杂性。

（二）数据处理分析

在数据完整收录储存的基础上，下一步就是对数据的处理分析。处理分析的核心在于让无结构化的数据变得结构化。其中涉及对数据进行合理的分类，特定数据的描述统计、趋势描述等。

这一部分的工作因为专业性极强，需要有特定专业背景的人来完成。这也就是为什么在如今社会对具有数理统计学背景人才的需求在不断增长的原因。虽然市场上已有专业的数据公司承揽这方面的业务，但是考虑到隐私的保护与商业机密，在完全市场化运作之前，这部分的工作还是主要由媒体内部人员完成。

（三）数据开发

数据的开发包括两个部分，一个是基于现有需求的数据开发，另一个是对现在需求的开发。但二者之间存在共同点，就是对关联性的挖掘。这就要求数据部的人员与市场部的人员进行及时的沟通与反馈，针对市场部人员提出的要求，进行特定内容的洞察。同时，将数据挖掘发现的成果告知市场部人员，便于与其他经济组织进行合作。

需要指明的是，新媒体中的大数据挖掘，不仅局限于单个数据库内部的数据挖掘，还需要不同数据库之间的跨界挖掘，这样才能真正洞察数据之间的核心要义。

四、市场部

前面提到的运营部、技术部、数据部，最终的目标指向都是市场部。因为只有占领市场、获取利润才能存活于激烈的竞争当中，并且实现进一步的发展。

（一）洞悉市场需求

了解需求所在是市场部的首要任务。这种需求可以是现有市场当中存在但尚未被满足的需求，也可以是人们并没有意识到的、潜在的需求，需要被提出和唤醒。

所谓洞悉市场需求也就是传统意义上的倾听消费者的声音。只不过跟以往不同的是，在传统媒体时代，虽然提出了倾听的概念，但是媒体仍然保持着居高临下的姿态，随随便便根据有限的反馈和拍拍脑袋的想法做出的主观臆断。如今，媒介资源丰富化，竞争格局被打开，可供选择的媒体越来越多，信息由卖方市场转向了买方市场。所以当下需要的是，从各种途径出发，了解消费者，以他们的视角来阐释他们的需要，将其模糊不清的需求确定下来，并从媒体自身出发，寻找到满足需求的途径。

（二）进行市场推广

进行市场推广即占领市场份额，赢得更多的拥护者。从这里出发，在新媒体运营的过程中需要有一种自我推销的意识。以往都是媒体给别人做广告，现在媒体需要给自己做广告，聚集更多的人气，为进一步的战略发展打好基础。

市场推广的方式很多，结合整合营销传播理论，它们可以是直接的广告宣传、名人背书，也可以是开展公益性活动、制造新闻热点等，其目的在于提升媒体平台的知名度。通过一系列的措施，在赢得更多用户的同时，获取市场上其他主体的关注，塑造品牌形象与美誉度。

需要清楚的是，市场推广并非简单的自吹自擂，而是建立在对市场深刻洞察基础之上的一系列有组织、有明确目标导向、具有系统性的推广活动。它需要对市场、消费者、其他主体有较为宏观的把握。

（三）寻求市场合作

在一个集体创造的年代，追求单打独斗、一枝独秀终究不可能长久存活，这就需要进行合作，互利共生。

市场合作的方式主要包括两个方面，一个是寻求与供应的对接；一个是在共同目标指引下的强强联合。前者表现为媒体通过对自身数据资源和用户资源的整理分析，与市场上具有数据和受众需求的主体进行合作。他们一个是资源供给方，一个是资源需求方。后者则是不同主体为了快速进入某一市场领域或者巩固自身的市场地位，通过提供优势资源，进行有效整合，从而实现多方的合作。

通过合作，不仅可以实现资源的转换，还可以在互利共生中提高整体的竞争力与风险应对能力。

第四节　新媒体经营的内容

就新媒体经营的内容来看，目前主要包括渠道和产品。而这两大经营内容正体现了新媒体不断打破界限的特征，先是对媒体系统本身进行颠覆，然后再影响到其他诸多的行业当中。

一、广告服务

对于具有丰富流量资源的新媒体而言，广告是其收入的一个重要方面，也是新媒体经营的一个最为基础的内容，尤其对于一些用户活跃的小型网站论坛来说。然而在新媒体时代，广告已经不再局限于传统的海量轰炸式投放，她们更多的是通过大规模的数据运算，实现更为精准实时的定位与个性化的广告传播。

总体来看，新媒体时代的广告比较突出的有三类：直接的媒体广告（如网页或 App 的 Banner、弹窗等）、搜索引擎的竞价排名、公关软文。直接的媒体广告除了传统展示之外，更加侧重于结合媒体特性，与用户进行深入交互。通过提升情境的代入感，让用户将广告信息内化，在传播阶段提升广告的效果。搜索引擎的竞价排名则以百度、谷歌为代表。这类媒体又可以称为收口媒体，其主要功能在于当用户处于一种积极寻求信息的状态时，它们能够为用户提供一个匹配的站点，将分散的用户导入集中，并提供相应的资讯服务。同时，通过优化搜索排名，能够比竞争对手抢先触达用户，抢占商机。公关软文则是当下较为普遍的广告形式，表面上看是新闻、采访稿、知识性普及、用户自身的心得体验，背后隐藏着广告的印记。它主要是以客观的形式逐层深入，将用户不知不觉的代入其推理逻辑之中，最终实现说服的效果。

二、专业化的信息服务

专业化的信息服务源自海量信息不断占据我们生活的这个事实。新媒体环境下媒介数量不但实现了激增，而且媒介内容生产也从媒介机构转移到其他组织及普通个人手中。这样一种信息产出机制意味着我们自身处在了一个无时无刻不被信息包围的环境中。那么面对纷繁复杂的信息，对专业化信息服务的需求就自然产生。

专业化的信息服务具有多种类型，如信息内容的付费订阅、数据报告与问题咨询、沟通需求与供给的信息服务（提供分类信息的网站和应用）、个性化定制（如旅行方案、医疗体检）等。这些专业化信息服务都体现出对信息整合、加工、提炼的特点，而加工之前的信息可能是免费的、广泛分布在人们互联网生活中的。

三、网络游戏

虽然游戏在传统媒体时代已经盛行，但在如今，单纯依赖广告营收已经不足以支撑自身的业务运作，游戏经营已经成了新媒体经营的一个重要组成部分，作为营收的来源，为其他业务的开展提供资金支持。

网络游戏能成为新媒体经营的一个部分主要归因于它是从用户的需求出发，满足他们休闲娱乐、逃避现实的心理。用户以虚拟化身的形式生活在游戏中，在游戏世界里与他人社交、竞争，进行收集养成，确立自身的社会地位，而要很好地实现这些，他们需要不断地花费时间和金钱。游戏根据用户在游戏中的需求设置相关的付费点和付费情境，并创造出一种长期持续的投入机制，从而获得长久的收益。由于用户基数庞大，即便是低额度的付费都能创造出不菲的价值。腾讯、网易、搜狐这些新媒体巨头们都表现出对游戏经营的高度依赖。

四、增值服务

增值服务主要是指在免费的基础性的服务之上所提供的一种附加性的服务，最为典型的代表就是会员制度。增值服务的服务对象并非产品的所有用户，而是对产品有着更为深度需求的一部分人。

之所以存在对增值服务的需求，长尾理论给出了一定的解释。在互联网上，由于庞大的用户群体存在，一些小众化的功能也有其自身的市场，当一个产品能够满足许许多多小众群体的需求时，它就能成为一个大众化的产品，拥有足够大的市场，并从中受益。当然，增值服务的前提是产品能够满足一定规模用户的基础性需求，并在基础性需求上进行相应的延伸。例如：QQ 为用户提供免费的聊天通信功能，而 QQ 会员能够让用户异地查看聊天记录；音乐类 APP 能够让用户收听各类音乐，而它的会员可以下载高清无损的文件。这些都是典型增值服务的代表。

五、智能产品

智能产品从虚拟跨越到实体，是软件向硬件的过渡。专业的新媒体公司如今已经开始在软件信息的基础上向智能产品迈进，将自身的优势向人们的日常生活中延伸。虽然这一部分内容才初见端倪，也并非新媒体经营的主流，但确实是一个趋势所在。

例如，谷歌公司生产的谷歌眼镜，不仅可以拍照、视频，还可以上网冲浪、收发讯息、定位导航。而具有四重定位、蓝牙随行、SOS 一键报警和一键录音的 360 儿童卫士无疑是奇虎 360 一次领先的探索。这款 360 儿童卫士专为儿童及家长设计，旨在保护儿童这一特殊的弱势群体，通过定位与步数统计，实现儿童的手表与爸爸妈妈手机相互匹配，当遇到紧急情况时，能够发出报警的声音，这样就能够让家长在第一时间内做出反应，帮助孩子脱离危险。微信相框更是通过远程的信息设置，让自己的亲人朋友随时知道自己的动态。我们可以看到，这些在信息、软件基础上发展而来的智能产品正在改变我们的生活形态，也成了新媒体公司未来的一个发展方向。

【知识回顾】

在本章里主要讲述了新媒体产业经济的基本特征、主要问题、产业链构成、组织架构、经营内容等诸多方面的内容。新媒体产业的特征表现为由媒介融合带来的产业融合；社交属性与文化属性的结合；媒介属性与商业应用属性结合；信息经济与产品经济结合。然而其中的问题也十分突出，例如侵犯知识产权现象普遍，有效法律保障欠缺；商业模式复制居多，自主创新部分较少；流量资源丰富，流量资源的转换率低。从宏观角度看，这就需要我们构建新媒体产业链，将传统媒体纳入新媒体产业链当中。同时，整合资源，优化配置，从而为用户提供更优质的服务。而这样一个产业价值链主要由内容供应商、技术设备支撑系统、平台运营系统组成，其中，广告主与用户的沟通；平台运营商发挥中介作用；营销机构发挥营销传播功能。总体上看，新媒体经营的组织架构中需要包括：运营部、技术部、数据部、市场部。它们经营的内容除了广告外还有专业化的信息服务、游戏、增值服务、智能产品等。

【思考题】

1.和传统产业经济相比，新媒体产业经济应该如何发挥自身的优势，避免自身的不足？

2.新媒体产业链当中，不同部分其功能存在什么样的差异？

第十章
网络媒体经营

【知识目标】

☆网络媒体的不同形态及特点。

☆我国网络媒体经营的现状与未来发展方向。

【能力目标】

1.熟悉我国网络媒体的发展历程和发展模式。

2.了解门户网站、搜索引擎、社区网站、电商网站等网络媒体的运营模式,并对网络媒体的运营提出自己的想法。

【案例导入】

案例背景:冰工厂是一个面向13～22岁的学生群体,传播动感、时尚和率性的水冰品牌;冰工厂作为行业领军品牌,整体销量及品牌资产在业内均遥遥领先。但中国冰淇淋市场企业众多、竞争激烈,尤其是水冰品类,技术壁垒较低,各厂家高仿产品层出不穷,对品牌销量蚕食明显;同时水冰产品售价相对较低,经营压力较大,产品线亟待升级。水冰品行业产品力是根本,“冰爽过瘾”“口味纯正”是水冰品类的核心驱动,同时也正是品牌多年积累的资产。冰工厂从2011年开始升级产品线,但始终未有1.5元的拳头产品成功推广。精准契合品类诉求、创新地进行产品推广,是商业成败的关键。

从2013年开始,冰工厂整合新媒体营销,进入“风格化”传播的新时代,但品牌“叫好不叫座”的问题日趋明显,在水冰行业整体面临挑战的情况下,并未引领水冰品类逆势突破。而2014是世界杯年,巧妙借势世界杯话题,结合创新主推产品,开启年度整合营销活动,在升级品牌“风格化”传播的同时带动品牌整体销量,是冰工厂2014年的难得机遇。

主题互动:冰工厂通过与腾讯网合作,在PC和手机端搭建互动平台,紧扣世界杯热点,为消费者创造五大主题互动方式。“扫描二维码”,用户通过扫描二维码即可知道自己同巴西主赛场的距离;“人在巴西”,用户可上传自己的头像生成参与巴西世界杯活动动画;“捏人大赛”,用户可自由选择各种身体模板为代言人彭于晏创造新形象;“冰爽预言”,用户可在线预测赛事结果,增进参与度;“冰爽射门”,玩家可以选择使用自己喜爱的专属道具体验独特射门技巧。这些活动极大提高了受众参与度,扩大了产品在消费者中的曝光度,促进了产品的销售。

游戏植入:以资源置换的跨界营销形式,冰工厂与腾讯大型网游“自由足球”合作,确定借势世界杯的平台,从线上线下整合打造冰工厂的“冰爽足球季”。利用网络互动,将代言人TVC中的“冰爽侠”形象植入游戏成为角色;冰工厂主推产品“炫菠萝”糕体衍生成背包道具，赋予道具各种冰爽属性植入游戏；同时冰工厂球场广告牌在游戏中时时轮播，以强化品牌曝光。为了扩大影响力，活动延伸至线下，伊利冰工厂还独家冠名了“自由世界杯”全国冠军邀请赛。

案例点评：事件营销是较为常用的营销手段。伊利冰工厂的目标群体与世界杯的目标群体有较大的重合，冰工厂本次营销活动成功地借了世界杯的“势”。新媒体平台是本次营销活动的主战场，而游戏则是传播品牌形象的主要形式。原因就在于伊利冰工厂的主要目标群体90后甚至是95后们爱玩游戏，将品牌形象植入游戏当中自然就成为最容易被他们接受的方式。伊利冰工厂的游戏可分为两种类型。一类可以算作“小游戏”，如“人在巴西”“冰爽射门”等。这种小游戏较为简单也降低了参与的门槛，使得营销活动的目标群体被放大，许多女生或者不玩大型网游的男生也能够参与进来。另一类是大型网络游戏“自由足球”，除了将产品与网络进行深度捆绑之外，最为成功的一点还在于将线上的活动成功地引至线下。线下的全国冠军邀请赛不仅扩大了营销活动的影响力，也在各种活动当中创造了许多品牌与目标群体进行现实互动的机会。

第一节　门户网站经营

门户网站，由英文的“Portal Site”翻译而来。顾名思义，门户网站就是为互联网用户上网打开一扇窗，把根据一定的规则进行整理、分类以后的各类信息提供给用户的网站。

门户网站最初提供的是搜索服务和目录服务。随着互联网的发展和竞争的加剧，门户网站也迅速地拓展各种新的业务类型，从新闻信息、娱乐资讯到搜索引擎、电子邮箱、增值服务，门户网站的业务不断拓展。国内比较著名的四大综合型门户网站分别是腾讯、新浪、网易和搜狐。

一、门户网站的类型

根据门户网站主要服务对象的地域特征，可以分为地方门户网站和综合门户网站。

（一）地方门户网站

地方门户网站有着强烈的地方属性，以服务于当地互联网用户为宗旨，提供地方的新闻、房产、招聘求职、商场促销、旅游招商、历史文化等特色信息，具有针对性、实用性和互动性。地方网站的代表既包括综合门户网站与各地媒体合作成立的地方网站诸如大楚网、大湘网、大粤网等，也有红网、武汉门户网等本土原生型网站。

虽然地方门户网站拥有更精准的目标用户群体，但是目前在发展上面临着诸多挑战。首先，如果缺乏明显的区域特色，就容易跟综合门户网站的功能趋同，面临着来自综合门户网站的压力。此外，由于产品形态不够丰富，内容创新度不强，导致其广告营收规模偏小，运营能力和盈利能力较弱。最后，受自身覆盖用户面积的局限性所致，地方门户网站的影响力也有限。

（二）综合门户网站

综合门户网站面向的是全国乃至全球范围内的互联网用户，拥有庞大的用户群体和较高的流量来源，影响力比较广泛。国内比较著名的有腾讯、新浪、网易、搜狐四大门户网站和凤凰网、新华网、人民网等。

相比地方门户网站，综合门户网站在用户数、知名度、影响力和产品形态等方面具有其难以企及的优势，在精准度和个性化方面却有所欠缺。作为商业性质的网站，盈利才是门户网站的核心目标。但是，目前综合门户网站还存在着盈利模式比较单一、同质化竞争严重等问题。因此，综合门户网站还需要进一步在分析用户需求的基础上，不断创新产品和服务，打造个性化、独特性的品牌风格，从而建立利润屏障，获得行业竞争优势。

二、门户网站的盈利模式

门户网站的盈利模式从最开始依靠网络广告的单一化时期，逐步发展为依靠网络广告、网络游戏、增值业务等多元化盈利时期两个阶段。具体来说，门户网站的盈利模式主要有以下几种：

（一）网络广告

目前，网络广告收入仍然是各大门户网站的收益的重要组成部分，尤其以新浪网最为典型。这是由门户网站自身的特点和网络广告所具有的先天优势共同决定的。

对门户网站而言，网络广告是一种"注意力经济"模式。门户网站的用户主要集中于大学生和中青年白领，他们既拥有消费能力，又更乐意尝试新事物，是广告主最青睐的潜在顾客。门户网站依靠免费的内容和其他服务来吸引他们的注意力，再依靠积聚的用户数和高流量吸引广告投放，从而获得收益。

与传统广告相比，网络广告具有明显的优势。首先，它的传播范围更广，不受时间和空间的限制，只要能上网，任何人在任何时间和地点都可以浏览。其次，它的表现形式多样，比如网幅广告（包括 Banner、通栏、巨幅等）、文本链接广告、按钮广告和富媒体广告等，适合不同需求的网页展示。再者，它的针对性更强，网络广告可以针对精确的诉求对象进行广告投放。另外，网络广告的效果可以精准测量，每个广告的浏览量、点击量都可以被精确统计。如果用户是处于登录状态浏览的话，还能统计这些用户的地域分布、性别和年龄等信息，从而有利于广告主正确地评估广告效果，及时调整广告投放策略。最后，网络广告具有互动性，这是它的最大优势。用户可以通过软件屏蔽掉不想看的广告，对感兴趣的广告也可以点击获取更多的商品信息，并提出反馈建议。

（二）网络游戏

网络游戏目前已经成为不少门户网站盈利的重要来源。根据腾讯 2013 年第四季度财务报告显示，网络游戏收入已达 84.75 亿，约占总收入的五成。① 而网易该季度游戏收

①数据来自腾讯网官方财报：http://www.tencent.com/zh-cn/content/at/2014/attachments/20140319.pdf.

入则占到了总收入的85%。①

网络游戏主要依靠向用户出售游戏装备和在游戏中植入软性广告的方式来获得收入。目前,绝大多数游戏都采取"免费+付费"的模式。免费用户同样可以体验到游戏过程,但是付费用户在提升其游戏技能、虚拟身份等级方面都有更特殊的待遇。这种"免费+付费"的模式满足了不同用户对游戏的需求,付费用户的增加,也进一步推动了游戏提供者改进和优化游戏。

(三)增值业务

增值业务是指用户需要付费才能享受到的更优质、更独特的服务。目前,综合门户网站的增值业务类型主要有电信增值服务和收费邮箱。

在智能手机普及之前,门户网站跟通信运营商合作,通过手机短信、彩信等增值服务获得可观的盈利。用户在门户网站上点播感兴趣的资讯后,门户网站会以短信方式将资讯推送到用户手机;用户也可以选择网上自己喜爱的图片转为彩信发送或用彩信接收电子邮件等。用户支付的费用由门户网站和通信运营商共享。

目前,新浪、网易、腾讯、搜狐等门户网站均为用户提供免费的邮箱服务。但是在这些免费邮箱之外,它们还提供需付费的VIP邮箱和企业邮箱供用户选择,付费邮箱的性能更优质,功能更全面,更个性化,同时也更加的安全可靠,因此吸引了一批个人付费用户和企业用户,成为门户网站收益的来源之一。

三、门户网站的发展出路

随着智能手机的普及和移动通信技术的发展,传统互联网面临着变革与转型的紧迫局面,传统的门户网站也亟须探索更合理的运营方式,谋求长远发展。

(一)利用互联网优势,加强内容与服务建设

传统媒体曾坚守"内容为王"的阵地,认为优质的内容才是最能吸引和留住用户的法宝。虽然随着互联网发展,"内容为王"受到了不少的质疑与挑战,但新闻内容的丰富性、准确性、独特性对用户仍然有着极大的吸引力。一旦把握住忠诚的用户群体,形成自己独特的影响力,也就有了吸引广告主的资本。因此,对门户网站而言,重视网站内容与服务的建设仍是当务之急。

门户网站应该充分利用互联网优势,整合互联网上浩渺无边的信息和瞬息万变的资讯,把内容做准、做快、做深、做活。从用户需求出发,提供最全面的信息、最及时的报道和最独树一帜的角度,打造主流媒体平台,形成稳定的用户群。

同时,门户网站应紧跟互联网最新的发展潮流,利用大数据去挖掘不同用户的特点和喜好,为他们提供个性化的资讯与服务。"今日头条"的口号是"你关心的,才是头条",它根据用户的浏览行为与习惯判断用户的喜好,从而在"推荐"页卡为用户提供符合其口味的资讯,这样就能让用户在它上面的停留时间更长,同时,用户的忠诚度和黏着度也得以

①数据来自网易网官方财报:http://file.ws.126.net/corp/4Q13_Earnings_Release.CN.clean.pdf.

建立。所以，门户网站需要继续朝着数据挖掘和个性化塑造方面迈进。

对地方门户网站而言，则可以充分利用本地化的特色与资源，广泛建立与当地政府、企业和群众的联系，为用户提供当地的时政、民生等新闻。① 同时，在房产、汽车、生活休闲等领域采集丰富的本地资讯，为地方用户提供周到、贴心、实用的资讯服务。

（二）打破同质化经营局面，探索新盈利模式

对企业而言，独特价值与服务是其树立核心竞争力的关键。然而在开放的互联网上山寨之风盛行，互联网产品和服务的独特价值很难实现。要想打破同质化经营的局面，门户网站要在基于自身优势的基础上，创新盈利模式与经营策略。

首先，优化现有的盈利模式。在广告经营方面，要努力做到杜绝虚假广告的投放，同时打击恶意点击行为，保护用户和广告主的权益；另外，根据用户浏览历史和习惯划分用户类型，进行广告的个性化投放，这样不仅能够提高网络广告的效果，也不至于招致用户的反感。

其次，积极探索新的盈利模式，通过整合各方资源，延长门户网站的产业链，获取更多经济效益。目前，大部分门户网站都有自己的搜索引擎，所以可以采取"门户网站＋搜索引擎"的方式，门户网站丰富的资讯能为搜索引擎市场引入新的竞争元素，输送更有价值的信息资源，也有利于用户体验的便捷性和完整性。②

此外，采用"门户＋社交"的方式，利用门户网站自身的社区 BBS、微博等媒体工具，进行社会化关系营销。基于人际传播的社会化关系营销，更容易使用户信服。新浪网利用自身的微博平台与淘宝网合作，淘宝网商户开通新浪微博发布商品促销和推广的信息，而微博则以推广的方式将商家账号和商品信息推送给用户，微博用户可以点击链接购买商品。这样扩大了淘宝商家的推广途径，利用社交关系链成功实现商品在用户注意力上的软着陆。对微博用户而言，这也是一种便捷的购物流程和全新的购物体验。

第二节　垂直网站经营

垂直网站，就是为某一特定领域、特定群体或特定需求，提供信息和服务的网站。与大而全的综合性网站不同，垂直网站的定位非常清晰，它力求的是提供某一方面最全面丰富的信息和最专业的服务，针对性强、专业化程度高和服务的深度性是其最显著的特点。

目前，国内的垂直网站类型主要有小说阅读网站（起点中文网、潇湘书院）、在线视频类网站（如优酷网、土豆网、爱奇艺网、腾讯视频等）、垂直资讯类网站（如虎嗅网、36 氪、虎扑网）、分类网站（58 同城、赶集网等）、房产网站（如搜房网、亿房网等）和汽车网站（如汽车之家、易车网）等。

随着网民成熟度的提升，分众化、个性化的需求开始日益突出，垂直信息和服务的前

①潘锦霞.浅析地方新闻门户网站的运营与发展[J].传播与版权，2013(3)：124.

②李敏.综合门户网站与垂直门户网站盈利模式比较——以三大综合门户网站与优秀垂直网站代表为例[J].会计之友，2012(6)：47—49.

景呈现出比较乐观的发展趋势。对垂直网站而言，探索适合自身的盈利模式的重要性不言而喻。

一、垂直网站的盈利模式

垂直网站的盈利主要有内容收费、网络广告以及与商家合作获得提成三大来源。

（一）内容收费

垂直网站的内容收费模式是指它通过提供具有附加值的内容和服务而获取一定的收益。这种盈利模式在内容提供型垂直网站比较典型，采取最广泛的就是“免费＋付费”相结合的手段。也就是说网站提供的内容和服务中既有免费的部分，也有要付费才能享受到的部分，网站的收益来源于付费部分。

以起点中文网为例，它有专门的免费频道，可以供用户进行全本阅读。但是其提供的大部分文学作品是前面一部分章节免费，全文阅读则需要付费才行，用户所付费用由网站与作者分成。而视频类垂直网站，则大多采取的是会员收费或按片收费的方式。虽然拥有许多免费的资源，但是对于最新最热门的电影和画面更优质的电影，用户需要购买或者付费成为会员才能观看。

（二）网络广告

垂直网站追求的是在某一领域的“专、精、深”，而非求大求全。正因为如此，它所吸引的用户具有比较鲜明的特征，更容易被区分。精确的用户群体使垂直网站往往更能赢得广告客户的认可和信赖。

垂直网站汽车之家，提供行业资讯、车辆性能评测、汽车百科、车型对比、汽车报价、车商城和论坛等服务，形成了比较完善的整体服务方案。对一名汽车发烧友而言，他如果想获取汽车方面的深度信息和知识，就更容易被汽车之家所吸引；对汽车经销商而言，在汽车之家上投放相关广告，既能降低对用户的干扰和反感程度，又能为促进品牌宣传乃至汽车销售提供契机。

正所谓“得流量者得天下”，稳定的用户基础和流量表现是垂直网站提供广告服务的良好基石，而依靠网络广告获取的盈利又反过来促进网站内容建设的优化和创新，二者形成良好的循环。

（三）与商家合作获得提成

垂直网站一般与其产业链的上下游有着良好的沟通与合作关系，通过与上下游的厂家、商家开展合作，举办各类推广和促销活动获得提成也是其重要的盈利手段。

这种盈利方法较多地在汽车、房产等垂直类网站使用，同时更是团购类垂直网站的重要盈利模式。像房产类的垂直网站，可以与商家合作推出“看房团”的活动，招募有兴趣购房的用户，组织他们一起去合作房产商的楼盘进行看房、咨询和购房等活动。合作的房产商提供优于市场的价格或其他优惠措施，以促进楼盘销售，而垂直网站则通过成功的交易获取提成。

此外，目前被大家热捧的团购网站也是垂直类网站与本地商户合作的一种形式，其模式被业界称为“O2O(Online to Offline,线上到线下)模式”[①]。用户通过关注团购领域的垂直网站(如大众点评网、美团网、糯米网等),能够对美食、酒店、美容、保健、娱乐等生活领域进行检索和筛选,挑选出自己感兴趣的项目进行线上购买,同时在线下进入商家消费。商家通过团购网站赢得更多用户的注意力和实实在在的消费量,用户通过团购的形式获得优惠,而团购网站则通过成交额获得收益,实现三方受益、合作共赢的局面。

二、垂直网站的发展方向

在互联网的应用不断拓展的当下,垂直网站更需要找准自身发展方向,在发挥出深度搜索优势的同时积极探寻跨界合作模式,并重视个性化与品牌化的经营方式,以此实现长足稳定的发展。

(一)发挥深度搜索优势

垂直网站的技术基础是垂直搜索引擎。垂直搜索引擎是针对某一特定行业或主题的专业搜索,是搜索引擎的细分和延伸。相比传统搜索,垂直搜索引擎需要的硬件成本更低、用户需求特定而且查询的方式更多样。

当下,信息的爆炸式喷发,使得互联网上用户的注意力成为稀缺资源。用户搜索的首要目标不再是寻找到更多的信息,而是最快捷地找到最有用、最准确的信息。因此,垂直网站应该发挥出垂直搜索引擎的优势,通过深度搜索提高“查准率”和“查全率”。

当用户在垂直网站上进行搜索时,搜索结果来源的信息库本身就是经过了筛选和分类的,能够避免大量无用结果的出现。此外,垂直搜索引擎还可以通过用户以往的搜索历史和点击行为去构筑用户模型,将与用户兴趣相关的资源进行整合,过滤掉与用户兴趣不匹配的信息和不良信息,从而把用户感兴趣的、对其有用的信息在搜索结果页面予以呈现。

基于垂直搜索引擎的营销具有易定向、易开展、更有效果、更稳定的优势,只要充分开发和把握垂直搜索引擎的优势,就能将其运用在很多方向,比如供求信息搜索、商户搜索、购物搜索、图片搜索、房产搜索、地图搜索、MP3 搜索等,细致化的搜索会让各行各业各类的信息都获得更合理更细致的分类,为用户更方便快捷地查找信息提供便利,也必将推动搜索引擎技术的进步和革新。

(二)探寻跨界合作模式

垂直网站还应顺应互联网的开放潮流,积极探寻跨界合作模式,通过与电商网站、综合门户网站等的合作寻得可能的发展。

1.合作电商网站

据《2013 年度中国电子商务市场数据监测报告》显示,2013 年我国电商市场的交易规模达到 10.2 万亿,网购用户规模达 3.12 亿人。[②] 时下,电商网站方兴未艾,垂直网站如果能抓住蓬勃发展的网购潮流与电商网站合作,对自身的发展是很有帮助的。

---

①O2O 模式是指探线上的高务机会与互联网结合,让互联网成为线下交易的前台。

②中国电子商务研究中心.2013 年度中国电子商务市场数据监测报告[R].杭州:中国电子商务研究中心,2013:6—7.

垂直电商用户群体的针对性和垂直搜索的优越性是垂直网站与电商网站合作的两大法宝。精准的用户群体能够为电商带来潜在的消费者，从而转化成实实在在的交易量；而垂直搜索的智能化、个性化能为电商用户带去便捷化、人性化的使用感受。二者优势的结合，不仅能提升电商网站的用户体验，更是为垂直网站开拓了一片新的发展领域。

2.合作综合门户网站

互联网行业向来秉持着“合作、共赢、无界”的理念，综合门户网站和垂直网站之间存在着竞合关系，同时又都有着自身的发展瓶颈。很多专业化程度高的领域，是综合门户网站难以驾驭的。而垂直网站虽然专业化程度高、针对性强，但是流量和用户数上跟综合门户网站相比却难望其项背。因此，二者如果能实现合作，就能取长补短，在整合相互的资源优势基础上，实现合作共赢。

（三）个性化与品牌化经营

面对激烈的市场竞争，垂直网站需要在个性化的品牌传播策略和多维度的传播方式上着力，打造出个性鲜明的品牌形象以抢占用户心里的领地，以获得最佳发展。

国内著名的旅游类垂直网站艺龙网的广告语就是“订酒店，上艺龙”；同类型的携程网则高喊“携程在手，说走就走”。从中可以发现，订酒店是艺龙网提供的个性化服务和优势项目，因为它可以覆盖全球30万个酒店；而携程网则突出其旅游路线规划的优势，能让用户享受“说走就走的旅行”而没有后顾之忧。对垂直网站而言，完整、统一和清晰的品牌个性与品牌形象，对其生存发展起着至关重要的作用。这两家旅游网站分别突出自身的个性化业务，也是为了在用户心中形成特别的品牌形象。

第三节　搜索引擎经营

简单来说，搜索引擎的原理可以被视作三步：从互联网上抓取网页—建立索引数据库—在索引数据库中搜索排序。① 以搜索引擎为平台，以搜索引擎用户为对象，根据一定的竞价规则人工调整搜索结果页上的排名顺序为网站带去访问量的营销活动就是搜索引擎营销。

一、搜索引擎的盈利模式

搜索引擎营销作为一种新兴的营销手段，在一定程度上改变了当今企业开展营销的方式，成为商家、企业与目标消费者沟通的有效媒介。它的形式众多，包括搜索引擎广告、出售搜索引擎技术、数据库开发和特殊检索服务收费等。随着网络技术的发展，其营销方式也将更加多元化。

（一）搜索引擎广告

搜索引擎广告，既包括了搜索结果页面展示的广告，也包括在搜索引擎的联盟站点出

---

①王娟.中国网络媒体营利模式探析[D].武汉：武汉大学，2005.

现的广告。其目的与传统形式的广告一样，都是为了进行产品和服务的宣传。由于搜索引擎后台可以统计广告被浏览和点击的数量，因此搜索引擎广告的效果可以得到比较准确的评估。

关键词广告是目前应用最广泛的搜索引擎广告模式。广告主可以设置一定的关键词，当用户搜索与这些关键词相关的内容后，广告信息就能显示在搜索结果的页面里。由于用户是主动去搜索这方面的信息，因此广告能够实现高级定位投放。同时，广告主可以根据自身营销的需要更换关键词，就相当于在不同的搜索结果页面轮换投放广告。目前，这种模式衍生出了两种形式：固定排名与竞价排名。

固定排名，即广告主所付费的关键词网页在搜索结果中出现的位置是固定的，推广位置中的第一位到最后一位价格是逐渐递减的，付费越高，排名就越靠前，曝光量就更大，因此固定排名的广告效果一般比较好。但是由于它收费比较高，吸引的往往是大客户。

竞价排名则是关键词广告的另一种形式，也是目前被使用最广泛的网络营销方式之一。它按照付费最高者排名最靠前的原则，对购买了同一关键词的网站进行排名，然后按用户点击付费。与固定排名相比，关键词广告的竞价排名价格十分低廉（除非是特别热门的关键词），主要靠用户的点击来计算收益，因此对广告主而言网络广告费用大大降低。再加上广告主可以自行设置每天的广告费额度和调整关键词，使得网络广告成为中小型企业可以自己掌握的网络营销手段。

除了关键词广告以外，内容定向广告也被广泛地运用。这种广告不显示在搜索引擎的结果页面上，而是与搜索引擎服务商有联盟或利益分成关系的站点上。例如，Google Adsense 和百度网盟等就会把内容定向广告投放在它们的合作站点上，同时根据点击量给予这些网站收益分成。

（二）出售搜索引擎技术

由于搜索引擎的技术要求比较高，有些公司不愿或无力投入巨大的花费在搜索引擎的研究上，因此它们会从一些大的搜索引擎公司购买搜索技术作为已用，而搜索引擎的服务提供商会在此过程中收取适当的费用。

在门户网站发展的初期，搜狐网、新浪网也是通过向百度购买搜索引擎技术为用户提供搜索服务的。随着门户网站的发展壮大和对用户数据重视度的提升，它们都积极采用自身技术团队研发的搜索引擎技术，但也不乏目前仍然购买搜索引擎技术的小型网站。

（三）数据库开发

互联网上海量的资源中不乏一些行业性、专业性的知识，搜索引擎抓取了网上纷繁复杂的信息后，通过一定的规则对有用的资源进行合理有序的开发，能够建立起数以万计的数据库。这些数据库在一定程度上其实就是财富库，搜索引擎可以通过对其的开发与利用，获得不错的收益。

像百度文库，就可以视为一部大型百科全书，里面有不同领域（医疗、教育、生活、经济等）、不同格式（WORD、PPT、PDF 等）的海量知识。既有免费的共享资料，也有需要用户支付一定的财富值或下载券才能查阅的信息。这些数据是由用户自发上传的，是否免费也由用户决定。对于非免费的资料，查阅者用积分换取下载券或者购买百度百科的会员后才能获得。

在此过程中,不仅仅实现了文库内容的拓展和充实,也能让百度在其中取得一定收益。

(四)特殊检索服务收费

除了普通的搜索行为外,搜索引擎还能为用户提供特殊的检索服务以收取费用。具体有以下几种方式。

1.付费收录

某些企业出于扩大宣传的目的,将自身网站提交给搜索引擎予以收录,让相关产品和服务的信息能够被用户查找到,增加与潜在客户建立联系的机会,就需要向搜索引擎支付一定的费用。当然,本身质量好的网站也是可能免费被搜索引擎收录的。①

2.网络实名

用户以后想要进入该机构的网站无须记忆复杂的域名网址,直接在搜索引擎窗口中或浏览器地址栏中输入已经注册的中文网络实名,即可进入网站。②

3.网际专递服务

百度通过收费推出的网络缓存软件,利用Web缓存实现了网络内容的本地存储,可将用户的网络速度提高3倍以上,极大地降低通信费用。同时,检索速度的提高使得搜索引擎的竞争力增强,从而使收费成为可能。③

二、搜索引擎的发展方向

未来的搜索引擎应该是简单、精确、智能、专业的,同时也是个性化与人性化的统一。随着移动互联网的发展,未来的搜索引擎也应更加重视移动端的建设。

(一)精确化

网络时代的深入发展,给搜索引擎提出了更高的要求。信息不再是稀缺资源,用户的注意力才是互联网时代的稀缺资源。用户在进行搜索时,需要的不再是多而全的信息,而是少而精的答案,所以搜索引擎需要朝着结果的精确化方向不断努力。

这就要求搜索引擎通过对元数据信息进行深度加工和分析,结合用户的搜索习惯和个人特征,为用户提供专业性、准确性的搜索服务,使他们能迅速从结果中找到自己需要的确切信息。

(二)智能化

搜索引擎的智能化就是要更及时、更准确、更可靠地把握用户需求,并满足用户的个性化需要。例如当用户搜索"中国最美的大学"这一内容时,搜索结果列表里的第一项就是"中国最美的大学是武汉大学"。又如当用户想进入百度学术的页面,但是输入时错误输成了"百度学士"时,给出的搜索结果会提示"以下为您显示'百度学术'的搜索结果。"像

---

①徐涛.企业搜索引擎广告策略研究[D].上海:华东师范大学,2010.

②焦玉英,金世发.搜索引擎的发展及盈利模式研究[J].情报理论与实践,2006(5):594—597.

③王秀峰,柯青.搜索引擎的商业行为分析与思考[J].情报科学,2005(7):1114—1119.

这样，搜索引擎给出的结果要么能自动回答这个问题，要么能揣测用户的真正需求，甚至逐层缩小搜索范围，就是智能化搜索的表现。

（三）专业化

垂直搜索引擎优于门户搜索引擎的一大特点就是能够促进用户与搜索引擎的交互，为用户提供更专业更深度的服务。因此，对搜索引擎而言，应该吸收学习垂直搜索引擎的这一特点，通过逐步实现支持自然语言检索、交叉语言检索、跨平台多语言的文档处理和实现基本的人机对话来促进自身专业化程度的提升。①

与此同时，搜索引擎还需要实现从单一搜索向多元化搜索的转变，要从单一的文字搜索、新闻搜索、网页搜索，向音乐搜索、图片搜索、视频搜索、软件搜索等多元化的搜索结果发展，逐步成为多媒体内容的提供商。

（四）个性化

当各家搜索运营商提供的服务都是同一形式的时候，就很难对用户产生吸引力。正因为如此，搜索引擎更应该关注用户体验、抓住用户需求，创新出符合用户使用体验和需求的产品。只有这样才能留住自己的用户，提高用户黏性和转换成本。②

未来搜索引擎产业将逐步迈向"个性化"时代。这种搜索引擎的内容不会再是公共信息，而是经过搜索引擎公司整理或从其他专业机构购买而来的，针对用户特殊需求的内容。当然用户在使用这些专业搜索引擎时也是需要付费的，至少是为其中更为专业的数据付费，这就成为搜索引擎未来的一个新盈利点。③

（五）移动化

随着移动互联网的蓬勃发展，用户对移动端应用的需求也不断上升。为了抢占移动互联网的领头羊地位，搜索引擎必须在移动端发力，快速而高效地推动移动搜索的发展，让用户能够打破空间的限制，"想搜就搜"，随时随地搜索到即时信息、日常生活信息和区域信息。

移动搜索的发展必须考虑到移动设备屏幕小，需要有偿使用流量的特点，给出更省流量、更简洁的结果页面。当用户搜索的是商户信息时，还可以跟生活团购类网站合作，在结果页面给出相关的商家促销信息，促进 O2O 模式发展的同时给自身探索移动互联网时代的新盈利途径。

第四节　社交网站经营

在互联网领域，英文缩写 SNS 有三层含义：其一是 Social Network Service，指的是帮助人们建立社交网络的互联网应用服务；其二是 Social Network Software，指采用 P2P 技

①来自百度百科词条"搜索引擎"。

②孟源.搜索引擎的营销模式研究[D].长春：吉林大学，2008.

③焦玉英，金世发.搜索引擎的发展及盈利模式研究[J].情报理论与实践，2006(5)：594—597.

术构建社会网络的软件；其三是 Social Network Sites，是用来建立社会关系的网站，即社交网站。① 虽然这三者侧重点有所不同，但这三个词界定的事情都是将人的社会化及社会关系的建立与维系当作核心。

严格来讲，国内的 SNS 指的都是社交网站而非社会化网络服务。因此，本文中所说的 SNS 主要是指社交网站。

一、社交网站的特点

每个社交网站都折射出不同的人际关系和群组动态。社交网站的特点表现在它的用户具有相同的属性和较高的忠诚度，成员之间互动频繁，呈现出较高的群组聚合性。

（一）用户属性相同

一般来说，同一个社交网站的用户都是基于特定的目的而聚集在一起的，他们之间在兴趣爱好、职业乃至社会地位等方面会呈现出某种惊人的相似。曾经风靡一时的开心网就是定位于都市白领的社交网站，上面活跃的用户多为二十到四十岁左右的中青年白领，他们拥有着稳定的收入和较高的学历，工作之余追求娱乐和社交需要。相同的用户属性，使社交网站在进行产品设计和优化方面更加有针对性，更加贴合其目标用户的需要。另一方面，具有相同用户属性的用户在广告主的眼里就是精准的用户群体，更能赢得他们的青睐。

（二）用户黏性较高

基于 SNS 的网络关系，对用户而言不仅是拓展了新的人脉资源，更是对现实生活中人际关系的补充和进一步维系。因为社交网站上的朋友大都是现实中的熟人，因此用户对其有着较强的信任感，成员之间关系紧密，容易达到深度交流和互动。

当用户从一个社交网站转移到另一个社交网站上时，转移成本相当大，因此社交网站的用户稳定性一般比较高。而稳定的用户关系，更容易为社交网站带来广告投放、增值服务和电子商务等方面的价值。

（三）成员互动活跃

正因为社交网站的用户是基于不同兴趣、爱好和需求而聚集的，因此在这个圈子里，他们对自己感兴趣的话题会积极发言和讨论，同时主动进行传播，表现出较高的活跃度。像当今大学生最常逛的人人网，每天的登录用户数能突破千万。

除此之外，部分用户出于渴望受到其他用户的关注或是成为在某一领域“意见领袖”的意图，会积极在社交网站上贡献原创内容，从而丰富社交网站的内容。像基于知识分享和问答的知乎网，就聚集着不同行业的精英和专家，为网友提供专业的、科学化的解释，而网友也乐于通过这样的平台进行知识上的交换与学习，呈现高度活跃性。

（四）群组聚合性好

社交网站有着天然的市场细分，像豆瓣网就是基于兴趣类的社交网站，开心网针对白

①沈一超.我国 SNS 网站的营销策略研究[D].北京：中国传媒大学，2009.

领用户，百合网、珍爱网和世纪佳缘旨在婚恋交友，而果壳、知乎则是社会化问答的网站。不同的社交网站所提供的主要服务不同，用户可以根据自己的需求选择自己感兴趣的驻足。

拥有相同兴趣爱好的用户组成一个群组，彼此分享在这个领域内的资讯、知识和期待，形成聚合性高的小团体。刻着“文艺”标签的豆瓣网有个叫“豆瓣小组”的子板块，用户可以自发创建小组吸引其他人加入，也可以根据自己的喜好加入文学、艺术、经济、电影、音乐、教育、医疗等各行各业精彩纷呈的小组。在这些小组里，一般都有专门的小组负责人，负责维护组内的生态，组织成员进行不同主题的讨论，往往能够生产不少优质产品。

二、社交网站的盈利模式

由于贴近用户需求，社交网站吸引了巨大的流量，如何挖掘其商业价值并且转化成可见的收益，是社交网站经营的核心问题。目前，国内各大社交网站的盈利来源主要表现在以下几方面：

（一）开发网页游戏

网络游戏目前已经成为我国网络经济和文化娱乐业的重要支撑，它所带来的虚拟物品交易市场呈现一片繁荣之景，其前景也被许多投资者看好。

曾几何时，开心网的“开心农场”和“好友买卖”两个游戏在互联网用户间风靡一时，一时间，网页游戏开始在社交网站上遍地开花。人人网推出大批网页版应用和游戏，吸引用户参与和使用，为自身谋求了又一个全新的发展空间；QQ空间也复制出“QQ农场”和“好友买卖”等网络游戏，利用自身庞大的用户基数，赢得了不错的市场。这些游戏大多是在借鉴国外社交网站的游戏基础上进行了中国式的改造，使之更符合国内用户的口味和兴趣。

通过网页游戏，社交网站开拓的盈利方式主要是植入广告和提供增值服务。如“争车位”中植入广告车型“新一代别克君威”，“开心农场”里收获的果蔬可以兑换成“伊利牛奶”等。增值服务则指用户通过充值购买虚拟货币，可以购买游戏中的高级道具和获得更高的游戏等级与荣誉。

网页游戏与社区的有机融合趋势正愈演愈烈，这一模式不仅可以增强社交网站的趣味性，为社交网站带去更多的流量和活跃度，同时也能刺激用户产生附加于游戏的增值服务需求，为社交网站带来丰厚收入。但是，我们也应清醒地看到，网页游戏相比其他游戏而言对用户的长久吸引力不足，这会影响到该盈利模式的持续性。

（二）商业广告宣传

商业广告是社交网站盈利的主要模式，但广告收入不仅要受网站知名度和点击流量的影响，也要受社交网站的用户特征制约。一般来说，知名度越大、流量越高的社交网站，其广告收入就越高；相对地，刚刚起步没有知名度和点击流量小的社交网站，广告收入就比较有限。当然，只有当社交网站的用户是目标消费者时，广告主才会乐意买单。

目前，社交网站上的商业广告主要有硬广告和软广告两种。以人人网为例，直接在页面呈现出来商家信息的就是硬广告；软广告则不会直接呈现广告内容，而是会把商家信息植入人人网表情、游戏道具等，也有商家采取通过人人网账号发布新鲜事和活动，置顶曝光在用户页面的方式，这些广告不会直接传递出商品信息，因而对用户的干扰程度较少，更容易被接受。

（三）品牌推广活动

这里的品牌推广活动指的是广告主与社交网站合作在线上举办活动吸引用户参与，同时在线下拉动消费的合作分成模式，是 O2O 的一种方式。这种模式利用社交网站的高人气，吸引用户参与到品牌的互动中，为用户提供一定的奖品或优惠，再带动用户在线下进行消费。这种模式将是社交网站新的盈利增长点，对网站的发展和用户活跃度、忠诚度的培养都有很大的裨益。

基于用户足迹分享的街旁网，曾跟星巴克进行合作，用户在星巴克通过街旁网客户端签到，就能获得一枚星巴克的勋章，并且享受到星巴克的优惠价格。对用户而言，社交网站上的虚拟身份和线下实实在在的优惠是吸引他们参与到活动的主要因素；对星巴克而言，则是利用街旁网的流量转化为自身的销售额；而对街旁网来说，不仅有利于提高用户活跃度，也能通过该模式与商家进行利益分成。

（四）提供增值服务

发展自身增值服务直接向用户收费，以及与第三方合作提供增值服务收取佣金也是社交网站的一大盈利手段。

上面提到过的出售游戏道具就属于增值服务的一种，此外，大部分社交网站还提供付费会员服务和付费功能。用户付费成为会员以后，能够享受普通用户无法享受到的功能和服务。以 QQ 空间为例，它的黄钻会员可以免费享受全场的空间装扮，同时等级与积分上升速度更快，还能每天登录获得游戏大礼包，拥有更高容量的、更个性化的空间相册，看到空间的限制访客和访客足迹等。增值功能和服务提升了产品的价值，企业在取得合理利润的同时也让顾客产生了更高的满意度。

此外，社交网站还积极开放平台，与第三方服务提供商共享服务费用。第三方服务商如电商网站、美容保健机构、金融理财机构等，可以在社交网站上广泛地开发新功能和业务供用户使用。其形式多种多样，比如社交网站用户可以借助银行支付体系通过第三方的服务进行交易活动、在社交网站上实现购物、在线学习美容课程等，而社交网站将按照参与用户人头数或成交额抽取一定比例的佣金。

三、社交网站的发展方向

社交网站以人与人之间的社会关系为基础而存在，因此，在考虑其运营和发展方向的时候，必须要让它先依靠优质的社区资源吸引和凝聚用户，获得稳定的用户资源和关系资源后再考虑如何将用户资源变成经济利益。

（一）维护社区生态，丰富网站内容

由于互联网上信息冗杂，一些不良信息和内容也通过社交网站扩散开去，污染社区生态。因此，需要加强对社区生态的维护，坚决剔除不良信息，阻止其进一步传播，为用户提

供一个健康的、积极向上的阳光社区。

此外，社交网站的布局和形式需要尽量活泼化，内容和功能则应该生动化、趣味化，且适合让用户直接分享和传播，这样才能引起关注度。社交网站切忌依靠山寨和模仿国外优秀的社交网站，不能因盲目追随而失去特色，而应该立足于本国的用户特征，结合网站自身情况，为用户提供真正有价值的、有特色的内容和功能。只有这样方能从竞争对手中脱颖而出，开拓出更广阔的经营疆域。

（二）改善用户体验，增强用户黏性

当社交网站拥有一定的用户量和影响力以后，就应该要着力于提升用户活跃度、培养忠诚用户，这就要求社交网站不断改善用户体验。

当前国内社交网站从用户定位到内容、功能都大同小异，而这种同质化的结果就是使用户产生审美疲劳，从而导致用户流失。对整个社交网站行业而言，长此以往会降低行业的创造力和活力，导致整体萎靡。

正因如此，社交网站就需要树立以用户为中心的宗旨。从用户角度出发，推出具有独特性、创新性的产品和功能，给用户耳目一新的感觉；迎合用户偏好，加强内容和服务的趣味性、娱乐性，让用户真正能放松身心；关注用户需求，强化内容的实用性，给用户创造更高的使用价值。只有这样方能让用户拥有良好的体验，心甘情愿地成为忠诚用户。

（三）挖掘用户数据，实现精准营销

拥有了持续的用户资源、稳定的用户关系之后，社交网站便可以充分开发自身的用户数据。基于对社交网站用户的群体特征、需求取向和消费心理的准确分析，可以为他们量身打造网站内容和服务。用户不喜欢的内容和服务可及时更换和优化，用户表现出需求和兴趣的领域及时跟进，这样能够最大程度契合用户心理，提升用户满意度，同时真正把用户资源转化成自己的竞争优势。

精准营销是在精准定位的基础上，依托现代信息技术手段建立个性化的顾客沟通服务体系，实现企业可度量的低成本扩张目的。[①] 相同的用户属性和良好的群组聚合性，为社交网站实现精准营销创造了先天的良好条件。明确的目标用户群体，让广告主可以有针对性地投放广告，达到事半功倍的效果。

（四）加大品牌推广，打造口碑营销

社交网站上的朋友，多半源自现实生活中的朋友或朋友的朋友，所以当他们传递给我们关于某种产品的信息时，可信度比广告高得多。社交网站可以利用这个特点建立口碑营销模式，这是它与生俱来的优势和资源独享的商机。

口碑营销就是把口碑的优势应用在营销过程之中。社交网站通过为用户提供优质的、有价值的内容和服务，赢得他们的信任，再让他们基于对产品的肯定和喜好，自觉在社交网站上进行传播，实现“借力打力”。利用免费而高效的用户资源去扩大产品和服务的知名度，开展网络营销活动，是一种低成本高成效的营销模式。

---

①都薇.中国SNS网站盈利模式研究[D].上海：华东师范大学，2009.

（五）整合多方资源，发力移动社交

社交网站的用户关系网络，是它与其他平台进行合作的不二法宝。对社交网站而言，通过整合多方资源，实现强强联合，能在巩固自己地位的同时进一步拓展发展空间。比如通过与电商网站合作，促进社会化电子商务的发展；与新闻网站合作，丰富社区用户互动的资讯来源和内容；与视频网站合作，强化社交网站的娱乐性和休闲性。

此外，在互联网产品纷纷试水移动端的当下，社交网站也应该不甘人后，发力移动社交。人们在日常工作和生活的闲暇之际，都会用手机打发时间。对他们而言，这个时候逛逛社交网站，看看朋友们的动态会是不错的选择。因此，社交网站应该把握好这一机会，开发出自身的移动客户端产品，在产品设计和功能上以更贴近移动化的实际要求予以优化。抢占移动端入口，是社交网站应对传统互联网逐渐衰退，移动互联网兴起浪潮的最佳举措，同时更为之后 SoLoMo① 时代的到来打好基础。

第五节　电子商务网站经营

电子商务有广义和狭义之分，本章所提到的电子商务指的是狭义上的电子商务。狭义的电子商务是指人们利用电子化手段进行以商品交换为中心的各种商务贸易活动。电子商务网站，则是为人们提供电子商务贸易的平台。

一、电子商务网站的特点

纵观国内电子商务网站的发展情况，不难发现它们都具有以下几方面的特点：

（一）商品种类丰富与选择余地大

电商网站上的商品琳琅满目，再加上电子商务的全球化普及，用户更可以轻轻点击鼠标就享受全球化购物的便捷。对企业用户而言，供求信息的发布、商品的订制和采购都可以通过互联网进行，精简了流通环节；对单个的消费者而言，服装、鞋包、化妆品、日用百货、电子产品等应有尽有，足不出户就能买到满足生活所需的物品。

由于同一种类的商品有不同的厂家或商家提供，因此企业和个人消费者可以对不同的商品信息进行比较和甄别，增加了选择的余地。这样不仅方便企业和单个的消费者“货比三家”，进行最优化地的选择，同时也在一定程度上促进商品的生产商提高产品质量。

（二）交易过程便捷化、协调性

电子商务简化了交易的流程，交易双方通过互联网进行沟通交流，从购前咨询到达成购买、支付行为等都在互联网上进行，整个过程都十分的便捷化。通过网络，客户不仅可以深入了解商品详情和配送途径等信息，而且可以说明自己的需求、定制喜欢的产品；厂

①SoLoMo 即：Social（社交的）、Local（本地的）、Mobile（移动的），连起来就是 SoLoMo，社交本地移动，即社交加本地化加移动，它代表着未来互联网发展的趋势。

家和商家利用互联网直接展示和传递商品信息，提升了信息的传播效率，让交易过程更加快速便捷。

电子商务网站的良好运作离不开各类厂家与商家、支付机构、物流和配送中心、技术中心等多个环节的协调运作，因此具有较强的协调性。此外，厂家和商家可以根据互联网市场上的用户需求和竞争者情况及时更新和调整产品及价格，确保高效化运转，也是交易过程协调性的体现。

（三）资金流通的快捷性、安全性

在电子商务环境中，交易双方的资金周转可以通过网上银行进行，不需要面对面支付，这样有利于避免线下交易中资金周转的拖沓。此外，许多电商网站还提供第三方支付平台，如淘宝网的支付宝和拍拍网的财付通。买方下单支付时，货款先是打到第三方账户上，当确认收货以后货款才会进入卖方账户，这样可以有效解决交易中的纠纷，保障双方的权益。

另外，虽然参与交易的买卖双方没有面对面进行磋商，但是他们对交易的沟通洽谈、下单、款项的支付和收发货的通知等全部交易过程都是在互联网上进行的。一旦发生交易纷争，各种信息的查询与核对也能得到保证，从而提升了电子商务的安全性。

二、电商网站的主要类型

电商网站的分类标准多种多样，其中最常见的方法是按照参与电子商务交易的对象进行分类，将其分为 B2B(Business to Business，企业对企业)、B2C(Business to Customer，企业对消费者)、C2C(Customer to Customer，消费者对消费者)和 C2B(Customer to Business，消费者对企业)四种模式。

（一）B2B 模式

B2B 模式指的是参与电子商务交易的双方都是企业（或商家、公司），他们通过内部信息系统平台和外部网站，进行产品、服务和信息的交换，完成包括信息的发布、订货与收货、票据的签发与接收、支付、配送方案等环节在内的整个交易过程。

在我国比较典型的 B2B 电商企业有阿里巴巴、慧聪网、中国化工网等。按行业性质，B2B 可以分为垂直 B2B 和综合 B2B。其中，行业垂直类 B2B 主要是针对某一个行业做深、做透，在专业上更加权威、精确，如中国化工网、全球五金网等。综合 B2B 电商则覆盖整个行业，主要在广度上下功夫，比如阿里巴巴、环球资源网等。

（二）B2C 模式

B2C 模式是我国最早产生的电子商务模式，指的是企业与商家通过互联网为消费者提供网上购物的平台。近年来，B2C 电商呈现出蓬勃发展的势头，已经成为最具竞争力的网购模式，有望成为我国国民经济的新增长点。

B2C 电商可划分为综合 B2C 与垂直 B2C 两大类。其中综合 B2C 相当于百货商场，拥有齐全的商品种类和庞大的商品数量，基本能满足人们各方面的生活需求；而垂直 B2C 则像专卖店，主要满足某一类消费需求或特定人群的需要，如食品、家电、母婴等细分领域。

1.综合 B2C

从服装、食品到保健，从生活、工作到娱乐，综合 B2C 能够满足人们生活方方面面的基本需求，主要的代表性网站有天猫商城、京东商城、亚马逊中国。

一般来说，综合 B2C 的优势主要表现在这几方面：丰富的商品种类和具有竞争力的价格能吸引庞大的用户群体，流量来源充足；利用自身规模优势更容易吸引较多的线下知名品牌进入，通过扩大规模吸引顾客，同时也抬高了同行业竞争者的进入门槛；充当交易平台，提供信息、物流和支付服务，以此收取的服务费与利润也较为客观。

综合 B2C 的劣势则表现为：销售产品雷同、销售策略趋同，出现了严重的同质化现象；对品牌的依赖性严重，品牌本身有着去或留的决定权，就算是平台足够大，也会面临一些品牌突然撤离的风险；高昂的营销成本、大投入的物流整合和持续的价格战，使得其毛利率相当可悲。

在 B2C 市场处于绝对领先地位的天猫商城，继承了来自淘宝网的先天优势，在商品展示、交易与支付、售后服务、用户维系等方面建立起成熟的体系，不断良性循环得以发展壮大。据中国电子商务研究中心监测数据显示，截至 2013 年底，我国排名第一的 B2C 电商依旧是天猫商城，占比 50.1%；京东紧随其后，名列第二，占比 22.4%；亚马逊、一号店、当当网等也来势汹汹。

2.垂直 B2C

垂直 B2C 满足的是某一类消费需求或特定人群的需要，像食品、家电、母婴、鞋靴、服装等。这类网站主要在其核心领域内深入挖掘，不断扩展产品线和产品系列，加强生产商、供应商和线下渠道商之间的沟通与合作，协调利益冲突并完善售前售后的各项服务。典型的垂直 B2C 网站有聚美优品、凡客诚品、优购网等。

垂直 B2C 的优势表现在：客户群定位准确，能够满足特定消费群体需求，更易形成独特的口碑和形象；商品集中度高，服务专业性更强，能形成自身的专业能力和品牌影响力；零售方式多种多样并且易于管理，容易在短期内实现盈利，而且相对综合 B2C 风险较小。

其劣势表现为：因为规模较小，自身影响力有限，导致流量来源比较狭窄，流量过少又导致规模难以扩大，陷入恶性循环；缺乏个性化、独特化的商品，可替代性非常强，垂直 B2C 有的商品综合电商也能提供；综合 B2C 在规模优势的保障下有更强的采购议价能力，同类型的商品相比垂直 B2C 而言可能价格更具有竞争力，因此垂直 B2C 无力抗衡综合电商的价格战，一旦卷入价格战之中很可能就被拖垮。

（三）C2C 模式

C2C 模式指的是发生在个人与个人之间的电子商务，交易双方基于同一个在线交易平台，完成商品或服务的洽谈、购买和支付。卖方在自己的网上店铺提供商品信息，买方可以自主选择商品进行了解和购买。典型的 C2C 网站有淘宝网和拍拍网。

淘宝网是我国 C2C 电子商务网站的典范，也是世界范围的电商交易平台之一。淘宝网目前拥有近 5 亿的注册用户和每天近 6000 万人次的固定访客，平均每分钟就能售出 4.8 万件商品，由它发起的“双十一购物节”已经成为电商领域一年一度的盛会。目前，淘宝网已经基本解决了交易安全、货物配送和退换货保障等与消费者利益息息相关的问题，但是假货泛滥、商品参差不齐、商品的实际体验不足和售后服务等方面仍然是制约其发展的瓶颈，亟须创新和改变。

（四）C2B模式

C2B是一种新兴的电子商务模式，指的是消费者对企业（Customer to Business）进行反向驱动的一种新型消费模式。通俗点来说，指的就是消费者提出需求，而企业根据消费者的需求来进行生产。

在工业时代的B2C模式是一种以生产企业为中心的模式，而在信息时代，新的商业模式应该是以消费者为中心，通过市场的需求为原动力去驱动商业资源，通过互联网实现消费者与生产者之间的灵活沟通，让生产与市场衔接更加紧密，帮助消费者和生产者创造一个更省钱、省力、省时的交易渠道。

在C2B电子商务模式下，消费者可以通过C2B网站发布自己的需求信息，企业来报价和竞标，消费者自行选择与自身需求最契合、性价比最高的商家来成交。这样一方面降低了消费者进行选择和试错的成本，另一方面商家也可以节省一大笔营销费用，削减了中间很多烦琐的环节。

C2B模式的基本构件包括：个性化营销捕捉碎片化、个性化需求，以数据低成本、全流程贯通为基础实施拉动式配销、柔性化生产快速满足市场需求。总的来说，消费者将改变企业，在数据驱动下企业和制造商将趋于个性化、灵活性、敏捷性。

与工业时代“大生产＋大零售＋大品牌＋大物流”的一整套体系相对应，基于个性化营销、巨型网络零售平台、柔性化生产以及社会化供应链的高速发展，C2B模式有了越来越坚实的支撑，其形貌、特征、机制也越来越成熟了。

在前端，它们或是提供相对标准化的模块供消费者组合，或是吸引消费者参与到设计、生产的环节中来；在内部，它们提升组织能力，以个性化定制方式去服务于海量消费者；在后端，它们积极调整供应链，使之具备更强的柔性化特性。

“网红经济”和“粉丝经济”可以被视为C2B模式的一种。网红们在运营自身的人气，维护和运作粉丝的同时，也会以“按需生产”的理念对接企业。在2015年，这种通过互联网连接设计者、生产者和消费者的“网红经济”模式创造了50亿元的交易量。由此可见，C2B这种企业追逐市场跑的模式，拥有非常大的发展潜力，是大势所趋，也将是我国制造业转型的方向。

三、电商网站的发展趋势

在电子商务的发展日新月异的当下，如何规避前人的错误，吸收与借鉴优秀的运营经验，以更好地发挥自身的特点谋求健康发展，是需要认真探讨的问题。电商网站的发展趋势体现在以下四个方面：一是优化原有的购物体验，通过建立网购信誉体系、完善支付平台、关注用户体验来为消费者提供更安全更优质的服务；二是促进电商网站的流量来源的多元化，寻求商业合作，加强微博和SNS网站的流量转换力度；三是利用大数据，实现精准信息匹配；四是加快布局移动端的电子商务产业链，提升购物的便捷性和实时性。

（一）优化原有购物体验

电商网站必须要懂得经营用户，只有打造人性化的用户体验才能吸引和留住用户。而电商网站的用户最关心的，无非商品是否可靠、付款是否安全、购买过程是否方便，把握好这几点，电商网站才能赢得用户的青睐。

网购最让消费者担心的一点就在于商品是看得到、摸不着的，没法了解其产品质量。淘宝曾一度因为假货泛滥而被美国贸易代表办公室列入“恶名市场”名单。因此，对电商网站而言，建立并健全电子商务信任体系势在必行。电商网站应该加强对商家的信誉管理，通过实名认证、商家缴纳保障金等方式来提高进入门槛、约束商家行为。一旦发现商家有出售虚假伪劣产品的行为，或者受到用户投诉，电商网站管理人员可以通过公告、黑名单甚至要求商家退市等方式对商家予以惩处。

此外，要保障交易过程中的支付安全，这就要求电商网站不断完善支付平台。首先，需要拓展支付渠道。目前，电商网站上的支付渠道主要是通过网上银行，交易双方需要开通网银功能才能进行。虽然也有部分网站提供货到付款的功能或通过第三方支付平台交易，但并非所有电商网站都支持这些方式，因此拓展有效的支付渠道有利于提升购物的便捷化。

其次，需要加强支付过程中的安全保障。目前，淘宝网提供了数字证书、短信校验、支付密码、手机宝令等方式保障交易安全，在这方面做得不错。但还有大部分电商网站仍然只需要一条验证码就能付款，安全性较差。随着移动支付时代的来临，利用手机支付虽然方便但是安全性降到了最低，如何保障支付安全对电商网站而言也是一个重大命题。

再者，需要简化操作流程，提升体验界面。支付流程在保障安全的基础上一定要尽可能地流畅化、简洁化，付款的界面要对用户友好，不需要用户到处去寻找付款入口。同时，在支付时应提醒用户确认付款金额和方式，避免误操作。

（二）扩大流量来源

对电商网站而言，流量就相当于购买量和交易额。目前，电商网站的流量来源比较单一，主要来自消费流量和网络广告的引流。因此，电商网站亟须通过开放平台战略、寻求商业合作、加强流量转换等手段扩大流量来源。

2011 年 9 月，天猫商城宣布对第三方服务提供商开放自身平台，以构建和谐、健康发展的电商生态。三十八家垂直电商的加入，一方面极大程度地丰富了天猫的商品种类，带来了更多的用户和流量，另一方面也有助于提高天猫平台的整体运营水平和服务水平。

此外，跟商家合作，利用电商平台发布商家新产品、特供商品也是吸引用户的不错手段，在吊足消费者胃口的同时也能收获不错的成交额。淘宝网曾推出众筹项目，由明星发布活动，由淘宝用户自主选择是否支持，凡是达到了预设金额的项目就会付诸实施，用户成为该项目的“股东”之一，这种方式未必不是电商网站未来的一种发展趋势。

对电商网站而言，依靠投放网络广告的方式引流固然能起到不错的促销效果，像“双十一”之前，各大视频、新闻网站都是铺天盖地的“双十一”的广告，最终天猫商城当天以 350 亿元的成交额定格了一年一度的疯狂大促销。然而，网络广告的投放本身就需要高昂的成本投入，这无疑会使自身的利润大打折扣，因此，电商网站需要积极寻求其他的流量转换方式，比如通过社会化媒体实现营销。目前，微博和人人网、QQ空间、豆瓣网等社交网站在我国发展势头可观，用户关系链也比较牢靠。合理利用社会化媒体进行商业推广，可以依靠口碑营销和信任营销的力量为电商网站注入新的活力。

（三）精准信息匹配

电商网站会记录用户的每一笔交易甚至是每一个行为，因此通过对用户数据进行挖掘和分析，可以为用户提供个性化的服务和推荐，进一步促进购买行为的发生。

利用用户数据可以识别用户的优势需求。用户的浏览行为一般会被浏览器的Cookie[①]记录，电商网站的后台也能获得。近期用户搜索最多的商品类型、浏览最高频次的商品或添加到购物车的商品很可能就是用户最近有购买需求的，如果电商网站适当地在推广位将这些商品进行推广，就很有可能促使用户冲动购买。

此外，对用户数据的挖掘还能发现其潜在需求，把握用户的需求变化。通过用户的历史购物行为和其收藏的商品，可以大概推断用户的喜好，包括商品种类、商品风格、商品价格区间等。一旦了解了这些信息，当用户再进行购物搜索时，就能把符合用户喜好的商品进行优先排列，这样是个性化推荐的一大进步，促进用户购买的同时也能给他提供良好的搜索体验。

（四）布局移动电子商务

电商网站要想在移动互联网时代争当领头羊，就需要加快在移动电子商务方面的战略布局，通过培养用户使用移动端购物的习惯，优化移动端的产品交互，解决移动端高流量的消耗问题和保障移动支付的安全等措施来抢占先机。

要想培养用户使用移动端购物的习惯，首先，需要给予一定的刺激和奖励，比如在移动端购物提供更优惠的价格或移动端专享的商品等。其次，还要优化移动端的产品交互效果，跟电脑相比移动终端的屏幕更加小型化，产品设计者需要优化商品的呈现方式，进一步细化商品分类，以方便用户方便快捷地找到心仪的商品。

另外，由于使用移动端设备上网会产生流量，这笔费用相当于额外支出，电商网站应当尽量优化移动客户端的流量消耗程度，或者跟电信运营商合作，提供优惠套餐或免费流量。然而，移动支付虽然便捷，但是面临手机丢失时可能给用户带来经济损失的问题，因此，需要解决好移动支付的安全问题，通过设置新的移动支付密码等方式来保障用户利益。

【知识回顾】

在本章里主要讲述了门户网站、垂直网站、搜索引擎、社交网站和电商网站五种网络媒体的基本情况和经营方式，并对它们未来的发展方向提出了可能的合理设想。对门户网站而言，未来在利用互联网优势，加强内容与服务建设的同时也需要探索新的盈利模式，打破当前同质化经营的局面。垂直网站则需要充分发挥垂直搜索引擎的优势，提

①Cookie，有时也用其复数形式Cookies，指某些网站为了辨别用户身份、进行Session跟踪而储存在用户本地终端上的数据（通常经过加密）。

高查准率和查全率，同时积极探寻跨界合作模式寻求可能的发展，并且注重自身的品牌形象塑造，抢占用户心里的领地。搜索引擎则应该走向精确化、智能化、专业化、移动化的发展之路，实现个性化与人性化的统一。基于人与人的社会关系而存在的社交网站，则要让它先依靠优质的社区生态和资源吸引用户，用良好的用户体验凝聚用户后再利用大数据实现精准营销和口碑营销，将用户资源变成经济利益。而电子商务网站则需要优化原有的购物体验，提供更安全更优质的服务，同时加强微博和 SNS 网站的流量转换力度，进行数据挖掘实现精准推荐，并加快布局移动端的电子商务产业链，提升用户购物的便捷性和实时性。

【思考题】

1.以四大门户网站为例，分析它们的广告运营方式有何异同。
2.你最常使用的社交网站是什么？ 谈谈它的盈利模式是怎样的？
3.综合 B2C 与垂直 B2C 的发展你更看好哪个？ 为什么？
4.你认为网络媒体应该如何应对移动互联网的冲击？

第十一章 数字电视媒体经营

【知识目标】

☆数字电视媒体的不同形态及特点。

☆我国数字电视媒体的经营现状与发展方向。

【能力目标】

1.了解网络电视、数字电视、车载电视与楼宇电视之间的联系和区别。

2.熟悉这四种数字电视媒体的运营模式，并指出其运营模式的优点与不足。

【案例导入】

作为中国最大的楼宇电视运营商，分众传媒占据了全国100多座城市的楼宇视频媒体市场，每天向超过两亿的都市人群播放广告信息。由于实现了信息的分众化传播，让广告信息准确抵达目标受众，分众传媒得到了国内外众多广告主的认可。

分众传媒在十余年的时间里成长为一个巨型的传媒集团，与它开辟了一个新的广告市场是分不开的。新媒体环境下，传统电视的广告市场日益恶化。由于人们待在家里的时间是有限的，离家之后的人们很难再被电视媒介影响。而电视上越来越多的频道，报纸上越来越多的版面，手机上越来越多的软件造成了信息的泛滥，严重干扰了广告的播放效果。此外，日益丰富的媒介环境使得用户的注意力越来越难以集中，往往一则广告还没有播完，人们的注意力已经转移到其他媒介上。

作为生活接触点的媒介代表，楼宇电视找到了一个新的传播空间，能够实现精准传播、避免广告浪费。分众传媒敏锐地发现，离家之后的人们仍然能够受到电视媒介的影响。要做到这点，关键在于找到一个合适的生活接触点，而电梯口恰恰符合这个要求。每天人们都要等电梯，特别是都市白领，而在等电梯的这段时间里，人们的注意力是处在空闲状态的。由于电梯是一个相对封闭的空间，人们受到的干扰很小，更容易专注于楼宇电视上的内容。封闭的空间也使得楼宇电视具有强制收视的效果。正是因为这些因素，成就了分众传媒的快速发展。可以说，分众传媒的崛起，其实就是生活接触点媒介的崛起。

第一节 IPTV经营

在新媒体时代，人们越来越注重媒介的交互性，注重媒介带来的人与人之间的互动。传统的电视媒介只能单方面地传播信息，而且用户与用户之间无法进行沟通，越来越不适应时代的要求。正是在这样的背景之下，出现了 IPTV，它弥补了传统电视媒介的不足，并给整个电视行业带来一场彻底的变革。

一、IPTV 概况

IPTV（Internet Protocol TV）是伴随着互联网的发展而兴起的，是一个不折不扣的新媒体；同时，它又是从传统的电视媒体发展而来的，身上带有传统媒体的特征。它依赖电信运营商，但从事的业务又涉及广电行业。可以说，正是这些双重身份，构成了 IPTV 本身。

（一）关于 IPTV

IPTV 又叫网络电视，是一种集互联网、多媒体于一身的电视媒体。它经常与数字电视混淆，原因在于两者具有一些共同的特征，如节目资源的海量性、节目形式的互动性等。此外，两者在提供业务方面也存在许多重合之处。但它们在本质上还是存在一些差别：数字电视是指利用数字技术进行信息编码，向用户提供高清电视节目的有线电视的总称，由广电运营商负责运营；而 IPTV 是网络电视的总称，由电信运营商负责运营，其核心技术是网络技术。一般认为，IPTV 是指利用网络技术整合多媒体与即时通信等多种技术，向用户传输电视节目的交互式网络电视的总称。它有两种接收方式：一是个人电脑，二是配有 IP 机顶盒的电视机。

IPTV 在国内的最早发展可以追溯至 1999 年。当时微软公司提出了著名的维纳斯计划，并在中国联系了包括海尔、宏碁等六家电视机原始设备制造商，目标是实现电视机与互联网的接轨。[①] 但是，由于当时个人电脑的上网功能都还没得到普及，这个计划最终搁浅。

直到 2004 年，我国 IPTV 的发展才正式起步。在这一年里，IPTV 行业发生了许多重大事件：5 月份，国内首家播放视频节目的宽带门户网站“天天在线”获得批准通过，它的出资方包括中国网通、IDG 等知名公司；6 月份，微软开始与长虹合作，共同开发与研究网络电视，同一时期，网络版中央电视台“央视网络电视”在众人瞩目中开播；8 月份，“央视网络电视”登陆上海，并为 110 多万上海电信用户提供免费的网络电视节目；10 月份，中国电信的互联网事业部组建了“IPTV 联盟”，号召国内企业建立一个统一的网络电视标准。

此后数年，IPTV 开始加速发展。2006 年，当时国内的 IPTV 用户数量仅为 45.6 万户，2009 年这个数字增加到 430 万户。到了 2012 年第三季度，全国的 IPTV 用户数量已达 2830 万户。[②] 根据工信部公布的统计数据，截至 2015 年 3 月底，全国 IPTV 用户总数达到 3630.2 万户。[③] 由此可见，这是一个蕴含巨大发展潜力的市场，不久的将来传统电视将退出市场，取而代之的是各方面都更加优秀的 IPTV。

---

①叶向德，樊云，白平，等.关于发展网络电视的几点思考[J].有线电视技术，2008(2)：50—52，71.

②2012 三季度 中国 IPTV 用户数量达到 2830 万户.[EB/OL].中国广告网.http://www.cnad.com/html/Article/2012/1128/20121128104140564.shtml，2012-11-28.

③三网融合，冲开了政策关，冲不破利益结.[EB/OL].中国广告门户网.http://www.yxad.com/News/xinwenmeiti/News_155518.shtml，2015-04-27.

（二）IPTV的特征

由于网络技术的应用，使得IPTV具备使其他电视媒体望尘莫及的交互性，这也成为IPTV的本质特征。除了互动性强之外，IPTV还具有以下特征：

首先，IPTV提供点播、录播等电视业务，改变了媒体内容的传播方式。传统电视完全按照节目表播放，这使得用户只能在特定的时间收看特定的节目，极大地限制了用户的观看自由。部分数字电视虽然改变了信息的传输信号，能够播放更加清晰的节目内容，但单向传播的本质依旧没有变化。IPTV通过与网络对接，使用户可以随时观看自己想要的节目，保证了播放内容的自由化与个性化。

其次，IPTV的机顶盒采用了嵌入式的uClinux系统，这使得IPTV的操作界面更加丰富，除了主菜单外，还有风格各异的二级菜单和三级菜单①。这样比起其他电视媒介，IPTV的界面更加美观，而且也更富有操作性，让用户可以在更多的菜单之间进行选择。

最后，与互联网对接的IPTV可以随时调取网络上的信息资源，这使得IPTV的节目内容不再局限于央视与各省市电视频道，而是涵盖了整个互联网络。海量的信息并不会导致检索的低效率，由于IPTV将内容进行了清晰的分类，用户可以很方便地搜索到自己想要的信息。

二、IPTV产业链

根据以往的研究，IPTV的产业链由芯片供应商、基础设备提供商、技术平台提供商、应用软件供应商、内容和应用开发商、频道运营商、电信运营商、用户这八个环节组成。②为了简单起见，这里将这八个环节分为设备提供商、内容和服务提供商、网络运营商、终端用户四个方面。

（一）IPTV设备提供商

设备提供商包括芯片供应商和基础设备提供商，主要负责为IPTV提供IP机顶盒等硬件设施，并为IPTV的业务系统提供建设与升级服务。由于机顶盒的操作系统需要在较小的内存空间里完成一些实时操作，因此需要芯片供应商提供体积小但功能足够强大的芯片，机顶盒的其他组件则由基础设备提供商负责生产。目前，随着国内IPTV市场逐渐打开，华为、中兴、CISCO、IBM、飞利浦等企业纷纷加入其中，积极地为IPTV市场的拓展提供设备支持。

（二）IPTV内容和服务提供商

内容和服务提供商在整个IPTV产业链中属于一个较大的环节，具体包括技术平台提供商、应用软件供应商、内容和应用开发商、频道运营商这四个方面。他们不仅需要为IPTV提供足够丰富的内容，还需要为用户提供各种IPTV业务，例如“直播”“点播”“增值服务”等。由于IPTV的运营商对内容的整合运营不及服务提供商，其频道内容整合、频道

---

①万新年，吴艳冰，吴涛.数字电视与IPTV对比测评报告[J].广播与电视技术，2009(3)：64，66，68—71.

②汤文春.中国网络电视(IPTV)行业发展前景分析[D].呼和浩特：内蒙古大学，2006.

的推销通常外包给专门的频道运营商，保证用户的数量增长，实现盈利，同时降低自身的经营风险。

（三）IPTV 网络运营商

网络运营商是 IPTV 产业链的核心，是整个 IPTV 产业的关键所在。运营商的工作涉及整个产业链条的各个方面：首先，他要与设备提供商合作，努力压低 IP 机顶盒的成本，保证大多数人用得起 IPTV，促进 IPTV 用户的数量增长；其次，他要根据自身的实际情况决定将哪些内容与业务外包出去，实现产业价值的合理分布；最后，他还要不断提升服务质量，保证 IPTV 用户的观看体验，在用户满意的基础上实现盈利，促进整个行业的稳定发展。

（四）IPTV 终端用户

终端用户虽然处在整个产业链的最末端，但实际上它却是整个 IPTV 产业发展的起点，也是 IPTV 产业链各个环节发展的根本动力。由于 IPTV 带来的是一种新的收视方式，同时需要用户付出额外的费用，因此转变用户的消费观念成了 IPTV 产业的核心问题。过去的电视观众习惯于以免费或者较低的价格收看电视，如今 IPTV 需要收取额外的资费，用户难免会产生抵触心理。对此，IPTV 运营者应该从两个方面入手：首先是加强节目的互动性，显示出 IPTV 具备而传统电视没有的优势；其次是注重提升内容质量，以丰富的节目形式和吸引力强的内容，让用户愿意为内容支付额外的费用。

三、IPTV 经营模式

尽管存在着牌照限制、行业壁垒等问题，国内 IPTV 运营商还是尝试着用不同的方法去推广与经营 IPTV。由于各地的实际条件不同，运营商需要因地制宜，采取合适的运营方式。在所有这些运营商中，上海、河南、杭州这三地的运营商取得了突出的成绩，他们的经营模式基本上代表了全国各地的情况。①

（一）合作运营模式

合作运营模式是指由广电企业和电信运营商共同运营 IPTV，利用自身资源为用户提供服务。上海是合作运营模式的代表，其 IPTV 运营主体由上海电信与上海文广共同组成。在运营过程中，上海文广主要负责内容集成、管理、播控、用户终端等环节；上海电信则主要负责 IPTV 内容的传输、用户的计费与收费等。在业务提供方面，上海的 IPTV 运营商主要为用户提供了直播、点播、信息服务与应用服务四种业务。通过这种合作运营模式，使得上海电信与上海文广成了整条 IPTV 产业链的核心，保证了 IPTV 市场的稳步发展。

（二）广电主导模式

广电主导模式是指在运营 IPTV 的过程中，形成了一个由广电企业控股的运营实体，

①陈秋霞，汪卫国，秦军.中国 IPTV 的发展现状与前景分析[J].现代电信科技，2007(8)：6—9，27.

由这个运营实体对 IPTV 的发展全权负责，杭州的 IPTV 运营商是广电主导模式的代表。广电主导模式并不是说没有电信运营商的参加，它实际上是合作运营模式的一个极端情况，即广电企业在与电信企业合作的过程中占据了运营的主导地位。在杭州的广电主导模式中，IPTV 业务由杭州华数公司独家经营，提供的业务包括数字电视和 IPTV 两类，具体形式可以分为“广播”和“点播”两种。

（三）自营模式

与上海的合作运营模式和杭州的广电主导模式都不同的是河南的自营模式。由于自身的各方面条件不及上海和杭州，河南的 IPTV 经营者在推广 IPTV 业务时采取了借助行政力量的办法，通过政府的支持实现了由电信运营商而不是广电企业来运营 IPTV。

具体的做法是，河南网通通过中组部的党建项目获得政府的支持，使它的 IPTV 经营不需要广电部门颁布经营许可，从而获得经营 IPTV 的自主权。在某种程度上它是一种电信主导模式，却又与杭州的广电主导模式有着本质区别。在河南的自营模式中，IPTV 的推广目标是农村的电视用户，这又与上海和杭州定位为城市家庭用户的目标不同。此外它提供的 IPTV 业务主要以党建内容和农村信息化内容为主，电视内容服务居于次要地位。

从以上三种运营模式可以看出，杭州的广电主导模式属于特例，无法在全国范围内推广。河南的自营模式则加强了网络运营商在 IPTV 产业链中的主导地位，使运营商能够自主承担运营任务，这样能够调动网络运营商的积极性，对于建立一个合理运作的产业链十分有利。然而，河南的自营模式毕竟借助了政府的力量，而且其主要市场都集中在农村地区。其他省市的网络运营商想要经营 IPTV，还是只能通过与广电企业合作的办法，这也是将来 IPTV 经营的政策制定需要面对的主要问题。

第二节　数字电视经营

早在几年前，国家广电总局就在做出的规划中表示要推广数字电视，逐渐取代已经落伍的模拟电视，并计划于 2015 年停止模拟电视的播出。如今模拟电视虽然没有被完全停播，但人们对于数字电视已经不再陌生。它已经融入普通百姓的生活中，为他们提供着高质量的电视节目，以及一些传统电视无法提供的服务。

一、数字电视概况

数字电视与传统电视不同，与网络电视（IPTV）也不尽相同。它采用了数字技术进行信息编码，保证用户接收到高质量的节目信息。由于安装了机顶盒和数字电视芯片，数字电视具备了和网络电视一样的交互性，但数字电视的经营者通常是广电企业，而网络电视的经营者大多为网络运营商。

（一）关于数字电视

作为一种新兴电视媒介，数字电视是在整个社会的经济和文化发展到一定阶段时应运而生，与之对应的是传统电视。传统电视媒介采用的是模拟电视信号，这种信号容易受到干扰，出现画面闪烁、清晰度低等问题，这在如今讲究用户体验的时代是难以生存的。而数字电视克服了传统电视的缺点，通过采用数字技术将电视信号进行编码和调制处理，保证了信息的传播质量。

与传统电视相比，数字电视有三个突出的优点。首先是传播质量高、信息误差小。其次是频率资源足，节目数量多。这都是由于数字电视采用了数字技术编码信号，使得电视信号不易受到干扰，而且同一信道内允许通过的信号数量大大增加。最后，数字电视具备传统电视不具备的交互性。传统电视采用的是“我播你看”的传播模式，用户只能被动地接收信息；而在数字电视中，用户可以根据自己的需求搜索、点播信息，主体地位得到凸显。

根据信号传输的方式，数字电视可以分为地面数字电视（地面无线传输 DVB-T）、卫星数字电视（卫星传输 DVB-S）、有线数字电视（有线传输 DVB-C）。① 地面数字电视的特点在于可以实现移动接收；卫星数字电视的特点是覆盖面广，设备成本低；而有线数字电视的特点则在于通过光纤和电缆传输信号，保证了节目的接收质量。

较之欧美发达国家，我国的数字电视起步较晚，直到 21 世纪初才开始逐渐为人知晓。但因为中国有着巨大的人口基数以及广阔的电视市场，数字电视很快取代传统电视成为市场主流。根据有关研究者的调查，中国的数字电视发展经历了四个阶段：运营系统建设阶段（2000—2004），此时数字电视产业才刚刚起步，还需要进行调试与试运营；运营规模扩张阶段（2004—2006），这个阶段内数字电视用户数量得到了一定的增长；运营业务发展阶段（2006—2008），数字电视开始在全国主要城市普及；运营市场成熟阶段（2008—2015），到了这个阶段数字电视将在全国范围内普及，付费点播将得到全面发展。②

截至 2010 年，国内已有大部分城市进行了由传统电视向数字电视的转换，其中共有 106 个城市完成了转换。根据已有的研究数据，2010 年北京、天津、青海、海南、贵州、吉林等地的城市有线数字电视用户比例超过了 50%，全国数字电视用户数量突破了 5000 万。③

（二）数字电视竞争对象

新媒体时代媒介之间对于用户注意力的竞争异常激烈，数字电视需要与网络媒体、手机媒体、广播媒体、报刊媒体等众多新老媒体争夺用户。而在电视媒介领域，数字电视最大的竞争对象是电信行业推出的 IPTV。

IPTV 是在三网融合的背景下，电信行业与广电行业结合的产物。利用宽带网络向用户提供电视节目，打破了电视媒体与网络媒体的界限，使得 IPTV 在内容与技术上具备其他电视媒体望尘莫及的优势。就目前的形式来看，数字电视的市场份额仍然大于 IPTV，但随着国家三网融合战略的进一步执行，IPTV 大有超过数字电视的可能。但这并不是说 IPTV 将来会取代数字电视，因为数字电视网络化也是数字电视目前的一个发展趋势。相信

---

①杨豪.日本数字电视的发展及对中国的启示[D].重庆：西南政法大学，2008.

②③林曦.三网融合时代我国有线数字电视的营销策略[D].重庆：重庆大学，2010.

在不久的将来,IPTV与数字电视将逐步打破界限,走向融合,共同挖掘电视市场的价值。

(三)数字电视盈利模式

数字电视的盈利模式主要包括两个方面:一是提供增值服务,二是售卖智能数字电视及其相关产品。

第一个方面将是未来数字电视发展的主要方向:通过提供高清节目、付费点播、在线互动等业务,打破“二次售卖理论”的束缚,从除广告外的其他途径实现盈利。这样不仅能够保证用户的观看体验,还能帮助自身完成市场扩张。但是,就目前的情况看,广电行业提供的业务不仅种类单一,满足不了用户越来越分化的观看需求,而且互动性差,未能实现数字电视双向传播的特点。此外,长期习惯于以较低的收视费用观看电视的用户,能否接纳需要付费才能观看的数字电视节目,存在一个观念转变的过程。因此,要实现增值业务的稳定增长,数字电视运营者还有很长的一段路要走。

售卖智能数字电视及其相关产品则是数字电视实现盈利的另一条渠道。未来电视的发展一定是智能化、个性化的,从手机的发展演变过程就可以很清楚地预测电视在未来的发展方向。从目前国内的电视市场来看,大多数电视产品及相关配套设施还相当落后,这说明智能数字电视及相关配套产品还有相当大的市场,随着三网融合的进一步发展,数字电视未来的销售前景将呈现出一片光明。

二、数字电视产业链

经过这些年的发展,数字电视已经形成了一条较为完整的产业链条,从前期的节目制作,到后期的内容传播、效果测评,都有专门的公司去执行。一般认为,数字电视的产业链可以分为四个部分:内容提供商、设备提供商、网络运营商、终端用户。

(一)内容提供商

数字电视的内容提供商分为两大类:一类是各地的主流电视台,他们多数在政府的扶持下生产内容节目;一类是民营的电视节目制作公司与视频网站,他们完全按市场化运作,需要根据用户的喜好不断调整自己的节目内容与形式。由于数字技术的发展,数字电视可以承载比传统电视多许多倍的信息,这使得频道不再是稀缺资源,不仅内容提供商生产的内容可以更多地传播出去,丰富的内容也让用户有了更多的选择。可以说,正是由于数字技术的发展与数字电视的普及,催生了一大批数字电视内容提供商,而且他们中的大多数都是体制外的。

(二)设备提供商

设备提供商包括硬件提供商和软件提供商,前者为数字电视提供硬件设施,如数字电视机顶盒、数字电视芯片等,后者则为数字电视提供互动软件和点播软件等。在数字电视走向市场的过程中,设备提供商扮演了关键的角色,他不仅需要提供方便用户使用的硬软件设备,降低数字电视的使用门槛,同时还需要进行相关的网络改造、技术研发、硬件升级,保证数字电视能够顺利投放市场。

（三）网络运营商

数字电视业务的开展需要一个网络平台提供支撑，这个工作就是由数字电视的网络运营商来负责完成。除了搭建与经营这个平台，网络运营商还需要做的是保证用户能够顺利地接收到来自内容提供商传输过来的信息。为此，他们需要经常进行信息传输网络通道的建设与维护，保证信息的顺利传输。

（四）终端用户

用户是数字电视的使用者，是节目内容与硬软件设施的消费者，也是网络运营商的服务对象，因此在整条数字电视产业链中，用户是其他所有环节的目标与归宿。数字电视的终端用户由于使用的媒介不同，呈现出与传统电视用户不同的特点：首先，他们不再是被动地获取信息，而是可以根据自己的信息需求进行点播服务；其次，数字电视中增加的互动业务使得用户更容易与数字电视运营者以及其他用户展开交流与互动。

三、数字电视经营模式

数字电视的经营不同于传统电视，前者的情况更加复杂。传统电视只需要一台电视机即可完成信号接收，而数字电视需要机顶盒等硬件设施才能播放节目。不仅如此，由于信息服务形式更加多样，承载这些多元化节目的数字电视需要用新的思路去经营。

（一）典型经营模式

在目前国内的数字电视市场中，有几种比较成功的经营模式，它们分别是青岛模式、佛山模式与杭州模式。由于这几座城市在短时间内推广普及了数字电视，因而备受业界与学界的推崇。

1.青岛模式

青岛模式是青岛有线网络公司在结合青岛实际情况的基础上摸索出的一条数字电视运营模式，核心思路是为人们免费提供数字电视机顶盒。具体的做法是：以社区为单位，由广电部门采购机顶盒后统一进行推广，社区的每户居民可以免费获赠一台数字电视机顶盒，同时每户每月增加收视维护费 10 元钱。① 由于获得了国家的贷款支持，通过免费发放机顶盒，青岛的数字电视市场迅速扩张，在不到一个月的时间就发展了 2 万多用户。

受益的不仅是青岛的数字电视经营者，还有消费者本身。在使用数字电视机顶盒后，青岛的电视频道数量翻了一倍，同时电视不再只是一个单纯的信息接收平台，而成为集公共传播、信息服务、文化娱乐于一体的家庭多媒体信息终端，消费者足不出户就可以享受到各种信息服务。

2.佛山模式

佛山模式沿用了青岛模式中免费发放机顶盒的做法，并在青岛模式的基础上进行改良，使之符合佛山电视市场的特点。

---

①蔡文娟.国内数字电视内容提供商运营模式分析[D].广州：华南理工大学，2012.

与青岛模式不同的是，佛山数字电视的经营者从一开始就积极寻求机顶盒制造商和各类基金的帮助，在向用户收取少量费用的同时完成由模拟电视向数字电视的转换。比起青岛模式由国家无偿贷款驱动，佛山模式吸引资金的办法则显示出完全市场化运作的特征。在实施转换一年后，佛山的数字电视用户达到了15万户①，取得了不错的普及率。

3.杭州模式

无论是青岛模式还是佛山模式，都存在一个严重的问题：它们采用各种方法完成了数字电视的普及，却没能考虑到整体盈利的问题。青岛模式通过国家贷款实现数字电视推广，却没能在数字电视的增值服务上取得突破；佛山模式靠第三方投资者取得资金，却由于利润分成太多而难以实现盈利。正是在吸取二者经验教训的基础上，杭州模式应运而生。

与前面二者不同的是，杭州模式从一开始就将数字电视定位为家庭多媒体信息终端。杭州数字电视运营商——华数数字电视传媒集团将“广播”和“交互”两种服务方式合二为一，在数字电视平台实现了单向传播与双向沟通的结合，这在全国属首例。不仅如此，华数数字电视传媒集团还将频道内容分为公共服务频道和市场服务频道，前者属于“广播”服务模式，由政府出资运营，收视价格保持不变；后者则属于“交互”服务模式，包括付费点播与视频播放等内容，其定价完全交给市场。由于合理安排了数字电视市场的各个环节，保证了各方面的利益，使得杭州模式不仅赢得了用户的支持，也在业界和学界得到了很高的评价。

（二）典型经营模式的启示

从以上三种典型的经营模式可以看出，各地由于实际情况不同，采取了不同的数字电视经营策略。从中得出的一个很重要的启示是：确定投资主体问题对于数字电视的经营发展至关重要。上文已经分析到，数字电视市场存在着一条产业链，而产业链上的每一个环节，例如内容提供商、设备提供商都很重要。要保证这些环节能够正常运转，需要投入大量的资金。在青岛模式中资金由政府提供，而佛山模式则选择向第三方投资者寻求帮助。但这两者都存在缺陷：青岛模式中容易出现权责不明的问题，而佛山模式则由于投资者的盈利目的，使自身陷入难以盈利的困境。杭州模式在借鉴二者的基础上，通过挖掘用户的潜在需求，提供付费内容满足这些需求，从市场那里获得运作资金，在保证盈利的同时实现数字电视的推广普及。

这里并不是说杭州模式就是最好最合适的经营模式，因为即便让市场来为数字电视的扩张买单，前期依然需要一个较大的投入，而且这个投入也是有风险的。每个城市有自己的实际情况，需根据情况采取适合自身的经营模式。

---

①蔡琦.数字电视“杭州模式”的范式价值探究[D].杭州：浙江大学，2010.

第三节　楼宇电视经营

江南春的分众传媒，让人们迅速知晓并熟悉了一个新事物——楼宇电视。这种新的媒体形式在短短数年内席卷了全国各大城市的写字楼、住宅区、餐厅和宾馆，并出现了向其他媒介形式扩张的趋势。它为广告市场带来了新的商机，也为媒介市场带来了终端媒介网络的完善，对整个传媒行业产生了巨大的影响。

一、楼宇电视概况

楼宇电视是传统媒体在新媒体时代取得的一次重大突破，它摆脱了传统媒体的缺陷，使广告传播变得精确、有效。这使它获得了市场的认可与资本的青睐，并在不到五年的时间里铺成了一张覆盖全国的巨大传播网络。

（一）关于楼宇电视

楼宇电视从传统的电视媒体中分化而来，一方面它继承了电视媒体的特点，集图像、音频、视频于一身，以多种媒体形式传播信息；另一方面，由于传播环境不同、传播对象不同，楼宇电视有时能够产生传统电视无法达到的传播效果。一般认为，楼宇是指安装在写字楼、住宅区、餐厅和宾馆等公共场所的电梯入口或电梯内壁，用于播放商品信息广告的移动电视终端。

早在 2002 年，中国领先的数字化传媒集团——分众传媒率先在国内推广楼宇电视，尝试这种分众化传播模式。楼宇电视的潜在价值很快被市场发现，一时间涌现出不少经营楼宇电视的传媒公司，其中以分众传媒和聚众传媒最为突出。两家传媒公司在不到两年的时间内将触手延伸至全国 30 多个城市的 1 万多座写字楼，广告订单也如雪片般纷纷飞来。快速扩张的背后，是公司与公司之间的相互兼并与收购：2005 年，分众传媒收购框架传媒，同年在美国成功上市；2006 年，分众传媒以总值接近 1.83 亿美元的价格收购了国内楼宇电视市场的最大竞争者——聚众传媒，确立了它在楼宇电视市场的垄断地位。

然而好景不长，楼宇电视在经历了五年左右的飞速扩张后，很快陷入发展瓶颈：以智能手机为代表的新媒体不断从楼宇电视市场抢夺用户资源；而过度的广告播放使用户逐渐失去了对楼宇电视的关注与兴趣。2008 年的全球金融危机更是给了国内楼宇电视市场沉重一击，楼宇电视市场的缺陷被彻底地暴露出来。受到金融危机冲击的分众传媒股价一度跌至 4.8 美元，当时的总市值仅为 12 亿美元，不得不寻求与新浪公司合并。两者计划以股票置换的方式完成合并，但合并方案最终却未能敲定。2009 年 9 月，分众传媒与新浪共同宣布终止合并，结束了长达一年的谈判。

（二）楼宇电视的特征

快速扩张的背后，是楼宇电视巨大的发展潜力。国际投资巨鳄们之所以青睐中国的楼宇电视市场，也正是因为看中了这一点。要分析楼宇电视的发展潜力，则必须从楼宇电视的特征说起。

首先，传播对象为社会精英群体。由于楼宇电视往往安装在商务写字楼、高档小区的电梯口，受众多为具有较高消费能力的人群，因而更容易受到广告主的追捧。楼宇电视通过占据合适的传播地点，实现了信息的分众化传播。由于实现了传播对象的区隔，楼宇电视的广告传播更容易命中目标群体，避免了广告资源的浪费。

其次，传播环境相对封闭。安装在室内的楼宇电视，由于环境较为封闭，因而具备强制性传播的特点。人们在等候电梯的这段时间，注意力处于空闲的状态，此时楼宇电视上播放的内容很容易抓住人们的眼球，将广告信息传递出去。较之电梯口的楼宇电视，电梯内壁楼宇电视的传播环境更加封闭，充分利用人们在电梯里不到一分钟的停留时间，往往能比大肆地广告轰炸取得更好的传播效果。

最后，传播内容时效性强。传统的电视媒体在编排节目时，往往需要将各种因素考虑在内，而且一经播出就难以改变，表现出一定的滞后性。楼宇电视则不存在这个问题，仅需要插上存有广告视频的 U 盘，楼宇电视上的内容便能马上更新，这使得传播内容的时效性得到了保证。后来采用的无线数据传输技术，将整个区域的楼宇电视连接成一张巨大的联播网络，广告内容可以通过远程操作随时更换，进一步突显了楼宇电视的实时传播特点。

二、楼宇电视经营困境

楼宇电视的发展从一开始就带有快速扩张的特征，这为它将来面临的经营困境埋下了伏笔：一是行业准入太低，没有技术壁垒，这使得竞争者们将目光全都放在跑马圈地上；二是快速扩张的背后，楼宇电视经营者忽视对内容的建设，导致核心竞争力缺失，受众在感到短暂的新奇后迅速将它忽视。

（一）核心内容缺失

由于占据有利的地理位置，楼宇电视经营者从一开始就没有对传播内容给予太多关注。分众传媒创始人兼 CEO 江南春曾说过："如果你能抓住人们片刻无聊的时间和空间，把握住这样的片刻的无聊的时候依旧可以创造一个巨大的市场。你不必为了 1 小时的内容来赢得吸引他 5 分钟关注广告的时间。"①由此可以看出这位中国楼宇电视的先驱并没有将工作的重心放在媒介的内容上面，这为日后楼宇电视的经营困境埋下了伏笔。

由于没有具体的节目内容，楼宇电视上面所有的信息都是广告。这些广告因为要做到吸引人们短暂的注意力，通常制作得十分简短，这使得楼宇电视上的广告具有较高的重复播放频率。短期的重复播放的确可以起到引起人们注意并加深对广告商品印象的作用，但人们对于广告的容忍度是有限的。空洞乏味的广告被经营者以很高的频率重复播放，很快就会遭到人们的反感。没有核心内容的楼宇电视如同一篇华而不实的新闻报道，短时间内可能会吸引到一些眼球，一旦人们发现上面并没有太多吸引他们的内容时，很快就会将注意力转到其他地方。根据一项研究统计，主动观看楼宇电视的受众比例自楼宇

---

①江南春.生活接触点媒体的崛起[J].中国广告.2006(5):43—46.

电视诞生之日起就在不断下降，在不到三年的时间里，便跌至44%。[①] 由此可见，楼宇电视在经历快速扩张后迅速陷入发展瓶颈，与其经营者不注重内容建设是分不开的。

（二）未能实现分众传播

楼宇电视较之传统媒体的巨大优势在于它完成了受众分化，实现了分众传播。但这种受众分化是不完全的，甚至可以说是不合格的。在一栋写字楼内，不同企业的员工可能存在巨大的收入差异。不仅如此，清洁工、快递员，各类低收入人群同样也是楼宇电视的传播对象。显然，那些高端消费品广告对这类人群的传播是无效的。这里仅仅以收入水平作为评价标准，而没有将其他人口统计学变量以及兴趣爱好等因素考虑在内，如果算上它们，会发现楼宇电视的分众化传播策略进行得如此不成功。

未能实现分众传播并非经营者的主观意愿，这与楼宇电视自身的缺陷和广告市场的激烈竞争也有关系。一方面，楼宇电视是从传统的电视媒介中分化而来，天生带有大众传播媒介的特点。因此，在差异化传播方面，远不如高度个性化的手机媒介做得好。另一方面，楼宇电视早期具有的高投资回报率，使得楼宇电视广告市场的竞争异常激烈。最终广告主们在竞争中实现两极分化，楼宇电视的内容长期被少数广告主垄断着。这种垄断经营使得广告信息趋于一体化，要实现差异化传播自然无从谈起。

（三）传播效果不佳

楼宇电视虽然处在一个封闭的环境，传播活动具有强制性，但这并不意味着它能取得理想的传播效果。由于不注重内容建设，广告重复频率太高，楼宇电视上的内容很容易遭到人们的忽视。根据有关研究者的调查，人们在习惯了楼宇电视广告的聒噪后开始漠视它的存在。即便是完整地看完一个广告，也没有留下什么印象。[②] 手机媒体的出现无疑加剧了楼宇电视的受众流失，越来越多的人选择在等候电梯时使用手机媒体，而不是观看满是广告的楼宇电视。

此外，即便取得了认知层面的传播效果，楼宇电视在态度和行为层面的传播效果也并不理想。广告的强制性传播使得人们在一定程度上加深了对产品的印象，提升了产品知名度，但这对于促进购买也许并无多大帮助。根据以往的研究数据，研究者对不同媒体进行了促成购买行为的影响力评分，结果依次为电视(3.71)、网络(3.54)、报纸杂志(3.10)、楼宇视频(2.66)，楼宇电视的表现比其他媒体都要差。[③] 难以实现认知层面效果向行为层面效果的转化，同样成了楼宇电视陷入经营困境的原因之一。

三、楼宇电视经营的出路

想要提升传播效果，打破经营困境，楼宇电视经营者需要从多个方面下手。既要开始注重节目的质量，也要不断丰富节目的形式，同时还应当积极拥抱其他几种新媒体形式，

---

①韩彪，彭舒琦.试析楼宇数字电视的发展前景[J].当代电视，2010(6)：47—48.

②樊兰.分众传媒：是蓝海还是泡沫？[EB/ OL].牛津管理评论.http：//management.maino，2007-05-11.

③郝石水.从市场细分看保定楼宇电视的发展策略[J].当代电视，2008(6)：78—79.

在合作的基础上共同开发受众资源，实现互利共赢。

（一）提供多元内容

楼宇电视要实现吸引受众眼球、达到传播效果的目的，必须改变目前循环播放广告的现状，以多元化的内容应对受众的审美疲劳。大众传播媒介最初是作为提供新闻与信息的工具才得以蓬勃发展，楼宇电视也不例外。如果将广告而不是信息作为首要的传播内容，未免本末倒置，丧失了媒介的信息服务功能。

具体而言，楼宇电视可以根据一些规律化的时间点，例如上下班时间、午餐时间，播放一些与人们生活紧密联系的内容，例如天气预报、生活资讯，以及一些突发事件的报道。在收视高峰期为人们提供需要的信息，最大限度地唤起人们对楼宇电视的关注。

当然，提供多元内容的成本会导致楼宇电视广告内容的减少，楼宇电视经营者的收入下降。这就需要经营者在提升关注度与收入减少之间寻求一个平衡点，在成本可控的范围内，最大限度地提升传播活动的质量与效果。

（二）丰富节目形式

不注重内容建设的另一个后果是广告形式单一，缺乏吸引力。传统的叫卖式广告早在传统媒体时代就已经被证明存在缺陷，容易使受众产生厌烦情绪。然而，这种广告形式却在一些新媒体上大行其道，楼宇电视便是其中之一。经营者依仗自身的媒介优势与传播优势，认为单向度的传播仍能产生很好的效果。这种观念急需改变，因为交互性和多样性已经成为这个时代的媒介主题，楼宇电视想要在激烈的媒介竞争中蓬勃发展，必须进行转变。

首先，可以借鉴电影媒体上的植入广告形式，将广告信息隐藏在一则短小的故事中，受众在看完故事的同时，也受到了广告信息潜移默化的影响。目前越来越多的企业开始制作这类宣传企业信息的故事视频，说明这也是广告在这个时代的发展趋势。其次，可以采用网络媒体上的浮窗广告形式。楼宇电视在播放新闻节目等内容时，在屏幕右下角设置一栏浮窗广告，这样不会影响人们的观看体验，也可以将对广告内容感兴趣的人们吸引过来。最后，可以使用手机媒体上的二维码广告形式，想要了解广告的详细内容，需要扫描二维码。这样不仅实现了广告受众的细分，也提升了广告的参与性，保证了广告的传播效果。

（三）同其他新媒体合作

以往的传播实践已经证明，单一媒介的传播活动很难再产生大众传播时代的效果，想要高效地传播广告信息，必须采取媒介合作的方式。楼宇电视首先要同网络媒体合作。及时更新内容，并播放一些时效性强的信息，网络技术的发展与楼宇电视终端网络的铺就使之成为可能。其次要与手机媒体展开合作。利用手机媒体互动性强的特点，通过扫描二维码等形式，吸引人们对楼宇电视播放内容的关注。此外，手机媒体的其他功能，例如LBS(基于位置的服务)功能也能与楼宇电视的内容结合，通过播放附近店铺的新品上市，打折促销等信息，将线上的用户引流至线下的实体店铺，实现O2O。

第四节　车载电视经营

作为一种新媒体形式，车载电视在许多方面与楼宇电视有着共同之处。例如，他们都是在一个封闭的环境下进行传播，都经历了21世纪初的飞速发展。但两者还是存在一些差异，这些差异是由车载电视自身的媒介属性与车载电视的传播环境共同决定的。

一、车载电视概况

与上面介绍的几种新媒体形式一样，车载电视的发展时间很短，直到21世纪初才开始起步。相似的是，车载电视由于具有传统电视无法比拟的优势，很快便在中国乃至全世界的范围内掀起一股移动电视的发展高潮。

（一）关于车载电视

关于车载电视，比较有代表性的是华中科技大学涂光雍教授的观点，他认为“车载电视就是在公交车上运用一定的技术性载体向公交车上的乘客提供最新的资讯”。本书认为，车载电视是指安装在公交车、出租车、轻轨、地铁等公共交通工具上，采用数字技术与移动通信技术进行信息传播的一种移动电视媒介。与传统电视不同的是，采用了新媒体技术的车载电视能够在高速移动的过程中接收与传递信息，同时保证信息传播的高质量。由于挖掘到“人们乘坐公共交通工具出行时的剩余注意力”这一市场空白，车载电视很快开辟了一个新的收视市场，并在这个新的传播阵地牢牢地站稳了脚跟。

与传统电视相比，车载电视主要有三大特点：

首先，封闭的传播环境，保证了信息的强制性接收。由于传播对象处于狭小的交通工具内，无论主观上同意与否，都很难回避车载电视传播的信息。车载电视上播放的广告，即便传播对象有心不去看图像，也很难避免广告的声音传入耳中。而对传统电视而言，用户可以轻易地选择换台或者走开。车载电视的信息传播具有强制性，这点与楼宇电视有共同之处。

其次，开放的受众资源，拓展了信息的传播范围。传统电视的传播对象较为固定，主要是一个家庭的各个成员。而车载电视的传播对象并不固定，其传播范围随着交通工具的移动而获得极大的拓展。公共交通工具每到一个站点，会有一批乘客上下车，这使得车载电视的受众群体始终处于变化之中。不断更新的受众群体使得车载电视能够将信息尽可能多地传递出去，从而扩大了信息的传播范围。

最后，低廉的传播成本，提升了广告传播的回报率。经过数十年的发展，传统电视行业已经形成了一个较为稳定的市场，传播资源主要集中在少数集团的手中。要在传统电视上刊登一则信息，需要承担高额的费用。这种情况在车载电视市场很少出现。尼尔森公司（The Nielsen Company）在2008年进行的一项收视率调查，在中国经济最活跃的

11 个城市，无论是千人成本还是收视点成本，车载电视的广告投放成本都要远远低于传统电视。[①]

（二）车载电视的发展轨迹

一般认为，新加坡是最早将车载电视投入使用的国家。早在 2001 年，新加坡就在 1500 辆公交车上安装了车载电视。由于具有传统电视无法比拟的优越性，这种新的信息传播形式很快在全世界范围内普及，并成功开辟了新的广告市场与传播阵地。

2003 年元旦，上海东方明珠移动电视开播，在国内传媒界引起一阵轰动。它是中国第一个公交车载频道，上海也因此成为中国首个、全世界第二个普及车载电视的城市。

自 2003 年开始，国内的车载电视频道如雨后春笋般纷纷出现。截至 2007 年 2 月，全国共有 40 多个城市在公交车上安装播放车载电视。车载电视广告的独特优势和发展前景也逐渐为市场所认同，越来越多的广告主选择在车载电视上刊播广告，从而进一步扩大车载电视的市场容量。

根据传统中国网的统计，2006 年国内车载电视的市场销售量已经达到 18.8 万台。而 2008 年北京奥运会的召开，则将车载电视的发展推入了一个新的高潮。北京奥运会期间，车载电视通过赛事实时转播、展示选手风采等多种节目形式，吸引了一大批新的受众，成为继网络、电视、广播、报纸之后人们获取奥运会信息的第五大渠道。

此后几年里，国内的车载电视行业继续保持稳定的市场份额增长，截至 2011 年，国内车载视听系统终端的数量已累积达到 54.6 万台。[②] 不仅如此，行业的稳定发展也催生出了诸如世通华纳、东方明珠、北广传媒、巴士在线、华视移动等一批具备相当竞争力的传媒集团。在车载电视今后的发展中，它们将充分发挥领头羊的角色，带领车载电视行业不断前进。

二、车载电视经营现状

虽然车载电视发现并快速地开辟了公共交通工具上的这块传播阵地，并能积极利用自身的特点，与其他传播媒介形成优势互补，共同开发用户资源。但是，车载电视自身的局限性，逐渐限制了它的发展，并带来了一系列的经营问题。

（一）车载电视经营问题

在经历了 2006 至 2012 这 6 年间的快速发展后，媒体人和广告人逐渐意识到，车载电视并非像人们期望的那样具备广泛的受众群体与良好的传播效果。相反，车载电视虽然拥有这么多潜在的传播对象，但真正观看并记住传播内容的受众却少之又少。不仅如此，车载电视虽然拥有如此大的传播网络，每天进行着可以媲美传统电视的大众信息传播，可在影响受众的认知、态度和行为方面，车载电视的传播效果就要大打折扣了。

首先，嘈杂的外在环境影响了信息的传播质量。与传统电视封闭的传播环境不同，车

---

①边绍萍.公交车载电视广告传播现状分析及发展建议[J].新闻界，2010(3)：159—160，186.

②曹江漫，唐建军.浅析公交移动电视奥运会报道[J].今传媒，2011(12)：83—85.

载电视是在一个相对开放的环境里进行信息传播。这是它的优势，同时也能成为它的劣势。拥挤的车厢使得人们无法集中注意力观看车载电视，即便人们能够集中注意力，吵闹的环境也会使得人们听不清车载电视上播出的内容。此外，乘坐公共交通工具出行的人们，内心不及坐在家中时平静，有可能将车载电视上播出的内容视为另一种噪音，并因此产生厌恶情绪。

其次，过多的广告影响了受众的观看体验。依仗着自身的强制性传播优势，在车载电视播放的内容中，广告所占比例远远高于其他媒体。例如，上海东方明珠移动电视在其播出的节目中嵌入广告的比例占到节目总量的30%。① 而且由于公共交通工具上的传播媒介较为单一，媒介广告市场缺乏竞争，车载电视的运营者很少在广告的趣味性和互动性上下功夫，而是沿用了传统电视上的"口号式"广告。这种单向度的广告不仅影响观看者的用户体验，而且容易遭到人们的忽视与回避。

最后，节目的编排未能实现受众细分。迄今为止，车载电视仍然采用的是一揽子的传播策略，未能根据受众的特征进行内容的细分，实现信息的有效传递。虽然公共交通工具上的乘客具有很大的异质性，但在某个时间段内仍能表现出相同的特征。例如在早晚上下班的时间，车上的乘客以学生和白领居多；而在上午9点至11点间，是家庭主妇和老师出行的高峰期。不仅如此，地理因素也会影响乘客的整体特征。例如在旅游专线上，游客的数量普遍要多一些；而在工业园区专线上，技术人员与工程师的数量要大于其他类型的乘客。车载电视如果不意识到这些细分后的群体，仍然不加区分地传播信息，最终将沦为一种单向度的大众传播工具。

（二）车载电视案例介绍

作为国内首个普及车载电视的城市，上海始终走在国内车载电视行业的前列。2003年元旦，经国家广电总局批准，国内第一个移动电视商用系统——东方明珠移动电视正式开播。下面对东方明珠移动电视做一下简短的介绍：

东方明珠移动电视播放的内容主要是新闻资讯、生活信息、趣味节目、商品广告四大类，其节目来源主要包括中央电视台、东方卫视等主流媒体，也有一些自制的节目。根据有关研究者的统计，上海东方明珠移动电视共开办栏目40多个，涉及经济、文化、民生等多个方面，其中自制节目占节目总数的23%，在国内车载电视行业处于领先地位。②

开办10多年来，东方明珠移动电视一直优化经营方式，以增强自身的传播力。例如在定位上，将受众定位为短暂停留的乘客，通过调整播放节目的时长使得受众能够更容易接受；在技术上，采用数字单频网传输技术，保证节目播放的质量；在市场上，不断开拓新的收视终端，扩大传播面。功夫不负有心人，2008年在首届中国国际新媒体节上，东方明珠移动电视斩获了"中国新媒体年度十大品牌"和"中国五大最具投放价值新媒体"两项大奖。③

然而，这些年随着智能手机的兴起，东方明珠移动电视的受众严重流失。人们在乘坐

①梁思思.上海公交车车载电视信息传播浅析[J].广西大学学报(哲学社会科学版)，2007(S2)：5—6.

②梁思思.上海公交车车载电视信息传播浅析[J].广西大学学报(哲学社会科学版)，2007(S2)：5—6.

③东方明珠移动电视获"中国五大最具投放价值新媒体"殊荣[J].新经济导刊，2009(1)：88.

交通工具时不再观看车载电视，而是选择用手机刷微博、看朋友圈等。智能手机作为一种新媒体，其交互性与便捷性是其他媒体无法比拟的，过去具备媒介优势的车载电视在它面前显得像传统媒体那般无力。如何抵抗手机媒体的冲击，究竟是全力同它争夺用户，还是同它合作共赢，这些是现阶段的东方明珠移动电视亟待思考与解决的问题。

三、车载电视经营的发展趋势

虽然面临受众流失、传播乏力等问题，但在开发交通工具上的注意力资源方面，车载电视取得的成就还是有目共睹的。由于具有强制传播、受众面广等优势，车载电视依然能够在媒介竞争日益激烈的环境下占有一席之地。在将来的运营中，车载电视应当在形式、内容与编排这三个层面改进自身的传播策略，以抵抗手机媒体的冲击，稳住自己在公共交通工具上的第一媒介地位。

（一）突出碎片化特征

“碎片化”是进入 21 世纪以来，随着互联网的发展而产生的概念，它指的是原本整体的事物变得零散，整个社会由“一元性”向“多元性”过渡。新媒体时代的传播环境也是这样，人们不再关注相同的内容，对每则内容的关注时间也变得越来越短。车载电视需要把握新媒体时代的这一传播特征，在传播内容的形式上突出“短、平、快”的特点。人们在乘坐公共交通工具时，往往只有短暂的停留时间，注意力也很难长期集中在车载电视上。这需要车载电视更新播放内容的形式，以短小、简洁、碎片化的内容，迎合人们的信息需求。

（二）增强视觉性体验

封闭的空间虽然有利于信息的强制性传播，但由此带来的喧闹环境却严重影响了信息的传播力。然而，这对车载电视来说并非无法克服。运营商在制作节目内容时，可以充分发挥字幕的作用，帮助乘客获取信息。在播放新闻资讯与生活信息时加上清晰的字幕，能够保证信息的有效接收。在播放广告时同样如此，字幕能够使广告信息一目了然，而不需要听清楚广告到底在说什么。此外，在安排车载电视上的内容时，可以更多地选择视觉体验较强的节目，例如魔术杂技、恶搞视频等。这一类节目主要通过画面传播信息，无须借助音频，因而适合在车载电视嘈杂的媒介环境下传播。

（三）提升内容服务性

在内容层面，车载电视经营者需要做的另一点改变是提升传播内容的服务性和针对性。大众传播媒介之所以能够繁荣发展，是因为它能够服务大众，满足人们的新闻需求和信息需求。车载电视市场能够快速扩张，与出行人们的信息需求也是分不开的。因此，在制作节目时，车载电视应当注重发挥节目的服务功能，通过天气预报、物价信息等内容，为乘客提供实用的信息。只有为乘客提供他们需要的信息，车载电视上播放的内容才会有人观看，而不至于遭到回避。

（四）合理编排节目表

在编排层面，车载电视经营者还应当根据乘客的特点合理地编排节目表。例如，在早晚高峰期，由于乘客多为学生和白领，可以多播放一些他们喜爱的新闻资讯与娱乐资讯；9点之后可以多播放一些适合老年人观看的养生类节目，以及家庭主妇感兴趣的实时物价信息。总之乘客的属性会在某些时间段上表现出一致性，车载电视需要根据乘客的特征来编排节目表，以便合理配置传播资源，实现信息的精准传播。

【知识回顾】

在本章里主要讲述了网络电视、数字电视、楼宇电视、车载电视四种数字电视的基本情况和经营方式，并对它们的发展趋势提出了合理的设想。对于网络电视而言，要继续依托互联网的优势资源，不断壮大自身，同时政府也需要在网络电视经营权问题上给予电信运营商更大的自主权，保证它们能够不受广电企业的束缚，实现独立发展。数字电视则需要继续摸索适合自己的经营道路，运营商们应当根据所在地的实际情况制定策略，同时也要明确投资主体的问题。楼宇电视需要注重自身的内容建设，而不是一味地播放广告，同时还需要积极地同手机媒体合作，发挥自身的独特优势。车载电视的内容建设同样不容忽视，运营商应当在内容的碎片化、视觉性、服务性等方面入手，同时精心安排节目的播放时间，保证资源的合理配置与信息的精准传播。

【思考题】

1.IPTV与数字电视的区别是什么，它们有哪些特征？

2.在数字电视的几种典型经营模式中，你认为哪一种最合理？ 并说明理由。

3.楼宇电视在经历了快速扩张后很快陷入经营困境，原因是什么？

4.如今在智能手机如此普及的情况下，你认为车载电视媒体还有存在的必要吗？

第十二章
手机媒体经营

【知识目标】

☆手机媒体的基本概况。

☆手机媒体产业链及经营模式。

【能力目标】

1.整体上把握手机媒体的发展概况。

2.了解手机媒体产业链的具体构成及其演变。

3.了解手机媒体的盈利模式及其主要业务类型。

【案例导入】

2014 年 5 月底，微信在官网发布了微信小店的新功能。已接入微信支付的公众号，可以在服务中心申请开通微信小店功能。微信小店基于微信支付，包括添加商品、商品管理、订单管理、货架管理、维权等功能，开发者可使用接口批量添加商品，快速开店。在推出微信小店的功能之前，微信已经陆续推出了多客服功能和投票功能。从微信 5.0 版本接入微信支付和整顿公众号开始，微信就朝着电商的方向发展了。

目前，微信服务号运营的主体主要是有工商注册的企业。在微信小店发布之前，这些企业在微信平台上开店的想法已经十分强烈了，但由于没有合适的平台，这些企业便将交易环节引向了第三方平台。微信小店的建立会让基于微信产生的交易行为在整个微信的封闭环境中完成，使得微信在成为电商的道路上又迈出了很大一步。

有观点认为，微信小店直接的竞争对象是天猫商城。的确，随着微信电商的不断发展，作为其竞争对手的电商企业们都警惕了起来。事实上，随着微信电商业务的发展，除了直接竞争者必须重新审视市场环境以外，微信的第三方服务商，甚至于“同门”的腾讯风铃、微生活等都必须重新思考自己的出路。

第一节　手机媒体发展概况

1973 年，马丁·库帕发明了手机。直到今天，在短短 40 多年的时间里，手机已经从简单的通信工具发展成为一种新型的大众媒体，并且昭示出未来无限的前景。手机媒体的发展依托于移动互联网，这不仅使得手机媒体相对于其他媒体有了许多显著的特点，而且伴随着移动互联网的发展，手机媒体也拥有了其独特的发展轨迹。

一、手机媒体的概念

手机媒体，从其字面意义上来看，最简单的解释就是一种以手机为载体的媒体。然而，目前学界尚无一个权威的定论来定义手机媒体。

有学者从技术角度来解读手机媒体，如“手机媒体作为新时代高科技的产物，是在电信网和互联网融合的基础上发展起来的一种新型大众媒体”。又如“手机媒体是一种通过宽带流媒体技术，集合网络和传统媒体功能于一身，向用户进行数字化传输图像、文字、音频等信息的新媒体”。高丽华从媒体经济和媒体经营的角度出发，认为手机媒体是“以移动为核心，以无线网络为纽带，以语音、数据和多媒体增值业务为内容，以手机为通信、信息和娱乐多功能智能终端，以媒体生产与媒体消费中的受众双重互动性为特征的传播媒体”。朱海松从信息传播的角度来定义手机媒体，认为手机媒体是“以手机为视听终端、以手机上网为平台的个性化信息传播载体，它是以分众为传播目标，以定向为传播效果，以互动为传播应用的大众传播媒介，亦称移动网络媒体”。

童晓渝将手机媒体与其他大众媒体进行比较，认为报纸、广播、电视和网络为传统的四大媒体，手机媒体是新兴的第五媒体。即认为手机媒体是一种新的大众媒体。《第五媒体原理》一书认为，“伴随移动通信技术及手机终端的日益发展，手机增值服务概念在不知不觉中使得手机从单一话音媒介向短信、彩信、图铃及多媒体视讯等多元化媒介转变。在此过程中，手机通过对传统媒介传播形态的整合而日益具备了媒体的特征，成为继第四代传播媒体——互联网之后的新兴传播媒体。具体而言，这种整合主要体现在手机传统的话音通话功能、手机短信对文本信息的呈现及手机多媒体视讯终端的日益成熟。这种整合给人们的社会生活带来了巨大的影响，而且由此揭开了人类传播历史的新篇章——移动传播时代”①。这一观点不仅指出了手机媒体对其他大众媒体的整合，而且强调了整合基础上的创新，这正是手机媒体能够独立于传统的四大媒体成为第五媒体的根本之处。

但另一种观点却认为手机媒体并非第五媒体，而是网络媒体的延伸。而关于手机媒体到底是一种新的大众媒体，还是仅仅是网络媒体的延伸这一争论，在学界长期存在着。匡文波在《手机媒体概论》中提出“手机是具有通信功能的迷你型电脑，手机媒体是借助手机进行信息传播的工具。手机媒体并非独立的媒体形态，即并非第五媒体，而是网络媒体的延伸”。“手机媒体也只能成为信息海量的网络媒体新的组成部分，否则它将面临信息贫乏的难题”。同样在《手机媒体概论》中匡文波又提到“手机媒体要取得良性发展，还需解决终端限制、商业模式不成熟、信息内容缺乏、监管缺位等一系列问题。只有解决了这些问题，手机媒体才能真正走向成熟，成为真正意义上的‘第五媒体’。而 3G(The 3 Generation Mobile Communication Technology，即第三代移动通信技术)将是解决这些问题的东风和助推剂”。而目前，3G 已经普及，4G(The 4 Generation Mobile Communication Technology，即第四代移动通信技术)方兴未艾。智能手机的普及率不断增高，手机媒体的经营也逐渐形成了成熟的模式，基于手机媒体平台产生了许多独特的手机媒体形态和内容，形成了特有的媒体生态。因此，现在再谈手机媒体是网络媒体的延伸，语境已经失

①童晓渝，蔡佶，张磊.第五媒体原理[M].北京：人民邮电出版社，2006.

去了。美国媒介理论家保罗·莱文森甚至认为“从长远来看，互联网可以被看成仅是为手机服务的一个功能而已”。

笔者认为，对于手机媒体概念的多种解释和争论是由于随着技术的进步手机媒体本身的内涵总是在不断地向外延伸。手机媒体本身就是一个不断演变着的事物。

二、手机媒体的特征

手机媒体在内容上整合了纸质媒体、广播媒体、电视媒体和网络媒体，因此在一定程度上集中了传统四大媒体的优势。并且，由于手机媒体同样依托于互联网，因此也表现出许多与网络媒体相似的特征。但又由于手机媒体是移动通信与移动互联网的结合，这使得手机媒体具有了一些区别于其他任何媒体的特征。

（一）移动性与便携性

人类有两种基本的交流方式：说话和走路。可惜，自人类诞生之日起，这两个功能就开始分割，直到手机出世，才将这两种相对的功能整合起来，集于一身。手机之前的一切媒介，即使是最最神奇的电脑也把说话和走路、生产和消费分割开来。唯独手机能够使人一边走路一边说话，一边走路一边发短信。于是，人就从机器跟前和禁闭的室内解放出来，进入大自然，漫游世界。① 保罗·莱文森的这一说法充分诠释了手机媒体是“人的延伸”。因此，手机媒体又被称为“带着体温的媒体”。手机对于某些人来讲也是个人装饰的一部分。手机小巧玲珑、便于携带的特征使得人们逐渐养成了随身携带手机的习惯，甚至于哪天出门忘记带手机就会觉得浑身不自在。这也使得人们大量的碎片时间被手机媒体占用，手机媒体“通过吸引受众在非连续的、间歇的和零散的时间段和空间段内的注意力来获得经济收入，创造出‘离散眼球经济’”②。同时，正因为手机媒体的高度移动性和人们随身携带手机媒体的习惯，使得基于位置的服务得到迅速发展，如基于用户位置的广告信息推送等。正如许多观点所认同的那样，高度的移动性和便携性是手机媒体迅速发展的根本契机。

（二）个性化与隐私性

一个手机往往只有一个使用者，这就使得手机媒体的使用极具个性，并且具有一定的隐私性。手机媒体的受众可以自己决定看什么、不看什么，使用什么、不使用什么。这样就避免了互联网的海量信息给受众造成的无所适从。并且，当受众按照自己的兴趣和需求选择信息时，受众的媒体使用习惯也得以显现。因此，手机媒体可以对特定群体甚至个人提供个性化的服务，从而满足受众个性化的信息需求。同样，由于手机媒体个性化和隐私性的特征，基于用户特性的精准营销也得到了极大的发展。

（三）及时性和互动性的增强

手机媒体信息传递的及时性的增强得益于它高度的移动性与便携性。网络媒体已经

---

①保罗·莱文森.手机：挡不住的呼唤[M].何道宽，译.北京：中国人民大学出版社，2004.

②匡文波.手机媒体概论[M].北京：中国人民大学出版社，2006.

使得信息的传播变得十分迅捷，一条讯息在一瞬间就能够传遍世界的各个角落。人们不能随时待在电脑旁边，却可以随身携带手机，因此，就信息抵达受众的角度来讲，手机媒体具有无可匹敌的优势。正是由于手机媒体随时存在于人们的身边，具有显著的易得性，使得受众通过手机媒体参与互动较之于以往更加便捷。又由于手机媒体的信息的传递及时且个性化，使得受众参与互动的意愿大大加强。因此，手机媒体与其他任何媒体相比，信息传播的及时性和互动性都大大增强了。

（四）高普及度

中国互联网络信息中心发布的第34次《中国互联网络发展状况统计报告》显示，截至2014年6月，中国网民规模达6.32亿，其中，手机网民规模5.27亿。网民上网设备中，手机使用率达83.4%，首次超越传统PC整体80.9%的使用率，手机作为第一大上网终端的地位更加巩固。智能手机拥有相对低廉的价格并且操作相对简易，这大大降低了接入互联网的门槛，使得许多仅有初级上网需求的群体也能够接入互联网。特别是随着智能手机的价格持续走低和流量资费日益平民化，将会有更多的人成为智能手机的用户。同时，不断涌现的手机应用，如移动电子商务、信息咨询等也在吸引着越来越多的人接入移动互联网。巨大的受众群体使得手机媒体极具竞争力。

三、手机媒体的发展历程

可以说，任何一次媒体的发展变革都离不开技术的进步。同样，手机媒体的发展也与移动通信技术的发展息息相关。第一代移动通信技术时期，即1G（The 1 Generation Mobile Communication Technology，即第一代移动通信技术），手机就是“大哥大”，仅仅具备通话功能。2G（The 2 Generation Mobile Communication Technology，即第二代移动通信技术）发展起来之后，手机开始具有支持彩信业务的GPRS（General Packet Radio Service，即通用无线分组业务）和上网业务的WAP（Wireless Application Protocol，即无线应用协议）服务，以及各种Java① 程序。而3G使得手机成为迷你电脑。4G使得传输速率大幅提升，最高可以达到每秒数百兆节的下载速度，这又将给手机媒体的发展带来无限的空间和可能。本书已经在第五章中对移动通信技术进行了具体的阐释，在此就不再赘述了。

伴随着移动通信技术的发展，手机从最初的移动通话工具发展成为了大众媒体。手机的大众媒体化进程是从短信的大众化传播开始的。21世纪初中国的短信增值业务开始迅速发展。2000年，中国移动推出“移动梦网计划”，众多网站开始加盟短信业务，为各种短信增值业务提供丰富的信息内容。手机报和短信出版都是发展比较快的增值业务。2004年7月18日，《中国妇女报》与北京好易时空网络科技有限公司合作，推出全国第一家手机报——《中国妇女报·彩信版》，此后各媒体纷纷推出自己的手机报。中国第一部手机短信连载小说，第一套呈现传统杂志的多媒体电子阅读软件相继出现。2003年在博鳌亚洲论坛上，手机电视业务在国内首次推出。中国移动在1999年推出手机上网业务，2000年底手机网民不足1000人。但经过十几年的发展，目前手机上网已经成为中国网民

---

①由Sun Microsystems公司于1995年5月推出的Java程序设计语言和Java平台的总称，一种可以撰写跨平台应用软件的面向对象的程序设计语言。

最主要的上网方式。手机媒体通过与其他媒体的不断整合，使自身不断地具备媒体特征，并最终成为新一代的大众媒体。

伴随着3G的普及以及4G时代的应用，很少有人再提及手机媒体的终端限制问题。手机的普及率已经超过电脑，并且性能不断提高，给手机媒体的发展提供了巨大的空间。同时，手机媒体行业开始逐步形成了完整的产业链。独立的手机媒体内容产业悄然形成并不断发展壮大，在2G时代手机媒体信息内容缺乏的问题已经不复存在。手机媒体的形态也在发生着变化。随着产业链的完善，手机媒体的商业模式也不断走向成熟。当然，随着技术的发展，手机媒体的产业链、盈利模式以及商业模式必定会处于动态变化的状态中。但手机媒体市场所表现出的巨大潜力和无限的可能性已经得到了人们的公认。

第二节　手机媒体产业价值链

产业价值链的概念是1985年由哈佛商学院的迈克尔·波特教授在其撰写的《竞争优势》一书中首次提出的。他认为，企业要发展独特的竞争优势就要为其商品及服务创造更高的附加价值。商业策略就是要将企业的经营模式解构成一系列的增值过程，这一连串的增值流程，就是产业价值链。“每一个企业都是用来进行设计、生产、营销、交货以及对产品起辅助作用的各种活动的集合。所有这些活动都可以用价值链表示。”[①]迈克尔·波特认为企业的价值创造可以分为基本活动和辅助活动，基本活动和辅助活动又分别包括了许多环节。这些不同但又紧密相关的生产经营活动，构成了一个创造价值的动态过程，也就是产业价值链。

一、手机媒体产业价值链各环节

对于手机媒体产业价值链到底包括哪些主要环节，学界目前的认识并不是十分统一。虽然在各种研究中所提出的手机媒体产业链各环节稍有出入，但总体来看大家都一致认为至少应该包括以下几个环节：移动运营商（Mobile Networks Operator，MNO）、内容提供商（Content Provider，CP）、服务提供商（Service Provider，SP）、设备制造商（Equipment Provider，EP）、终端制造商（Terminal Provider，TP）和用户。手机媒体产业价值链的各环节是一个有机统一的整体，各个环节的经营活动都与其他环节紧密相关。

（一）移动运营商（MNO）

移动运营商在手机媒体产业链中占据着主导的地位。主要负责提供移动通信业务，运营和维护移动传输网络，即建设、运营、维护移动网络和应用平台、增值业务推广、计费等。在手机媒体的发展初期，移动运营商主要就是提供一个业务运营的平台，保证网络业务的质量，提供网络及其业务之间的漫游管理。内容、服务提供商只有通过移动运营商的增值业务的整合才能够接触到最终的用户，运营商把持着产业价值链的中心环节，在利益

①迈克尔·波特.竞争优势[M].陈小悦，译.北京：华夏出版社，2005.

分配上保持着绝对的强势。

随着3G、4G技术的普及，运营商的地位受到了一定的挑战，但其在产业价值链中的主导地位仍然十分稳固。在这一时期，运营商积极开发新的业务和服务，势力扩展到产业链的各个环节。向上，运营商与内容、服务提供商展开合作，参与内容服务的开发、运营；向下，与终端制造商展开合作，推出定制机等。

目前，世界六大移动运营商包括美国的Sprint，英国的Vodafone，荷兰的KPN，法国的Orange，德国电信旗下的T-Mobile和日本电话电报公司旗下的DoCoMo。而我国目前的移动运营商主要有中国移动、中国联通和中国电信三家企业。随着4G技术的成熟，全民4G时代的发展正在逐步加速。其中主要的LTE(Long Term Evolution)技术是基于正交频分多址(OFDMA)，由3GPP组织制定的全球通用标准，其包含FDD和TDD[①]两种模式。FDD和TDD两种模型在本质上只存在微小的差异，其相似度达到90%以上。工信部在2013年12月4日正式向这三家移动运营商发放了4G牌照，三家运营商同时得到了TD-LTE牌照(Time Division Long Term Evolution)。2015年2月27日，工信部向中国联通和中国电信发放了FDD-LTE(Frequency Division Duplex Long Term Evolution)的4G牌照。

在3G时代，流量是以MB为单位进行计算，在4G时代，流量开始以GB为单位进行计算。在业务模式方面，由于移动网络用户对流量不断增长的需求，促使运营商将传统的“语音+流量+短信”的套餐组合逐步转变为以“流量”为核心的个性化的套餐组合。同时，在拥有宽带优势和庞大用户资源的前提下，运营商将通过提供更强大的、更具运营商特色的移动互联网产品来提升对OTT[②]的议价能力和产业链的主导权。这也在3G的基础上，进一步使得移动运营商由过去的企业之间的竞争转变成为以企业为中心的价值链的竞争。

(二)内容提供商(CP)

内容提供商主要负责内容的获取、分类、整理、加工等，在整个产业价值链中处于基础的地位。它收集处理大量的涉及社会、经济、自然、地理、交通、文化、新闻、音乐、美术、人物等各方面的数据和信息，包括各种原创和创新内容，通过将这些数据加工，来满足移动终端设备和系统接口的要求，以便形成在移动网络上可以传送和利用的信息。[③] 手机媒体的内容提供商与传统媒体不同，它不是单一的企业能够完成的。由于手机媒体向用户提供各种各样的信息产品，因此就必须有各种不同的信息来源。而这只能从社会的各行各业去获取。例如，地质部门掌握大量地理资源、唱片公司掌握众多音乐资源、数据调查机构掌握各种经济数据、文化部门拥有大量文化资源、体育部门掌握最新的体育资源等。[④]

---

①TDD，亦称TD-LTE，即Time Division Long Term Evolution(分时长期演进)。LTE标准中的FDD和TDD两个模式只存在较小的差异。TDD即时分双工(Time Division Duplexing)，是移动通信技术使用的双工技术之一，与FDD频分双工相对应(Frequency Division Duplexing)。

②OTT是“Over The Top”的缩写，是指通过互联网向用户提供各种应用服务。这种应用和目前运营商所提供的通信业务不同，它仅利用运营商的网络，而服务由运营商之外的第三方提供。

③刘熠.3G时代基于产业价值链的手机媒体盈利模式研究[D].广州：暨南大学，2010.

④顾翔.手机媒体营销模式研究[D].重庆：重庆大学，2009.

内容提供商可以分为内容创作与内容收集两大类。创作类的内容提供商是各种信息和数据的源头，如唱片公司和出版社等。收集类的内容提供商主要负责对创作类的内容提供商提供的信息内容进行加工处理，对数据进行深层的挖掘和分析，使得这些原始的信息资源符合用户和移动运营商的需求。所以说，收集类的内容提供商主要是对内容进行再次加工。

在3G时代内容提供商所面临的市场环境变得更加复杂了。不仅有大量的新的竞争者涌入市场，用户的需求也变得更加多样化。内容提供商只有以用户为核心，提供具有个性化的有针对性的内容，才能找到相应的市场。

（三）服务提供商（SP）

服务提供商在手机媒体产业链中起到了连接内容提供商和移动运营商的中枢作用。它专注于提供具体的网络业务，负责根据用户的要求，将内容提供商提供和开发的应用进行包装和推广，使用户可以获得各种需要的应用服务，并向不同的客户群提供特色业务，进一步细分用户市场。也就是依托于移动运营商的基础网络，向用户或者移动运营商提供具体的增值业务应用。孙浩洋在《我国手机媒体传播模式及经营模式分析》中将服务提供商分为门户型、专业型、专项型三种。门户型服务提供商主要以向用户和运营商提供短信服务的门户网站为主。专业型服务提供商更加注重提供技术型和创意型的服务。而专项型服务提供商只专注于自己具有绝对优势的某项服务。

有学者提出，服务提供商是移动增值服务不成熟时期的过渡产物。随着手机媒体产业的不断完善和产业价值链各环节实力的不断增强，服务提供商的作用和地位将不断地淡化，并最终从属于内容提供商和移动运营商。① 这种观点的正确与否我们现在无法判断，但从2G时代开始，特别是3G时代以来，内容提供商和服务提供商就不断地出现在人们的视野中。人们一般直接将两者合并，称为内容服务提供商，而并不是将两者分开。实际上，目前内容提供商和服务提供商的业务有较大的交叉，一个企业往往同时承担了这两者的角色。因此，业界也常将两者放在一起讨论。本章在接下来的部分也会将两者放在一起讨论。目前，规模较大的内容服务提供商有腾讯控股有限公司、TOM集团有限公司、新浪网技术（中国）有限公司等。

（四）设备提供商（EP）

设备制造商主要为移动运营商开发和提供网络设备，主要工作包括移动技术标准的设计推广、移动网络系统设备研发和生产以及应用平台设计和推广。

伴随着移动互联网的快速发展，设备提供商的业务模式也必须伴随着运营商的需求的改变而改变。各设备提供商之间的竞争也由原来的技术和价格上的竞争发展为包括服务在内的全面竞争。服务也从有形产品的附属品逐渐转变为独立的产品，并渐渐在企业中起到了主导的作用。目前，建立并完善服务营销体系成为设备提供商应对市场竞争并取得竞争优势的关键。② 目前规模较大的设备提供商有华为、爱立信、思科、诺基亚西门子

---

①顾翔.手机媒体营销模式研究[D].重庆：重庆大学，2009.

②乔保革.电信设备提供商服务营销体系的研究[D].天津：南开大学，2015.

通信公司、阿尔卡特朗讯、中兴等。

（五）终端制造商（TP）

终端制造商就是研发和推广手机设备的企业。这是在整个手机媒体产业价值链中最为贴近用户的一个环节，也是整个产业价值链中所有环节所产生的价值的一个载体。这一个环节具有广阔的市场空间，同样竞争也十分激烈。伴随着移动数据业务的发展，原先不是手机生产商的企业也加入这个队伍中，如消费类电子产品、计算机和 PDA（Personal Digital Assistant，又称为“掌上电脑”）生产厂家等。

激烈的竞争使得原先地位非常稳固的手机制造企业开始丧失发展的基础，市场份额被来自 PC（Personal Computer）产业的创新竞争者逐渐侵蚀。随着 3G 甚至于 4G 时代的到来，行业迅速洗牌，一些老企业，如诺基亚的市场份额迅速缩水，索尼爱立信甚至被索尼收购。新的企业不断崛起，同时也有不少企业在竞争中失利。

二、手机媒体产业价值链演变

手机媒体的产业价值链并不是一成不变的。随着移动互联网技术的不断发展，手机媒体市场也在不断发生变革，用户的需求也在不断地改变。为了适应这些变化，产业价值链上的相关企业都必须做出相应的调整。因此，产业价值链上的参与者可能会增多也可能会减少，某些环节可能会增强，某些环节可能会被减弱。

（一）内容服务提供商的地位不断提高

在 2G 时代，运营商把控着整个手机媒体产业价值链。内容服务提供商为用户提供的信息、服务产品只有通过运营商的增值服务的通道才能接触到最终的用户。仅仅提供通道的移动运营商在利益分成中却又占去了大部分的利益。随着 3G 时代的到来，极大地丰富了手机媒体的形式，手机媒体终端能够承载更多的、更丰富的多媒体内容。同时，用户的信息需求更加多样化了，通过原来的移动运营商的增值业务渠道所提供的服务已经不能满足用户的信息需求，用户的信息需求实际上形成了一个巨大的长尾市场。内容服务提供商必须针对用户的需要提供有针对性的、个性化的信息服务。这也使得内容服务提供商的重要性大大提升了。

2008 年 7 月 10 日，苹果公司的 App Store（Application Store，即手机应用商店）正式上线，创造了一个全新的手机媒体经营模式——应用商店。App Store 其实就是内容服务提供商通过整合产业价值链的各种资源，以移动互联网的通路形式搭建的手机增值业务交易平台。为用户购买手机应用产品、手机在线应用服务、运营商业务、增值业务等各种手机数字产品及服务提供一站式的交易服务。① 过去的手机应用开发者只能通过和运营商合作才能将软件发布到消费者手中，而现在，App Store 的出现改变了这一切。应用商店这一经营模式无疑改变了内容服务提供商在整个产业链中的被动地位，使其取得了极大的主动权。因此，App Store 模式从诞生开始就迅速扩散，诺基亚迅速推出了自己的应

①华澜咨询.App Store 的成功创新、商业模式和未来走向[EB/OL].http://rolfzhang.com/articles/940.html，2014-08-23.

用商店(Ovi Store),微软也推出了微软手机应用商店(Windows Marketplace For Mobile)。由于 Web 2.0 的兴起和智能手机的普及,在中国,手机应用商店也如雨后春笋般迅速地发展了起来。内容服务提供商、终端制造商、运营商等都可以建立自己的手机应用商店。这也使得中国移动不得不放弃"移动梦网"模式。

内容服务提供商在产业价值链中的地位的提高还表现在由其提供的手机应用在很大程度上冲击着移动运营商的增值业务,甚至是基本的通话业务。这些 APP 大多都是免费的,并且具有良好的用户使用体验,而运营商所提供的增值服务都必须缴纳服务费。比如,网络电话软件 MobileVoip 和 Skype 帮助用户大大节省了电话费。而腾讯 QQ 的视频通话和网络通话功能又在很大程度上分流了运营商的通话业务,甚至使得中国移动的飞信业务也难以为继。同样微信的上线不仅分流了运营商的通话业务,短信业务也遭到了巨大的分流。运营商的来电提醒业务也有了免费的替代 APP——触宝号码助手。目前,几乎能够找到所有移动增值业务的免费替代 APP。这也直接导致了移动运营商和内容服务提供商之间的矛盾。运营商认为自己建设网络基础设施投入了巨大的成本,伴随着移动互联网的高速发展,自己的利益却被边缘化了。随着内容服务提供商的崛起,利润迅速从运营商流向内容服务提供商。同样的问题在国外已经引起了"网络中立"①问题的大争论。在国内,2013 年热炒的微信收费事件,就是运营商与内容服务提供商矛盾的一个缩影。

(二)产业价值链的整合发展

随着移动互联网的高速发展,手机媒体产业链的各环节之间相互渗透,甚至变得界限模糊。首先,以华为、中兴等为代表的设备制造商纷纷开始发展手机终端业务,并且逐渐占据了较大的市场份额。另外,传统的 PC 制造商(如联想),消费类电子产品制造商(如步步高)等都开始涉足手机终端产业。以苹果、三星以及小米等终端制造商为代表,它们正在努力使自己的业务向产业价值链的上游延伸。现在几乎所有的智能手机上都有制造商自己的手机应用商店。同时,终端制造商也积极地开发操作系统,提供手机应用软件。终端制造商也与内容服务提供商展开合作,推出各种手机应用软件的定制版,如:搜狐新闻华为定制版。甚至在手机出厂时就预先将一些应用软件安装在手机里。这些企业通过不断地进入相关的领域,对产业价值链进行垂直整合。通过提供一个超级平台来满足用户在各个层面的服务和内容需求,从而不断地增加用户对于平台的黏性。苹果在这方面就是一个很好的例子。

移动运营商虽然仍然是整个产业价值链的主导,但当前其绝对优势的地位也频频受到挑战。移动运营商也在积极地发展自己的内容服务业务。如,中国移动的"移动梦网"不再符合市场需求后,中国移动又推出了更为开放的手机应用平台——MM 移动商城。同时运营商与终端制造商展开合作,推出定制机。特别是 3G、4G 时代,不同的运营商经营着不同标准的网络服务,需要终端制造商生产具有相应的网络制式的终端设备。

---

①网络中立:是指互联网运营商应该平等地对待所有合法的内容、应用、设备的网络接入,而不应该歧视不附属于自己或者合作方的内容、应用、设备的基本原则。

第三节　手机媒体盈利模式

盈利模式是企业在市场竞争中逐步形成的企业特有的赖以盈利的商务结构及其对应的业务结构，是企业的收入来源比例分配，并且决定着企业盈利的总规模以及长期盈利的源泉。[①] 众多企业参与手机媒体的经营的最终目的就是为了实现盈利。能不能够找到个合适的盈利模式往往成为企业能否成功盈利的关键。手机媒体的盈利模式会不断地适应移动互联网技术的发展、手机媒体市场的变化。因此手机媒体的盈利模式并不是一成不变的。

一、传统的手机媒体盈利模式

"二次售卖"作为大多数传统媒体的主要盈利模式得到了广泛的认可。"二次售卖理论"认为媒体首先将媒介产品卖给消费者(读者、听众或观众)，然后再将消费者的时间(或注意力)卖给广告商。媒体第一次售卖的是媒介产品，即内容，向消费者收费。媒体第二次贩卖的是消费者的时间(或注意力)，向广告商收费。实际上，手机媒体在刚刚成为大众媒体的初期也主要是通过"二次售卖"的模式来盈利。首先将内容产品出售给手机媒体用户，然后将受众的注意力出售给广告商。于智伟在《谈手机媒体经营模式》中提出国内手机媒体的主要经营模式有："梦网"模式、广告模式、免费独立站点 WAP 模式以及内容收费模式。并且认为，相对而言，广告模式和内容收费模式拥有清晰的盈利模式，市场也比较成熟。

3G 时代以前，手机媒体主要是通过各种移动增值服务来为用户提供内容产品。这些内容产品包括手机报、手机杂志等。用户购买这些内容产品主要通过支付增值服务费、短信费、数据流量费来实现。以手机报为例，用户如果要享受这项服务，首先要开通手机报这项增值服务，这就需要支付增值服务费。手机报有两种形式，一种是短信或彩信的形式，通过这种形式获取手机报需要支付短信费；另一种形式是通过网络传输手机报，用户通过这种形式获取手机报需要支付数据流量费用。当订购某一项增值服务的用户达到一定规模后，就可以吸引广告投放，获得广告费用。在这些费用当中增值服务费和广告费用运营商会按照一定的比例给内容服务提供商分成。

另外，除了通过售卖媒介产品来获利，手机媒体作为通信工具使得信息服务费用始终是手机媒体盈利的基础。信息服务费用包括通话费、短信费、数据流量费等。虽然，随着技术的发展，资费普遍下调，但需求的快速增长、市场规模的增长填补了这个落差，使得信息通信费用始终是一个重要的盈利点。

二、手机媒体盈利的现状

随着 3G 网络的普及，智能手机用户和移动互联网市场的规模越来越大，手机媒体无

①李媛艳.媒介融合背景下的手机媒体经营[D].南昌：江西财经大学，2012.

论在形式上还是内容上都发生了巨大的变化。因此，手机媒体的盈利模式也发生着重大的改变。目前，手机媒体的盈利模式变得更加多样化。同时，由于手机媒体产业是一个发展迅速的产业，手机媒体的盈利模式也在不断地发生变化。

（一）移动 APP 成为盈利增长点

从苹果推出 App Store 后，各种手机应用商店如同雨后春笋般地发展了起来。手机应用软件的市场需求大，开发门槛低，因此迅速形成了一个庞大的市场。但是，许多 APP 并没有实现盈利。能不能够盈利成为决定 APP 生死存亡的关键因素。因此，目前摆在手机 APP 面前的问题不是技术而是盈利模式的问题。戴娜在《移动互联网时代手机媒体的盈利模式研究》中将手机 APP 的盈利模式归纳为三类：下载付费、应用中付费、应用内置广告盈利。但也有人将 APP 的盈利模式分为九类：单纯出售产品的模式；广告模式；收入组合模式（通过免费或低价吸引用户下载，然后出售其他产品）；持续推出更新附属功能模式（APP 主程序免费，但附属功能收费）；月租费模式（用户按月给开发者支付费用）；二次运用模式（将一款 APP 产品进行简单的重组或修改后改变为另一款 APP 产品，进行再次销售）；平台媒合模式（媒合使用者与企业，帮助双方找到对方，如 LBS，即基于位置的服务）；代为开发模式（开发者为有需要的企业开发 APP）；授权模式（开发者使用由其他内容供应商的内容作为 APP 内容）。[①] 笔者认为无论是三种盈利模式还是九种盈利模式在本质上都是一致的。九种盈利模式是三种盈利模式的细化，而三种盈利模式是对九种盈利模式的概括。实际上，戴娜所提出的下载付费、应用中付费、应用内置广告盈利三种盈利模式中下载付费、应用中付费也是出卖产品内容。而应用内置广告，实际就是出卖受众注意力。

（二）"免费"的盈利模式

克里斯·安德森在《免费：商业的未来》中认为，新型的"免费"并不是一种左口袋出、右口袋进的营销策略，而是一种把货物和服务的成本压低到零的新型卓越能力。在 20 世纪"免费"是一种强有力的推销手段，而在 21 世纪它已经成为一种全新的经济模式。互联网经济又被称为比特经济。在这种经济环境下，随着产品销量的不断增多，边际成本是递减的。一个应用程序或者是服务被设计出来之后，无论复制多少遍，成本并不会增加。因此，当一个产品的数量达到足够大的时候，分摊到每一个产品上成本是可以忽略不计的。这在客观上，为移动互联网企业实施"免费"的经营战略提供了条件。"免费"的策略可以迅速地降低产品使用者的门槛，吸引大批用户来尝试产品，从而达到迅速聚集产品受众、实现规模效益的目的。对于企业来讲，这种方式往往比花钱做广告来推广自己的产品更加划算。目前，"免费"的定价策略被移动互联网企业广泛运用。由于国内用户的付费意识低，因此更加容易被吸引。

从免费到盈利往往有三条途径。一个是广告模式；另一个是提供部分的免费产品，并将这部分产品的价格叠加到另一部分产品上面；还有一种是 Freemium（Free＋Premium）模式，即用免费服务吸引用户，为用户提供免费的基础服务，但是高级服务需要收费。这

---

①TECH2IPO/创见.APP 热潮，九种商业模式图解[EB/OL].http://tech2ipo.com/26792/,2014-08-20.

种模式最常见的就是会员制。在一个手机视频应用中，作为普通的用户你可以免费地享受视频资源，但是如果你想去除广告或者观看新上映的影片就必须成为会员，为此你就需要付费了。

"免费"模式并不是移动互联网一诞生就存在的，而是市场不断开发，竞争加剧的结果。目前，这也是在手机媒体中运用最多的盈利模式。

（三）移动电子商务具有较强的盈利能力

移动电子商务近年来发展十分迅速，内容提供商、运营商等都纷纷涉足移动电子商务领域。首先，市场对于移动电子商务的需求十分庞大。移动电子商务的开发给消费者的生活带来了实实在在的便利，如随时随地的转账、支付功能，缴水、电、气费的功能，投资理财的功能，等等。另外，移动电子商务把控着盈利的最后一道关卡——支付。便捷的支付方式必然更容易使用户掏腰包。如微信推出了支付功能，这使得用户在玩微信上的社交游戏时为一些游戏道具付费变得更为便捷了，这无疑会增加微信的游戏收入。同时，这种支付功能还可以运用到在微信上拥有公众号的企业的销售中，用户只需要几个简单的操作就可以在微信平台内完成购买、支付的各个环节，这将会大大提高微信平台的用户黏性和广告价值。

三、手机媒体的业务类型及其盈利模式

运营是手机媒体的核心环节，而业务模式又是运营的核心元素。对每一种业务模式的盈利模式进行解析，可以帮助理解整个手机媒体是如何实现盈利的。[①] 传统的手机媒体业务主要是语音通话业务和移动增值业务这两大类。随着手机媒体的发展，通话业务在整个产业链中创造的盈利所占的比例已经越来越少。而移动增值业务也被各式各样的手机应用所解构。目前，手机应用所能够提供的业务类型十分的丰富，笔者将选取几种有代表性的业务类型进行分析。

（一）手机阅读及其盈利模式

随着移动互联网的快速发展和智能手机的普及，使用手机等移动设备进行阅读已经成为一种新的阅读习惯。目前，手机阅读平台可以为用户提供新闻资讯、图书、杂志、漫画、文献等各类阅读资源。用户可以选择在线阅读，或者下载后离线阅读两种阅读形式。由于目前的手机阅读平台都具有较强的交互性，因此可以对用户的阅读习惯进行分析，然后为用户提供个性化的图书推荐服务。又由于手机媒体的移动性和便携性的特点，用户可以充分利用碎片化的闲暇时间进行阅读，为用户带来了极大的便利。2009 年手机阅读市场呈现出井喷之势，2010 实现了爆发式增长，市场规模达到了 31.5 亿元。2013 年初，手机阅读的用户规模突破了 3 亿，用户渗透率也将近 70%。[②] 根据上方网《2014 年 Q1 手机阅读 App 市场分析报告》显示的数据来看，各大手机阅读应用中掌阅 iReader 以 34.28%

①刘熠.3G 时代基于产业价值链的手机媒体盈利模式研究[D].广州：暨南大学，2010.

②冀静，沈跃德.2014 年 Q1 手机阅读 App 市场分析报告[EB/OL].上方网.http://www.sfw.cn/xinwen/446269.html，2014-08-20.

的市场占有率名列第一，书旗免费小说、和阅读、91熊猫看书分列市场第二、三、四名，市场份额分别占据12.95%、10.28%、9.51%。

目前，手机阅读应用最常用的盈利方式主要还是内容模式和广告模式。按照内容来进行收费主要分为两种形式，一种是直接出售阅读产品，另一种是收取包月费一类的费用。另外，近年来"打赏"模式在网络小说中比较流行。读者如果喜欢作品可以对作者进行"打赏"，"打赏"的数额多少不限。但是中国的移动互联网用户普遍付费意识不强，已经习惯了免费地获取各种互联网资源。因此，大部分手机阅读应用的阅读资源都是免费的。广告收入一直是手机阅读应用的重要盈利来源。聚集用户越多的手机阅读平台，广告收入往往也就越多。杨陶玉在《手机阅读内容盈利模式的研究》中提出了手机阅读获利的三种方式：销售获利、广告获利和渠道获利。他认为渠道获利可以分为四种模式。第一种是数据库模式，即建立用户数据库进行精准营销，或者向用户提供更为个性化的推介服务。第二种是整合营销，即整合用户资源，将线上获利和线下获利结合起来。还有就是整合阅读产品的发行渠道，形成规模化优势。第三种是增值业务，即将文字产品转化为有声读物或者是双语读物。第四种是版权售卖，在这里作者认为可以通过版权保护来盈利。而实际上，版权盈利一般是将读者群体比较庞大、质量较好的产品进行出版，或者改编为影视作品。

（二）手机视频业务及其盈利模式

手机视频是指基于移动互联网，通过手机终端，向用户提供影视、娱乐、原创、体育、音乐等各类视频内容直播、点播、下载服务的业务。3G普及之前由于网速和终端的限制，手机视频业务并没有真正普及。随着3G时代的到来和智能手机的发展使得手机视频应用有了广阔的市场前景。目前的手机视频APP几乎都是互联网视频网站的延伸，如爱奇艺、搜狐视频等。

由于大多手机视频应用都是视频网站的延伸，所以两者在盈利模式上具有很大的相似之处。首先，广告是主要的收入来源。视频类应用中普遍存在贴片广告、页面广告等，有的还会开辟专门的广告专题。有时，广告也是供用户观看的内容。比如植入式广告、微电影广告。微电影广告是以广告产品为主题创作的微电影，通过微电影的形式来传递产品信息，效果往往比硬性广告好得多。同时，由于微电影的时间比广告片长一些，艺术表现的空间也更大，所以能够更好地传递品牌个性与价值，因此受到了广告商的青睐。Freemium模式也在手机视频应用中广泛使用，用户观看大多数视频资源都是免费的，但是要想获得更好的服务，如去除广告或者观看新的电影就需要付费。优质的内容一直是视频应用吸引用户的基础，但高额的版权费用往往使企业入不敷出。因此，许多视频网站开始制作自制剧，以减少购买版权的压力，吸引用户关注，赚取广告费用。

随着手机视频应用的快速发展，一些寄生于其上的商业模式开始发展了起来。它们就是聚合类移动视频应用，如100TV、开讯视频等。它们与各大视频网站进行合作，将优质的视频内容聚合到自己的平台，通过对每位用户的观看大数据行为进行分析，在用户每次登陆时，把更有针对性的视频内容推荐给每位用户。聚合类移动视频应用目前也主要是采用Freemium的盈利模式。

（三）手机游戏业务及其盈利模式

手机游戏指的是在手机上运行的游戏类应用程序，可以分为单机游戏和网络游戏两大类。随着技术的进步，手机游戏具备了极强的娱乐性和交互性。2014 年 7 月 30 日，2014 中国国际数码互动娱乐产业高峰论坛在上海开幕，并发布了《2014 年 1—6 月中国游戏产业报告》。报告显示，2014 年上半年中国移动游戏的收入规模已经超过网页游戏，移动游戏的用户规模约 3.3 亿人，同比增长 89.5%。实际销售收入达到了 125.2 亿元，同比增长了 394.9%。

手机游戏产业市场巨大、增长迅速，但竞争也异常激烈。总的来看，手机游戏的生命周期都比较短，像“植物大战僵尸”“愤怒的小鸟”这类手机游戏相对来讲生命周期已经很长了。另一些手机游戏应用，如“脸萌”等被称为“月抛型”游戏，而“围住神经猫”等被称为“日抛型”游戏。这些“月抛型”和“日抛型”的手机游戏还没有建立起自己的盈利模式，就已经消亡了。因此，对于游戏开发者来讲，延长游戏的生命周期是盈利的前提。除了对游戏进行维护和更新以外，不断地为游戏添加新的内容也可以有效地延长游戏的生命周期。比如电影《致青春》上映以后，游戏“找你妹”迅速地推出了与电影有关的关卡，很好地契合热点，提升了游戏的活跃度。

对内容付费仍然是手机游戏应用的主要盈利模式之一。有的应用是在下载时就要付费，但这更多的是国外的盈利模式。在国内，内容付费一般是采用在游戏中购买道具等相关产品，以提升游戏体验这种方式。这种使用中付费的方式是最为普遍的。用户数量足够大的手机游戏应用还可以通过吸引广告商投放广告来盈利。影响力足够大的手机游戏应用甚至可以通过衍生产品来盈利。衍生产品可以是影视、音像制品，也可以是纪念品、玩具、衣服等，甚至可以开设主题商店。

（四）手机电子商务及其盈利模式

手机电子商务就是利用手机终端进行的电子商务活动，包括 B2B、B2C、C2C 三种形式。手机电子商务使得人们能够随时随地进行各种交易、商务、金融等活动，为人们的生活带来了极大的便利。由于手机电子商务是一个涵盖面很广的范围，因此其中也包括了许多细分的业务类型。网购类业务是手机电子商务中的一个主要业务，最有代表性的就是手机淘宝。当然，这一类业务中也包括一些进行二手交易的平台和团购平台。另外一类业务是购物信息类业务，包括像美丽说、蘑菇街这种购物分享平台以及查询、比价和提供折扣的平台。手机支付也是手机电子商务中的重要业务，最常见的就是支付宝。还有一类业务是近年来才兴起的，这就是手机金融理财业务，现在最为热门的是余额宝。

手机电子商务的业务种类虽然很多，但总的来看主要的盈利模式就是两类：服务费模式和广告模式。任何一种手机电子商务业务在提供服务的同时都要收取一定的服务费用，但大多数时候服务费是面向商户来收取。比如通过支付宝来收款的购物网站或者商铺需要按比例支付费用，在团购网站上发起团购活动的商户需要支付服务费。但有的时候服务费也面向用户收取，比如用户通过支付宝进行较大数额的转账时。而通过广告模式盈利除了依靠一些页面广告来获利以外，还可以依靠一些比较隐形的广告形式来获利，比如将广告内容变为购物咨询等。

【知识回顾】

手机媒体是一个发展中的概念。作为移动通信和移动互联网的结合，它具有高度的移动性与便携性，并且是个性化的、具有隐私性的媒体。相对于其他媒体，它具有更强的及时性和互动性，普及度也更高。随着移动通信技术的发展，手机媒体从简单的通话工具发展为大众媒体，并且逐渐搭建起完善的产业价值链。手机媒体的产业价值链主要包括移动运营商、内容提供商、服务提供商、设备制造商、终端制造商和用户这几个环节。目前，内容服务提供商在产业价值链中的地位不断提高。同时，整个产业价值链也走上了整合发展的道路。信息服务费始终是手机媒体盈利的基础。3G时代以前，手机媒体通过各种移动增值服务来为用户提供内容产品，并利用“二次售卖”的模式来盈利。现在，不同的手机媒体业务发展了各具特色的盈利模式。总的来看，APP和移动电子商务逐渐成为新的盈利热点，“免费”也逐渐成为一个较为盛行的盈利模式。

【思考题】

1.如何理解学界对于手机媒体概念的争论？
2.手机媒体产业价值链的发展趋势是什么？会对手机媒体产业造成什么影响？
3.手机媒体的盈利模式发生了哪些变化？

第十三章
新媒体广告经营

【知识目标】

☆营销环境的变化对营销观念带来的影响。

☆企业在新媒体环境下的营销策略。

【能力目标】

1.了解新媒体带来的营销环境的变化。

2.结合具体的案例,分析企业如何在新媒体环境下进行自身的营销推广。

【案例导入】

案例背景:一直以来食品安全问题都是横亘在奶制品品牌与消费者之间的封锁线。传统的广告和公关手段显得非常无力,如何取得消费者的信任成为乳企们最为头疼的问题。在2012年食品安全饱受公众质疑的环境下,凤凰网以图片专题《中国牛仔的一天》,从源头入手,通过新闻纪实报道的形式展现伊利牧场场长赵国梁的一天,通过对他工作细节、工作态度、专业背景的刻画,呈现出了一个有血有肉、负责任、懂科学的普通劳动者,用真实的画面对伊利奶源的品质做了最有力的证言。①

传播目标:塑造伊利品牌形象,重建消费者对国内乳制品的信心。

营销策略:通过强有力新闻类原生广告形式传达伊利对品质的追求。

在凤凰网的新闻报道之后,伊利品牌与腾讯新闻《中国人的一天》达成内容上的深度合作,借助《中国人的一天》积淀的新闻影响力,植入伊利一线员工的故事,并借助腾讯新闻栏目,制作了两期伊利特辑栏目:《中国"牛仔"》和《90后质检班长》,以新闻图片的生动形式,记录伊利一线普通员工真实的一天生活,用媒体语言传达品牌公信形象。两天内在微信微博上获得72万正面评论及转发。

案例点评:伊利通过新闻报道呈现了一个有血有肉、负责任、懂科学的普通劳动者形象,以润物无声的原生广告方式成功塑造了伊利放心品牌的形象。作为成功的原生营销案例,伊利不仅成功与消费者进行了情感共鸣、价值分享,也为品牌传播搭建了沟通桥梁。

---

①崔文花,吴深深,孙珺.原生营销成长路,广告如何演绎生活传奇?[J].成功营销,2014(11):46—59.

第一节　网络广告经营

新媒体广告的概念是相对于传统媒体广告而言的，它建立在数字化技术平台之上，具有多种传播形式和内容形态，是可以不断进行更新的广告。网络广告、数字电视广告、手机广告等，都属于新媒体广告的范畴。

网络广告是指通过计算机网络，以文字、图片或多媒体形式发布的广告。1994 年，美国 Hotwired 主页上的 AT&T 等 14 个客户的旗帜广告（Banner），被认为网络广告的发轫。我国的网络广告起步较晚，第一个商业性的网络广告出现在 1997 年 3 月，Intel 在网站 ChinaByte 上投放了一则动画旗帜广告。进入 21 世纪后，随着互联网技术的飞速发展，网络广告也呈现出蓬勃发展的态势。据统计，到了 2014 年，我国网络广告经营额已经达到 1540 亿元，同比增长 40%。①

一、搜索引擎广告（SEA）

随着互联网信息资源的爆炸式增长，受众的注意力愈来愈成为稀缺资源。如何让广告主的产品和服务信息脱颖而出，第一时间呈现在用户面前并引起用户关注，是广告主首要关心的问题。搜索引擎（Search Engine）以其基于关键词匹配的信息检索机制，能够为用户在瞬间搜寻所需的相关信息，成为解决信息爆炸的有效工具。②

搜索引擎起源自一款名为 Archie 的程序。20 世纪 90 年代初期，加拿大麦吉尔大学计算机学院的学生开发出的这款程序，不仅能自动搜集信息资源，而且能建立索引并提供检索服务，Archie 的工作原理与现在的搜索引擎很相似，所以也被公认为现代搜索引擎的鼻祖。经过 20 多年的发展，搜索引擎已被越来越多的人熟知和运用，搜索引擎广告这一全新的营销推广方式也得到了越来越广泛的运用。

（一）搜索引擎广告定义

搜索引擎广告（Search Engine Advertising）是广告主根据自己产品和服务的推广需求，确定关键词和广告内容，并在搜索引擎上购买并自主定价进行投放的广告。一旦用户搜索到广告主所设定的关键词时，搜索结果页面就会展示出相应的广告。

（二）搜索引擎广告特点

搜索引擎广告相比传统的广告方式，突出的特点在于具有发现实时精准的需求，提供优先考虑的可能，依据实际效果付费和信息简洁、延展性强等特点。

1.发现实时精准的需求

搜索引擎广告与传统大众媒体的“推送式”广告不同，它是一种由用户主导的“触发式”网络广告形式。由于信息检索行为是由用户根据自身需求主动发起的，因此网站可以

---

①杨雪彬.艾瑞：2014 年网络广告营收超过 1500 亿元，同比增长 40%[EB/OL].艾瑞咨询.http://report.iresearch.cn/html/20150201/245911.shtml，2015-02-01.

②刘明君.垂直搜索引擎传播学特征及应用研究——以图书信息搜索服务为例[D].武汉：华中科技大学，2008.

通过搜索引擎跟踪用户行为，精准记录每一个关键词的展示数、点击数及露出时间，从而帮助广告主对潜在目标客户进行精准定位，实时精准地发现客户需求。

2.提供优先考虑的可能

用户检索时所使用的关键词能够直接反映出用户对该产品（或问题）的关注。因此，搜索引擎广告通过将企业信息优先或在页面的显著位置展示出来，满足用户的这一需求，提高广告主被用户优先选择或考虑的可能。

3.依据实际效果付费

搜索引擎广告主要采取 PPC(Pay-Per-Click)的付费模式，即按照点击次数收费。此外，经常使用的收费方式还包括 CPA(Cost-Per-Action 按行动收费)、CPM(Cost-Per-Thousand-Impressions 按千次印象收费)、CPS(Cost-Per-Sale 销售佣金)等。[①] 与传统媒体的“千人成本”收费模式不同，这些都属于“按效果付费”，即更加关注广告与受众之间的互动性，或广告投放后对受众产生的影响，因此，从一定程度上缓解了广告主的担忧，使他们无须再为“另一半”不知何去何从的无效广告支付高额成本。对于众多成本有限的中小企业主来说，这无疑是一种更节约、更高效、也更直观的广告方式。

4.信息简洁，延展性强

搜索引擎广告的工作流程和原理是：广告主将信息发布在网站上成为以网页形式存在的信息源；搜索引擎将这些网站或网页信息收录到索引数据库；用户使用关键词进行检索；检索结果页中罗列出相关的索引信息和相关的链接 URL；用户可以自主选择感兴趣的信息并点击进入信息源所在的网页。在这个过程中，搜索引擎的广告主要扮演的是“信息向导”的角色，检索出的信息一般只是某个网站或网页的简要介绍，而非全部内容。但用户可以通过链接进行“剥洋葱式”的层层检索，直至寻找到最为满意的信息。[②]

（三）搜索引擎广告类型

最常见的搜索引擎广告类型有两种：关键词广告和竞价排名广告。

1.关键词广告

关键词广告(Adwords)也称为“关键词检索”，是目前应用最广泛的搜索引擎广告模式。广告主可以设置一定的关键词，当用户搜索与这些关键词相关的内容后，广告信息就能显示在搜索结果的页面里。[③] 它具有以下特点：一是广告形式简单，通常是文字广告，包括广告标题、简介和网址链接等；二是更加灵活，广告主自行设定出现的广告信息及内容，也可以根据需要实时调整广告内容和定价，还可以随时终止投放；三是费用可控，只有当用户点击广告时才会计费，只显示而没有点击的广告则无须付费，这就保证了费用的“有效性”，改变了一般搜索引擎广告一次性付费的弊端；四是可以实时了解广告效果，当购买了关键词广告后，广告主将获得一个管理入口，可以实时在线查看广告点击情况和消耗的费用，包括每个关键词已显示的次数和被点击的次数、点击率、关键词的当前价格、每天的点击次数和费用等，这有助于广告主对广告效果进行跟踪、记录和分析，并逐渐积累使用

---

①戎文晋，刘树林.关键词广告支付模式的研究[J].数学的实践与认识，2011(7)：1—12.

②陈懋.搜索引擎营销[D].北京：清华大学，2005.

③颜维磊.网络关键词定向广告投放与竞价排名系统的构建[D].上海：复旦大学，2007.

关键词广告的经验。

2.竞价排名广告

竞价排名也称付费搜索，它按照付费最高者排名最靠前的原则，对购买了同一关键词的网站进行排名，然后按用户点击付费①。竞价排名能实现对用户的自然分流，使用户和广告主之间形成一种互动，摆脱了传统电视广告、报纸广告一对多的形式，广告推送更具有针对性。同时，与固定排名相比，关键词广告的竞价排名价格十分低廉(除非是特别热门的关键词)，主要靠用户的点击来计算收益，因此对广告主而言网络广告费用大大降低。再加上广告主可以自行设置每天的广告费额度和调整关键词，使得网络广告成为中小型企业可以自己掌握的网络营销手段。在国内，以百度为首，包括雅虎等在内的国内著名搜索引擎网站全部推出了竞价排名广告服务，其中百度的竞价排名收入已经占到其总收入的 90%以上。

(四)搜索引擎广告存在的局限

尽管搜索引擎广告为广告主提供了新型的、有效的营销方式，然而也存在着不同程度的局限性。

1.泄露用户隐私

近年来，随着消费者对于个人隐私权的日益关注，搜索引擎也因泄漏用户隐私而饱受诟病。当用户使用不同的关键词在搜索引擎进行搜索时，其浏览信息(Cookies)会被搜索引擎的后台数据库记录，而且这些数据会被用在第三方网站上做广告以获取利润。这就导致用户打开其他非百度的第三方网站时，也可能见到自己最近搜索过的关键词广告，甚至于部分涉及个人隐私的关键词还可能被直接展示在第三方网站上。

2.广告真实性缺乏监管

做搜索引擎起家的百度就饱受泄露用户隐私和虚假广告的指责。2008 年 11 月，因为竞价排名模式导致搜索结果不客观，百度被央视曝光，并遭到众多消费者的质疑。依靠竞价排名投放的广告的真实性缺乏有效监管，而且极大地损害用户的体验。出于对网络搜索引擎的信任，用户普遍认为用关键词搜索时，结果页面中排名靠前的一定是同类产品或服务中最好、用户最多的，然而像百度这样最大的中文搜索引擎，其搜索结果基本都是人为干预后的。另外，竞价排名导致用户在进行搜索时，出来的搜索结果页面的前几位都是带有“推广”字样的广告信息。如果购买该关键词的广告主较多的话，可能搜索结果页面的大半屏都是推广信息，甚至这些推广信息可能还是未经审核的虚假信息。这必将影响用户的体验以及对搜索引擎的信任。

3.存在恶意点击

一家做卡拉 OK 设备的美国公司平均每天花费 2000 美元在搜索引擎的关键词广告上。每天的点击次数为 200 次左右，带来的销售额约为 6000 美元。突然某一天他们发现这些关键词被点击的次数上升到 800 次/天，广告费上涨到 3000 美元/天，然而销售额几乎没有变化，仍维持在 6000 美元左右。这就是在搜索引擎广告中比较常见的一种恶意点击现象。恶意点击的行为有的来自竞争者，他们为了消耗完对手的当天预算，提升自己的广

①肖琦.网络搜索引擎传播及其在企业中的应用[D].武汉：华中科技大学，2006.

告排名；另一些则是来自搜索引擎广告联盟网站，他们为了获得每次点击的广告佣金而自己实施广告点击行为。每天都有无数广告主在为无效点击的“效果”付费，曾有专家估计，搜索引擎广告中大概有20%～35%的点击都来自恶意点击。关键词越热门，每次点击成本越高，恶意点击的潜在风险也越高。

（五）搜索引擎广告未来发展方向

针对搜索引擎广告自身的特点和目前的发展状况，未来需要通过完善搜索引擎技术、优化广告投放和提供精确调查等方式来进一步完善其功能，以更好地服务于营销的需要。

1.完善搜索技术

搜索引擎的出现在很大程度上解决了人们在互联网上查找信息的困难，但使用中也确实存在覆盖率低、时效性差、信息不准确、检索不全、答非所问等局限①。因此要想获得更好的发展，必须要以智能化、专业化、个性化为目标，在现有基础上进一步优化和完善。例如，开发多媒体搜索引擎，用视频、音频、图像等取代文本成为互联网的主要信息载体；开发个性化搜索引擎，能够识别用户的信息需求及偏好，提高信息查询的精准性；开发智能化搜索引擎，能够基本实现智能分词技术、概念搜索、同义词技术、短语识别以及机器翻译技术；开发垂直搜索引擎，面向特定的行业和领域，为用户提供更快更准更全面的查询结果。

2.优化广告投放

目前，大多数网络运营商对搜索引擎的目标设定仍然局限在“被搜索引擎收录”和“在搜索结果中排名靠前”两个最基本的目标。然而，从实际情况来看，仅仅实现这两个效果并不一定能有效提升用户的点击率，更难保证将访问者转化为客户或潜在客户。若想实现通过搜索引擎广告来增加访问量的目标，需要从整体上进行网站优化设计，并充分利用关键词广告等有价值的搜索引擎广告的专业服务。只有真正把增加的访问量转化为企业提升的经济效益或者社会效益，才算真正达到搜索引擎的广告效果②。正因为如此，对搜索引擎而言，未来的发展中必须更加关注为广告主带来的经济效益。

3.提供精确调查

无论是获取行业最新资讯和技术，了解国内外的经济市场动态，还是对竞争者和潜在客户进行行为分析，搜索引擎都是最常用的工具。随着“大数据”“云计算”等技术手段的不断创新和发展，未来搜索引擎也应该在获取了广泛的互联网信息之后，采取这些新型的信息处理手段，运用专业网站和工具对数据进行整理、分析和跟踪等“精加工”处理，以保障所提供的结果更加精确。利用“大数据”技术手段，未来搜索引擎还应该对获取的初步信息结合专业网站进行分析和跟踪，即“精加工”，从而提供更加精准、理性的调查分析结果。

二、即时通信广告（IM）

即时通信（Instant Messaging）是一种允许两人或者多人通过网络即时进行文字讯息、文档传递和音视频交流的终端服务。最早的即时通信软件是一款名为ICQ的软件工具，

①王晓伟.垂直搜索引擎若干关键技术的研究[D].杭州：浙江大学，2007.

②王桂玲，周文华.搜索引擎营销存在的问题与发展趋势[J].信息系统工程，2010(12)：78—79.

三个以色列青年在1996年开发。1998年,美国在线以2.87亿美元收购了ICQ。如今ICQ已是世界上最大的即时通信系统,拥有1亿多用户,主要在美洲和欧洲市场。我国最热门的即时通信软件是腾讯QQ,诞生于1998年11月,它也是绝大多数中国网民接触互联网的第一项基本服务。发展到今天,即时通信已经不再是一个单纯的聊天工具,而是集交流、资讯、娱乐、搜索、电子商务、办公协作和企业客户服务等于一体的综合化信息平台。

(一)即时通信广告定义

即时通信广告(Instant Messaging Advertising),顾名思义就是通过即时通信工具(如QQ、微信、来往、易信)等进行产品或服务推广的一种广告方式。其最基本的特征是高效、快速、即时。即时通信广告不仅是企业提供在线客服的利器,也是进行商机挖掘、开展病毒营销的利器,是继电子邮件营销、搜索引擎营销之后的又一重要营销方式。

(二)即时通信广告特点

依托于即时通信软件的特点,即时通信广告也具有到达率高、互动性强和成本低廉等特点。

1.到达率高

即时通信工具因为其关系网的庞大和好友之间亲密度、黏合度高的特点,聚集了大量的人气。基于即时通信工具所进行的产品或服务推广,或者其他有价值的信息,都很容易在即时通信工具上实现广泛传播,基于人际传播的口碑效应是其他传统广告形式难以望其项背的。

2.互动性强

通过即时通信软件,广告主可以直接、即时地与目标消费者进行在线交流,这种方式便于让广告主掌握主动权,将品牌信息主动展示给用户,摆脱以往千篇一律的广告轰炸,可以更加人性化地进行传递,而且由于双方可以即时交流,所以互动性也能大大提升,一改广告主等待关注的被动局面。通过巧妙利用即时软件的各种互动应用和功能,如虚拟形象秀、聊天表情、聊天气泡、聊天背景等,将品牌不露痕迹地融入进去,这种隐形广告遭到用户抗拒的可能性也就大大降低。而且,一旦它们形式新颖有趣,用户还会自愿参与这种互动并进行转发和传播,在这种轻松愉快的氛围下形成对品牌的印象,并促成用户日后的购买意愿。

3.成本低廉

跟播客广告和门户网站广告相比,基于QQ等即时通信工具的签名广告位成本更加低廉,而且曝光率更大。参与广告传播过程中的每个人不仅是信息的接受者,更是信息进一步传递的节点,也就是俗语所谓的“一传十,十传百”。与传统媒体时代的“口口相传”相比,即时通信工具的介入降低了广告传播的成本①,而且传播的速度、信息量和便捷性也明显加强。

(三)即时通信广告的类型

即时通信工具的广告类型十分丰富,而且随着网络技术的进步也在不断地发展和更新。

①刘东明,冯淇.网络社区的病毒式营销之策[J].通信世界,2008(33):24.

下面以国内即时通信的领跑者腾讯公司为例，简要罗列出最主要、最常见的几种广告形式：

1.QQ 客户端广告（表 13-1）

表 13-1 QQ 客户端广告

<table>
<tr><th colspan="3">广告名称</th><th>广告示例</th></tr>
<tr><td rowspan="2">ALL IN ONE</td><td rowspan="2">综合</td><td>AIO-右边竖栏</td><td rowspan="2"></td></tr>
<tr><td>AIO-右下角 Button</td></tr>
<tr><td colspan="3">客户端—RichButton</td><td></td></tr>
<tr><td colspan="3">客户端—MiniBanner</td><td></td></tr>
<tr><td colspan="3">客户端—视频等待窗口</td><td></td></tr>
<tr><td colspan="3">客户端传文件文字链</td><td></td></tr>
<tr><td colspan="3">好友会话窗口左下文字链</td><td>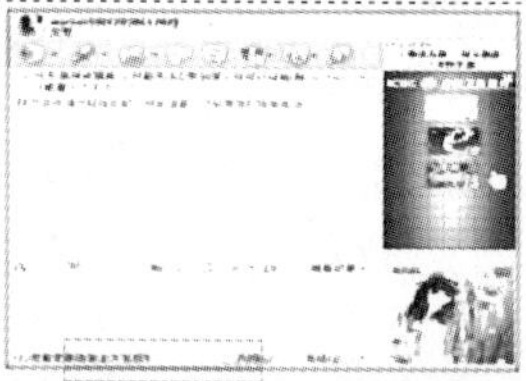</td></tr>
<tr><td colspan="3">客户端—天气冠名广告</td><td>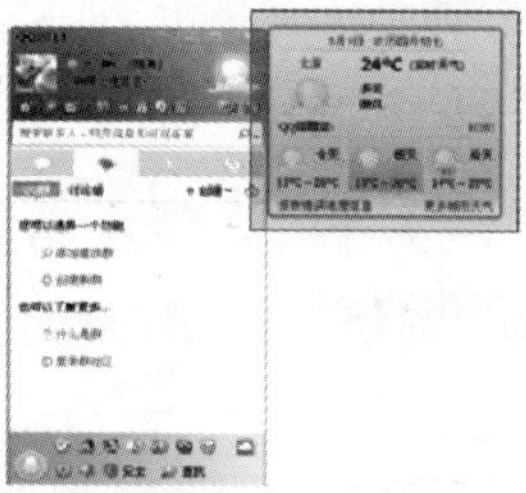</td></tr>
</table>

2.QQ 邮箱广告(表 13-2)

表 13-2　QQ 邮箱广告

广告名称	广告示例
QQ 邮箱—欢迎页—通栏	
QQ 邮箱—发邮件成功页—底部通栏	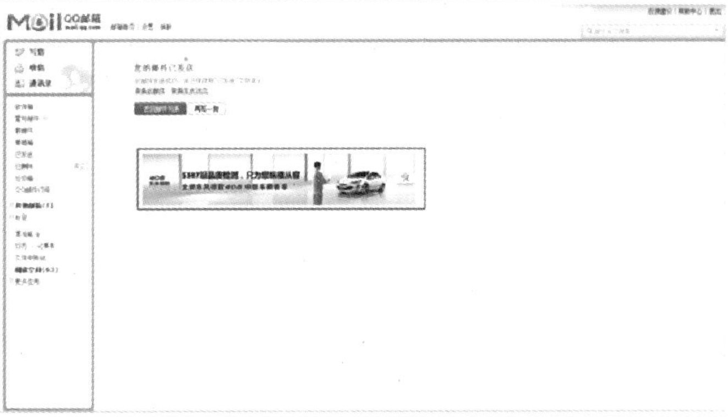

3.QQ 游戏广告(表 13-3)

表 13-3　QQ 游戏广告

广告名称	位置描述	广告示例
QQ 游戏大厅—通栏 1	广告位于 QQ Game 大厅以及所有游戏桌面的左上方	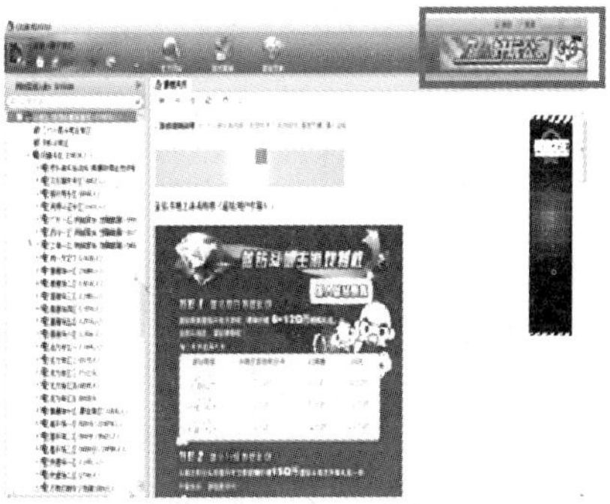
QQGame—退出广告位第 1 区—背弹	所有玩家退出游戏大厅时在屏幕正中央弹出此广告	

4.QQ 秀广告(表 13-4)

表 13-4　QQ 秀广告

页面	广告名称	广告示例
分类栏目	QQ 秀—单品—服装栏通栏	
	商城首页二屏通栏	
	QQ 秀—商城首页-品牌活动图	
	QQ 秀—单品—头像通栏	
	QQ 秀—单品—配饰栏通栏	
乐园	QQ 秀乐园首页左侧缤纷活动推荐	
	QQ 秀乐园活动推荐	

5.QQ资讯页面广告[①](表13-5,因广告形式众多,下图仅以视窗广告为例)

表13-5　QQ资讯页面广告

位置描述	广告示例
视窗	

这些不同类型的即时通信广告可以根据广告主传播的目标受众和目的性来自主选择和组合,而且广告效果也是可以实时监测和反馈的,对广告主而言广告的有效性也更高。

三、博客广告

博客即网络日志,是社会媒体网络的一部分。一个典型的博客结合了文字、图像、音乐等元素,能让读者以互动的方式留下意见。国内比较著名的博客网站有博客中国、新浪、网易、搜狐等。

(一)博客广告的定义

博客广告是以博客为平台为企业推销产品和服务、打造品牌、树立形象的广告形式。在一定的策划和创意过程之后,在博客平台上发布关于产品或者服务的品牌、特点等相关信息,诱导用户产生购买意愿。其本质在于通过原创的专业化内容进行知识分享和争夺话语权,从而为博主建立起信任权威甚至形成个人品牌,进而影响读者的思维和消费行为 。

(二)博客广告的类型

博客广告大致分为以下四种类型。

第一,类似于常见的网络广告,主要以旗帜广告、按钮广告、插页广告和富媒体广告等形式呈现。通常是将已经制作好的网络广告素材,挂在各种类型的博客网站或者网页上,以供博客读者进行浏览或点击。

第二,企业或者广告主募集专业写手,在博客网站上发表和自身的产品和服务息息相关的,具有较强知识性、专业性或趣味性的博客日志。

第三,企业或者广告主建立企业或行业专题,由博客网站负责版面的设计、注释、链接

①腾讯广告产品[EB/OL].腾讯网.http://www.tencentmind.com/download/download_49_93_1.html.

和其他功能的设置，企业主要负责内容的提供。

第四，个人博客广告，最典型的有新浪博客。企业利用明星博客的“人气”资产在博客上投放广告，并且付给博主广告费。这有点类似名人代言广告，这种博客的内容基本上与广告无关，企业更多的是利用名人效应来聚敛人气，增强广告效应。

（三）博客广告的特点

博客广告的特点很大程度上是由博客这个载体的特点所决定的。因此，博客广告具有内容的广泛性、发布的自由性和阅读的大众性、信息的时效性和传播的交互性等特点。

1.内容的广泛性

正是因为博客内容的多元化，造就博客广告内容的广泛性。博客内容既可以是个人日常生活和工作中的见闻，也可以是对时事热点、社会人生的感悟，可谓包罗万象，应有尽有。博客不仅仅是作为一种休闲娱乐和抒情写意的网络日志而存在，更是博主用来彰显个性和自我魅力、表现自我价值的传播平台。

2.发布的自由性

博客的诞生真正意义上开启了个人传媒时代，自此拉开了自媒体的序幕。一般来说，博客都是个人网页，由所有者自己写作、发布和管理，因此可以说是真正意义上的个人传媒工具。博客的所有者具有生产和发布各类信息的自由和权利，既可以记录自己的心情，表达个人的态度，也可以与他人分享信息。博客内容不必像传统媒介的内容一样受到编辑审核和修改等，博客的“把关人”就是博主自身①，愿不愿意在博客上投放广告，广告的形式和具体内容要怎样呈现，博主都有一定的选择权，因此博客广告也就具有了发布的自由性。

3.阅读的大众性

博客是个人的游乐场，也是公众的观光地，是个人性和公众性的有机结合。作为一种开放性的传媒工具，它把个人空间变成了公共领域。博客的读者也不再局限于博主自身或少数人，而是所有有可能点击进来的网络用户，是广大的社会公众。如果博主的名气越大、学识越高、文笔越好，那么他的读者就越多，博客的影响力自然越大。浏览率越高，意味着潜在的广告受众也就越多。一旦在博客上投放广告，那么当读者阅读博客的时候，自然也就可以浏览到各种广告信息。

4.信息的时效性

博客一般都是按时间的先后顺序排列的，最新发布的博客在博客网页的最上方，最旧的在最下方，这样方便阅读和管理。因为只要博客内容不断更新，就可以将最新的文章和资讯及时向读者发布，促进广告内容的快速传播，提高博客的可读性，增强传播的实效性。此外，一旦博客广告出现问题还可以即时更换，这样就能更加便捷地让读者浏览到广告信息。随着信息技术和通信工具的发展，人们还能利用移动博客的形式即时传播图像和文字，甚至是音频、视频、资讯和商业广告信息，从而提高广告传播的速度与效率。

---

①毕耕.论博客广告的内涵、形式与特点[J].湖南大众传媒职业技术学院学报，2008(1)：76—78.

5.传播的交互性

博客广告的广告主、发布者和广告受众，可以通过网络实现真正的双向互动，不断促进信息的沟通和完善。博客广告的交互性不同于普通网络广告。普通网络广告一般是把受众引流至公司的相关网站，受众将自己的意见和建议反馈给企业，企业再根据受众的意见做出回应。这种回应往往是一对一的，不可能兼顾到所有人。这往往导致一些受众的意见没有得到重视而积极性减退，甚至还会影响到他们对品牌的忠诚度。博客广告的交互性，是指企业与受众真正的双向沟通与交流。这种交流最终反映的是大众的意见，而企业做出的回应也是针对所有受众，从而能够最大限度地满足客户的要求。

四、微博广告

在较短的时间里，微博迅速发展成为一个影响巨大的社会化新媒体，同时也成为一个全新的广告推广平台。微博广告类型多样，并且具有准确性、立体化、高速度、便捷性、广泛性等特点。但目前的微博广告业表现出一些弊端，如虚假粉丝和虚假广告泛滥，垃圾广告的强制推送，广告效果难以评估等问题。

（一）微博广告定义

微博即微型博客的简称，是一种通过关注机制分享简短实时信息的广播式的社交网络平台。微博具有即时、互动、便捷、简单的特点，在其初期为社交媒体用户带来了全新的传播体验。微博广告将微博作为广告平台，将每一个受众(粉丝)作为潜在营销对象，企业也可以利用微博灵活且低成本的特点向网友传播企业和产品信息，从而达到促销、关系维护等多重营销目的。

（二）微博广告类型

下面以新浪微博为例，简要介绍几种常见的微博广告形式：

1.PC端广告

(1)微博登录页面广告：位于登录页面左侧；

(2)微博顶部广告：出现在新鲜事下方，微博内容栏上方；

(3)快讯置顶栏目条：锁定固定账号，对微博内容进行置顶推送；

(4)底部广告：位于微博最底端；

(5)右侧活动广告：位于微博右上方；

(6)右侧话题广告：位于活动广告下方；

(7)微博名称后面的ICON广告；

(8)模板广告：商业性模板，如明星演唱会模板；

(9)APP游戏植入广告。

2.客户端广告

(1)客户端开屏广告：启动应用时出现；

(2)顶部条框广告；

(3)关键词广告:转发微博并且微博内容中含有与品牌相关的关键词,会出现相关品牌的漂浮广告。

(三)微博广告特点

笔者认为,基于移动互联网技术的微博广告具有准确性、立体化、高速度、便捷性以及广泛性等特点。

1.准确性

调查显示,一半以上的微博用户的年龄集中在 26～35 岁之间。他们具有一些共性,如年轻、关注时尚,具有一定的购买力,比较容易受到广告的影响。另外,微博用户会根据自身的特点或喜好为微博贴上不同的"标签"。广告主可以根据这些"标签"将微博用户根据不同的年龄、身份、职业、地域、爱好、收入等进行归类,并准确定位其产品和服务的目标人群。在大数据时代,通过挖掘微博用户自己发送的文本可以较为清晰地对其进行"身份画像"。广告主甚至可以判断用户所关注的事物、人际关系、情感状况、价值取向等,从而进一步提高广告投放的准确性。

2.立体化

借助先进的多媒体技术手段,微博广告可以利用文字、图片、视频等多种形式呈现,大大拓展了广告的创意空间,更大限度地调动了潜在消费者的感官,从而更易打动潜在消费者。

3.高速度

微博广告不仅与所有的互联网广告一样具有高度的及时性。并且,在微博特有的传播环境下,一个粉丝数较多的账号发出一条微博后,短时间内互动性人际转发就可以将其发送至微博世界的每一个角落。

4.便捷性

微博广告信息的发布主体无须经过繁复的行政审批,从而节约了大量的时间和成本。同时微博广告短小精悍,创作和发送都较为容易,成本也较低,对于广告主来说具有极大的便捷性。

5.广泛性

通过粉丝关注的形式进行病毒式的传播,可能抵达微博的每一个节点,影响面非常广泛。同时,名人微博、大 V、网络红人等对微博进行转发,利用其庞大的粉丝群体能够使事件的传播量呈几何级放大。

(四)微博广告的弊端

"虚假粉丝""虚假广告"横行,是微博广告的一大弊端。虚假粉丝,也就是"僵尸粉",是指由电脑软件恶意注册生成的假微博账号,可以卖给微博用户冒充粉丝数量。"僵尸粉"是微博营销的"利器"。因为"刷粉"不但可以"涨面子",还可"挣钱"。微博营销公司注册"僵尸粉"后将其低价售给博主,博主只需 100 元便能为自己购买 1 万个"粉丝"。拥有足够多粉丝数的博主可以通过给商家链接广告，或转发微博广告的方式进行获利。粉丝数量数百万、上千万的微博，一年的广告收益可达几十万、上百万。

微博广告信息的发布主体无须经过繁复的行政审批，虽然使得微博广告的发布更为便捷，但也带来了虚假广告的问题。另一方面，对已发布的微博广告进行监管也存在着诸多难点。微博广告的形式纷繁复杂，有的甚至很难界定是不是广告；微博广告的数量巨大，且不断地动态更新，导致监管力不从心；相关立法仍然较为滞后，或惩治力度不足，使得对于众多虚假广告的处罚无法可依，或不能形成威慑作用。

垃圾广告的强制推送是目前微博广告的又一严重弊端。对于微博广告主来说，广告被转发的次数越多，也就意味着收益越多，可是这种病毒式的广告转发，带给受众的不只是产品的信息，更多的是干扰。新浪微博曾推出一款广告系统，广告主只需缴纳一定广告费，微博内容将由新浪官方直接植入用户页面。这一举动遭到了用户的强烈投诉，因为在没有"关注"对方的情况下收到系统自动发送的广告微博，并且无法删除，更有甚者，一天会被强行推送多条信息，几乎全部为"垃圾广告"。

微博广告的广告效果存在难以评估的问题。微博的粉丝积累需要一个较长的过程，不便于短时间内评估广告效果。此外，由于每条信息引起的反应可能千差万别，容易受到攻击或由于操作失误而产生负面影响。

五、SNS 广告

SNS 网站作为近年来新兴的一个广告投放平台，随着大数据时代的到来表现出良好的发展前景。SNS 广告最大的特点在于它是一种依赖于网络人际关系进行传播的广告信息，这不仅使得广告信息的被接受度得以提升，也使得潜在消费者可能由信息的被动接受者变为主动的传播者。由于 SNS 网站的用户每天进行网络社会交往时会产生大量的原始数据，这使得 SNS 网站本身就成为重要的数据源，这对进行用户分析，进而进行精准营销有很大的优势。同时，这也决定了 SNS 广告未来必然采取基于用户数据的发展模式。

（一）SNS 广告定义

SNS，即社交网络服务，指帮助人们建立社会性网络的互联网应用服务。SNS 社区在中国发展的时间并不长，但是已经成为中国网民的一种重要社交模式。SNS 广告是基于六度分割理论，在 SNS 网站的分享功能基础上进行的一种广告营销。通过病毒式的网络人际传播使得广告得以迅速扩散。从国外的 Facebook、Twitter，到国内的新浪微博、开心网、人人网，SNS 已经成为人们生活中一个非常重要的部分，其广告商业价值也开始日益彰显。

（二）SNS 广告类型

目前，SNS 广告主要有条幅广告、植入式广告和活动式广告三种类型。条幅广告就是传统的互联网广告，其前景不被看好。植入式广告和活动式广告将成为 SNS 广告未来主要的发展方向。

1.条幅广告

条幅广告既是在网站社区首页及两侧刊登的条幅式图文广告，与普通的互联网条幅广告一样。对于SNS网站上的这种广告形式仍存在一些质疑。SNS用户在使用服务时，注意力几乎全部集中在屏幕的中央（好友信息区），因为出现在这个位置的信息才是用户需要的（如好友动态等）；而为了不影响用户体验，目前SNS网站的条幅广告几乎都位于屏幕的四周，这里并不是用户会注意到的区域。调研表明，只有不到20%的用户对于SNS页面四周的Banner广告有印象。

2.植入式广告

相对于条幅广告，SNS网站中的植入式广告具有更强的渗透力。植入式广告即将产品或品牌及其具有代表性的视觉符号甚至服务内容植入媒介内容中，使其成为媒介传播内容的一个部分，让用户自然而然地留下对产品或品牌的印象，并产生好感，继而达到营销目的。用户使用SNS网站维护自己的网络人际关系以外，还会经常使用SNS网站中的各种运用。在这些运用里植入广告不仅可以潜移默化的增强对用户、对产品或品牌的印象，并且由于用户选择的主动性，广告效果也会大大增强。本田汽车就曾在Facebook的虚拟礼物中植入产品来加强用户与品牌的情感联系。2014年情人节前夕，本田汽车向Facebook的用户派送虚拟礼物——一根红线，并有温馨提示“心是完整的，油箱也是满的”。许多Facebook用户都乐意赠送这样一份虚拟礼物给亲朋好友，短短4天时间，参与赠送该礼物的人数就达到了150万。

3.活动式广告

SNS网站还利用自身资源，与广告主联合开展各种营销活动，进一步创新广告形式，增强广告效果。这些营销活动包括开设活动页面、开发虚拟货币、运行网络游戏、组织虚拟活动等。2012年，开普敦旅游局在Facebook上推出了一款游戏应用程序。通过这款应用，用户可以体验一场虚拟的开普敦之旅。用户通过授权该游戏应用，并注册登记，就能根据自己的兴趣爱好，安排长达5天的行程。系统在接收到指示后，会为用户量身定做出虚拟的旅行计划书，并随即生产一张显示用户姓名、所在地、出发日期的登机牌。接着发布飞机飞行的图片提醒用户其“虚拟游计划书”已前往开普敦。之后，系统会根据用户专属的旅行计划，在Facebook上动态发布旅游过程。比如：飞机何时抵达开普敦，在某地吃了第一顿早餐，准备向特布尔山进发，等等。要是看到喜欢的内容，只需点击链接，用户就能把行程中令人心动不已的照片和视频分享到Facebook时间轴或是Twitter上，让朋友们羡慕一番。这一活动使得众多Facebook用户足不出户就体验了一次完美的开普敦之旅，并且引起了该用户朋友对于这一话题的关注，从而使得当季到开普敦旅行的人数大大增加。

（三）未来发展方向

未来SNS广告的发展是基于用户数据的处理和分析的，主要包括线上线下资源整合、用户信息收集分析、提升游戏品质以及创新广告表现形式四个方面。

1.线上线下资源整合

随着O2O+LBS模式的日益完善、智能手机的普及以及4G网络的推广，未来的SNS

广告将更加注重线上和线下的资源整合，例如线上发起活动，线下组织实施，既能为用户带来更加真实的网络体验，又能为广告主创造更多的价值空间，构建一个更加完善的价值生态体系。

2.用户信息收集分析

未来SNS网站的平台服务商要通过对用户个人信息的分析和挖掘，在多个维度上对用户进行分类，从而进行广告的精准投放。另外，SNS网站可以通过用户信息收集分析设计出更有针对性的产品和服务，提升用户体验，在此基础上进一步提高营销的效果。

3.提升游戏品质

目前，SNS网站之间的竞争非常激烈，为了争夺用户资源，各类游戏层出不穷，但品质参差不齐。对于游戏运营商来说，光靠抄袭是难以获得长足发展的，品质才是SNS游戏成功的保证。

4.创新广告表现形式

在我国，社交网络的发展十分迅速。但目前SNS广告的传播形式仍以网页广告和植入式广告为主。真正精心策划的，基于SNS网站传播环境的广告传播活动仍然较少。未来运营商需要进一步加强SNS广告形式的探索和创新。

第二节　数字电视媒体广告经营

我国数字电视媒体的市场规模从2002年的400亿元，快速扩张到2015年的5000亿元以上。调查数据显示，2015年全国数字电视（有线数字电视、直播卫星数字电视、无线微波数字电视、地面数字电视）覆盖用户规模合计达3亿户，约占电视用户总量的83%，较2014年净增约1400万户，电视节目传输及接收的数字化时代持续深入。①

一、数字电视媒体广告的形式

数字电视媒体广告目前主要有数字电视广告、楼宇电视广告以及车载电视广告三个大类，各大类下可进一步划分为众多小类。

（一）数字电视广告

著名媒体数据调查公司尼尔森预测，截至2020年，中国数字电视广告营业额将达到每年200亿元，占整个国内市场份额的10%。数字电视广告作为数字电视媒体广告的一个非常重要的类型，也是未来电视广告必然的发展方向。

1.数字电视广告特点

相对于传统的电视广告，数字电视广告有其无可替代的特点。最重要的特点就是数

① 美兰德.2015年中国电视覆盖及收视状况调查[EB/OL].http://www.199it.com/archives/411493.html.

字电视广告具有互动性。传统电视广告的传播是单向的，观众处于一个被动接受的地位。而当观众在观看数字电视广告时，不仅可以进一步查看自己感兴趣的广告的详细信息，甚至可以在电视上完成购买。这不仅提升了观众观看广告的体验，也大大提升了广告传播效果。其次，数字电视广告可以在一定程度上做到投放的精准性。数字电视可以在机顶盒中设置软件，实时地监控用户的观看行为，又由于人机交互的实现使得收集更多的用户信息成为可能。在掌握这些数据的基础上进行广告投放将大大提高投放的精准性。

2.数字电视广告类型

徐琦等在《中国有线数字电视广告经营现状、困境与策略研究》中提出当前数字电视广告主要有17种形态。包括互动类广告、卡拉OK贴片广告、回看/点播播放器广告、VOD/NVOD点播挂角广告、VOD/NVOD点播落版广告、VOD/NVOD点播贴片广告、VOD/NVOD点播栏目冠名广告、VOD/NVOD点播首页页面广告、回看贴片广告、数字广播背景广告、用户管理界面广告、音量条广告、频道列表广告、换台导航条广告、栏目二级页面广告、菜单主页广告、门户广告等。随着数字电视技术的发展以及广告营销方式的创新，还会有更多形式的数字电视广告出现。

总的来看，可以将以上多种数字电视广告形式归为三类。分别为电子节目菜单广告(Electronic Program Guide，EPG)，增值业务广告以及互动广告。

电子节目菜单就是用户在使用数字电视机顶盒时用来进行收视导航，寻找并选择电视节目的菜单。EPG广告就是通过数字电视节目菜单导航信息传递广告商情，这种广告曝光到达率和到达频次都比较高，但缺少互动性。

增值业务广告是在数字电视增值业务中展露的广告，广告效果的好坏受到增值业务本身极大的影响。如果某项增值业务对观众没有吸引力，那么这其中的广告的效果也会大打折扣。目前，各项增值业务中的视频贴片广告成为一个热点。

互动广告是指用户可以通过遥控器实现与广告信息实时互动的数字电视广告。互动广告不仅能够在用户点击后提供更为详尽的产品或服务信息，还能将广告设计得有趣味性和参与性，甚至能够在数字电视实现购买。这类广告的实现需要双向互动电视网络的支撑，目前还处于起步阶段，但这是数字电视广告发展的趋势。

（二）楼宇电视广告

楼宇电视广告多安装在写字楼、商场、高档小区、星级酒店等建筑周围及内部，包括楼宇户外超大液晶屏、电梯等候区的显示屏、室内走廊的显示屏等多种形式。楼宇广告自出现以来凭借其针对性强、传播效果好的优势获得了快速的发展。目前，在国内的楼宇电视广告领域存在着行业巨头分众传媒。

楼宇电视广告特点主要包括：

1.环境相对封闭，干扰低，频次高

楼宇电视一般被置于电梯等相对封闭的空间，由于空间狭小和无事可做，电梯内的视频广告更容易吸引人们去观看，相对于其他形式的户外广告拥有更高的关注度。从播放频次来说，一般为6～15分钟循环播放，因此可以让受众在低干扰的环境中去欣赏。

2.受众比较固定，消费能力较强

商务楼宇视频主要针对的人群是城市中高端收入及消费阶层。年龄多集中在18～45岁，教育程度多是大学以上，职业也以公司职员、大学生和管理人员为主。

（三）车载电视广告

车载电视媒体指的是信息发送端采用数字广播技术（主要指地面传输技术）播出，接收终端安装在公交汽车、出租车、商务车、私家车、地铁、轻轨、城铁、火车、轮渡等各类流动人群集中的其他公共场所的移动载体。

1.车载电视广告特点

车载电视广告具有直接接触消费者、更容易吸引观众的注意力、传播流动人群、能够覆盖预定市场等特点。

（1）直接接触消费者

车载电视广告可以在特定区域、服务点或商品销售点附近直接接触消费者，从而在一定程度上可以进行基于地理位置的精准广告投放。

（2）更容易吸引观众的注意力

观众在接收车载电视广告时多处于静止和无所事事状态，在这种状态下电视广告更容易吸引观众的注意力，因此可以“强迫性”地让观众观看且反复观看，从而使观众对广告产生深刻的印象。

（3）传播各类流动人群

车载电视广告具有可移动的特点，可以迅速将广告信息传至城市的每一个角落，以及各类不同人群。

（4）能够覆盖预定市场

广告主可以根据这些公共交通工具的特性、行车路线以及潜在消费者的出行习惯等，选择合理的投放组合，从而迅速有效地覆盖预定市场。

2.车载电视广告类型

车载电视广告主要分为公交车载电视广告和出租车载电视广告两类。

（1）公交车载电视广告

公交车在都市运行，接触大量移动人群，这使得车载电视广告成为一种渗透力极强的户外广告。它是传统视频广告的延伸，具有固定广告的传统优势，如：广告画面连续、广告影响持续不断、冲击力大、能有效地向特定地区、阶层进行广告诉求；它又是移动广告，诉求对象为乘坐公共交通工具的所有乘客，这就使视频广告的受众层面更广泛，广告到达率更高。

（2）出租车载电视广告

触动传媒是国内领先的出租车互动媒体。通过安装出租车头枕后的互动荧屏系统，为高收入、高消费的目标受众在出租车内提供信息服务的同时推送广告信息。同时，出租车载电视可以通过SMS/MMS技术来收集乘客的电子邮件地址、电话号码等更多、更深入的信息。乘客还可以利用手机获取优惠券或其他下载程序，以促进销售或反馈。

二、数字电视媒体广告存在的问题

数字电视媒体虽然依托于数字技术，但目前来看，其广告传播的特征更接近于传统的电视媒体。甚至于有的数字电视媒体广告的制作水平还不如传统的电视广告。其原因主要是由于数字技术的运用还不够充分，交互性和精准性的实现程度太低。可以说，许多数字媒体电视广告虽然占据着有利的渠道，但没有将渠道优势发挥出来。

（一）内容制作粗糙

数字电视媒体广告多具有本地化的特征，而本地化广告的制作成本较低，因此相对于传统的高成本电视广告来讲，数字电视媒体广告就会显得相对粗糙一些。另外，许多数字电视媒体广告，特别是公交车载广告的内容太过单一，同一广告内容反复播出，而且部分广告声音太大，已经造成公共空间里一定程度的视觉和听觉污染，让乘客不胜其烦。

（二）互动程度不高

目前，公交车载广告仍然以传统的“推送式”广告为主，无法与乘客有效互动。出租车载广告为乘客提供互动选择，但与此同时也带来另一不足，即乘客可以通过中断或快进等方式选择广告播放方式，从而使广告效果大打折扣。

第三节　手机媒体广告经营

手机广告是一种以手机为传播载体的广告。手机广告是网络广告的一种，但相对于网络广告，手机广告具有移动性的优势，使得用户可以随时随地接受广告信息。随着我国手机用户普及率的逐渐提高，手机作为一种新型媒体的应用价值也日益凸现。相对于其他媒体，手机媒体传播成本低、覆盖人群广、可以便捷地利用人们的零碎时间，快捷地传播信息。随着 4G 的普及，手机成为真正的富媒体，给了手机广告更大的发展空间。

一、手机媒体广告的类型

就目前来看手机广告主要有强推型、点击型、交互型和嵌入型四种模式。

强推型手机广告例如短信、彩信、弹窗等，是将分众后的广告信息直接“推送”到用户面前，这是最早出现的手机广告形式。

点击型广告即通过用户点击链接，跳转到网页进行展示的广告。

具有交互性的手机广告，可以直接通过技术手段实现交互，如制作成小游戏的广告。目前，比较流行的 H5（HTML5.0）广告便是一种具有交互性的广告。也可以是基于移动互联网技术并且经过策划的营销活动，如基于 LBS 的移动互联网营销活动。

实现手机嵌入式广告需要在手机的应用程序中嵌入 SDK 代码。用户在使用软件时，手机屏幕的上方或下方会出现固定的广告条目。用户如果对广告感兴趣，可以主动点击，屏幕上就会出现广告的详细信息。

二、手机媒体广告的优势

手机媒体广告具有一定的强制接受性。同时由于手机媒体的富媒体特征和移动互联网传播的互动性和精准性，使得手机媒体广告形式多样，传播效果好。相对于传统广告，手机媒体广告的价格更为低廉。

（一）强制接受

手机广告具有强制性，特别是手机短信广告。对于广告主来说，广告信息能够直接发送到每一位终端用户的手中，实现有效推送，这无疑是性价比最高的一种广告形式。但对于用户来说，个人信息频频外泄、垃圾短信轮番骚扰，直接影响着用户的正常生活和信息安全。而用户一旦感到自己的购买行为受到某种“强迫”，就会生发抵触情绪，从而影响广告效果。

（二）形式多样，传播效果好

手机广告的表现形式包括动画、图像、视频、文字、音频等，并且可以根据广告创意需要进行任意的组合创作，因此可以最大限度地调动各种艺术表现手段，制作出形式多样、表现力强、能够激发消费者购买欲望的广告。同时，基于移动互联网技术，手机广告更具互动性和精准性，使得传播效果大大提高。

（三）价格低廉

手机广告的收费方式包括 CPM（千次展示）、CPC（有效点击）、CPA（有效注册）等。这些都属于按照效果付费的模式，相较传统大众媒体而言，手机广告价格更为低廉，市场上短信广告平均服务价格为 3 分至 7 分钱一条，更适于中小企业广告主投放。只要广告主定好预算，定额、定向、定条发送给目标受众即可，其费用是传统媒体的十分之一，可以省下大笔的广告宣传费用。

三、手机媒体广告的问题

传统广告管理制度规定，从事广告业务必须具备市场准入资格，即获得广告业营业执照。在广告的发布环节也必须经过一系列的审批流程。在这样一种法律规范和管理制度下，广告经营者和发布者的行为尚能得到一定控制，对广告的监管和控制至少有章可循。但在手机媒体传播环境下，几乎任何拥有网络使用权的法人，懂得一定广告发布的操作方法的单个个体及其他经济组织或个人都有可能从事广告业务，这使得手机广告的管理变得困难。

目前，手机广告监管方面的法律法规还不够健全，因此手机广告中的虚假与欺诈问题一直比较严重。另外，由于手机广告本身内容的丰富性，范围的广泛性，数量的庞大性，形式的多样性和真假的难辨性使对手机广告的监管十分困难。

（一）垃圾广告横行

近几年来，各种移动应用呈爆发式的增长，与此同时，一些应用开发者和不良广告商利用恶意广告插件，肆意推送广告，严重伤害了用户体验和利益，也严重影响了移动互联网的健康发展。2012年，360互联网安全中心累计截获172688款手机恶意广告插件，其中多数广告以推送消息、悬浮窗口的形式出现在手机通知栏或APP应用窗口。这些手机广告诱导用户点击自动下载软件，甚至盗取用户隐私和进行恶意扣费。另外，恶意广告在展示方式上也不断发生变换，除通过利用Android手机的消息栏不断推送垃圾广告信息外，甚至伪装成其他应用的悬浮通知来诱导用户点击。一旦用户进行点击就会自动下载软件，不仅消耗用户流量同时还赚取推广费用。

（二）侵犯用户隐私

很多恶意广告中都存在泄露个人隐私的危险。用户只要启用相应软件，就可以窃取用户的隐私信息，比如利用手机自带的GPS定位功能获得用户位置信息，甚至拿到用户手机里通讯录的号码。

【知识回顾】

本章将新媒体广告分为网络广告、数字电视媒体广告和手机广告三大类别。

网络广告中重点介绍了搜索引擎广告、即时通信广告、博客广告、微博广告以及SNS广告。搜索引擎广告可以分为关键词广告、竞价排名广告两类。搜索引擎广告具有发现实时精准的需求，提供优先考虑的可能，依据实际效果付费，以及信息简洁，延展性强等特点。但也存在泄露用户隐私、广告真实性缺乏监管、恶意点击等问题。未来，搜索引擎广告需要完善搜索技术，优化广告投放，提供更为精确的调查。即时通信广告以QQ为例，包括有QQ客户端广告、QQ邮箱广告、QQ游戏广告、QQ秀广告、QQ资讯广告等多种形式。具有到达率高、互动性强、成本低廉等优势。博客广告形式多样，其内容具有广泛性，发布具有自由性，阅读具有大众性，信息具有时效性，传播具有交互性。微博广告同样形式多样，也具有准确性、立体化、高速度、便捷性、广泛性等特征。但微博广告也存在虚假粉丝、虚假广告横行，垃圾广告强制推送，广告效果难以评估等问题。SNS广告主要包括条幅广告、植入式广告、活动式广告三类。未来，SNS广告的发展将会更加注重线上线下资源整合，用户信息收集分析，提升游戏品质，创新广告表现形式等方面。

数字电视媒体广告主要包括数字电视广告、楼宇电视广告、车载电视广告三个类别。数字电视广告类型繁多，总的来看可以分为电子节目菜单广告、增值业务广告以及互动广告三类。数字电视广告相对于传统的电视广告最大的优势在于其广告的互动性及传播的精准性。而楼宇电视广告特点主要包括传播环境相对封闭，传播过程干扰低，传播频次高，受众比较固定，消费能力较强等。车载电视广告主要有公交车载电视广告和出租车电视广告两类，具有直接接触消费者、容易吸引观众的注意力、传播流动人群、能够覆盖预定市场等特点。但总的来看数字电视媒体广告还是存在内容制作粗糙、互动程度较低的问题。

就目前来看，手机广告主要有强推型、点击型、交互型和嵌入型四种模式。手机媒体广告具有一定的强制接受性。同时由于手机媒体的富媒体特征和移动互联网传播的互动性和精准性使得手机媒体广告形式多样，传播效果好。相对于传统广告，手机媒体广告的价格更为低廉。但也存在着垃圾广告横行、侵犯用户隐私等问题。

【思考题】

1.你认为微博广告和SNS广告哪种效果更好，分别适用于哪些类型的广告主?

2.针对数字电视媒体的现存问题，你觉得应该如何改进?

3.移动互联网时代，你认为手机媒体的广告有何发展方向?

第十四章
企业的新媒体营销

【知识目标】

☆营销环境的变化对营销观念带来的影响。

☆企业在新媒体环境下的营销策略。

【能力目标】

1.了解新媒体带来的营销环境的变化。

2.结合具体的案例，分析企业如何在新媒体环境下进行自身的营销推广。

【案例导入】

案例背景：为了证明伊利对品质的用心的演绎和不懈追求，2013年伊利工厂全年开放，由全民共鉴伊利品质。在此大背景下，结合8月23日在中国的上映暑期档皮克斯经典动画《怪兽大学》，伊利发起一轮强有力的营销。

传播目标：面向13～22岁的学生群体。

广告公关化：借势发力，让《怪兽大学》助力“伊利参观工厂”在暑期档的强势营销；品质统一化：让皮克斯数十载精益求精的动画制作品质和伊利品牌主传播点“态度决定品质”产生关联，激发共鸣。

核心策略：多屏联动，让消费者可以通过任意平台与电影发生关联从而参与报名，最终走进工厂进行参观。

PC端：①PC端分频测试互动。搭建互动体验网站，切合《怪兽大学》经典尖叫桥段，挑战怪兽分贝测量仪。分数合格的参与者即可生成最终参观工厂和正版皮克斯毛怪和大眼仔互动的专属学生证。②口碑Social持续话题炒作。结合电影上映前预热、电影首映、电影持续上映期这三大关键时间点，在新浪微博平台持续发起各种话题，借助KOL飙升当下热点话题榜，为整体活动造势。

移动端：搭载当下最火热的新媒体客户端——唱吧APP，模拟怪兽尖叫，分享社交平台，可以邀请朋友和影迷参加。分享后，会生成最终参观工厂和正版皮克斯毛怪和大眼仔互动的专属学生证。

线下：坐落在北京、上海、广州三地主流影院的LED互动大屏，让走进影院的观影者也可以参与到大型数字屏的体验互动。“连连看”式简单的互动参与，瞬间记忆大考验，找出一样的两个怪兽(或伊利相同口味的产品)即可得分，分数累加过关就可以生成专属学生证。同时，在大屏前的摄像头可以即刻拍下你的学生证头像。留下你的电子邮件地址，生成的学生证会马上发到你的私人邮箱。

以上PC屏、手机屏、LED互动大屏，无论触发哪个屏都会生成那张至关重要的专属于个人的学生证，这张学生证也是后续参观工厂，近距离互动玩偶，体验皮克斯电影海报嘉年华等一系列线下活动的唯一凭证。

案例点评：首先，整个活动，线上网络、手机终端APP，线下DMG大屏组合在一起，贯穿着尖叫，入学考试，学生证等电影元素，编制出一张“捕兽网”，全方位地渗透到消费者各种触媒方式中，将目标人群“一网打尽”，实现了一次有形式有内容的深度整合营销。其次，此次营销活动效果不仅仅是借势的“眼球效应”，实际达成了企业与消费者、电影以及受众多方的理想共赢。也许《变形金刚》中“这是舒化奶”的经典广告词还停留在记忆中，但这次与《怪兽大学》的携手，让我们看到了一个更懂消费者，营销思路更加宽广，营销能力也更加成熟的伊利。纵向比较，在摒弃了简单的“电影广告植入”的营销模式后，伊利利用更丰富多样的手段表达着同样的诉求，这一次，伊利的思考更深入。横向比较，相较于电影营销常规的话题炒作，提前曝光剧情或打出新概念的玩法，伊利显然更深入消费者内心，更踏实也更真诚。一句“态度决定品质”的深度挖掘，使迪士尼·皮克斯和自身形成了自然的关联和过渡，在此之下，一切都顺其自然。

第一节　从传统营销到新媒体营销

从传统营销到新媒体营销，我们所面临的营销环境发生了翻天覆地的变化。以前使用的准则，如今可能早已过时。曾经不被看好的荒地，现在可能已成为一片沃土。新媒体的迅速崛起，为企业的营销活动带来了无限的机遇，同时，新的思维方式与运作方式，也给企业开展营销活动带来了空前的挑战。

一、企业营销环境的变化

新媒体营销的提出，在很大程度上是源于营销环境的改变。这种改变既包括内部环境，又包括外部环境。既包括信息流、物流、资金流的畅通完善，又包括消费者行为的迁移、地位的崛起以及消费者对平等对话的要求，对营销活动的主动参与。

（一）线上信息流的自由流动

新媒体的普遍接近性，使得线上信息的自由流动成为可能。在传统媒体环境下，媒介本身是作为一种非常稀缺的资源而存在。负载在媒介上的信息，无论是数量上、容量上还是呈现形式方面，都受到了限制。基于这种环境下的广告，其与生俱来就带上了不完全信息的缺陷。

然而，随着线上信息趋于自由流通，消费者对产品逐步有了一个较为全面的了解。人们可以在不同产品之间进行比较。广告中的片面说辞，已经不再能左右消费者。消费者在消费的同时，也在为其他消费者提供信息。人们将消费后的使用感受发布在网上，与他人分享，并形成针对某一产品、某一品牌的系列讨论。消费者可以在权衡利弊之后做出购买决定，减少了因信息不足所导致的消费风险。

从不完全信息向完全信息的转变，一方面，企业能够实现对产品、品牌及企业形象更为全面的展示。借助信息的可拓展性，让消费者能够获得更全面的了解。另一方面，一些被忽视的问题，一些刻意隐瞒的缺陷也会暴露在消费者的视野当中，倘若没有完善的问题解决机制，负面的口碑将会严重损害品牌的形象。

（二）线下物流网的延伸扩展

与信息流相对的，是日渐趋于完备的物流系统。如果说，信息流的背后所反映的是人们的观念接触问题，那么，物流的背后所反映的则是人们的实体接触问题。

网络交易的最大特点就在于物流与信息流合一①。物流的改进，直接将人们的购买行为，从有限的时空中解放出来。消费者只需要对商品进行选择，便可以足不出户地购买到想要的产品，烦琐的中间环节被一一省略。消费者不再需要精心安排好购物时间，然后挨家挨户进行挑选，也不再需要大包小包地将购买的物品拎回家，更不必因堵塞的交通与恶劣的天气，影响自己的消费心情。他们只需要坐在电脑前，点击鼠标，浏览页面，将相同产品的卖家进行比较，选择好满意的产品，确认下单，然后等待购买的产品送货上门即可。

可以看到，日趋便捷的交通，与四通发达的物流网络，使得消费者购买商品后的等待时间被不断缩减。与此同时，对于那些因受到实体店限制，无法获得的商品，如今也可以通过网上购买，然后派送到消费者手中。从企业的角度来看，这就需要重估网点价值，进行合理配置，以及网点价值的再开发，避免不必要的资源浪费，从而扩大利润空间。

（三）网上资金流的畅通完善

信息流与物流的完善为新的消费行为带来了可能性，而网上资金流的畅通则为新的消费行为奠定了坚实的基础。

线上资金流的畅通完善，首先表现为对利益群体之间壁垒的消除。纵观历史，我们可以看到，互联网的意义与价值，远不止计算机与计算机之间的连接，它的意义更在于一种开放的、兼容并包的精神。传统竞争中各自割据的观点，严重与互联网精神相悖，自然也就无法实现利益的最大化。因此，企业与金融系统之间，需要在达成协议的基础上，实现利益的合理分配，畅通线上资金流，从而保证消费的各个环节畅通无阻。

同时，在网上金融系统的运行过程中，无论是企业，还是金融系统，都在不断地加强资金流通的安全性。这是因为，线上金融系统与线下金融系统相连接，如果出现漏洞或故障，不仅会给自身带来巨大损失，还会侵害消费者的权益，影响其在线上消费的信心。

为此，各大电子商务平台通过与金融机构加强合作，共同来保证安全。通过网站的优化及漏洞的修复，避免受到不法分子的入侵。同时，除了银行系统自身的网盾及保护措施外，还有多重验证系统，如短信、密保卡、验证码等。通过这一系列的措施，网上的资金流通得到保证，也推动了消费者的网上消费行为趋于常态化。

（四）消费者地位的提升

新媒体的广泛使用，让消费者地位得到空前提升，他们不仅可以自主地获取信息，寻

---

①张金海.20世纪广告传播理论研究[M].武汉：武汉大学出版社，2002.

求答案，还可以在日常的媒介使用过程中结成群体，建立连接关系，以集体的力量与企业进行平等对话。同时，通过多种方式，避开企业的单方的宣传，拒绝接受相关的信息。

传统的企业宣传往往是王婆卖瓜，自卖自夸。大部分情况下，消费者因为信息不足，只能被动选择相信，至于具体的细节，很少可以获得。如今，媒介的近用性促使消费者主动性的提高，简单的搜索即可获得想要的信息，还可以进行不同产品之间的横向比较。

不仅如此，在面对权益受到侵害时，消费者通过网络连接起来，孤立的诉说变成了集体的抵制，一个人的声音经过社交网络被放大成一群人的声音，企业再也不能忽略消费者的看法，保持居高临下的姿态，他们必须积极应对，直到问题合理解决。否则，消费者群体对企业持续负面的评价，会让企业遭受巨大的损失。

至于那些一度让媒介用户苦不堪言的骚扰电话、垃圾邮件，电视中的广告以及网页上的弹窗问题，现在，人们通过手机可以设置电话黑名单；通过 E-mail 可以识别垃圾邮件；通过鼠标点击可以关闭网页窗口；通过数字电视订阅可以跳过商业广告；通过安装插件可以净化网站页面环境。这些都使得不断涌现的广告信息止步于用户面前。消费者已经今非昔比，这需要企业重新处理与消费者的关系。

（五）媒介使用者的迁移

根据第 33 次中国互联网络发展状况统计，截至 2013 年 12 月，中国网民规模达 6.18 亿，全年共计新增网民 5358 万人。互联网普及率为 45.8%，较 2012 年底提升 3.7 个百分点。而中国手机网民规模达 5 亿，较 2012 年底增加 8009 万人，网民中使用手机上网的人群占比提升至 81.0%。① 与此相对的是，2013 年传统媒体广告市场的整体增长仅为 6.4%，低于同期 GDP 增速，其中报纸广告同比下降 8.1%，6 家报业上市公司中，有 3 家的广告收入降幅超过两位数。② 这些数据都在不同程度上反映出媒介使用者的迁移，传统媒体的受众在不断减少，新媒体的使用群体在不断增多。

技术的革新为媒介的更替提供了可能性，然而，社会、政治和经济上的力量在新技术的发展方面扮演着强有力的角色。③ 社会观念的改变，政治上的引导，商业利益的驱使，都会影响新媒体的普及过程。而使用者的媒介迁移也绝非是一个简单采纳的结果，它同样受到诸多力量的推动。

最为直接的一个原因，应该是媒介接触成本的不断降低。早期的计算机体型笨拙，价格昂贵，其使用范围局限于军事机构和教育机构当中。如今，计算机的款式趋于多样化，根据不同的需求有着不同的设计，价位由低到高不等，不仅在城市可见，在农村中，其使用比例也在逐年提高。而与此相对的用户媒介使用习惯也发生了重要的变化，对新媒体的使用时间增多，接触更频繁，这也就使得基于传统媒体之上的营销活动不得不进行调整，重新制定策略。

---

①中国互联网信息中心.第 33 次中国互联网络发展状况统计报告[EB/OL].http://www.cnnic.net.cn/hlwfzyj/hlwxzbg/hlwtjbg/201403/t20140305_46240.htm.

②报告称 2013 年传统媒体广告增 6.4%报纸同比降 8.1%[EB/OL].中国网.http://www.china.com.cn/news/txt/2014-04/19/content_32147571.htm.

③罗杰・菲德勒.媒介形态变化：认识新媒介[M].明安香，译.北京：华夏出版社，2000.

二、新媒体环境下企业营销面临的机遇与挑战

互联网所掀起的革命，让我们第一次和西方国家站到了同一起跑线上。在这里，人人都想抓住机遇，拾获第一桶金。然而，诸多未知与不确定性的存在，又让许多人踌躇不前，不敢轻举妄动。对于企业而言，做到有勇有谋，才能打赢营销的胜仗。

（一）企业营销面临的机遇

新媒体所带来的可能性，其潜力无穷。在互联网思维的指引下，合适的时间、地点、人物直接关系到营销活动的成败与否。所有的一切都显得稍纵即逝，因此，能否察觉变化，洞悉变化之中所赋予的深刻内涵，这是企业需要重新思考把握的。

1.交互传播带来深度沟通的可能

交互性产生于20世纪90年代中期，最初是计算机产业用来为新的一波计算机技术造声势的流行语。① 随后逐步由技术领域扩展到社会学、心理学的研究当中。这是一个十分宽泛的概念，可以被用来分析人与人、人与机器、机器与机器之间的连接关系。②而在日常的使用中，交互性被简单地理解为人与人的互动、人与计算机的互动。

交互性通常被作为区分新的数字媒体和旧的模拟形式的一个比较基准。③在许多人眼里，新媒体之所以为新，其根本在于它具备传统媒体所无法企及的交互特性。它改变了单向的线性传播模式，促使传播智能化，从而让深度沟通成为可能。

在早期的线性传播活动中，获取反馈是一件很困难的事情，即便有少量的反馈，也不能完全了解受众的想法与期望。同时，其滞后的时效，让传播者无法对传播活动进行及时的调整。而新媒体自身的交互特征，让之前传播所面临的问题得到了很好的解决。新媒体传播既包括了一对一的人际传播，又涵盖了一对多的群体传播，传播双方根据实际情况做出相应调整。传播过程中，可以获得有效的反馈，其时差趋近于零。双方在互动中深度沟通，共享意义和价值，消除传播障碍与传播隔阂，从而实现更好的理解。

2.更准确地把握消费者需求动态

企业的营销观念，经历了以产品为中心，以生产为中心，向以消费者为中心的转变。当消费者价值被企业发掘之后，把握消费者需求就成为企业关注的焦点。

在小数据时代，消费者被简单类型化，对于消费者的分类大多基于人口统计学特征的概括。企业对消费者需求的把握，也只是进行一般性的模糊化处理。我们只能依靠费用高昂、效率低下、真实性缺失的市场调查来了解消费者，揣测他们的想法。

在大数据时代，我们不仅可以了解消费者需求，同时，还能够把握消费者需求的动态变化。这是源于，在新媒体环境下，消费者的媒介使用行为，会留下真实、琐碎的数字足迹，而这不经意间成为一种消费者的自我表露。对于这些去结构化的数据，企业可以通过大数据分析，从中提取有效信息，并进行整合，从而获得一种准确的归类，并绘制出消费者画像。

把握消费者需求动态意味着，企业在营销活动中，可以不断调整诉求点，改变企业的

---

①②③Nicholas Gane，David Beer.New media：The Key Concepts[M].New York：Bloomsbury Academic，2008.

营销策略，从而直指消费者的内心，同时，将数据中获取的信息反馈到生产环节，可以改进产品，提高产品特征与消费者需求之间的匹配度，实现更好的销售。

3.营销活动被量化

约翰·沃纳梅克曾说过，我知道我的广告费有一半是浪费的，但我不知道是哪一半。这是传统媒体时代，企业所普遍面临的困境，如今，在新的媒体环境下，这个问题有了很好的解决途径。

随着营销推广活动由传统媒体向新媒体转移，活动开展过程中数字足迹都会被记录下来，于是也就有了测量的依据。以前不好测量的广告曝光，现在可以通过用户点击的形式计算。营销效果可以通过追踪记录，看有多少访问者点击了相关页面或广告来测量。此外，还可以记录他们在页面停留了多长时间以及之后他们又访问了哪些网页①。虽然其效果仍然存在诸多的不确定，但是相比从前，已经有了很大的改善。而消费者在网上的行为路径也变得可以实时监测，通过数据的分析，对特定群体进行精准投放成为可能。

营销活动的量化具有普遍性。它包括营销活动前的市场调查与用户沟通，营销活动中的行情监控，营销活动后的效果评估，又包括具体的营销策略制订。以往的量化分析，往往具有滞后性、片面性、虚假性并带有强烈的主观臆断。而现在的量化分析，是基于自然状态下的实时全数据分析。数据之间隐藏的关联性被挖掘出来，并经过严密的分析，所得出的结论更为细化，并可以通过多种生动形象的图表呈现出来，表达直观，具备真实性和指导性，为企业提供了科学的依据。

4.社群中的品牌拥护者帮助企业解决麻烦

社区或者社群是一种共生的系统，在这个系统中，人与人之间不断产生联系，这既有利于价值的产生，又有助于情感的建立。在社群中，成员基于一定的兴趣爱好聚集起来，形成共同的精神依托，并开展一系列的活动。

在新媒体出现之前，社群就已经存在，只不过传统的社群类别单一，成员之间的联系相对松散，而在互联网的支持下，社群可以以多样的形式出现，并且建立联系的成本降低，成员相互联系也变得越来越便捷。

不断成长的社群为企业的营销活动带来了新的机遇。通过主动建立自己的社群，展开社交活动，通过给社区增添价值和帮助他们达成目标的方式来建立自己的影响圈子，这样你就可以建立影响力和形象，成为这个社区中的权威人物②。同时，企业可以将自己的用户汇聚到一起，提供他们之间交流讨论的平台，传播知识，分享快乐，增强他们对品牌的了解和认可，并在他们的讨论中，发现问题。因为，作为企业的追随者，他们可以提出真诚的意见和建议，这些对于企业而言具有极大的价值。

不仅如此，社群背后是一个强大的支持系统。他们能够在其他用户遇到与企业相关的问题时，提供帮助与建议，甚至直接帮他们解决问题，这为企业的客服减少了一笔不小的开支。而当企业陷入危机时，社群成员会站出来，帮助企业渡过难关，为企业正名。他

①菲利普·科特勒，凯文·莱恩·凯勒.营销管理：全球版[M].第14版·全球版.王永贵，等，译.北京：中国人民大学出版社，2012.

②米奇·乔尔.湿营销[M].杨洋，译.北京：中国人民大学出版社，2010.

们为企业提供了强大的支持后盾。

5.企业以最小成本换来最大效益

以往企业的营销活动中，广告投放占据了其较为主要的成本支出。如今，各种丰富的自媒体形式、社交网站为企业传播信息，构筑沟通平台，形成拥护社群带来了前所未有的便利。

首先，表现在信息传播方面。无论是在社交网站，还是各种自媒体上，企业都可以建立自己的平台，用以传播信息。伴随着媒介用户不断由传统媒体向新媒体迁移，人们的网上活动越来越频繁。传统的企业宣传主要借助于主流媒体的广告投放，大量的费用被投入几十秒钟的电视广告、面积有限的印刷媒体、转瞬即逝的广播节目中。现在，通过对网上不同平台的运作及组合，充分利用多种信息呈现形式，展示企业形象，吸引特定的人群，与他们在不同平台上以不同方式进行沟通，了解他们的想法，满足他们的需要。

其次，表现在传播效果方面。以往的企业宣传，或多或少都带有自吹自擂的性质。大部分为单向的信息输出，其在消费者心目中的可信度较低。而现在，在各种平台上，用户可以相互交流，分享购买或使用后的感受，提供产品的优点和缺点进行参考，这样可以给消费者提供一个全面的认识。在亚马逊、京东、淘宝等一些电子商务平台上，这些信息随处可见，人们可以通过比较做出抉择。同时，新媒体让大范围的口碑传播成为可能。正面的口碑传播能够产生普通广告传播无法比拟的效果，一旦口碑形成，即便企业不再去大肆宣传，也能让产品畅销。

不过应该明白的是，免费媒体并不意味着完全免费——公司需要在产品、服务和营销上进行投资，在某种程度上引起注意，并引发人们书写和谈论有关该公司品牌的内容和话题，但这笔费用并不是直接用来进行媒体宣传的。①

（二）企业营销面临的挑战

挑战作为机遇的对立面，仍然普遍存在，并且比以往更加严峻。也正是因为存在这些高风险的挑战，回报才显得如此丰盈。这需要企业不断提高适应外部环境，应对外部风险，协调组织内部关系的能力。

1.海量信息导致人们注意力分散

我们的社会经历了由农业社会到工业社会再到信息社会的转变，这一个转变对我们的政治、经济、文化、社会生活都带来了巨大的影响。如今，信息既作为一种稀缺资源而存在，又时时刻刻充斥着我们生活的方方面面。

这已然不是随随便便一个企业，就可以说出“消费者请注意”的时代。“注意力经济”的提出，明确指出了消费者注意力的稀缺性，而所有人都面临着注意力被分散的困境。每个人的一天都充斥着无数的信息，这些信息涌入大脑，仅有少量能够被储存下来。

正因为此，企业的营销也变得更加困难。因为，从认知到态度到行为，如果信息不被注意，我们很难说人们会形成对它的态度，并促成实际的行为发生。所有的企业都在想办法将自己的信息传递给特定的人群。以前只要你的信息具有关联性、原创性、冲击力，那

---

①菲利普·科特勒，凯文·莱恩·凯勒.营销管理：全球版[M].第14版·全球版.王永贵，等，译.北京：中国人民大学出版社，2012.

么就可以被人们所注意。但现在,其他企业也具备了相同的属性,他们也有独特的创意、鲜明的诉求、优质的产品。那么,如何重新赢得消费者的关注也给企业带来了挑战。这需要更加深入的消费者洞察,更加细致的消费关键时刻捕捉,以及更加精准的媒介信息投放。

2.高风险时代导致企业随时面临危机

伴随新媒体而来的,是一个高风险的时代。所谓"高风险"既包括自然发生的风险(如各种自然灾害,环境问题等),又包括人为的风险(社会动荡、金融危机、战争等)。所有这些风险都有可能转化成危机,经由新媒体,被迅速地放大,并广泛地扩散。其间伴随着流言与谣言的传播。诸如不报道、不理会等试图掩盖真相的解决方式,已经不再适用。

不同种类的危机,时时刻刻威胁着企业的正常运转,不仅媒体的报道会让企业陷入困境,网民的挖掘以及谣言的散布都会对企业造成不同程度的冲击。危机已经超出了其本身的影响范围,一旦有了导火索,后面的事态将会无限延伸,并被无限挖掘。倘若企业应对不当,反应迟缓,其破坏力是不可估量的。

应该明白的是,高风险本身就是这样一个高速发展社会的伴生物。其背后有着复杂的社会动因,它不仅会影响企业的发展,还关乎个人的生存。危机将会以日常化的形式出现,波及范围超出了危机本身的发源地,将各方卷入在内,甚至会引发蝴蝶效应。

因此,对于企业而言,面对常态化的危机,就需要形成常态化的危机管理机制,利用网络技术进行实时监控,在第一时间着手应对,避免危机被扩大。

3.从单个行业竞争发展到跨界竞争

对于竞争者的理解,已经从价格、定位相似的品牌,同一品类中的品牌,发展到了任何具有替代作用的商品。在新媒体环境下,企业所面临的不仅仅是来自同行的竞争压力。网络技术、数字技术以及移动通信技术的发展,将企业与企业之间的角逐,放到了一个更大的舞台上。不仅不同企业之间的界限被打破,并且行业内部的竞争格局,也逐渐扩大到了不同行业之间的跨界竞争。

传统意义上,具有优势的企业,可能会在各自的领域里一枝独秀。但脱离了"温室环境",能否面对风雨的考验,这成了企业需要重新思考的问题。竞争范围的扩大化,对企业自身的能力提出了新的要求。

另一方面,以往的竞争者,某种程度上看是企业眼中的竞争者,这是在一定的市场调查与分析基础上确立的。而消费者在实际选择过程中,所进行比较的对象并没有被考虑在内。如今通过大数据分析,我们可以找发现,消费者是在将企业的产品和哪些产品在进行比较。而这类竞争者,需要被重点关注。因为它们具有实际的威胁,直接影响着交易的顺利达成。

面对跨界竞争,企业需要对自己进行新的定位,将现实的竞争对手与潜在的竞争对手都考虑在内,灵活应对新的状况。在保持自身传统优势的同时,学会适应互联网环境,以开放的心态,去创造新的优势。否则,若继续故步自封、虚骄自大,则必然会被新兴之秀所取代。

4.消费者群集形成消费抵制

消费者地位的崛起,很大程度上源于生产力的发展,产品趋于多样化。人们的选择越来越多，企业开始满足并迎合消费者的个性化需求。可以看到，如今的企业已不再是一人独大，消费者地位的空前提高，在不断削弱着曾握在企业手中的权力。当失去了主导的话语权，企业再想一意孤行，将消费者排斥在外，最终的结果肯定是得不偿失的。

2014年春节期间，国内著名的婚恋交友网站"百合网"在电视上刊播了一则"因为爱，不等待"的广告①。广告瞄准了"未婚的大龄剩女"这一个群体，试图借助春节期间，亲友们"逼婚"这个时机，来进行品牌宣传。一句"今年，我一定要结婚，哪怕是为了婆婆"，在网络上掀起了大风大浪。网友"柴晋宁"在新浪微博上发起了"万人抵制百合网"的活动，要求百合网停止刊播广告，并获得了15000多次转发。可以看到，百合网想要充当传统道德的捍卫者，将婚嫁观念强加在人们身上，弃消费者的感受于不顾，其结果适得其反，严重地损害了其品牌形象，受到广大网民的坚决抵制。类似的，还有PX事件、杜汶泽事件等。这些都反映了在新媒体环境下，消费者已学会结成群体，对自身权利进行捍卫。因此，企业的营销活动必须比以往更加谨慎，否则，后果不堪设想。

5.营销传播整合能力的重要性凸显

整合营销传播理论一直以来都受到营销界的重视，许多学者、业界人员都在原始理论的基础上，进行了扩展延伸。究其本质而言，整合营销传播的理论要旨，是讲求营销传播要素的合理配置和有效组合②。

营销传播整合能力之所以重要，是在于它不仅强调了对物质资源、人力资源的合理配置，也将对信息资源的管理考虑在内。同时，它还上升到一种思维层面，强调在实际运作过程中，在企业内部进行重组，在企业外部寻求合作。其目标是在信息超载的环境中，通过调动各方资源，实现关键信息的有效到达，同时在合作的过程中做大做强。

仅从营销传播的角度来看，科勒就指出，我们可以从六个方面来考察营销者是否创造出最有效果和最有效率的传播计划③：

(1)覆盖。即采用的每一种传播方式到达的受众比例，以及不同的传播方式之间存在多大重叠。

(2)贡献。即一个营销传播从没有暴露在其他传播形式下的消费者处获得期望反应和传播效果的内在能力。

(3)通用性。即共同联想在不同传播形式之间被强化的程度。

(4)互补性。即不同的联想和连接在多大程度上被不同的传播形式强调。

(5)多用性。即一个营销传播形式在多大程度上是稳健的，以及对不同群体的消费者有用。

(6)成本。即营销者必须权衡营销传播在所有上述这些标准上的表现和成本，以形成最有效果和效率的传播计划。

在新媒体环境下，我们需要重新思考整合的方式。

---

①申曙，熊伟玲.因为爱，不等待？[EB/OL].网易新网.http://news.163.com/14/0209/04/9KK8JNNT00014AED.html.

②张金海.20世纪广告传播理论研究[M].武汉：武汉大学出版社，2002.

③菲利普·科特勒，凯文·莱恩·凯勒.营销管理：全球版[M].第14版·全球版.王永贵，等，译.北京：中国人民大学出版社，2012.

第二节　新媒体环境下企业营销观念嬗变

面对营销环境的改变，以及营销活动中所面临的机遇与挑战，当务之急是对营销观念进行重新审视。所谓“重新审视”，并非对传统营销观念的彻底颠覆，而是一种基于变化之上的扬弃。既包括在策略上，重新进行排列组合，又包括在思维上，进行与时俱进的革新。

一、从数据收录到大数据挖掘

数据的作用在于提供科学依据，排除主观臆断。无论是对市场环境、产品、劳务价格的调查，还是对需求状况、竞争对手、消费者的分析，这些都需要数据的支撑。然而，现在的情况是，数据的收集方式、数据总量、数据分析方式都发生了巨大的变化，这也就需要新的思维来处理数据，挖掘数据的价值。

（一）基于数据收录的消费者行为分析

早期的数据大部分来源于企业的市场调查以及内部的系统记录当中。无论是市场营销还是广告投放，都需要建立在数据分析的基础之上。这些数据要么来源于现有二手资料的分析，要么来源于市场的调查。然后根据这些数据，做出分析，得出简单的指导性结论。至于内部的系统记录，一般是对用户信息和销售信息的收录，这些数据大部分局限于用户的基本统计学信息，产品销售概况，很难进行进一步挖掘。

之所以会这样，是因为我们所获得的数据都是小数据，“小数据”有五个基本特征：①

一是静态性。事前调研、事中调研、事后调研都只是对消费者生活时刻的静态调查，但是这与消费者的社会动态性不符。

二是局部性。抽样调查只是对局部人群的描述，虽然统计学在社会研究上具有一定的科学性，但是人性的多元性和复杂性，很容易使局部数据失去代表性，难以反映真实的群体特征。

三是单维性。小数据只是反映了企业与生活者之间的消费关系，而忽略了消费行为与社交行为、政治行为、文化行为等行为之间的关联性。

四是群体性。抽样调查的结果一般是类型化的消费者画像，是一种群体形象和群体行为，这难以真实表达小众需求和个性需求。

五是非场景化。抽样调查只是对个体的孤立调查，往往容易忽略影响消费者行为的各种场景化因素，这些因素很大程度上决定了消费者的调研结果。

由于计算能力和信息数量的限制，基于小数据的分析，只能得出用户的简单描述，虽然能部分反映消费者的需求，但是无法掌握他们需求动态的变化，也无法发掘与其他数据之间的关联性。

---

①陈刚，李丛杉.关键时刻战略：激活大数据营销[M].北京：中信出版社，2014.

（二）基于数据关联性挖掘的消费者行为预测

大数据最为核心的作用就是基于现有的数据分析对未来进行预测。小数据时代的抽样调查、因果关系确立、进行尽可能精准的预测已经不再是我们的追求。现在，我们更多的是通过全数据的分析，数据的模糊化处理，在万千事物当中，不断发掘事物的关联性。

这种数据关联性的挖掘，在很大程度上得益于计算机技术的发展和用户生产内容的激增。计算机技术的发展提供了对庞大数据进行提取，并挖掘运算的能力。因为面对海量的数据，仅仅依靠人工分析或者单个计算机的运算效率极其低下，并且也无法对数据进行有效的提炼。而用户生产内容则提供了大量真实的原始数据。这有效地避免了传统调查当中数据不客观、数据信息量有限等弊端。

在数据挖掘过程中，我们不仅可以验证预设的关系假设，还能够发掘数据当中隐藏的、被忽略的信息内容。同时，消费者的行为在这个过程中被深度洞察，我们能够更加合理地对消费者进行类别划分，对他们的行为进行预测，针对不同的消费者进行不同的信息传播与说服。

二、从培养消费者到建立用户社群

如何处理与消费者的关系，如何与消费者建立联系，这一直都是企业所面临的问题。以前，我们会通过直邮，或者电话访问的方式来了解消费者，说服他们，并通过广告宣传将潜在的消费者发掘出来，现在，我们利用互联网以及移动终端，通过品牌，将消费者与消费者连接到一起，形成一个个社群。

（一）基于建立消费者与产品关联的消费者培养

早期处理企业与消费者关系的方式为，建立消费者与产品的关联，从而培养消费者。通过对消费者进行分类，针对不同类别，进行有计划的客户关系管理，提升顾客的满意度，从而在消费者之中形成正面的口碑，建立美誉度和忠诚度。

这一系列过程看似简单，但实际上费时费力，公司要制作广告并在媒体上播放以吸引潜在的新顾客；公司还要给潜在的新顾客直接发送电子邮件或打电话；公司的销售人员则需要参加贸易展销会，希望在那里找到新的买家；从经销商处购买客户名单；等等。[①] 造成这些状况的原因在于，消费者与消费者彼此互不相识，他们只能通过消费行为与企业建立联系，除此之外，再无其他。

而企业一方面要留住老顾客，防止客户流失，另一方面也要让新顾客加入自己的队伍，从而占有更大的市场份额。他们需要应对各种不同的关系，搜集各种资料，从而了解哪些才是自己产品的消费群体，并说服其持续使用自己的产品。在这个过程中，企业不断尝试着展示自己的形象个性，突出产品的独特魅力，借助名人、公关活动来增添附加值，力图通过自己的言行，打动和感动消费者。

---

①菲利普·科特勒，凯文·莱恩·凯勒.营销管理：全球版[M].第14版·全球版.王永贵，等，译.北京：中国人民大学出版社，2012.

可以看到，这种基于建立消费者与产品关联的消费者培养，将企业或者产品放置在中心，而消费者被置于外围，消费者与消费者之间基本没有联系。在这样的结构中，始终都是企业在进行说服，消费者在接受说服。虽然这样也能够培养自己的消费者，建立良好的顾客关系，但是，成本开销较大，消费者本身的多重角色并没有被考虑在内。

面对诸多改变，我们需要重新认识消费者，因为他们不仅仅是在消费，而且还在促成新的消费行为发生。他们归属于某一类群体，有着共同的价值观和信仰，他们需要找寻到彼此，通过聚合形成更强大的力量，而企业要做的就是将他们聚集起来。

（二）基于建立消费者与消费者关联的用户社群建设

社交活动将志趣相投的人们联系起来，并帮助他们与他人相联系①。在社交的过程中，我们会不断结识新的人，并增加自己的社会资本。就像六度分隔理论所说的那样，我们通过六个人就可以认识世界上的所有人。互联网的出现，让人与人之间的连接关系以更为显著的方式呈现出来。于是人与人之间建立关联，我们在各自归属的社群里，分享快乐，传播知识，不断扩展自己的人脉网络，影响着别人，也在被别人影响，形成单个个体所不具备的群体的力量，这就是社群的力量。

至于企业，它们所要做的就是，促成社群的建立，帮助其正常运转。在这个过程中，与社群成员进行沟通，并促使他们吸引更多的人加入进来。正如查克·布莱默所描述的："我们的营销对象是一个会在内部共享信息、行动迅速、桀骜不驯的社群。这个社群的成员同你我相互联系，共同组成了一个鲜活的有机体。而'血管'里流着的，就是信息的血液。"②通过与社群成员之间的沟通，推动企业的营销活动，由产品的营销向人的营销转变，最终让社群成员成为你的代言人。他们无处不在，就可以随时地向他人传递你的信息，这比起企业单一的说服更为有效。

社群一旦形成，就会成为一股稳定的力量。虽然企业可能是社群的发起者，也可能是社群主要的讨论对象，但是它绝不是社群中的主导。企业应该放低姿态参与到社群的会话中，彼此相互磨合，相互需要，说服他们成为自己的信徒。让企业代表社群的形象，让社群代表企业的形象，这些会形成无形的资产，并在企业发展的过程中，为企业提供持续的动力。

三、从企业的单个创意到消费者的集体创造

创意作为广告人的两大杰出贡献之一，无疑对我们经济生活的方方面面，产生了重要的影响。而创意这个概念，也由早期企业单个的广告创意作品，发展到了如今的企业与消费者协同进行的集体创造活动。

（一）基于产品与消费者心理的传统企业创意

传统企业创意的立足点，是产品特征与消费者心理。这可以追溯到早期的广告创意

---

①米奇·乔尔.湿营销[M].杨洋，译.北京：中国人民大学出版社，2010.

②查克·布莱默.点亮社群：互联网营销的本质[M].曾虎翼，译.北京：东方出版社，2010.

理论。其代表就是广告发展史上的创意革命时代，大卫·奥格威、威廉·伯恩巴克和李奥·贝纳的广告创意理论。

奥格威认为，创意必须服从科学的规定性，必须来自科学的调查研究，而不是个人的主见和想当然，必须遵守一定的法则，而不是漫无约束，所要解决的核心问题是广告诉求内容的科学确立，而不是广告内容的表现。[①] 伯恩巴克认为，一则好的广告必须具备三个基本特质，即关联性(Relevance)、原创力(Originality)和冲击力(Impact)。[②]而李奥·贝纳则突出强调产品本身“与生俱来的戏剧性”，即“商品能够使人们发生兴趣的魔力”。[③]

基于特定的历史环境，这些创意理念，总体上都是将产品、消费者心理作为广告创意活动的出发点，力图在创意过程中，展现产品特性，寻找消费者身上的利益关系点，晓之以理，动之以情。从而实现劝服，促成购买。

在这样的创意观指导下，一句广告语，一幅广告画面，一篇广告文案，一部广告片，都可能实现促进商品销售的目标。而所谓的创意，在某种程度上，依赖于广告公司的业务能力。消费者虽然被考虑在内，但是他们往往是作为被代表的对象存在于创意环节中。即使存在用于倾听消费者声音的市场调查，也仅仅是片面的反映与揣测。但是由于产品的相对有限，物流与信息流系统的欠完善，这样的创意观也在其历史环境下，发挥着无法替代的作用。

（二）基于消费者与企业互动机制下的大创意理念

可以看到，伴随媒介迅猛发展而来的，不是广告创意的没落或者死亡，而是在一个新的高度，强调了创意的重要性。我们已经由传统意义上的“被广告时代”进入真正意义上的“广告时代”。而存在于广告中的创意活动，也由局限于广告作品、广告运作的创意作品、创意活动，转变为基于消费者与企业互动机制下的大创意理念。

消费者逐步脱离“被代表”的尴尬地位，以新的参与者的身份，进入企业营销活动的创意环节。倾听消费者的声音，变成了与消费者的平等对话。企业营销推广中的创意活动，不再是自导自演的独角戏，而是将消费者纳入创意传播的过程中，在持续地沟通反馈中进行创意。这是一种集体的创造。2010 年 7 月，凡客诚品(VANCL)邀请青年作家韩寒和青春偶像王珞丹出任形象代言人[④]，并附带配上了两则文案：“爱网络，爱自由，爱晚起，爱夜间大排档，爱赛车，也爱 59 元的帆布鞋。我不是什么旗手，不是谁的代言，我是韩寒，我只代表我自己。我和你一样，我是凡客。”“我爱表演，不爱扮演；我爱奋斗，也爱享受生活；我爱漂亮衣服，更爱打折标签；不是米莱，不是钱小样，不是大明星，我是王珞丹，我没什么特别，我很特别；我和别人不一样，我和你一样，我是凡客。”随后这两则文案在网络上迅速走红，引起网民的纷纷模仿。多种多样的个性化文案弥漫在线上线下，凡客诚品也借此制造了一次完美的营销推广，并留下了名为“凡客体”的创意。这次活动的成功，很大程度上源于企业与消费者的创意互动，是对大创意概念的一次实际运作，它反映出不同于传统的创意观念。

---

①②③张金海.20 世纪广告传播理论研究[M].武汉：武汉大学出版社，2002.

④来自百度百科词条“凡客体”。

四、从品牌就是一切到一切都是品牌

品牌作为广告人的另一个杰出贡献，就其本质而言，是对创意理论的延伸，即通过品牌来实现创意。然而，品牌的内涵，远不止于此。作为一个概念集合体，品牌的最大价值就在于，它为企业及产品创造出了巨大的附加价值与利润空间，增强了企业的整体实力与竞争力。品牌观念也在不断进行沿革。曾经是品牌就是一切，而现在，一切都是品牌。

（一）基于产品特性与企业个性的传统品牌观

传统的品牌观，经历了从无到有，从单一到多元的改变，而品牌本身的含义也是丰富多样的。早期对于品牌的理解，更多的从实际运用的角度，将品牌视作一种标记或标识，其目的就是为了在竞争中形成区隔。美国营销协会对品牌的定义就是这种品牌观的代表。所谓"品牌"就是"同定一个或多个卖方的产品或服务的、以区别于竞争对手的产品或服务的名称、术语、标记、象征或它们的组合运用"①。日本学者仁科贞文认为，品牌是"假设构念(Hypothetical Construct)之一"，并从心理学的角度将品牌定义为"消费者掌握的商品、服务和企业的相关知识"②。之所以存在这么多的差异，是因为，"品牌"这个概念本身就是无所不包。它既包括抽象层面的主张，也包括具体层面的实践。基于这个概念，也发展出了一系列品牌理论。

20 世纪 50 年代，大卫・奥格威提出了品牌形象论，该理论从品牌形象的市场利销性与竞争力；品牌形象树立的长期性和一致性；品牌形象的成长、改变与提升；影响品牌形象的因素等多个方面阐述了品牌形象的重要性。③

在品牌形象论之后发展而来的，是品牌个性论。该理论认为，形象的差异来自性格的差异。形象只能产生认同，而个性可以造成崇拜。随后，大卫・爱格在对品牌个性论做了延伸，并提出了品牌个性尺度论、品牌个性要素论、品牌关系论。

20 世纪 90 年代，品牌资产理论提出，该理论认为，品牌资产是一系列资产，因此，对品牌资产的管理包括投资创造并强化品牌资产。④ 其次，每种品牌资产创造价值的方式各不相同。最后，品牌资产不仅为企业创造价值，也为消费群创造价值。与此相伴的还有同期大卫・爱格提出的品牌认同理论。品牌认同建立在企业、符号、产品和人这四个概念之上，包括基本认同与延伸认同。该理论强调以品牌的核心价值和意义建立品牌的永久生命力。⑤

在这些品牌观的基础上，也形成了一些实际的品牌运作过程。如奥美提出的"360 度品牌管理"。强调从检视品牌资产，到确定或定义品牌精髓，从将品牌精髓反映于所有的传播工具，到定期追踪品牌状况等一个完整的链条。而 JWT 的"全方位的品牌传播策略"则围绕着消费者洞察、品牌远景、品牌意念、品牌计划四个核心展开。

---

①②仁科贞文，等.广告心理[M].北京：外语教学与研究出版社，2008.

③张金海.20 世纪广告传播理论研究[M].武汉：武汉大学出版社，2002.

④戴维・阿克.创建强势品牌[M].李兆丰，译.北京：机械工业出版社，2012.

⑤张金海.20 世纪广告传播理论研究[M].武汉：武汉大学出版社，2002.

传统的品牌观为品牌理论构建起了一个庞大的框架，并从不同角度阐释了品牌背后的深刻内涵。总体而言，这些都侧重于对品牌重要性的强调，认为品牌就是一切(Brand Is Everything)。

(二) 基于品牌信息碎片化的现代品牌观

在新的信息环境与媒介环境下，我们对于品牌的理解，一方面延续了传统的理论体系与操作流程，另一方面，也根据新的时代背景，进行了一定的修正。现代的品牌观所传达的是，品牌可以是任何东西(Brand Can Be Anything)。

以往的品牌观，无论是将品牌理解为标识或产品，还是企业或员工，这都反映了对品牌理解的局限性，认为品牌需要在有限的实体中寻求依托，并借助这些精心选择的实体来传递信息，实现价值。而现在，品牌作为一种构想，作为一种意念，在信息环境中，它已经将自己解放出来。品牌的概念被扩展到无限大，任何一种可以依附的媒介，都可以承载品牌信息，并发挥品牌效用。品牌信息不断碎片化，它们不是变得无迹可寻，而是真正变得无处不在。

以咖啡馆为例，传统的品牌观会认为，咖啡馆的品牌就是其名称(咖啡馆的名字)、产品(各种各样的咖啡)、员工(咖啡馆的店员)，而现代的品牌观则告诉我们，不要限制了品牌的存在范围。咖啡馆内部精致的布局；让人想上前交谈的幽默客人；店里惹人怜爱的宠物；主办方发起的活动；网上流传的咖啡馆照片；一个知名人士对咖啡馆的赞许；杂志上呈现的美食攻略；等等。这些都可以是你的品牌。

从"品牌就是一切"到"一切都是品牌"，这是一个思考视角的转变。前者旨在说明品牌对于企业生存与发展的重要性，后者则表明，这种重要性已经渗透到日常生活的方方面面，它帮助我们在信息泛滥的环境中，实现与消费者的密切接触，彰显着自身的价值与不同，挖掘品牌与品牌使用者之间的关联性，巩固二者之间的关系，进而使这种对品牌的依赖回归到对产品的依赖上。

五、从追求利润最大化到注重人文关怀

从追求利润到人文关怀，这中间反映的是企业与消费者之间关系的变化。早期的营销观强调企业与消费者各取所需，各得其所。而新的营销观关注企业与消费者的共同发展，以及在面对人类普遍性问题上一致的态度。这样的转变，将营销由一种经济性活动，延伸成为一种社会性活动。将社会与人的发展放到首位，经济利益退居其次。

(一) 基于利益至上的理性主义营销观

传统环境下的营销观的关注点在于营销活动中的"销"，其核心是"物的营销"。为了推销产品，任何手段都可以被使用。可以看到，这是一种基于利益至上的理性主义营销观。最终目的，是实现利益的最大化。

在这样一种营销观的指导下，消费者被当作诱导、说服的对象。他们是一群符号的组合，而营销者要做的就是解读符号，寻找产品要素与这些符号之间的最佳匹配方式。所谓建立与消费者的联系，进行有效的客户关系管理，也只是从经济的角度来看待消费者，通

过投其所好，使他们成为自己利润的源泉。

基于利益至上的理性主义营销观是生产与消费都不发达时期的产物。企业要想在激烈的竞争中生存下来，就必须用尽全力来实现商品的有效销售，否则就很难在激烈的市场竞争中找寻到自己的位置。而消费者只不过是达成这一目的的一个构成环节，并非最终目的。他们身上只具备经济属性，这些属性是他们的价值所在。他们身上的社会属性被抹掉，人的价值与生存意义不被考虑在内，这并非企业不愿意，而是源于企业有更重要的目标必须实现。

早期的这种营销观也在自身的系统中不断调试，从以产品为中心到以消费者为中心的转变过程中，企业一方面保证最终目标不变，一方面试图去改善与消费者的关系。因为他们意识到，消费者才是他们能够生存下来的根本。

（二）基于人文关怀回归的新营销观

新环境下的营销观的关注点在于营销活动中的“营”，其核心是“人的营销”。从销售到经营的转变，体现出企业营销本身更加注重长期的投资，而非短期内的昙花一现。而“人的营销”则反映出，营销者不再把顾客仅仅视为消费的人，而是把他们看作具有独立思想、心灵和精神的完整的人类个体①。

首先，是重新审视消费者。像对待你的家人一样对待他们，将你能给的最好的东西给他们，倾听他们的诉说，替他们着想，并尽你所能帮助他们解决问题。不要急于求成，你的付出会换来他们的回报，他们也会向你对待他们一样对待你，理解你。

其次，是关爱自己的员工。他们是你大家庭中的一员，你的所有辉煌成就都离不开他们的支持。他们将你的想法付诸实践，他们与你的顾客接洽，帮助你树立形象，应对问题，让你的路越走越顺畅。

再次，是尊重你的竞争对手。因为他们的存在，你才能不断向前。他们带给你压力，也为你创造了新的可能。他们让你更加清楚地认识到自我，并有针对性地提升自我，从而让你的每一个今天都比昨天更好。

最后，是热爱你所处的世界。关心自然，保护环境，不伤害动物，让所有的一切都和你一同和谐发展，而不是只顾自己，不管他人。你的一举一动都将种下善果，而世界会因你而改变。

营销中的人文关怀，既是一种理念，也是一种实践。它对营销者提出了更高的要求，而它也将带来更高的回馈。

第三节　企业的新媒体营销策略

所谓营销策略，无非是在合适的时间、合适的地点，将合适的信息，传递给合适的人，

---

①菲利普・科特勒，何麻温・卡塔加雅，伊万・塞蒂亚万.营销革命3.0：从产品到顾客，再到人文精神[M].毕崇毅，译.北京：机械工业出版社，2013.

并促成合适的行为发生。这就决定了企业营销活动的不可复制性。然而,这种特殊性的背后,仍然存在普遍的规律可以探寻。当企业制订具体的营销策略时,可以在普遍原则的基础之上,进行创造性的发挥。

一、增加营销活动中消费者参与

既然消费者的地位已经发生了空前的变化,企业的营销活动自然要对消费者的角色,进行重新审视。让消费者参与到营销活动中来,这不仅是一句口号,更是一个精心策划与逐步实施的过程。

(一)让消费者直接参与到营销活动中

让消费者直接参与到营销活动中,也就是通过他们的亲身体验,来实现企业的营销目的。这样做的原因在于,直接的消费者体验能够将消费者纳入营销推广活动中去,使他们经历整个过程。这有利于他们更加真切地了解产品与服务,同时在参与的过程中形成认同,促成记忆。当消费情境出现时,产生积极的联想,诱发购买行为。

新媒体的出现,不仅让线上的营销活动活跃起来,还促成了线上营销与线下营销的互动。而消费者的参与,将线上与线下打通,扩大了营销的传播效果。以微信为例,朋友圈的点赞换取礼品的活动风靡一时,这种活动不仅操作简单,而且充分调动了用户的人际关系网络来形成支持,在这个过程中能促成相同兴趣的群体加入,至于那些不感兴趣的人,也会出于朋友情义给予支持。而营销者所要传递的内容能够实现很好的人际扩散。与之相对的微博转发抽奖活动,由于奖品内容丰富,有专门的抽奖运作机制防止暗箱操作,让每个人都感到有机会中奖,即使没有抽中也没有多大损失。正是利用这种心态,微博抽奖营销也赚足了大家的眼球。

更为有效的就是遍布各大商场的 Apple Store,它将苹果产品展现出来供进店的消费者亲自试用,在这个过程中形成自身的使用体验,无须他人过多宣传,就能够体会到苹果独特的魅力,这样的直接参与对产品销售促进起着巨大的作用。

(二)增加消费者间接参与的机会

直接参与的关键在于"参与者的主体性"和"参与者的活动在场",其面对的人群,则是企业营销对象的一部分。间接参与则是将那些无法在场的人考虑在内,他们虽然不是活动的主角,却也见证了活动的开展。

罗永浩的锤子手机发布会于 2014 年 5 月 20 日晚上 7 点 30 分,在北京国家会议中心举行。这款前期宣传火热的手机吸引了许许多多人的目光,而发布会现场更是掌声阵阵。不仅如此,对于大多数粉丝而言,他们并不能亲自参与到现场的活动中去,网络视频、图文播报等资讯播报方式让他们即使在世界另一端,也能够及时跟随发布会现场的动态,并在网络上形成了热烈的讨论。可以看到,间接参与的营销活动会比直接参与的人数范围更广,这种参与丝毫没有减弱营销的传播效果,反而促成其效果的扩大化。不同的人借助网络平台聚集到一起,海量的用户生产内容能够迅速掀起一股热潮,而这就是间接参与的魅力。

直接参与的消费者与企业共同形成表演的舞台,而间接参与的人群则是座无虚席的观众。目光的聚集点都落在了企业的营销活动上，可以说，这样的盛大表演能够在所有参与者心里留下十足的印象，其效果是传统媒体营销所不能匹敌的。

（三）强化对营销活动的心理参与

直接参与、间接参与更多的是强调行为层面，心理参与则是把关注点放到了心理层面上，从消费者心理出发，来实现营销活动的效果。

所谓“营销活动的心理参与”，即对企业的营销活动表示认可和赞同，由表面的认知层面到达态度、心理层面。心理参与的背后所强调的是营销活动的价值导向。它反映了企业对自身的价值定位，以及对持有同样价值观的消费者的展现。

心理参与伴随着积极的价值评价，它是营销活动的最高点，因为这种价值观的宣扬有助于促成消费者对品牌的忠诚。它让消费者觉得企业的个性、企业的价值观就是他们自己的个性、自己的价值观，二者相互映照，代表着某一种相似的生活态度。当然，这种参与不会像其他参与形式那样显现出来，它是一个个人内化的过程，一旦形成肯定态度，就会伴随今后的产品选择。它能够让企业在竞争对手强势进攻的情况下，在消费者心中仍占有一席之地。

需要明白的是，这种心理参与不是企业的一次营销活动就能形成的。它建立在企业的长期投入之上，反映了消费者与企业之间的密切联系。

（四）积极促成营销活动的参与再传播

参与再传播，也就是我们经常提到的“正面口碑传播”。自古就有“酒香不怕巷子深”，可见口碑存在的历史远远早于互联网。不过其传播范围有限，且不利于掌控。因此，虽然它存在已久，但是影响有限，企业对它只能是求而不得。由于互联网的发展，口碑营销重新进入人们的视野，并成为在新媒体环境下，企业营销的一个有力手段。

从 Web 1.0 到 Web 2.0，媒介与受众之间的界限变得越来越模糊，每个人都参与到信息生产中。之所以能够实现这种参与再传播，是因为现在，每个人都是一个媒体，每个人都有自己发声的权利，每个人都能借助自身的影响力进行传播扩散，那么看似微不足道的力量，经过社交网络被无限放大，就可以产生非常好的营销效果。参与再传播的前提是，你的营销活动具有足够的魅力，能够以特定群体的说话方式说话，展现出他们的性格与个性，人们愿意参与到价值的创造与传播中去，否则，只会是一个人在自编自演，甚至恶化成负面的口碑传播。要知道，成功的营销来源于打造能激发网民分享欲望的自主发布(Self-Publishing)的网络内容。这可不是什么骗人的鬼把戏，也不是去雇佣一家代理公司来“骚扰”民众。你要做的，是掌握网络狂欢效应这一当今最有效的营销方式。① 为了更好地说明这个问题，下面让我们观赏一场风靡全球的营销盛宴——冰桶挑战赛。

2014 年夏天，一场名为“冰桶挑战赛”风靡全球的公益活动引发人们的热烈讨论。“冰桶挑战赛”，全称为“ALS 冰桶挑战赛（ALS Ice Bucket Challenge）”，该活动的目的在于呼吁人们关注“肌肉萎缩性侧索硬化症”。这个活动规定，被邀请者要么在 24 小时内接受挑

---

①斯科特.口碑：引爆网络狂欢效应的锦囊妙计[M].高游，郭成钢，薛松，译.北京：人民邮电出版社，2010.

战，要么就选择捐出100美元作为“肌肉萎缩性侧索硬化症”的公益资金。

而参加这个活动的人更是涉及社会各界，包括科技界微软创始人比尔·盖茨、微软前CEO史蒂夫·鲍尔默、微软现任CEO纳德拉、谷歌联合创始人谢尔盖·布林、谷歌联合创始人拉里·佩奇、亚马逊CEO贝索斯、苹果CEO蒂姆·库克、Facebook创始人CEO马克·扎克伯格，体育界NBA球员勒布朗·詹姆斯、科比·布莱恩特、库里，足球运动员C.罗纳尔多、马塞洛·维埃拉·达·席尔瓦·儒尼奥尔、内马尔·达席尔瓦，还有演艺界的诸多艺人。这样大的阵势，一方面让更多人了解肌肉萎缩性侧索硬化症患者，另一方面也能一定程度上为这些患者募集资金。

虽然这并非一场营销活动，但是这种参与的形式无疑代表了新媒体环境下的一种营销精神与营销方式，而活动的参与者，也在公众心目中树立了良好的形象。如今的营销环境已经今非昔比。线上信息的自由流通，线下物流网的延伸扩展，网上资金流的畅通完善，消费者地位的提升，媒介使用的迁移，等等。这些改变都在理论和实践层面，让企业的营销必须进行重新修正。如何处理与消费者的关系？如何让自己的声音不被信息海洋淹没？如何应对持续出现的危机？要想解决诸如此类的问题，我们需要找到一个新的视角。

二、将企业与产品信息置于消费者可能到达的地方

将企业与产品信息置于消费者可能到达的地方，这是在信息超载的环境下，增加企业的曝光度，促进消费者深入了解的一个行之有效的策略。它所解决的是接触管理中观念接触的问题，即使消费者的注意力被分散，企业的相关信息也可以被消费者看到。

（一）让官方网站成为权威信息的发源地

某种程度上说，官方网站的作用就在于，它帮助企业获得了一个可以掌控的话语平台。这对企业而言，具有十分重要的意义。

事实上，对于企业官方网站的形式，并不存在严格的限制。但从其基本构成来看，应该包括企业的基本概况（企业名称、发展历史、公司地址、联系方式等），延伸信息（经营理念、企业文化、企业新闻、成果展示、工作机会等），产品介绍（文字说明、图片展示、视频介绍、购买渠道等），法律责任（隐私政策、使用条款、条件等），品牌社区（社区、论坛、博客），服务（个人账户、查询服务、在线咨询、电话客服等）。

无论是产品发布，还是公开声明，官方网站应该成为首先发声的地方。特别是现在，企业随时都可能卷入新闻事件当中，因此，及时澄清信息，避免谣言泛滥使企业处于被动地位，促进公众对企业说法及态度的了解，这都是十分必要的。已经确立的企业信誉度和美誉度，会延伸至网上。而到了网上，同样需要企业不断地经营、维持。官方网站正是提供了这样一个平台，在信息混杂的世界里，树立自身的诚信形象，赢得消费者的认可。

同时，其作用不止于此。企业还可以将涉及产品相关的问题，以专栏的形式放在官方网站（或官方论坛）上，提供解释说明与相应的解决措施。如常规问题以FAQ的形式呈现，提供故障检测方法，以及问题解决途径等。这可以让消费者遇到问题时，直接登录官方网站寻求解决。在这个过程中，会增加网站流量，增加消费者对企业、产品和品牌的了解。

（二）在企业社交网站培养粉丝群讨论组

成功的企业明白如何培养自己的信徒，建立自己在他们心中的信仰。大众文化中的粉丝现象可以给我们以启示。

在传统媒体中，企业有意识地通过黄金时段、关键位置的巨额广告投放，来建立权威与信仰，或借助名人效应，来增添附加值。如今，社交网站的成熟普及，消费者的群聚，为企业提供了一个近乎免费的舞台，在这里，企业可以培养自己的粉丝，形成自身的拥护者。

这种新的建立信仰的方式，其核心在于增强社群成员的黏性，而非传统的企业主导参与。作为企业，其只需要保持社区成员的活跃度，发展壮大成员规模，在需要的时候，做出适当的调适即可。因为，社区成员才是参与互动的主体。在这里，他们可以进行分享，也可以牢骚抱怨。所有与企业、品牌、产品相关的信息都可以在这里讨论，同时，企业文化也潜移默化地在社区中显现出来。

成员与成员之间，不仅有激烈的讨论与经验的分享，他们还能互帮互助，相互结识，并促成线上的社交行为。这就使得早期平台上简单聚合的成员，在长期的互动过程中，发展成为一种具有认同感、依附感的群体。他们因产品、品牌走到了一起，而他们之间的个人行为，也在日积月累之中，为企业创造出无形的资产。他们与企业的关系日益紧密，而这种紧密关系，会带来持续不断的正面口碑。当企业陷入风波的时候，他们也会站出来，维护品牌形象，并寻找证据，帮助企业澄清事实。

（三）企业微博、微信拓展信息渠道

企业对微博、微信的使用，与其他社交网站的差异在于，这里是需要企业直接参与，并成为主导。它需要专业的运营团队来进行日常性的维护和周期性的信息生产。

如果说，一般性的社交网站是从社区成员的角度来进行兴趣的聚合，那么微博和微信，则是直接从企业信息传播的角度，来进行信息的生产与互动。对微博、微信的重视，一方面是基于这两种媒体传播优越性的考虑；另一方面，是为了避免因在传播渠道中的缺席，导致企业信息被淹没。

将微博、微信与传统媒体进行类比，微博就好像是一档实时的电台广播，而微信更像是一份精致的周刊或杂志。可见，除开与用户的沟通交流，微博本身更强调时效性。因为，这直接决定着微博用户对企业微博的关注程度。在信息处理上，对于跟企业自身相关的信息，应当选择合适的时机发布；而对于外界其他信息，微博的运营团队也要能够及时捕捉，学会建立联系，或者表明企业的立场。

至于微信，其信息传播主要是基于资讯订阅和用户内容分享。这就要求无论是在内容选择、呈现形式，还是栏目设置、语言风格上，都要精益求精。同时，应该保证规律性的生产周期。间隔太短，会对运营人员造成压力，降低内容的质量，同时影响阅读率；间隔太长，或不规律，则无法培养用户的阅读习惯，同时，削弱了信息传播的影响力。

无论是微博还是微信，它们的目的都在于拓展信息传播渠道，将信息以深浅不一的方式，置于消费者可以到达的地方。

（四）线下付费媒体补充

新媒体天生就具有传统媒体所无法企及的优越性。它们凭借丰富的内容、多样的形

式、广泛的覆盖、低廉的价格，无疑为企业的营销活动开辟了一个新的世界，并不断带来新的可能性，其优势显而易见。虽然传统媒体的生存空间在不断地被新媒体蚕食，然而，不可否认的是，传统媒体依旧是媒介系统中的一个重要组成部分。它们还是拥有一批稳定的受众群体，并占据着一定的市场范围。因此，对于企业的信息传播而言，传统付费媒体的作用不容忽视。

然而，与以往不同的是，如今对传统媒体的使用，不再是将其视为主要的信息传播渠道。从某种程度上说，我们的传统媒体投放，更多的是为了获得一种信息覆盖上的补充。新媒体和传统媒体在信息接收群体、信息传播情境、信息呈现方式、信息内容特点上均存在着差异，为了实现企业有效的信息传递以及消费者完整的信息获取，企业在制订信息传播策略的过程中就需要综合考虑，进行适当的传统媒体投放。

这种投放应该符合媒介组合的原则，根据其所要实现的目标，进行周期性的刊播。一方面，是为了弥补新媒体覆盖面上的不足，另一方面，是为了对所要传播的信息进行强化。

三、在深度沟通中解决问题与化解危机

公共关系问题从来没有像今天这样引人注意。传统的危机应对，总体而言有着固定的程式，危机本身对企业的伤害也相对有限。而在今天，危机已经直接关乎企业的生死存亡。伴随着危机的频繁发生，如何解决问题、化解危机，如何与消费者进行深度沟通，争得消费者的谅解，这些问题都被赋予了新的内涵。

（一）重视每一个与自身相关的问题

重视每一个与自身相关的问题，这是在新媒体环境中与消费者进行深度沟通的一个最基本的要求。这是因为，在很大程度上，一个人的问题背后，所反映的是一群人的问题。以往我们会认为，没有意见就是最好。但要知道，能够做到十全十美的毕竟是少数，甚至根本就不存在十全十美，只不过是问题尚未被发现。从这个角度来看，有人指出问题，虽然会让你陷入麻烦，但也并非坏事。问题的及时提出，可以帮助企业做出改善，避免更为严重的事故发生。借此机会，也可以树立形象，表明态度。

换个角度，从媒体表达上看，消费者现在拥有了自己的发声渠道。在信息不对称的环境下，企业的故意忽略也许还行之有效，但倘若放到今天，可以说是在掩耳盗铃。消费者的不满经由社交媒体发出，可能会被层层放大，最终将企业逼到无路可退，甚至不得不花大力气来进行危机公关，从而平息愤怒，挽回信誉。与其置之不理，坐等事态发展到最恶劣的时候再去补救，不如从一开始，就主动采取行动，及时发现问题，并寻求解决方式，为企业树立一个真诚、负责的形象。

当我们把与自己相关的问题都解决好了，即使不去大肆宣传，在这个口碑传播兴盛的年代，也能获得消费者的认可。因为消费者知道，与他们密切相连的，是一个专心实干的企业，而这样的企业是值得信赖的。

（二）典型问题以FAQ的形式呈现

从被动的信息接受者和产品购买者到主动的信息搜寻者和产品挑选者，消费者的权利与地位被空前地提高。面对问题，他们会首先选择自己去寻求答案，而企业，需要让这

些问题的答案，可以被消费者找到。

我们经常可以发现，许多所谓的与企业产品相关的问题，事实上是源于消费者本身。消费者对产品使用不当、操作不当，或者没有注意到产品使用过程中的禁忌事项都将导致不愉快的消费体验，而这事实上并非企业产品存在问题。

如果面对这些问题。企业还需要一个一个去解释、去说明，那么会造成人力资源与财务资源的巨大浪费。但是，这些问题又着实需要我们去解决。因此，把典型问题罗列出来，指明解决方式便成了一条可以遵循的路径。

通过将与产品相关的问题及解决方式以FAQ(Frequent Ask Question)的形式展现出来，当消费者遇到相应问题的时候，可以直接找到最佳解决方案。这可以减少企业的服务成本，消除消费者的负面情绪。

（三）真诚化解危机与在危机中重建美誉度

在高风险时代，危机已成为常态。我们现在所面临的问题不是如何避免犯错，而是如何形成完善的危机应对机制：在危机发生前建立一套规范的预警系统；在危机发生时主动迎接，积极化解；在危机发生后重建美誉度，完善自身形象。贯穿着整个危机应对过程的一个词就是“真诚”。

所谓真诚，不仅仅表现在态度层面，更多的是要将真诚付诸行动。原则性的问题在现在仍应该尽量避免发生。即便公众能秉持宽容之心，一旦触及底线，也很难获得谅解。三鹿的三聚氰胺事件就是典型的例子。而对于不可避免的人为危机与非人为危机，企业首先要做的是，反应迅速并坦诚相待。

危机从爆发到扩散，从高潮到衰退，具有一个明显的周期性。时间越早，越有利于问题的解决。在危机大规模扩散前及时做出回应，让公众听到官方的声音。一方面是提供权威的说法，表现出企业积极应对的态度，另一方面，可以有效防止由于信息渠道闭塞，沟通不及时所导致的谣言扩散。同时，面对公众，应施以人文主义关怀，帮助卷入危机的人群妥善解决问题，予以承诺，而非消极推诿，视而不见。最终的目的，是在解决问题的基础上，维护信誉，修复形象，重获公众的认可。

【知识回顾】

在本章里主要讲述了新的媒介环境对企业营销的影响。从传统营销到新媒体营销，企业营销环境发生了巨大的变化：线上信息流的自由流动，线下物流网的延伸扩展，网上资金流不断畅通完善，消费者地位日益提升，同时，媒介使用者发生了迁移。新媒体环境下，企业营销面临诸多的机遇与挑战。从机遇来看，交互传播带来深度沟通的可能，我们更准确地把握消费者需求动态，同时，营销活动被量化，社群中的品牌拥护者帮助企业解决麻烦，这些都意味着企业以最小成本换来最大效益。而挑战依旧严峻，海量信息导致人们注意力分散，高风险时代导致企业随时面临危机，竞争扩大化，从单个行业竞争发展到跨界竞争。而消费者群集形成新的消费抵制，企业需要沟通信息，不得不更加重视营销传播整合能力的提高。

新的媒体环境，带来企业营销观念嬗变。营销经历了从数据收录到大数据挖掘；从培养消费者到建立用户社群；从企业的单个创意到消费者的集体创造；从品牌就是一切到一切都是品牌；从追求利润最大化到注重人文关怀。企业的新媒体营销策略需要进一步增加营销活动中消费者参与；将企业与产品信息置于消费者可能到达的地方；在深度沟通中解决问题与化解危机。

【思考题】

1.企业的新媒体营销有什么样的机遇和挑战?
2.新媒体营销与传统媒体营销的差异性体现在哪里?
3.在新媒体环境下，企业应当如何应对公共危机?

第十五章
新媒体的政府规制

【知识目标】

☆新媒体政府规制的概念及我国新媒体发展面临的困境。

☆政府规制对促进我国新媒体发展的作用。

【能力目标】

1.了解我国新媒体政府规制的内容。

2.熟悉我国管理新媒体的政府机构；掌握我国新媒体管理的内容、方式和特点。

【案例导入】

2014年8月8日，潜逃境外110天的快播公司法定代表人兼总经理王欣被抓捕回国，轰动一时的深圳快播科技有限公司传播淫秽物品牟利案至此宣告侦结，并于近日被依法移送检察机关审查起诉。依靠技术起家，借助大肆传播网络不良内容快速发展。这个曾号称用户过4亿、全国市场占有量第一的"超牛"网站是如何一步步走向覆灭的？"搜索电影、点开网站、快速播放，'神器'成就传奇。"这是快播播放器的宣传语，也是快播公司安身立命的秘诀。实现"快速播放"的法宝是P2P技术。这种技术能让用户一边在线观看视频一边进行下载，与此同时，该视频还作为种子供更多用户分享。基于这种技术的快播播放器能够有效降低占用的带宽，节省用户的缓冲时间，因此一经推出便受到市场欢迎。然而，这种提供网络存储空间、播放传输渠道，供他人上传下载视频的模式很快成为盗版电影与淫秽视频滋生蔓延的温床，快播"神器"的"江湖绰号"不胫而走。王欣声称，快播播放器并非为淫秽视频而设计，目的只是让用户获得更好的使用体验。但快播不断改良技术去迎合的，却是关于播放淫秽视频的"用户体验"。负责侦办快播传播淫秽物品牟利案的北京市公安局治安总队副总队长樊宏宇告诉记者，快播公司在全国各地搭建了2000余台服务器，在服务器网络内进行视频的复制下载并发布到其QVOD网络，通过QVOD索引服务器就能轻松找到想看的视频文件；快播公司还开发了热门视频自动存储技术，凡点击10次以上的视频，就自动上传到该公司的存储服务器上供更多人观看，而这种"热门视频"往往就是淫秽视频。从被查扣的十余台快播服务器中，警方现已发现了数万个淫秽视频文件。面对涉黄以及侵权盗版的指责，王欣总是以"只做技术，不问内容"来搪塞，并以此愚惑公司内部员工。办案民警介绍，深圳快播公司表面上设有负责鉴别、屏蔽不良内容的监管平台和用户举报机制，但基本形同虚设。王欣自己将其原因归咎于"惰性使然"；但据警方调查，快播公司利用快播软件传播淫秽视频，以收取广告费和会员费牟利。快播公司还建立了"小二广场"网站，直接在其中存储了近300部淫秽视频，用户付费获得更高权限后，就能在该网站的“VIP通道”中观看到这些淫秽视频。据公安机关调查，在2013年快播公司3亿元的销售额中，与淫秽视频和侵权盗版相关的销售额就占到了1.8亿元。快播公司能够获得如此巨大利益的重要原因，就是大量淫秽视频以及侵权盗版作品在快播平台的存在和蔓延。剥开“技术外衣”，这才是“神器”真正的“生财之道”。2013年11月13日，腾讯视频、搜狐视频、乐视网等数十家正版视频网站和版权方发起中国网络视频反盗版联合行动，向快播等公司提起法律诉讼。2013年12月30日，国家版权局等四部委就打击网络侵权盗版专项治理“剑网行动”发布通报，对快播做出罚款25万元的行政处罚，并责令其停止侵权行为。随着国家对互联网环境的持续整顿走向深入，靠打网络色情“擦边球”而风光一时的“快播模式”注定已经走到了尽头。2014年4月16日，快播宣布“涅槃在即”，为此将清理低俗与涉盗版内容，关闭QVOD服务器，并停止基于P2P技术的视频点播和下载服务。4月22日，在公安部派员直接组织协调下，北京会同深圳警方共出动130余名警力对深圳快播公司深圳总部进行围合式查处；5月15日，快播被吊销增值电信业务经营许可证；8月8日，潜逃境外110天的深圳快播科技有限公司法定代表人、网上传播淫秽色情信息案首要犯罪嫌疑人王欣在韩国落网，押解回国内，深圳快播公司传播淫秽物品牟利案至此侦结。①

第一节　新媒体政府规制的概念与特征

新媒体的政府规制与媒体的政府规制一脉相承——先有媒体的政府规制，然后才有新媒体的政府规制。在新媒体产生之前，无所谓新媒体的政府规制；即使在新媒体产生以后的相当长一段时间，许多国家和地区也只对传统媒体的政府规制进行一定的修订，以管理新媒体，并没有制定专门的管理新媒体的政府规制。一方面，世界各国政府管理新媒体既没有现成的经验和办法，又没有成熟的管理依据，要积累经验，想出办法，乃至制定、出台政府规制，再到正式施行，是需要一个漫长的时间过程的；另一方面，新媒体管理是一个全新的课题，不断出现的新情况和遇到的新问题，需要各国政府认真去面对与解决。因此，与迅猛发展的新媒体相比，新媒体政府规制的制定、出台与施行是比较滞后的。当然，“自由”与“管控”的争议始终相伴，也是造成新媒体政府规制滞后的重要原因。

一、新媒体政府规制的概念

“规制”来自英文单词“Regulation”，长期以来对它的翻译分歧很大：有的翻译为“管制”，有的翻译为“监管”，有的翻译为“调节”，后来逐渐译为“规制”。之所以将它翻译成“规制”，陈富良认为“在汉语词汇中，管制容易使人联想到统制和命令经济形式，而规制更接近于英文原来的词义，它所强调的是政府通过法律和规章制度来约束和规范经济主体的行为，故译作规制更恰当。为了体现规制与管制的这一区别，在论及计划经济体制时，

①白阳.快播涉黄案调查——一个“超牛”网站何以走向覆灭[EB/OL].新华网.http://news.xinhuanet.com/legal/2014－09/24/c_1112613465.htm，2014-09-24.

使用管制；在论及市场经济体制时，使用政府规制。”[①]显然，上述对“Regulation”的翻译，无论是“管制”，还是“监管”，抑或是“调节”，大都着眼于政府行政管理层面和法规层面的“管制”“监管”与“调节”，显得比较单一与片面。实际上，规制的内涵与外延远比这些要丰富得多。其中既有引导、指导市场发展的政策因素，又有政府对市场的行政管理行为；既有关于市场运行规则的法律、法规，又有针对市场的制度设计、制度框架等内容。

“政府规制”(Government Regulation)是西方经济学研究中常用的词汇，是从规制经济学中借用的一个概念。20世纪70年代以后，西方各国政府为治理市场中出现的公共物品、外部性、垄断和信息不对称等“市场失灵”现象，纷纷出台各种反垄断、经济性和社会性规制，强调政府对市场的直接限制与干预，强化政府的行政力与强制力。正如美国学者丹尼尔·F.史普博(Daniel F.Spulber)所说，政府规制是行政机构制定并执行的直接干预市场机制或间接改变企业和消费者供需决策的一般规则或特殊行为。[②] 显然，政府规制应该包括下述内容：“规制的主体是指具有法律地位、拥有独立权限的政府规制机构；规制的对象是指特定经济主体，它们大多具有自然垄断性、外部性和信息不对称性等特征；规制的手段是法律、规章、政策和制度等；规制的目标是治理市场失灵；规制的理由是经济主体存在不完全公正的市场行为。”[③]

那么，什么是新媒体的政府规制呢？由于对新媒体政府规制的研究比较滞后，因而专门对它进行定义的著作、论文比较少。其中只有少数人直接对它进行定义：“就政府对互联网的规制而言，它是指政府对民众使用互联网过程中所实施的干预和控制的过程，是政府行政管理的一个重要组成部分。”[④]显然，这个定义有些过于简单了。其实，新媒体的政府规制有四大要素值得注意：规制机构、规制内容、规制对象和规制目标。明于此，就可以给新媒体的政府规制下一个定义了。

所谓新媒体的政府规制，是一国政府行政机关运用公共权力，通过出台一些引导、规范新媒体市场发展的政策、措施，制定相关的法律、规章，设置一定的制度、框架，并借助一定的行政命令、手段，对新媒体市场、组织和个人的行为进行引导、规范、限制与调控，从而达到有效治理新媒体“市场失灵”的目的。换言之，就是政府行政机关要借助行政法规、政策的力量，用行政那只“看得见的手”来对新媒体市场及其市场主体实施经济性规制和社会性规制，从而最大限度地治理市场失灵。新媒体的政府规制主要表现在政策层面、行政管理层面、法规层面和制度层面。

二、提出新媒体政府规制的动因

有效治理新媒体“市场失灵”、规范新媒体市场主体行为和保护新媒体用户的合法权益是制定、出台新媒体政府规制的直接动因。

---

①陈富良.放松规制与强化规制：论转型经济中的政府规制改革[M].上海：上海三联书店，2001.

②丹尼尔·F.史普博.管制与市场[M].余晖，等，译.上海：格致出版社，上海三联书店，上海人民出版社，2008.

③夏倩芳.公共利益与广播电视规制——以英国和美国为例[D].武汉：武汉大学，2004.

④夏源.新媒体政府规制研究[D].杭州：浙江大学，2012.

（一）有效治理新媒体“市场失灵”

新媒体首先出现在西方发达国家，按照西方自由竞争的经济理论，要充分借助市场那只“看不见的手”来调节供需，进行资源的合理配置。但是，资本的逐利性和西方发达国家新媒体政策的失误等因素，造成新媒体在与政府、社会的博弈中出现了损害公共利益、外部性竞争环境恶化等种种“市场失灵”，直至出现2000年美国网络泡沫破灭的情况。新媒体市场的这种“市场失灵”，仅凭市场自身的力量，是难以走出困境的。客观现实逼迫西方发达国家制定、出台具有针对性的新媒体政府规制，对新媒体市场进行有效治理。这样，“失灵”的新媒体市场才在政府规制“纠偏机制”的帮助下重新走上正轨。因而，有效治理新媒体“市场失灵”是新媒体政府规制出台的最重要动因。

（二）规范新媒体市场主体行为

一般认为，参与新媒体市场主体包括平台提供商、内容提供商、软件及技术提供商、网络运营商、终端提供商、企业主广告商、营销机构、检测机构和受众（用户或网众）。[①] 上述新媒体市场主体的行为，任何一家出现问题，都会让新媒体市场受损害。比如作为内容制作者和提供者的内容提供商，包括专业的媒体机构、企业主和用户个人。专业的媒体机构主要指报刊、广播和电视等传统媒体，它们采写的新闻信息，如果存在内容虚假或者没有经过认真核实，就直接被新媒体网站采用或者在网络上传播，这样以讹传讹，就容易形成网络谣言，轻者影响网络舆情的走向，重者形成重大的网络群体性事件。与传统媒体时代相比，新媒体时代企业主的优势在于，可以利用企业官网进行宣传与营销活动，而其官网上内容的真假，将影响这些宣传、营销活动的成败。在Web 2.0时代，用户个人使用互联网，已经不仅仅是网络内容的浏览者，而是集受、传、创造于一体，扮演网络内容接受者和上传者的角色，更通过UGC（User Generated Content），即用户生成内容，成为网络内容的创造者。用户通过QQ、博客、播客、微博、微信等社交媒体工具上传、生成网络内容的真假好坏，直接影响着网络舆情。因此，必须制定相应的政府规制规范新媒体市场主体行为。

（三）保护新媒体用户的合法权益

用户作为新媒体市场主体，可以在网络上冲浪、闲逛，可以在网络上接收信息和发送信息，可以在这个网络空间发表看法，也可以在那个BBS上留言，但是他在网络上所做的这一切，并非完全的来无踪、去无影，而是“雁过留声”和“踏雪有痕”。于是，百度等搜索引擎公司和其他营销机构就针对这些留下的“雁声”和“雪痕”，对用户的爱好、需求、性格等背景进行分析，直至进行用户（消费者）画像，然后再展开精准营销。这样，该用户只要再上网，与上次看过的书籍内容近似的书籍接踵而至，与上次浏览过的文章相近的内容自然跳出，与上次点击过的旅游景点类似的信息不请自来……因而，用户在网络上的一言一行、一举一动，都被网络记录在案，并被卖给专业的营销机构。在这种情况下，用户就像被脱光了所有的衣裤在大街上裸奔，其个人隐私荡然无存。此外，网络黄赌毒、网络信息污

---

①姜进章.新媒体管理[M].上海：上海交通大学出版社，2012.引者注：该书作者在图3.3“新媒体产业链”中，将“受众”作为新媒体市场主体是欠妥的。在新媒体时代，严格地说是没有“受众”这个概念的，只有用户或者网众。

染、网络信息侵权、网络著作权侵犯、网络名誉权侵犯和网络虚假信息等对网络用户合法权益的侵犯，都是值得注意的问题。而这正是新媒体政府规制提出的动因之一。

三、新媒体政府规制的特征

与经济自由主义主张限制政府在经济活动中的操控行为、让市场机制发挥调节作用不同，规制经济学强调的是政府借助政策、法律、规章和制度的力量，用行政管理那只“看得见的手”来对新媒体市场及其市场主体进行规制，因而其行政色彩相当浓厚。

（一）政策性强

一直以来，人们对新媒体政府规制的关注重点，大多停留在行政管理和法规强制之上，实际上，政策性强是新媒体政府规制最显著的特征之一。原因在于，一国政府往往通过制定、出台有关新媒体的政策性规制，对新媒体市场进行经济性规制和社会性规制，对新媒体产业发展做一些政策规定，以追求经济效益和社会效益。这些经济性规制和社会性规制带有很强的政策性，在一定程度上决定了新媒体市场、新媒体产业的发展方向和进程，其政策的导向性不言而喻。这种政策性规制在西方发达国家也是存在的，“凡是政府决定做的或不做的事情就是公共政策”①。只是与西方发达国家相比，我国新媒体政府规制的这种政策性特征更加明显罢了。

（二）行政性规制色彩浓厚

与政策性强相联系，新媒体政府规制还具有行政性规制色彩浓厚的特征。政策性与行政性皆出自政府行政机关，因而有着天然的内在联系，容易被混淆。其实，二者是两个既有区别又有联系的概念：“美国的规制理论，把政府规制看作只是政策制定的一个特定类型，它既不同于政策制定，也不仅仅是国家以管理的名义进行干预。它与国家运用政策进行宏观调控既有联系又有区别。政策的宏观调控是间接的、总量上的控制，它借助财政、货币政策等直接作用于市场，通过市场参数的改变，间接影响企业行为。而规制则是直接的、个量上的，它借助有关法律和规章直接作用于企业，规范、约束和限制企业的行为。”②夏倩芳在这里所说的“有关法律和规章”，既包括有关法律，又指一些行政性规章。在现实操作过程中，政府往往借助这些“有关法律”和行政性规章，采用行政管理的方式对新媒体市场进行直接干预，规范新媒体企业的行为，因而其行政性规制色彩非常浓厚。正如王俊豪所说：“具有法律地位的、相对独立的政府管制者（机构），依照一定的法规对被管制者（主要是企业）所采取的一系列行政管理与监督行为。”③

（三）法规性特征明显

美国著名经济学家、诺贝尔经济学奖获得者乔治·J.施蒂格勒（George J. Stigler）在《产业组织与政府管制》一书中指出，作为一种法规（Rule），规制是产业所需要的并为其利

---

①转引自夏倩芳.公共利益与广播电视规制——以英国和美国为例[D].武汉：武汉大学，2004.

②夏倩芳.公共利益与广播电视规制——以英国和美国为例[D].武汉：武汉大学，2004.

③王俊豪.政府管制经济学导论——基本理论及其在政府管制实践中的应用[M].北京：商务印书馆，2001.

益所设计的和主要操作的，规制是国家强制力的应用，强制力是政府的根本资源。换句话说，除了政策性规制和行政性规制外，政府规制新媒体市场和产业，还有一个“大杀器”就是法律、法规的强制力。所谓新媒体政府规制的强制力，是国家以立法的形式，规定了参与新媒体市场的各方应该享受的权利和应该履行的义务，为了维护法律的尊严，保证其顺利实施，在具体执行过程中具有强制力。这种强制力主要表现在有效治理新媒体“市场失灵”、规范新媒体市场主体行为和保护新媒体用户的合法权益。具体地说，就是要保护合法经营，取缔非法经营，查处违法经营，对一些情节严重、构成犯罪的，要交由司法机关追究刑事责任。所以，新媒体政府规制具有明显的法规性特征。

（四）制度性安排

政府根据规制内容对新媒体市场的微观经济主体行为进行限制与干预，为了实现这一目标，对规制内容必须有一套行之有效的制度性安排。对此，有学者指出：“政府规制的规范性制度安排包括三个方面：第一，宪法秩序，即规则的规则。具体而言，是指具有普遍约束力的一系列政治、经济、社会、法律的基本规则，一般表现为政治体制的差别。第二，各种具体的法律制度，即具体的制度安排，亦即在宪法秩序下约束特定行为模式和关系的规则。第三，具体行为准则。它是赋予宪法秩序和制度安排合法性的基础。”[①]马云泽从宪法秩序、法律制度和行为准则三个层面来讨论政府规制的制度安排。而美国著名经济学家 A.E.卡恩（Alfred E.Kahn）在《规制经济学：原理与制度》一书中则从产业结构、经济绩效等更加微观的层面展开论述。他指出作为一种基本的制度安排，政府规制是对一种产业的结构及其经济绩效的主要方面的直接政府规定，比如进入控制、价格规定、服务条件及质量的规定，以及在合理条件下服务所有客户时应尽义务的规定。[②] 也就是说，无论是从法律制度层面，还是从产业结构层面，抑或是前面谈到过的政策层面和行政管理层面，都说明完善的制度性安排，形成特有的制度性架构，对新媒体政府规制都是必需的，是其成功干预、调控新媒体市场的基础和前提。

第二节　国外对新媒体的政府规制

出于“言论自由”、保护个人隐私和让市场那只“看不见的手”发挥作用的考虑，西方发达国家在互联网产生之初，对网络媒体的态度比较宽容和放任，标榜“互联网自由”。然而，伴随着以网络媒体、手机媒体为代表的新媒体的迅速崛起，黑客攻击、电脑病毒、知识产权侵犯等问题日渐显露，国家信息安全、网络谣言、网络色情和网络诈骗等违法犯罪日益泛滥，西方发达国家政府逐渐认识到新媒体是“与真实世界一样需要管控”的领域。于是，由放任自流到依靠现有法规进行管理再到制定相应的政府规制加强“管控”，让政府那只“看得见的手”更多地发挥作用正成为西方发达国家的基本共识。因此，对新媒体的政府规制在一步步得到加强，不仅美国、欧盟等西方发达国家如此，澳大利亚、俄罗斯、日本

---

①马云泽.中外政府规制的制度性差异[J].桂海论丛，2012(5)：102—105.

②Alfred E.Kahn.The Economics of Regulation：Principles andInstitutions[M].MIT Press，Reissue，1988.

和韩国等国家亦是如此。

一、美国对新媒体的政府规制

美国是互联网的发源地，也是最早对互联网实施有效管理的国家。然而，在互联网刚诞生的时候，美国人并不支持政府“插手”和“控制”互联网管理，而是主张网络空间的秩序和规则应当靠人们的行为自律和市场那只“看不见的手”来逐步确立。随着互联网发展带来的问题越来越多，美国政府迅速改变这种做法，制定、出台一系列管理互联网的法律、法规，主要涉及保护国家安全、计算机安全、知识产权和未成年人四个方面，明确规定不允许利用互联网宣扬恐怖主义、侵犯知识产权、向未成年人传播色情，以及从事其他违反美国法律的行为。可以这样说，美国是在不知不觉中完成了对互联网的“管控”，至于“自由”早就放到了第二位。

（一）立法是美国管理互联网的最主要手段

美国是世界上网络立法最多的国家，立法也是其管理互联网的最主要手段。美国的互联网法规既有联邦立法，也有各州立法，这些法规多达 130 多部，主要包括《联邦计算机系统保护法案》(1977)、《伪装进入设施和计算机欺诈及滥用法》(1984)、《计算机欺诈和滥用法》(1986)、《计算机安全法》(1987)、《电子通信秘密法》(1990)和《中小企业计算机安全、教育及培训法》(1990)、《高性能计算机及网络法案》(1991)、《计算机滥用法修正案》(1994)、《数字签名法》(1995，犹他州)、《电信法》(1996)、《全球电子商务框架》(1996)、《国家信息基础设施保护法案》(1996)、《域名注册规则》(1997)、《统一电子交易法》(1999)、《爱国者法》(2001)、《联邦信息安全管理法案》(2002)、《国土安全法案》(2002)、《网络安全法》(2009)、《将保护网络作为国家资产法案》(2010)、《保护网络资产法案》(2010)、《信息安全与互联网自由法》(2010)、《可信网络空间身份标识国家战略》(2011)、《网络空间国际战略》(2011)等，涉及对行业准入、数据保护、网络通信、消费者权益保障等各种网络行为的规则制定，以及对欺诈、诽谤、色情、盗版等网上不法行为的防范与打击。这些法律涵盖了互联网管理的方方面面，法律条款都非常具体，对触犯法律者的处罚也非常严厉。比如美国 26 个州制定了《反垃圾邮件法》，规定网络接入商有权起诉滥发邮件者，索赔金额可超过 100 万美元。① 进入 21 世纪以来，美国的互联网管理呈现出两个新特点：一是加大了对网上恐怖主义信息的打击力度，加强了对利用互联网从事与恐怖主义有关活动的监控；二是针对个人的隐私信息有可能经新兴社交网站泄露或被网络公司非法获取的担忧，加快相关立法和行政干预的步伐。②

（二）美国互联网监管体系

美国互联网监管体系主要包括立法、司法、行政三大领域和联邦与州两个层次。对于

①孙广远，尹霞，徐璐璐.国外如何管理互联网[EB/OL].中国共产党新闻网.http://theory.people.com.cn/n/2013/0110/c143844-20160586-3.html.

②美国立法管理互联网的先行者[EB/OL]新华网.http://news.xinhuanet.com/politics/2012-06/09/c_123257706.htm，2012-06-09.

互联网所在的电信产业的管理，从联邦的层次上来看，立法、司法和行政三个系统相对独立，分别行使各自的权力。在立法方面，由参议院和众议院组成的国会作为最高立法机关，对包括互联网在内的电信立法法案进行听证、辩论、表决，从而影响国家电信政策的制定。在司法方面，美国最高法院、联邦审判法院和申诉法院组成了美国的联邦司法体系，拥有着对电信管理机构进行监督，并解决其纠纷的权力。① 美国主管互联网的职能部门是"联邦通信委员会"(Federal Communications Commission，FCC)，它是对包括互联网在内的通信产业最具影响力的监管机构，负责互联网传播的规范和引导工作，同时司法、军方和情报部门均有专门的网络监控机构，这些机构各司其职。此外，还有一些机构也在负责互联网管理，比如"9·11"事件后，美国国会通过《爱国者法》《联邦信息安全管理法案》《国土安全法案》等法规，2003 年成立国土安全部，负责美国网络安全。这样，立法、司法、行政三大领域和联邦与州两个层次以及联邦通信委员会、国土安全部等机构就构成了完整的美国互联网监管体系。

(三)美国互联网管理的内容

美国互联网管理的内容可谓全面，国家安全、黑客侵害、恐怖主义、网络犯罪、网络暴力、网上版权侵犯、儿童色情犯罪、网络内容违法、非法域名抢注、垃圾邮件等无所不包、应有尽有。

1.保护国家安全

《爱国者法》《国土安全法案》和《网络安全法》是美国最重要的保护国家安全的互联网法规，它们都将保护美国的国家安全放在首要位置，为此可以牺牲网络服务商的信誉和网络用户的隐私与机密。前者授权国家安全和司法部门对涉及化学武器等恐怖行为、计算机欺诈及滥用等行为进行电话和电子通信监听，并要求电子通信和远程计算机服务商，在紧急情况下向政府提供用户的通信内容；后者则增加了有关监控互联网和惩治黑客的条款。同时，上述三部法律授权美国政府或者执法机构可以依法监控所有"危及国家安全"的互联网信息，并采取屏蔽等措施。2009 年底，美国成立了全国通信与网络安全控制联合协调中心，协调和整合国防部、国土安全部等下属六大网络行动中心的信息，以提供跨领域的网络空间发展趋势判断能力，分析并上报全国网络空间的运行状况。2011 年以后又先后成立"白宫网络安全办公室"和"全国通信与网络安全控制联合协调中心"，是美国政府从国家最高层面维护网络安全的战略考量。②

2.监控网上舆情

美国特别重视对网上舆情的监控，成立监控社交网络的专门机构，对社交网站的舆情走向进行有效监控。2000 年以后，美国国防部成立了"黑客"部队和第 67 网络战大队，2006 年又组建一支网络媒体战部队，全天候监控网上舆论。2009 年初，美国国土安全部设立"社交网络监控中心"，专门在 Facebook、Twitter、聚友(MySpace)等社交网站、政治博

---

①张伟，王传宝，廖伟径，胡博峰.国外互联网管理：强化网络监管已成趋势[EB/OL].新华网.http://news.xinhuanet.com/world/2012-06/07/c_112145906_4.htm.

②李宓.美国对社交网络的管理[EB/OL].新华网.http://news.xinhuanet.com/world/2012-01/19/c_111452562.htm.

客及其他网站中搜寻相关信息，对网上公共论坛、博客、留言板等进行常规监控。①

3.打击儿童色情

保护儿童、打击色情犯罪是美国政府最为重视的问题。自1996年以来，美国国会先后通过了《通信内容端正法》《儿童互联网保护法》和《儿童在线隐私保护法案》等法律，对色情网站加以限制。《通信内容端正法》严禁通过互联网向未成年人发布带有色情等内容的信息，否则将受到刑事处罚。《儿童互联网保护法》规定，美国的公共图书馆必须给联网计算机安装色情过滤系统，政府对建立网络过滤技术系统提供资金支持，以防止未成年人上网接触“淫秽、儿童色情和伤害未成年人的露骨描述”。《儿童互联网保护法》规定，接受特定联邦资助的图书馆和中小学必须采用网络过滤技术和采取其他措施，防止未成年人接触到不恰当和有害的网络内容，保护未成年人使用电子邮件、网络聊天室及其他电子通信方式的安全，保护未成年人的个人信息等。②《儿童在线隐私保护法案》严禁任何网站在未经家长同意的情况下获取未成年人的姓名、地址、电话号码等私人信息。为了打击网络色情对儿童的侵害，美国联邦调查局设置了专门的机构，在网上搜寻、识别含有儿童色情内容的信息，一旦发现便会采取具体行动，将制作、发布、浏览、留存这些违法信息的犯罪分子绳之以法。美国司法部还建立了特别部队，专门打击针对未成年人的网络犯罪行为。③

4.网上版权保护

美国十分重视互联网版权问题，其国会在1998年通过了《数字千年版权法》，对网上作品的临时复制、网络上文件的传输、数字出版发行、作品合理使用范围及数据库的保护等重新定义，规定未经允许在网上下载音乐、电影、游戏、软件等行为系非法，网络著作权保护期为70年。这一法律对版权的拥有者和网络服务商给予保护，包括图书馆员、教育机构、网站拥有者、网络用户、网上广播者等在内的所有人。④

二、欧盟国家对新媒体的政府规制

在互联网监管上，以英国、法国和德国等为代表的欧盟国家大都经历了一个由行业自律到政府监管的过程。

（一）英国对互联网的管理

英国的互联网管理以2003年为界，分为前后两个阶段。第一个阶段从1996年到2003年，倡导行业自律和协调，强调监督而非监控。1996年，由英国贸工部牵头，英国主要的互联网服务提供商、城市警察署、内政部和互联网监察基金会四方面的代表，就网络管理问题签署了网络监管行业性规范《R3安全网络协议》，由互联网监察基金会负责该协

---

①②李宓.美国互联网管理：政府立法 业界自律[EB/OL].新华网.http://news.xinhuanet.com/world/2012-06/10/c_112175260..htm.

③美国立法管理互联网的先行者[EB/OL].新华网.http://news.xinhuanet.com/politics/2012-06/09/c_123257706.htm，2016-06-09.

④格拉斯博根.美国三管齐下监管互联网[EB/OL].http://news.xinhuanet.com/fortune/2010-07/27/c_12375683_3.htm.

议的具体实施，其中的 R3 是指 3 个以字母 R 开头的英文单词，即分级、报告和责任，它们很好地概括了互联网监察基金会的工作方式。作为英国互联网的主要监管机构，互联网监察基金会以《R3 安全网络协议》为基础，拟定了《从业人员行为守则》，在鼓励使用新科技的同时，又要求网络提供者承担起确保内容合法的责任。基金会确立了两个基本的管理指导思想：对其他媒介适用的法律，对互联网同样适用。世界任何地方的儿童色情、在英国国内的犯罪内容和煽动种族仇恨都是互联网上的“非法内容”；对不违法，但可能引起用户反感的内容进行分级和标注，由用户自愿选择接受还是拒绝。互联网监察基金会的管理方法主要有以下三方面：一是建立热线，接待公众举报和投诉；二是建立非法内容“同一资源定位符”（URL）名单，以便网络企业自己决定是否关闭有关链接；三是对于不违法、但可能引起用户反感的网络内容，网络管理者应分级和标注，以便用户自行选择取舍。①2003 年以后属于第二阶段，用政府监管取代行业自律，从严管网、从严治网是其特点。尽管行业自律为英国网络管理做出了很大的贡献，但是由于网络复杂而问题多多，所以在管理网络的过程中互联网监察基金会缺乏政府监管和强制的局限性就日渐显现出来。因此，2003 年，英国政府成立通信办公室，其一项重要工作就是负责维护网络信息内容标准，加强对非法内容的管制，并推动建立分级和过滤系统，以帮助网络终端用户选择网络内容。而且制定、出台新的管理办法，内容包括：警察和情报部门能够在特定情况下获取通信数据，以调查严重犯罪和恐怖主义，保护公众安全；允许互联网服务供应商及电信公司安装硬件，储存通信数据长达一年，以便查询。② 当然，英国政府在加强网络监管的同时，尽力照顾到网络使用者的隐私权。

（二）法国对互联网的管理

法国对互联网的管理经历了“调控”“自动调控”和“共同调控”三个时期：从 20 世纪 70 年代末到 90 年代中期属于“调控”时期，强调互联网管理和信息技术发展由政府统管。法国政府从 1978 年成立保护公民隐私权的“法国信息与自由委员会”开始，先后颁布《信息技术与自由法》（1978）、制定《通讯电路计划》（1980）、建立起“微网”网络（1983）、拟定《建立信息高速公路计划》（1986）、批准《信息高速公路报告》（1994）等，在互联网“调控”中扮演了主角。从 20 世纪 90 年代中期至末期属于“自动调控”时期，注重将网络行业引入互联网的管理中。随着互联网的发展和网络用户的迅猛增加，法国政府逐渐认识到，单纯从国家的角度管理和控制互联网已经越来越力不从心和不切实际，应该与网络技术开发商、网络服务商共同协商，让其积极介入网络管理中来，即提倡“自动调控”，因而“法国域名注册协会”“互联网监护会”和“互联网用户协会”等网络调控机构先后成立，作为对政府“调控”的补充而存在。从 1999 年至今属于“共同调控”时期，主张政府、网络行业和用户均参与到互联网的管理之中，创造一个人人参与、多方努力的氛围，尽力化解网络危机和降低损

---

①郭林.英国互联网监管疏而不漏[EB/OL].新华网. http://news. xinhuanet. com/newmedia/2010-07/28/c_12380566.htm.

②王传宝.英国:互联网监管越来越严[EB/OL].http://news.xinhuanet.com/newmedia/2012-06/07/c_123248156.htm.

失、危害。[①] 1999年初，法国政府提出并开始执行“共同调控”政策，希望借此建立政府、网络技术开发商和网络服务商与用户三方的对话协商机制，并在此基础上更好地管理互联网。2006年，法国政府通过了《信息社会法案》，内容包括以下四个方面：一是保障网上通信自由的同时明确每个人的权利与责任；二是充分保障公民的通信保密权、产权（知识产权）、隐私权、形象权和要求保证安全的权利；三是对互联网上的域名实行规范化管理；四是提高电子商务的安全性和可靠性。《信息社会法案》集中体现了法国崇尚民主、自由和人权的价值观，从法律上明确每个人的权利与责任，保证网上的通信及交易自由和信息传播的安全可靠，努力实现信息社会的民主化。

（三）德国对互联网的管理

德国对互联网的管理特点表现在政府与有关机构“齐抓共管”和依法监管。实施于1997年8月的《信息与通讯服务法》，是德国管理互联网的最重要的法律。该法规定了互联网内容提供方、互联网服务提供方和网络搜索服务提供方的法律责任，着重限制包含猥亵、色情、恶意言论、谣言、种族主义的言论，尤其禁止与纳粹相关的思想言论与图片在互联网上传播。德国管理互联网的最高政府机构是内政部及其下属的联邦刑警局。该局自称“夜以继日地、系统地、不需任何由头地分析对警方重要的内容，特别是儿童色情内容，同时视情取证、保留证据、提供证据”。此外，在联邦政府层面，德国家庭部设立了青少年有害媒介联邦检验局；在州政府层面设立了青少年媒介保护委员会，其下还设立了青少年保护网络有限公司。它们共同对德国媒体、网络实施监管，判断其传播的信息是否违反相关法律法规。其中，青少年保护网络有限公司是德国网络色情内容监管方面最活跃的机构，处理了德国超过八成的网络色情信息传播事件。而且，德国政府还要求网站必须主动配合青少年保护工作，含有色情内容的网站都必须应用“成人认证系统”，通过输入个人信用卡信息、身份证等不同方法来确认访问者的年龄，否则将被视为违法。[②]

三、其他国家对新媒体的政府规制

除了美国、欧盟国家以外，世界上对新媒体进行政府规制的国家还有很多，下面对网络管理比较有特点的俄罗斯、澳大利亚、日本和韩国等进行分析。

（一）俄罗斯对互联网的管理

俄罗斯政府一贯重视网络监管，注重相关立法，明晰政府部门职责，界定互联网行为。《俄罗斯联邦宪法》把信息安全纳入国家安全管理范围，在此基础上制定《联邦信息、信息化和信息网络保护法》《俄联邦国家安全构想》《俄联邦信息安全学说》《2020年前国家安全战略》《俄联邦大众传媒法》《俄联邦计算机软件和数据库法律保护法》《联邦保密法》《俄联邦著作权法》和《俄联邦通信法》等，作为主要的政策指导和执法依据，同时还以专业机构

①法国互联网发展政策与管理体制特点[EB/OL].法国中文网文. http://www.cnfrance.com/info/pinglun/20110425/4748.html.

②冉维，刘向，江亚平，陈怡，刘浩远，刘林，赵新利.西方国家网络监管毫不手软[EB/OL].新华网. http://news.xinhuanet.com/world/2010-07/23/c_12365092_5.htm.

和地方政府的相关措施作为监管补充，形成了较为完备的多层级信息安全法律体系。在具体操作层面，俄罗斯建立了由政府主导、科研以及商业机构广泛参与的信息安全保护体系。首先，在俄联邦安全委员会科学技术理事会下设信息安全分部，协调领导国家信息安全保护工作。其次，俄联邦安全总局、俄内务部和俄联邦媒体与文化管理局“各司其职”，有针对性地成立专门的网络监管机构。其中，俄联邦安全总局主要负责对互联网上所有不良信息，特别是涉及俄国家安全的信息进行监控；媒体与文化管理局主要负责对传媒、信息和通信技术进行监管；俄内务部特种技术措施局具体负责网络安全，接受网民关于不良网络信息及程序的举报；俄内务部网络监控中心主要负责监控“推特”“脸谱”等新兴媒体。①

（二）澳大利亚对互联网的管理

与其他发达国家相比，澳大利亚在互联网管理上绝对是个异类，被西方国家抨击为“互联网恶棍”。原因在于，澳大利亚对网络采取了严格的过滤监管措施，损害了所谓“民主”“自由”的西方价值观。其实，对互联网监管越来越严厉是一个世界性的发展趋势，即使是英、德、法、日等国家，都在实施着自己的网络监管，只是不像澳大利亚那样“嗓门大”，因而澳大利亚政府只是做了自己觉得该做而别的国家没有做的事情而已。澳大利亚联邦政府以法律为基础，其管理互联网的主要法律依据是《广播服务法》《反垃圾邮件法》《互联网内容法规》和《电子营销行业规定》等法规，2005 年由广播管理局和电信管理局合并而成的通信与媒体管理局，是澳大利亚专门负责互联网管理监管的机构，其职责是对网站内容进行限制，对网上赌博和垃圾邮件的投诉进行调查，而对海外网站，一旦被列入黑名单，就会采用过滤软件，涉及儿童色情、性暴力、教唆犯罪、种族仇视、恐怖主义等内容严禁传播。同时，澳大利亚政府还坚持严格执法、运用行政管制、加强宣传教育等构筑互联网“防火墙”。② 此外，澳大利亚政府还注意与互联网服务提供商、家庭、学校等多方协同，力图过滤互联网不良信息，保障网络安全，尤其保护未成年人不受网络不良信息的侵害。

（三）日本对互联网的管理

网络的政府监管与民间力量推动相伴随构成了日本互联网管理的最显著特征。从 1984 年制定《电讯事业法》开始，日本先后出台了《规范互联网服务商责任法》《打击利用交友网站引诱未成年人法》《青少年安全上网环境整备法》《规范电子邮件法》《个人信息保护法》《反垃圾邮件法》《禁止非法读取信息法》和《电子契约法》等管理互联网的法律，将网络服务提供商、网络内容提供商、网站、个人网页和网站电子公告服务都纳入管辖范围，明确规定信息发送者通过互联网站发送违法和不良信息，登载该信息的网站不仅有义务对违法和不良信息进行把关，还要承担连带法律责任。以《青少年网络环境整备法》为例，该法律规定了网络运营商、监护人应承担的责任：手机网络运营商在向未满 18 岁的未成年人提供服务时，必须在手机中安装过滤有害网站的软件；电脑厂商在向未成年人用户出售产

---

①张伟，王传宝，廖伟径，胡博峰.国外互联网管理：强化网络监管已成趋势[EB/OL].http://news.xinhuanet.com/world/2012-06/07/c_112145906_4.htm，2012-06-07.

②匡林.综述：澳大利亚全方位管理过滤网络不良信息[EB/OL].新华网.http://news.xinhuanet.com/world/2012-06/10/c_112175263.htm，2012-06-10.

品时，必须为其日后安装过滤软件提供便利；在客户提出要求时，运营商也有义务为顾客提供过滤服务；监护人则有义务掌握未成年人的上网情况，并通过安装过滤软件等手段对未成年人上网进行管理等。① 除了政府监管外，日本还很注重通过各种民间组织、网络运营商等民间力量来加强对互联网的管理。如日本的 KDDI 公司曾推出面向小学生的手机，用户仅可与已保存在电话本内的人通话，手机还配有定位功能和报警器。又如日本软银公司和 NPO 法人企业教育研究会共同展开的"考虑手机——信息传播道德课程"项目，专门为未成年人设立了课程网站。这些民间力量的参与，极大地补充并完善了日本政府对互联网的管理。

（四）韩国对互联网的管理

韩国是世界上最早对互联网实施政府管制的国家之一。早在 1995 年，韩国国会通过《电气通信事业法》，组建"信息通信伦理委员会"，后又成立"广播通信审议委员会"(2008)接手其职责：管制"危险通信信息"，接受不良信息网上举报、对网络进行监察、为网络纠纷进行仲裁、关闭国内非法或不健康网站、屏蔽国外不良网站等。此外，韩国颁布的管理互联网的法律还有《不当互联网站点鉴定标准》《互联网内容过滤法令》《促进信息化基本法》《信息通信基本保护法》和《促进信息通信网络使用及保护信息法》等，这就从法律框架上确定了政府管理互联网的合法性。在网络管理上，韩国更强调政府的主导地位，为此采取三个步骤。其一，采用网络"黑名单制"。在对网络内容进行过滤和分级管理的基础上，将违法网站纳入政府管制的"黑名单"，明确禁止互联网服务商接入所有被韩国政府列入"黑名单"的网站，要求为保护未成年人，必须在网吧、公共图书馆和学校等场所安装过滤软件，并引入内容分级管理制度。其二，实行政府"审议制"。由广播通信审议委员会对网络内容进行审议，重点审议在网络上散布淫秽色情信息，侮辱诽谤并损害他人名誉的信息，反复发送可诱发恐怖或不安情绪的信息。网络赌博，被认定为"对青少年有害内容"却未遵照有关规定履行年龄认证并做出明显标识的，要求互联网服务商或网站"网管"对上述内容进行删除或限制，情节严重者可受到两年以下有期徒刑或罚金的惩处。其三，推动"网络实名制"。2005 年 10 月，韩国政府发布"网络实名制"的规定：网民在网络留言、建立和访问博客时，必须先登记真实姓名和身份证号，通过认证方可使用。2006 年底，韩国国会通过《促进信息通信网络使用及保护信息法》修正案，规定主要门户网站和公共机关网站在网民进行留言、发布照片、视频等操作前，必须首先对留言者的真实姓名、身份证号码等信息进行记录和验证，否则将对网站处以最高 3000 万韩元的罚款。由此，韩国成为世界上首个强行实施网络实名制的国家。②

---

①②冉维，刘向，江亚平，陈怡，刘浩远，刘林，赵新利.西方国家网络监管毫不手软[EB/OL].新华网.http://news.xinhuanet.com/world/2010-07/23/c_12365092_5.htm，2010-07-23.

第三节　我国对新媒体的政府规制

我国对互联网的管理开始于 1994 年，其标志是国务院在该年颁布的《中华人民共和国计算机信息系统安全保护条例》（国务院令第 147 号）。与西方发达国家相比，我国互联网政府规制出台的时间并不算晚，而且从一开始我国就将公安部作为"计算机信息系统安全"的主管部门，展现出政府主导该项工作的前瞻性。

一、我国新媒体政府规制的演进轨迹

从 1994 年至今的 20 多年时间，我国新媒体政府规制的演进经历了三个发展时期：第一时期从 1994 年至 2000 年，管理的重点是保护计算机信息系统安全；第二时期从 2000 年到 2011 年，重点是将互联网作为"登载新闻业务"的媒体加以管理；第三时期从 2011 年至今，从国家战略层面对网络信息加以管理。在此期间，我国对互联网的管理发生了重大变化——从公安部主管到国新办、国信办和中央网信办主管；管理依据经历了从行政法规、部门规章到国家法律、法规；管理层级经历了从行政管理到国家战略管理。

（一）肇始期（1994—2000）：保护计算机信息系统安全

我国对互联网的管理是从保护计算机信息系统安全开始的，这可以从我国自 1994 年到 2000 年 10 月前颁布的相关法律、规章得到印证：《中华人民共和国计算机信息系统安全保护条例》（1994 年 2 月，国务院）、《关于对与国际联网的计算机信息系统进行备案工作的通知》（1996 年 1 月，公安部）、《中华人民共和国计算机信息网络国际联网管理暂行规定》（1996 年 2 月，国务院）①、《利用国际互联网络开展对外新闻宣传暂行规定》（1997 年 2 月，国务院新闻办、原新闻出版总署）②、《计算机信息网络国际联网安全保护管理办法》（1997 年 12 月，公安部）③、《计算机信息系统保密管理暂行规定》（1998 年 2 月，国家保密局）、《计算机信息系统国际联网保密管理规定》（2000 年 1 月，国家保密局）、《互联网信息服务管理办法》（2000 年 9 月，国务院）④、《中华人民共和国电信条例》（2000 年 9 月，国务院）⑤、《互联网电子公告服务管理规定》（2000 年 10 月，信息产业部）等。上述法规文件尽管有《利用国际互联网络开展对外新闻宣传暂行规定》，但这一时期的关键词和关注的重点无疑是计算机信息系统的安全保护，就像国务院在 1994 年颁布的《中华人民共和国计算机信息系统安全保护条例》，其第一条就开宗明义制定本条例的宗旨是"为了保护计算机信息系统

---

①该暂行规定于 1996 年 2 月 1 日由中华人民共和国国务院令第 195 号发布，根据 1997 年 5 月 20 日《国务院关于修改〈中华人民共和国计算机信息网络国际联网管理暂行规定〉的决定》修正。

②该暂行规定由国务院新闻办发文〔1997〕1 号，原文无法找到。

③该管理办法于 1997 年 12 月 11 日经国务院批准，于 1997 年 12 月 16 日由公安部令第 33 号发布，根据 2011 年 1 月 8 日《国务院关于废止和修改部分行政法规的决定》修订。

④该管理办法于 2000 年 9 月 25 日由中华人民共和国国务院令第 292 号公布，根据 2011 年 1 月 8 日《国务院关于废止和修改部分行政法规的决定》修订。

⑤该条例于 2000 年 9 月 20 日国务院第 31 次常务会议公布施行，2014 年 8 月 15 日修订。

的安全，促进计算机的应用和发展，保障社会主义现代化建设的顺利进行”，几乎没将计算机网络当作媒体来看待。因此，这是我国新媒体政府规制的肇始期。

（二）多部门齐抓共管期（2000—2011）：共同管理网络媒体

以2000年11月国务院新闻办公室、信息产业部发布《互联网站从事登载新闻业务管理暂行规定》为标志，到2011年4月之前，我国新媒体政府规制进入多部门齐抓共管期。与前一时期相比，这一时期最大的不同在于将互联网作为“登载新闻业务”的媒体加以管理。这个法规文件出台的背景：一是我国报刊、广播、电视等传统媒体纷纷“触网”，各种报刊的网络版、电子版和传统媒体网站在1998年前后大量兴起；二是新浪、搜狐、网易等商业网站开始崛起，在网络发展和新闻发布等“登载新闻业务”方面赢得了竞争的主动，展现出一定的媒体特性；三是大多数网民最喜爱的网络信息是新闻，浏览网上新闻成为很多网民的最爱。以此为契机，此后又颁布了《全国人大常委会关于维护互联网安全的决定》（2000年12月，全国人大常委会）、《互联网出版管理暂行规定》（2002年8月，原新闻出版总署、信息产业部）、《互联网文化管理暂行规定》（2003年5月，文化部）①、《互联网等信息网络传播视听节目管理办法》（2004年10月，原国家广播电影电视总局）、《互联网著作权行政保护办法》（2005年4月发布，2005年5实施，原国家版权局、信息产业部）、《互联网新闻信息服务管理规定》（2005年9月，国务院新闻办、信息产业部）、《互联网视听节目服务管理规定》（2007年12月公布，2008年1月实施，原国家广播电影电视总局）、《关于加强互联网视听节目内容管理的通知》（2009年3月，原国家广播电影电视总局）等。上述法规文件表明，我国管理互联网的机构，除了前面提到的公安部外，还涉及国务院新闻、信息产业部、文化部、原国家版权局、原新闻出版总署和原国家广播电影电视总局等。

那么，这么多管理部门到底以哪家为主？各部门之间怎么协调呢？其实，早在1997年国务院新闻办公室、原新闻出版总署颁布《利用国际互联网络开展对外新闻宣传暂行规定》时，就出于“归口管理”的考虑，决定由国务院新闻办公室主管网络新闻宣传工作。此后国务院新闻办、信息产业部发布的《互联网站从事登载新闻业务管理暂行规定》《互联网新闻信息服务管理规定》，进一步明确“国务院新闻办公室负责全国互联网站从事登载新闻业务的管理工作”、“国务院新闻办公室主管全国的互联网新闻信息服务监督管理工作”，而公安部、信息产业部、文化部、原国家版权局、原新闻出版总署和原国家广播电影电视总局为协管部门。这些部门对网络媒体“登载新闻业务”和开展“新闻信息服务”进行齐抓共管。

（三）国家战略层面的统一管理期（2011—　）：对网络信息服务加以管理

从2011年5月至今是我国从国家战略层面对网络信息服务进行统一管理的时期。这一时期有三件事情值得特别关注。其一，2011年5月，国家互联网信息办公室（以下简称国信办）成立，这标志着我国互联网管理由多头、分散阶段进入统一管理时期。国信办与

---

①该暂行规定于2003年5月10日发布、2004年7月1日修订，2011年3月18日，文化部部长蔡武签发第51号令，正式发布新版《互联网文化管理暂行规定》，其中增加对网游企业注册资金不低于1000万元等规定，并对部分违规情况加大处罚力度。新规定于2011年4月1日起施行，原规定同时废止。

国务院新闻办实行“一个机构两块牌子”，代替国新办行使互联网新闻信息服务管理职责，集中统一“负责网络新闻业务及其他相关业务的审批和日常监管”，整合我国互联网“政出多门”的多头管理体制，以实现互联网管理部门和权限的统一。① 其二，国信办、工业和信息化部于2012年6月就《互联网信息服务管理办法(修订草案征求意见稿)》向社会公开征求意见，进一步明确国信办为我国互联网信息服务主管部门。其三，2014年2月，中央网络安全和信息化领导小组成立，从国家战略层面对互联网信息服务进行统一管理。具体地说，中央网络安全和信息化领导小组的办事机构即中央网络安全和信息化领导小组办公室(以下简称中央网信办)，中央网信办主任由国信办主任兼任，这样国信办就承担了中央网信办的具体职责。这三件事情的意义在于：其一，从国务院新闻办到国信办再到中央网信办，体现了从中央层面设立一个强有力、权威性机构，对网络信息服务进行统一管理的国家战略。其二，管理内容不再仅仅局限于将互联网作为“登载新闻业务”的媒体加以管理，而是更多地着眼于管理互联网信息服务，体现了我国最高层保障网络安全、维护国家利益、推动信息化发展的决心。

二、我国新媒体管理的政府机构及职责

我国管理新媒体的政府机构有国务院新闻办、中央外宣办、国信办、中央网信办、工业和信息化部、公安部、文化部和国家新闻出版广电总局加挂国家版权局牌子、国家安全部、国家保密局等，这些机构性质各异，其职责也不尽相同。

(一)国务院新闻办、中央外宣办、国信办、中央网信办及职责

我国管理互联网最高级别、也最具权威的政府机构一共有四个，即国务院新闻办、中央外宣办、国信办和中央网信办。其组建时间、相互关系及职责如下：国务院新闻办公室组建于1991年1月，负责推动中国媒体向世界说明中国，包括介绍中国的内外方针政策、经济社会发展情况及历史、科技、教育、文化等。而中央外宣办就是中共中央对外宣传办公室的简称，它与国务院新闻办，是一个机构两块牌子，列入中共中央直属机构序列。此后，国务院又设立国家互联网信息办公室，但不另设新机构，只在国务院新闻办加挂国信办的牌子。再后来中央网络安全和信息化领导小组成立，其办事机构中央网信办的具体职责由国信办承担。这样，国务院新闻办、中央外宣办、国信办和中央网信办四块牌子、一个地方，共同管理新媒体，但职责各有侧重：国务院新闻办、中央外宣办偏重于管理网络新闻和网络媒体，其中国务院新闻办“负责全国互联网站从事登载新闻业务的管理工作”，中央外宣办则“负责对网络媒体的日常管理”。② 国信办在成立之初的职责是落实互联网信息传播方针政策，推动互联网信息传播法制建设，重在指导、协调、督促有关部门加强互联网信息内容管理，而2014年8月国务院发布国办〔2014〕33号通知，授权重新组建的国信办负责全国互联网信息内容管理工作，并负责监督管理执法。③ 亦即它既负责“内容管理”和“监督管理执法”，又承担中央网信办的具体职责，其重要性和重要地位得到明显提升。

---

①张文祥，周妍.对20年来我国互联网新闻信息管理制度的考察[J].新闻记者，2014(4)：37—46.

②高宏存.比较视野下网络新媒体管理机制探索[J].行政管理改革，2010(12)：75—79.

③《国务院关于授权国家互联网信息办公室负责互联网信息内容管理工作的通知》国发〔2014〕33号。

（二）工业和信息化部及职责

工业和信息化部，简称工信部，其前身是信息产业部。它是全国电信业和计算机信息服务的主管部门，其职责是负责电信网络和信息的安全工作，对网络接入、域名、IP 地址、电子邮件、电子公告服务和互联网不良信息等进行监督管理。同时，对经营性和非经营性互联网信息服务进行经营许可证管理和备案管理。根据《互联网信息服务管理办法》第 4 条规定："国家对经营性互联网信息服务实行许可制度；对非经营性互联网信息服务实行备案制度。"

（三）公安部、国家保密局、国家安全部及职责

公安部、国家保密局、国家安全部主要负责计算机信息系统安全保护工作，有效应对网络安全事件，防范违法犯罪活动，维护网络数据的完整性、保密性和可用性等。

《中华人民共和国计算机信息系统安全保护条例》第 6 条规定："公安部主管全国计算机信息系统安全保护工作。国家安全部、国家保密局和国务院其他有关部门，在国务院规定的职责范围内做好计算机信息系统安全保护的有关工作。"《计算机信息网络国际联网安全保护管理办法》第 3 条规定："公安部计算机管理监察机构负责计算机信息网络国际联网的安全保护管理工作。"

《计算机信息系统保密管理暂行规定》第 3 条规定："国家保密局主管全国计算机信息系统的保密工作。"《计算机信息系统国际联网保密管理规定》第 4 条规定："计算机信息系统国际联网的保密管理，实行控制源头、归口管理、分级负责、突出重点、有利发展的原则。"第 5 条规定："国家保密工作部门主管全国计算机信息系统国际联网的保密工作。县级以上地方各级保密工作部门，主管本行政区域内计算机信息系统国际联网的保密工作。中央国家机关在其职权范围内，主管或指导本系统计算机信息系统国际联网的保密工作。"

2015 年 7 月 6 日起，在中国人大网上全文公布并向社会公开征求意见的《中华人民共和国网络安全法（草案）》第 6 条规定："国家网信部门负责统筹协调网络安全工作和相关监督管理工作。国务院工业和信息化、公安部门和其他有关部门依照本法和有关法律、行政法规的规定，在各自职责范围内负责网络安全保护和监督管理工作。"

（四）文化部及职责

根据《互联网文化管理暂行规定》，文化部负责制定互联网文化发展与管理的方针、政策和规划，监督管理全国互联网文化活动，其职责是加强对互联网文化的管理，保障互联网文化单位的合法权益，促进我国互联网文化健康、有序的发展。

（五）国家新闻出版广电总局及职责

国家新闻出版广电总局是由原新闻出版总署、原国家版权局、原国家广播电影电视总局于 2013 年 3 月合并而成，因而它是互联网出版、互联网著作权和互联网等信息网络传播视听节目和视听节目服务的主管部门。

原新闻出版总署负责监督管理全国互联网出版工作，其管理依据是《互联网出版管理

暂行规定》，主要职责包括制定全国互联网出版规划，并组织实施；制定互联网出版管理的方针、政策和规章；制定全国互联网出版机构总量、结构和布局的规划，并组织实施；对互联网出版机构实行前置审批；依据有关法律、法规和规章，对互联网出版内容实施监管，对违反国家出版法规的行为实施处罚。

互联网著作权主管部门是各级著作权行政管理部门依照法律、行政法规和本办法对互联网信息服务活动中的信息网络传播权实施行政保护；国务院信息产业主管部门和各省、自治区、直辖市电信管理机构依法配合相关工作。其职责是加强互联网信息服务活动中信息网络传播权的行政保护，规范行政执法行为。

原国家广播电影电视总局负责全国互联网等信息网络传播视听节目和视听节目服务的监督管理，其管理依据是《互联网等信息网络传播视听节目管理办法》《互联网视听节目服务管理规定》和《关于加强互联网视听节目内容管理的通知》，其职责是规范互联网等信息网络传播视听节目和视听节目服务秩序，保护公众和互联网视听节目服务单位的合法权益，加强监督管理，抵制互联网视听节目领域的低俗之风，扎实推进互联网视听节目建设。

三、我国政府对新媒体的治理

互联网具有开放性、自由性、迅捷性、无国界性和交互性等特征，它赋予人们在网络上更多的自由度，也滋生出许许多多的网络违法或犯罪行为，各国政府在网络监管上确实存在信息数量多监管难、传播者身份隐蔽锁定难、传播时间和地点确定难、跨地域监管过程难、违法事实取证难等难点问题，因而如何对它进行有效管控正成为一个世界性的难题。面对这个世界性的难题，无论是西方发达国家，还是广大发展中国家，大多选择限制网络自由而加强政府管控，而且这种做法还有进一步发展的趋势。我国政府对网络新媒体的管控与治理，主要表现在对网络安全、网络信息污染、网络信息侵权、网络虚假信息、网络新闻失范等的治理上。

（一）我国对网络安全的治理

我国对网络安全治理起步于保护计算机信息系统安全，就是要“保障计算机及其相关的和配套的设备、设施（含网络）的安全，运行环境的安全，保障信息的安全，保障计算机功能的正常发挥，以维护计算机信息系统的安全运行”①。2000 年 12 月，第九届全国人大常委会第十九次会议通过的《全国人大常委会关于维护互联网安全的决定》，对破坏互联网安全行为的刑事责任、行政责任和民事责任规定得非常明确：

第 1 条 为了保障互联网的运行安全，对有下列行为之一，构成犯罪的，依照刑法有关规定追究刑事责任：

（1）侵入国家事务、国防建设、尖端科学技术领域的计算机信息系统；

（2）故意制作、传播计算机病毒等破坏性程序，攻击计算机系统及通信网络，致使计算机系统及通信网络遭受损害；

①《中华人民共和国计算机信息系统安全保护条例》（国务院令第 147 号）第 3 条。

(3)违反国家规定，擅自中断计算机网络或者通信服务，造成计算机网络或者通信系统不能正常运行。

第2条 为了维护国家安全和社会稳定，对有下列行为之一，构成犯罪的，依照刑法有关规定追究刑事责任：

(1)利用互联网造谣、诽谤或者发表、传播其他有害信息，煽动颠覆国家政权、推翻社会主义制度，或者煽动分裂国家、破坏国家统一；

(2)通过互联网窃取、泄露国家秘密、情报或者军事秘密；

(3)利用互联网煽动民族仇恨、民族歧视，破坏民族团结；

(4)利用互联网组织邪教组织、联络邪教组织成员，破坏国家法律、行政法规实施。

第3条 为了维护社会主义市场经济秩序和社会管理秩序，对有下列行为之一，构成犯罪的，依照刑法有关规定追究刑事责任：

(1)利用互联网销售伪劣产品或者对商品、服务作虚假宣传；

(2)利用互联网损害他人商业信誉和商品声誉；

(3)利用互联网侵犯他人知识产权；

(4)利用互联网编造并传播影响证券、期货交易或者其他扰乱金融秩序的虚假信息；

(5)在互联网上建立淫秽网站、网页，提供淫秽站点链接服务，或者传播淫秽书刊、影片、音像、图片。

第4条 为了保护个人、法人和其他组织的人身、财产等合法权利，对有下列行为之一，构成犯罪的，依照刑法有关规定追究刑事责任：

(1)利用互联网侮辱他人或者捏造事实诽谤他人；

(2)非法截获、篡改、删除他人电子邮件或者其他数据资料，侵犯公民通信自由和通信秘密；

(3)利用互联网进行盗窃、诈骗、敲诈勒索。

第6条 利用互联网实施违法行为，违反社会治安管理，尚不构成犯罪的，由公安机关依照《治安管理处罚法条例》予以处罚；违反其他法律、行政法规，尚不构成犯罪的，由有关行政管理部门依法给予行政处罚；对直接负责的主管人员和其他直接责任人员，依法给予行政处分或者纪律处分。

利用互联网侵犯他人合法权益，构成民事侵权的，依法承担民事责任。

此外，《中华人民共和国刑法》对上述违法、犯罪行为的处罚措施更加具体。第285条第1款规定："违反国家规定，侵入国家事务、国防建设、尖端科学技术领域的计算机信息系统的，处三年以下有期徒刑或者拘役。"第286条第1款规定："违反国家规定，对计算机信息系统功能进行删除、修改、增加、干扰，造成计算机信息系统不能正常运行，后果严重的，处五年以下有期徒刑或者拘役；后果特别严重的，处五年以上有期徒刑。"第287条第1款规定："利用计算机实施金融诈骗、盗窃、贪污、挪用公款、窃取国家秘密或者其他犯罪的，依照本法有关规定定罪处罚。"

当然，正在向社会公开征求意见的《中华人民共和国网络安全法(草案)》，涉及维护网络主权和战略规划、保障网络产品和服务安全、保障网络运行安全、保障网络数据安全、保障网络信息安全、监测预警与应急处置和网络安全监督管理体制等七个方面，一旦正式颁布，将成为我国最重要的治理互联网安全的法律。

（二）我国对网络信息服务的治理

在我国境内从事互联网信息服务活动，即通过互联网向上网用户提供信息的服务活动，都要接受省、自治区、直辖市电信管理机构或者国务院信息产业主管部门的管理。按照《互联网信息服务管理办法》（以下简称《办法》）规定，这种管理主要体现在对经营性互联网信息服务实行许可制度，对非经营性互联网信息服务实行备案制度，未取得许可或者未履行备案手续的，不得从事互联网信息服务。经营性互联网信息服务，是指通过互联网向上网用户有偿提供信息或者网页制作等服务活动；非经营性互联网信息服务，是指通过互联网向上网用户无偿提供具有公开性、共享性信息的服务活动。经营性互联网信息服务要取得经营许可证、非经营性互联网信息服务要办理备案手续，《办法》第 6—9 条规定了条件与程序：

第 6 条 从事经营性互联网信息服务，除应当符合《中华人民共和国电信条例》规定的要求外，还应当具备下列条件：

(1)有业务发展计划及相关技术方案；

(2)有健全的网络与信息安全保障措施，包括网站安全保障措施、信息安全保密管理制度、用户信息安全管理制度；

(3)服务项目属于本办法第五条规定范围的，已取得有关主管部门同意的文件。

第 7 条 从事经营性互联网信息服务，应当向省、自治区、直辖市电信管理机构或者国务院信息产业主管部门申请办理互联网信息服务增值电信业务经营许可证（以下简称经营许可证）。

省、自治区、直辖市电信管理机构或者国务院信息产业主管部门应当自收到申请之日起 60 日内审查完毕，作出批准或者不予批准的决定。予以批准的，颁发经营许可证；不予批准的，应当书面通知申请人并说明理由。

申请人取得经营许可证后，应当持经营许可证向企业登记机关办理登记手续。

第 8 条 从事非经营性互联网信息服务，应当向省、自治区、直辖市电信管理机构或者国务院信息产业主管部门办理备案手续。办理备案时，应当提交下列材料：

(1)主办单位和网站负责人的基本情况；

(2)网站网址和服务项目；

(3)服务项目属于本办法第五条规定范围的，已取得有关主管部门的同意文件。

省、自治区、直辖市电信管理机构对备案材料齐全的，应当予以备案并编号。

第 9 条 从事互联网信息服务，拟开办电子公告服务的，应当在申请经营性互联网信息服务许可或者办理非经营性互联网信息服务备案时，按照国家有关规定提出专项申请或者专项备案。

除了上述条件外，《办法》第 5 条规定，从事新闻、出版、教育、医疗保健、药品和医疗器械等互联网信息服务，依照法律、行政法规以及国家有关规定须经有关主管部门审核同意的，在申请经营许可或者履行备案手续前，应当依法经有关主管部门审核同意。第 18 条第 2 款规定，新闻、出版、教育、卫生、药品监督管理、工商行政管理和公安、国家安全等有关主管部门，在各自职责范围内依法对互联网信息内容实施监督管理。第 15 条规定，互联网信息服务提供者不得制作、复制、发布、传播含有下列内容的信息:(1)反对宪法所确定的基本原则的;(2)危害国家安全,泄露国家秘密,颠覆国家政权,破坏国家统一的;(3)损害国家荣誉和利益的;(4)煽动民族仇恨、民族歧视,破坏民族团结的;(5)破坏国家宗教政策,宣扬邪教和封建迷信的;(6)散布谣言,扰乱社会秩序,破坏社会稳定的;(7)散布淫秽、色情、赌博、暴力、凶杀、恐怖或者教唆犯罪的;(8)侮辱或者诽谤他人,侵害他人合法权益的;(9)含有法律、行政法规禁止的其他内容的。

此外,《办法》第19—20条对违反规定的行为,做出了明确的处罚措施:

第19条 违反本办法的规定,未取得经营许可证,擅自从事经营性互联网信息服务,或者超出许可的项目提供服务的,由省、自治区、直辖市电信管理机构责令限期改正,有违法所得的,没收违法所得,处违法所得3倍以上5倍以下的罚款;没有违法所得或者违法所得不足5万元的,处10万元以上100万元以下的罚款;情节严重的,责令关闭网站。

违反本办法的规定,未履行备案手续,擅自从事非经营性互联网信息服务,或者超出备案的项目提供服务的,由省、自治区、直辖市电信管理机构责令限期改正;拒不改正的,责令关闭网站。

第20条 制作、复制、发布、传播本办法第十五条所列内容之一的信息,构成犯罪的,依法追究刑事责任;尚不构成犯罪的,由公安机关、国家安全机关依照《中华人民共和国治安管理处罚法》《计算机信息网络国际联网安全保护管理办法》等有关法律、行政法规的规定予以处罚;对经营性互联网信息服务提供者,并由发证机关责令停业整顿直至吊销经营许可证,通知企业登记机关;对非经营性互联网信息服务提供者,并由备案机关责令暂时关闭网站直至关闭网站。

2012年6月7日,国家互联网信息办公室、工业和信息化部等有关部门对现行《办法》进行了修订,形成了《互联网信息服务管理办法(修订草案征求意见稿)》。征求意见稿一共6章、40条,修订的内容如下:明确论坛、微博客等的许可审批;完善办网站准入条件;强化相关服务提供者的安全管理责任;强化相关服务提供者的记录留存义务;对用户用真实身份信息注册作出规定;加强个人信息保护;规范政府部门监督检查行为。

(三)我国对互联网出版的治理

在中华人民共和国境内从事互联网出版活动,即属于《互联网出版管理暂行规定》的管辖范围。省、自治区、直辖市新闻出版行政部门负责本行政区域内互联网出版的日常管理工作,对本行政区域内申请从事互联网出版业务者进行审核,对本行政区域内违反国家出版法规的行为实施处罚。

"互联网出版机构"是指经新闻出版行政部门和电信管理机构批准,从事互联网出版业务的互联网信息服务提供者。"互联网出版"是指互联网信息服务提供者将自己创作或他人创作的作品经过选择和编辑加工,登载在互联网上或者通过互联网发送到用户端,供公众浏览、阅读、使用或者下载的在线传播行为。其作品主要包括:(1)已正式出版的图书、报纸、期刊、音像制品、电子出版物等出版物内容或者在其他媒体上公开发表的作品;(2)经过编辑加工的文学、艺术和自然科学、社会科学、工程技术等方面的作品。

我国对开展互联网出版活动实行行政审批管理。从事互联网出版活动,必须经过批准。未经批准,任何单位或个人不得开展互联网出版活动。互联网出版机构依法从事互联网出版活动，任何组织和个人不得干扰、阻止和破坏。申请从事互联网出版业务，应当由主办者向所在地省、自治区、直辖市新闻出版行政部门提出申请，经省、自治区、直辖市新闻出版行政部门审核同意后，报新闻出版总署审批。

要获得从事互联网出版资格，需要具备一定条件、提交一定材料和经过一定程序，为此，《互联网出版管理暂行规定》第7条、第9条、第10条、第11条做了明确规定：

第7条 从事互联网出版业务，除符合《互联网信息服务管理办法》规定的条件以外，还应当具备以下条件：

(1)有确定的出版范围；

(2)有符合法律、法规规定的章程；

(3)有必要的编辑出版机构和专业人员；

(4)有适应出版业务需要的资金、设备和场所。

第9条 申请从事互联网出版业务，应提交以下材料：

(1)新闻出版总署统一制发的《互联网出版业务申请表》；

(2)机构章程；

(3)资金来源、数额及其信用证明；

(4)主要负责人或者法定代表人及主要编辑、技术人员的专业职称证明和身份证明；

(5)工作场所使用证明。

第10条 新闻出版行政部门应当自受理申请之日起60日内，做出批准或者不批准的决定，并由所在地省、自治区、直辖市新闻出版行政部门书面通知主办者；不批准的，应当说明理由。

第11条 互联网出版业务经批准后，主办者应当持新闻出版行政部门的批准文件到省、自治区、直辖市电信管理机构办理相关手续。

《互联网出版管理暂行规定》第17条还对互联网出版不得载有的内容做了规定：

(1)反对宪法确定的基本原则的；

(2)危害国家统一、主权和领土完整的；

(3)泄露国家秘密、危害国家安全或者损害国家荣誉和利益的；

(4)煽动民族仇恨、民族歧视，破坏民族团结，或者侵害民族风俗、习惯的；

(5)宣扬邪教、迷信的；

(6)散布谣言，扰乱社会秩序，破坏社会稳定的；

(7)宣扬淫秽、赌博、暴力或者教唆犯罪的；

(8)侮辱或者诽谤他人，侵害他人合法权益的；

(9)危害社会公德或者民族优秀文化传统的；

(10)有法律、行政法规和国家规定禁止的其他内容的。

(四)我国对互联网著作权的治理

我国对互联网著作权实施行政保护，包括互联网信息服务活动中根据互联网内容提供者的指令，通过互联网自动提供作品、录音录像制品等内容的上载、存储、链接或搜索等功能，且对存储或传输的内容不进行任何编辑、修改或选择的行为。

根据《互联网著作权行政保护办法》规定，互联网信息服务活动中直接提供互联网内容的行为，适用著作权法。互联网著作权行政保护涉及著作权人、互联网信息服务提供者或者其委托的其他机构（以下统称互联网信息服务提供者）、互联网接入服务提供者、互联网内容提供者（指在互联网上发布相关内容的上网用户）四方，一次互联网著作权侵权案的过程是这样的：首先，著作权人发现互联网传播的内容侵犯其著作权，向互联网信息服务提供者发出通知后，互联网信息服务提供者应当立即采取措施移除相关内容，并保留著作权人的通知 6 个月。其次，互联网信息服务提供者收到著作权人的通知后，应当记录提供的信息内容及其发布的时间、互联网地址或者域名（该记录应当保存 60 日，并在著作权行政管理部门查询时予以提供）；互联网接入服务提供者应当记录互联网内容提供者的接入时间、用户账号、互联网地址或者域名、主叫电话号码等信息。第三，互联网信息服务提供者根据著作权人的通知移除相关内容的，互联网内容提供者可以向互联网信息服务提供者和著作权人一并发出说明被移除内容不侵犯著作权的反通知；反通知发出后，互联网信息服务提供者即可恢复被移除的内容，且对该恢复行为不承担行政法律责任。

著作权人的通知应当包含以下内容：(1)涉嫌侵权内容所侵犯的著作权权属证明；(2)明确的身份证明、住址、联系方式；(3)涉嫌侵权内容在信息网络上的位置；(4)侵犯著作权的相关证据；(5)通知内容的真实性声明。互联网内容提供者的反通知应当包含以下内容：(1)明确的身份证明、住址、联系方式；(2)被移除内容的合法性证明；(3)被移除内容在互联网上的位置；(4)反通知内容的真实性声明。著作权人的通知和互联网内容提供者的反通知应当采取书面形式，且具备上述内容，如果不具备，则视为未发出。

互联网信息服务提供者明知互联网内容提供者通过互联网实施侵犯他人著作权的行为，或者虽不明知，但接到著作权人通知后未采取措施移除相关内容，同时损害社会公共利益的，著作权行政管理部门可以根据《中华人民共和国著作权法》第 47 条的规定责令停止侵权行为，并给予下列行政处罚：(1)没收违法所得；(2)处以非法经营额 3 倍以下的罚款；非法经营额难以计算的，可以处 10 万元以下的罚款。

（五）我国对互联网文化的治理

在中华人民共和国境内从事互联网文化活动，即属于《互联网文化管理暂行规定》的管辖范围。“互联网文化产品”是指通过互联网生产、传播和流通的文化产品，包括：专门为互联网而生产的网络音乐娱乐、网络游戏、网络演出剧（节）目、网络表演、网络艺术品、网络动漫等互联网文化产品；将音乐娱乐、游戏、演出剧（节）目、表演、艺术品、动漫等文化产品以一定的技术手段制作、复制到互联网上传播的互联网文化产品。“互联网文化活动”是指提供互联网文化产品及其服务的活动，包括互联网文化产品的制作、复制、进口、发行、播放等活动；将文化产品登载在互联网上，或者通过互联网、移动通信网等信息网络发送到计算机、固定电话机、移动电话机、电视机、游戏机等用户端以及网吧等互联网上网服务营业场所，供用户浏览、欣赏、使用或者下载的在线传播行为；互联网文化产品的展览、比赛等活动。

互联网文化活动分为经营性和非经营性两类。“经营性互联网文化活动”是指以营利为目的，通过向上网用户收费或者以电子商务、广告、赞助等方式获取利益，提供互联网文化产品及其服务的活动；“非经营性互联网文化活动”是指不以营利为目的向上网用户提供互联网文化产品及其服务的活动。“互联网文化单位”是指经文化行政部门和电信管理机构批准或者备案，从事互联网文化活动的互联网信息服务提供者。省、自治区、直辖市人民政府文化行政部门对申请从事经营性互联网文化活动的单位进行审批，对从事非经营性互联网文化活动的单位进行备案。县级以上人民政府文化行政部门负责本行政区域内互联网文化活动的监督管理工作。县级以上人民政府文化行政部门或者文化市场综合执法机构对从事互联网文化活动违反国家有关法规的行为实施处罚。

申请设立经营性互联网文化单位，应当向所在地省、自治区、直辖市人民政府文化行政部门提出申请，由省、自治区、直辖市人民政府文化行政部门审核批准。对申请设立经营性互联网文化单位的，省、自治区、直辖市人民政府文化行政部门应当自受理申请之日起 20 日内做出批准或者不批准的决定。批准的，核发《网络文化经营许可证》，并向社会公告；不批准的，应当书面通知申请人并说明理由。申请设立经营性互联网文化单位经批准后，应当持《网络文化经营许可证》，按照《互联网信息服务管理办法》的有关规定，到所在地电信管理机构或者国务院信息产业主管部门办理相关手续。《网络文化经营许可证》有效期为 3 年。有效期届满，需继续从事经营的，应当于有效期届满 30 日前申请续办。

根据《互联网文化管理暂行规定》第 7 条规定，申请设立经营性互联网文化单位，应当符合《互联网信息服务管理办法》的有关规定，并具备以下条件：

(1)单位的名称、住所、组织机构和章程；

(2)确定的互联网文化活动范围；

(3)适应互联网文化活动需要并取得相应从业资格的 8 名以上业务管理人员和专业技术人员；

(4)适应互联网文化活动需要的设备、工作场所以及相应的经营管理技术措施；

(5)不低于 100 万元的注册资金，其中申请从事网络游戏经营活动的应当具备不低于 1000 万元的注册资金；

(6)符合法律、行政法规和国家有关规定的条件。

审批设立经营性互联网文化单位，除依照前款所列条件外，还应当符合互联网文化单位总量、结构和布局的规划。

根据《互联网文化管理暂行规定》第 9 条规定，申请设立经营性互联网文化单位，应当提交下列文件：

(1)申请书；

(2)企业名称预先核准通知书或者营业执照和章程；

(3)资金来源、数额及其信用证明文件；

(4)法定代表人、主要负责人及主要经营管理人员、专业技术人员的资格证明和身份证明文件；

(5)工作场所使用权证明文件；

(6)业务发展报告；

(7)依法需要提交的其他文件。

根据《互联网文化管理暂行规定》第 10 条规定，非经营性互联网文化单位，应当自设立之日起 60 日内向所在地省、自治区、直辖市人民政府文化行政部门备案，并提交下列文件：(1)备案报告书；(2)章程；(3)资金来源、数额及其信用证明文件；(4)法定代表人或者主要负责人、主要经营管理人员、专业技术人员的资格证明和身份证明文件；(5)工作场所使用权证明文件；(6)需要提交的其他文件。

(六)我国对互联网视听节目及其服务、内容的治理

国家新闻出版广电总局主管互联网视听节目、互联网视听节目服务和互联网视听节目内容。

1.我国对互联网视听节目的治理

我国对从事信息网络传播视听节目业务实行许可制度。根据《互联网等信息网络传播视听节目管理办法》规定：国家广播电影电视总局负责全国互联网等信息网络传播视听节目的管理工作；县级以上地方广播电视行政部门负责本辖区内互联网等信息网络传播视听节目的管理工作。其管理对象是以互联网协议(IP)作为主要技术形态，以计算机、电视机、手机等各类电子设备为接收终端，通过移动通信网、固定通信网、微波通信网、有线电视网、卫星或其他城域网、广域网、局域网等信息网络，从事开办、播放(含点播、转播、直播)、集成、传输、下载视听节目服务等活动，包括利用摄影机、摄像机、录音机和其他视音频摄制设备拍摄、录制的，由可连续运动的图像或可连续收听的声音组成的视音频节目。从事信息网络传播视听节目业务，应取得《信息网络传播视听节目许可证》，该证由广电总局按照信息网络传播视听节目的业务类别、接收终端、传输网络等项目分类核发。

申请《信息网络传播视听节目许可证》的机构，应向所在地县级以上广播电视行政部门提出申请，并提交符合第九条规定的书面材料，经逐级审核同意后，报广电总局审批。中央所属企事业单位，可直接向广电总局提出申请。符合条件的，广电总局予以颁发《信息网络传播视听节目许可证》。

申请《信息网络传播视听节目许可证》，应当具备下列条件：(1)符合广电总局确定的信息网络传播视听节目的总体规划和布局；(2)符合国家规定的行业规范和技术标准；(3)有与业务规模相适应的自有资金、设备、场所及必要的专业人员；(4)拥有与业务规模相适应并符合国家规定的视听节目资源；(5)拥有与业务规模相适应的服务信誉、技术能力和网络资源；(6)有健全的节目内容审查制度、播出管理制度；(7)有可行的节目监控方案；(8)其他法律、行政法规规定的条件。

申请《信息网络传播视听节目许可证》，须提交以下材料：(1)申请报告，内容应包括：业务类别(自办节目、转播、集成等)、播出标识(从事信息网络传播视听节目业务的专用标识)、传播方式(频道播出、点播、下载定制、轮播、数据广播等)、传输网络、传播载体、传播范围、接收终端、节目类别、集成内容等；(2)《信息网络传播视听节目许可证》申请表；(3)从事信息网络传播视听节目业务的内容规划、技术方案、运营方案、管理制度；(4)向政府监管部门提供监控信号的监控方案；(5)人员、设备、场所的证明资料；(6)申办机构的基本情况及与开展业务有关的证明(网站注册文件、广播电台、电视台许可证、广播电视节目制作经营许可证、从事登载新闻业务许可文件等)；(7)公司章程、营业执照、验资证明(申请人为企业的)。

2.我国对互联网视听节目服务的治理

国务院广播电影电视主管部门作为互联网视听节目服务的行业主管部门，负责对互

联网视听节目服务实施监督管理，统筹互联网视听节目服务的产业发展、行业管理、内容建设和安全监管；国务院信息产业主管部门作为互联网行业主管部门，依据电信行业管理职责对互联网视听节目服务实施相应的监督管理；地方人民政府广播电影电视主管部门和地方电信管理机构依据各自职责对本行政区域内的互联网视听节目服务单位及接入服务实施相应的监督管理。互联网视听节目服务是指制作、编辑、集成并通过互联网向公众提供视音频节目，以及为他人提供上载传播视听节目服务的活动。

从事互联网视听节目服务的视听节目服务单位及其相关网络运营单位，应当依照《互联网视听节目服务管理规定》，取得广播电影电视主管部门颁发的《信息网络传播视听节目许可证》（以下简称《许可证》）或履行备案手续。未按照本规定取得广播电影电视主管部门颁发的《许可证》或履行备案手续，任何单位和个人不得从事互联网视听节目服务。

申请从事互联网视听节目服务的，应当同时具备以下条件：(1)具备法人资格，为国有独资或国有控股单位，且在申请之日前三年内无违法违规记录；(2)有健全的节目安全传播管理制度和安全保护技术措施；(3)有与其业务相适应并符合国家规定的视听节目资源；(4)有与其业务相适应的技术能力、网络资源和资金，且资金来源合法；(5)有与其业务相适应的专业人员，且主要出资者和经营者在申请之日前三年内无违法违规记录；(6)技术方案符合国家标准、行业标准和技术规范；(7)符合国务院广播电影电视主管部门确定的互联网视听节目服务总体规划、布局和业务指导目录；(8)符合法律、行政法规和国家有关规定的条件。

申请《许可证》，应当通过省、自治区、直辖市人民政府广播电影电视主管部门向国务院广播电影电视主管部门提出申请，中央直属单位可以直接向国务院广播电影电视主管部门提出申请。省、自治区、直辖市人民政府广播电影电视主管部门应当提供便捷的服务，自收到申请之日起 20 日内提出初审意见，报国务院广播电影电视主管部门审批；国务院广播电影电视主管部门应当自收到申请或者初审意见之日起 40 日内作出许可或者不予许可的决定，其中专家评审时间为 20 日。予以许可的，向申请人颁发《许可证》，并向社会公告；不予许可的，应当书面通知申请人并说明理由。《许可证》应当载明互联网视听节目服务的播出标识、名称、服务类别等事项。《许可证》有效期为 3 年。有效期届满，需继续从事互联网视听节目服务的，应于有效期届满前 30 日内，持符合本办法第八条规定条件的相关材料，向原发证机关申请办理续办手续。地(市)级以上广播电台、电视台从事互联网视听节目转播类服务的，到省级以上广播电影电视主管部门履行备案手续。中央新闻单位从事互联网视听节目转播类服务的，到国务院广播电影电视主管部门履行备案手续。备案单位应在节目开播 30 日前，提交网址、网站名、拟转播的广播电视频道、栏目名称等有关备案材料，广播电影电视主管部门应将备案情况向社会公告。

3.我国对互联网视听节目内容的治理

根据《关于加强互联网视听节目内容管理的通知》，要求各互联网试听节目服务单位完善节目内容管理制度、应急处理机制，对网络音乐视频 MV、综艺、影视短剧、动漫等类别的节目以及“自拍”“热舞”“美女”等题材重点把关。又根据《互联网视听节目服务管理规定》第 16 条规定，互联网视听节目不得含有以下内容：(1)反对宪法确定的基本原则的；(2)危害国家统一、主权和领土完整的；(3)泄露国家秘密、危害国家安全或者损害国家荣誉和利益的；(4)煽动民族仇恨、民族歧视，破坏民族团结，或者侵害民族风俗、习惯的；(5)宣扬邪教、迷信的；(6)扰乱社会秩序，破坏社会稳定的；(7)诱导未成年人违法犯罪和渲染暴力、色情、赌博、恐怖活动的；(8)侮辱或者诽谤他人，侵害公民个人隐私等他人合法权益的；(9)危害社会公德，损害民族优秀文化传统的；(10)有关法律、行政法规和国家规定禁止的其他内容。

【知识回顾】

新媒体的政府规制，是一国政府行政机关运用公共权力，通过出台一些引导、规范新媒体市场发展的政策、措施，制定相关的法律、规章，设置一定的制度、框架，并借助一定的行政命令、手段，对新媒体市场、组织和个人的行为进行引导、规范、限制与调控，从而达到有效治理新媒体“市场失灵”的目的。换言之，就是政府行政机关要借助行政法规、政策的力量，用行政那只“看得见的手”来对新媒体市场及其市场主体实施经济性规制和社会性规制，从而最大限度地治理市场失灵。

新媒体政府规制具有政策性强、行政性色彩浓厚、法规性明显、制度性安排等特征，其制定、出台的直接动因是有效治理新媒体“市场失灵”、规范新媒体市场主体行为和保护新媒体用户的合法权益。

由放任自流到依靠现有法规进行管理再到制定相应的政府规制加强“管控”，让政府那只“看得见的手”更多地发挥作用，正成为国外管理互联网的基本共识；不仅美国、欧盟等西方发达国家如此，澳大利亚、俄罗斯、日本和韩国等国家亦是如此。

从1994年至今的20多年时间，我国新媒体政府规制的演进经历了三个发展时期：第一时期从1994年至2000年，管理的重点是保护计算机信息系统安全；第二时期从2000年到2011年，重点是将互联网作为“登载新闻业务”的媒体加以管理；第三时期从2011年至今，从国家战略层面对网络信息加以统一管理。在此期间，我国对互联网的管理发生了重大变化——从公安部主管到国新办、国信办和中央网信办主管；管理依据经历了从行政法规、部门规章到国家法律、法规；管理层级经历了从行政管理到国家战略管理。

【思考题】

1.什么是新媒体政府规制？ 其特征如何？
2.提出新媒体政府规制的动因是什么？
3.怎么评价国外对新媒体的政府规制？
4.我国新媒体政府规制的演进轨迹如何？
5.我国新媒体管理的政府机构有哪些？
6.我国政府是如何治理新媒体的？

第十六章
新媒体伦理与用户媒介素养

【知识目标】

☆了解媒介伦理与媒介素养。

☆了解新媒体环境下的媒介伦理与媒介素养的特征。

【能力目标】

1.了解当前媒介伦理失范现象及应对措施。

2.了解媒介素养教育的现状及重要性。

3.培养自觉提升新媒体素养的意识。

【案例导入】

2015年7月14日晚上，一则试衣间的不雅视频在微博热传，很多人以为是厂商的广告。然而当网友打开视频时，不禁被视频内容惊呆：一对青年男女在服装店试衣间内赤裸性爱。根据视频中的位置以及试衣间外面的声音可以确定此事发生在北京三里屯优衣库试衣间。随后，“三里屯优衣库试衣间不雅视频”的消息开始在微信朋友圈里疯传，并且还附有不堪入目的视频截图。

网信办迅速约谈新浪、腾讯负责人，责令其开展调查，对涉嫌低俗营销等行为进行严厉查处。之后不久，微博上相关的视频与微博段子已被平台方删除，话题也没有上微博热搜榜。但视频通过微信和微博迅速广泛传播，网友对此议论热烈，甚至视频中男女主角的姓名、年龄、就读学校和微博等私人信息也被人曝光并在一些非主流媒体具名流传。

这一事件首先通过微博、微信等主流社交媒体广泛迅速的传播，相关社交平台管理者并未在第一时间有效阻止不雅内容的扩散，一些主流媒体也迅速跟进，除此之外，大量非主流媒体在不雅事件的传播中推波助澜，不仅大肆报道围绕这一事件的各种未经证实的传言，还未做任何遮蔽处理直接曝光了事件当事人的正面照片、姓名、就读学校、微博等私人信息。但几乎所有报道都是对“事实”的关注，即便有个别从法律角度的分析，却几乎没有从道德伦理方面做出思考和评论。

事件引起广泛关注后，优衣库的竞争对手开始大肆围绕这一事件进行“借势”营销，制造出了大量的网络“段子”，使得该事件进一步发酵，成为网民的娱乐“素材”。

而对于大多数网民来说，这一事件显然更像一则娱乐新闻而非社会新闻，他们乐此不疲地在社交媒体进行转发、评论，各种段子充斥着社交媒体。另一方面，网络上却鲜有理性言论，似乎这一“不雅”事件完全没有触及广大网民的道德神经，而仅仅作为在某个时间里能够打破社交沉寂的狂欢主题受到此起彼伏的追捧。

第一节　新媒体环境下的媒介伦理

媒介伦理这一概念从产生起就处在不断地流变之中。而新媒体伦理则是媒介伦理发展到新媒体时代的产物。相对于传统媒体时代的媒介伦理，新媒体伦理所要面对的问题在本质上仍然是一致的，只是这些问题在新媒体环境下具有新的表现形式，包括信息污染、网络侵权以及网络导致的人格异化问题等。要构建新媒体环境下的媒介伦理，应从多个方面进行努力，包括健全立法、加强执法、行业自律、社会监督、加强对新媒体从业人员和使用者的道德教育以及采取必要的技术手段等。

一、新媒体伦理及其发展历程

新媒体伦理实质仍是媒介伦理，是媒介伦理在新媒体环境下的一种表现。因此，新媒体伦理就是各类主体（包括媒介从业人员、媒介组织以及公众等）在参与新媒体活动时，为了获得一种有价值的行为方式而进行伦理抉择的一系列准则。相对于传统媒体伦理，新媒体伦理要解决的问题更为复杂，其本身也会随着媒体传播环境的变化而不断调整并增添新的内容。

（一）从媒介伦理到新媒体伦理

对新媒体伦理的研究是基于媒介伦理的，事实上新媒体伦理也是媒介伦理中的一部分。因此，要探讨新媒体伦理必须得从媒介伦理开始。

1.媒介伦理及其发展

媒介伦理的研究最早兴起于美国。早期的研究基本上是将媒介伦理学等同于新闻伦理学，也就是将媒介伦理局限于新闻行业内，指的是新闻工作者的职业道德。而当前对于媒介伦理的研究普遍认为媒介伦理涉及新闻、广播电视、出版编辑、广告等多个领域，不仅包括媒介从业人员的职业道德，还包括媒介组织的伦理道德甚至公众的伦理道德。媒介伦理要解决的问题就是媒介从业人员、媒介组织以及公众如何进行伦理抉择的问题。与社会伦理道德一样，媒介伦理也不是抽象的、固定不变的，而是具体的、历史的，在不同的时间和空间里存在着不同的道德规范；由于它所涉及的领域和主体总处在不断地发展之中，因而迄今为止仍然没有一个关于媒介伦理的一致界定。

美国新闻学学者克利福德·G.克里斯蒂安认为，新闻伦理学在美国的研究可以分为三个重要时期。第一个时期是19世纪90年代的发端期，此时新闻学教学刚刚进入大学，为了提高新闻事业本身的专业性和社会认可度，出现了一些关于新闻的伦理讨论，并制定了一些伦理规约，然而只是浅尝辄止；第二个时期是20世纪20年代到30年代的学术繁荣期，受到科学自然主义的影响，客观性几乎成为新闻报道的同义词；第三个时期是20世纪80年代至今，实用哲学兴起，大众传播伦理学得到了较大的发展。我国对于媒介伦理的研究主要集中在第三时期。20世纪90年代之后，对于媒介伦理的研究进入快速发展的阶段，特别是伴随着新媒体的兴起，“风险社会”的到来，媒介伦理问题成为研究的热点。

2.媒介伦理的研究现状

国外对于媒介伦理的研究起步较早，已经具有了较为深厚的学术积累。并且确立了媒介伦理研究中的基本原则，包括亚里士多德的中庸之道、康德的绝对命令、密尔等人的功利主义原则、罗尔斯的正义论以及金泰尔等人的社群主义理论。

亚里士多德的中庸之道：亚里士多德认为"良善的生活"是人类最高的善，这引导他提出行为的道德基础是人和人的行为，而不是特殊的规则。因此，他认为美德存在于两个极端之间，如怯懦和蛮勇之间。而对于每一个个体而言，勇敢就存在于怯懦和蛮勇之间的一个点上，而这个点的位置则是因人而异的。它要求媒介从业者在"过"和"不及"之间寻找平衡点，是对媒介平衡公正原则的反应。

康德的绝对命令：康德认为一个人所做的选择能够成为普遍规律，并且博爱和仁慈应当是行为的目的，而不应当仅仅是手段，这两个准则就是绝对命令。根据康德的思想，检验一个行为要看它是否具有普遍的适用性。因此，媒介从业人员不能要求特权，并且绝对命令会在媒介伦理的各行为主体面临伦理抉择的时候，提醒他们什么是应该放弃的。

密尔等人的功利主义原则：该原则认为行为的结果是决定行为是否道德的重要因素。它的一个总原则是增进整个社会和每个人的利益总量，然而在各个利益相关方之间进行取舍却非易事。许多哲学家认为，功利主义原则对善的计算使其从根本上就带有一种错误的倾向，并且容易使人关注短期利益。

罗尔斯的正义论：正义论中对媒介伦理最具影响的是"无知之幕"假设，它要求人们摆脱当下的各种感觉和知识，在社会现实面前拉上一道大幕，使人们纯粹从零点开始思考正义的原则。这为媒介从业者的职业价值观的确立打开了一个新的视角。

金泰尔等人的社群主义理论：社群主义认为，人们彼此之间都有某些无法逃避的权利要求，除非以人性为代价，否则不能拒绝这些要求。它主张社会公正是占主导地位的道德价值观，在讨论与媒介的社会角色，以及互联网这个巨大的社区有关的伦理问题时社群主义是很有帮助的。

在长期对于媒介伦理的研究中形成了一些主要的研究议题，包括新闻自由与社会责任的争论、图片和视频新闻中的伦理问题、广告伦理、媒介传播中的隐私问题、娱乐化问题等。公共关系与媒介也被纳入媒介伦理研究的范畴内，因为西方学者普遍认为公共关系是一种特殊的传播活动。另外，媒介与经济、政治、文化等现实问题同样被纳入媒介伦理研究的范围之内，如媒介经营中涉及的伦理问题、战争中的媒介传播行为、媒介传播中的种族歧视和媒介全球化等问题。

3.新媒体传播环境的变化

美国学者菲利普·帕特森和李·威尔金斯在其著作《媒介伦理学：问题与案例》中提出了这样的观点：

学院派哲学家有时会争论，随时间出现的真的是什么新伦理问题，还是只是老问题在重复出现。应用伦理学者对此问题有一个临时性的答案。核心的伦理问题可能一直保持一致，但是它在现实世界的表现和道德上的相关事实往往要求原创性的思考。①

①菲利普·帕特森，李·威尔金斯.媒介伦理学[M].李青藜，译.北京：中国人民大学出版社，2006.

因此，根据菲利普·帕特森和李·威尔金斯的观点，在新媒体环境下并没有产生新的伦理问题，而是旧的伦理问题有了新的表现形式。产生这种现象的根本原因在于网络社会与现实社会的关系：网络社会脱胎于现实社会，又存在和发展于现实社会之中。[①] 也就是说，网络社会是现实社会的一个部分，但这并不是说两者是等同的，网络社会相对于现实社会具有自身的独特之处。人的社会关系的形成和发展是道德产生的客观前提和直接基础。[②] 因此，一切的道德伦理都是以社会关系为前提的。新媒体伦理相对于传统媒体伦理之所以会表现出自身的特殊性，根本原因就在于在新媒体环境下人的社会关系发生了改变。因此，媒介伦理问题在新媒体环境下便出现了新的表现形式。

（二）新媒体伦理内涵及特征

要搞清楚什么是新媒体伦理就必须先搞清楚什么是媒介伦理。实际上，媒介伦理要做的就是让媒介从业人员、媒介组织以及公众等学会在“善”与“恶”或者正义与非正义之间做出理性的抉择，或者在若干个合乎道德的正义行为中进行抉择，从而选择最有价值的行为方式。如果说媒介伦理要解决的问题在于各类主体（包括媒介从业人员、媒介组织以及公众等）在参与媒介活动时如何进行伦理抉择，那么，新媒体伦理就是各类主体（包括媒介从业人员、媒介组织以及公众等）在参与新媒体活动时，为获得一种有价值的行为方式而进行伦理抉择的一系列准则。

相对于传统媒体，新媒体伦理形成的根本原因在于网络社会中的人际关系与现实社会有所区别。网络社会作为人类的虚拟生活空间具有全球一体化、时空压缩性以及虚拟性等特征。在此基础上，网络传播因此具有交互性、多媒体性、信息海量性、开放性、匿名性等特点。网络传播的便利和极强的交互性使得网络人际交往对现实人际交往具有一定的替代作用，这可能会导致情感冷漠的问题；多媒体性使得使用网络的体验不断优化，又可能导致沉迷的危险；信息海量性使得人们深受信息过载的困扰；开放性加剧了信息安全的隐患；而匿名性则更易激发使用者对于网络活动的一种不负责任的态度。再则，多种因素的联合作用又容易导致诸如网瘾、网络暴力等问题。因此，伦理问题在新媒体环境下可能被放大或加剧了，并与其他伦理问题交织在一起，使得新媒体伦理面对的现实更为复杂，要解决的问题更为多样。

另外，新媒体技术一直处于快速发展中，相应地，其传播环境也在不断地发展演变。伴随着越来越强的交互性和对信息筛选过滤能力的增强、网络实名制的实施等，新的媒体伦理问题不断显露出来，这就要求它不断地调整自身，增添新的内容，以适应现实状况的变化。

二、新媒体环境下的传播伦理问题

我们在上文中已经提到新媒体与传统媒体伦理的核心问题是一致的，只是许多问题在新媒体环境下呈现出新的表现形式。尽管许多旧的媒介伦理问题在新媒体时代依然存在，但我们在这里着重探讨的是新媒体环境下新生的具体伦理问题。又由于网络媒体是

---

①李伦.网络传播伦理[M].长沙：湖南师范大学出版社，2007.

②唐凯麟.伦理学教程[M].长沙：湖南师范大学出版社，1992.

新媒体的主要表现形式，所以在此讨论的传播伦理问题多以网络媒体为主。目前，对于新媒体伦理问题关注较多的，包括信息污染、网络侵权以及网络导致的人格异化问题等。

（一）信息污染

学者邵培仁认为，信息污染是指媒介信息中混入了有害性、欺骗性、误导性信息元素，或者媒介信息中含有的有毒、有害的信息元素超过传播标准或者道德底线，对传播生态、信息资源以及人类身心健康造成破坏、损害或者其他不良影响。① 苏洁在《新媒体使用中的失德现象及对策研究》中提出，可以将信息污染分为有用信息污染、无用信息污染以及有害信息污染三类。有用信息污染是指有用的信息由于存放不当而没有发挥应有的价值；无用信息污染是指无用信息存放在新媒体中形成信息梗阻；有害信息污染则是指色情、虚假等会对社会秩序、人伦纲常以及公众心理健康有害的信息。② 根据以上解释，信息污染的具体形式十分多样，包括网络色情信息、网络虚假信息、信息超载等问题。

网络色情信息是信息污染最为突出的表现之一。网络上充斥的色情信息对于广大青少年的心理健康极为不利，并且容易诱发社会上的性犯罪问题。同样，网络中日益泛滥的暴力、消极、堕落的信息与色情信息一样，都是与社会主流的道德伦理观念相违背的，并且不断地消解着主流道德伦理观念。

网络虚假信息也是泛滥于新媒体的又一信息污染问题。一方面，虚假信息可能是别有用心的人特别制造用于诈骗、诽谤、传谣等不良目的；另一方面，由于在新媒体环境下人人都成为传播者，因此信息生产者的水平参差不齐，知识或经验的错误、信息的模糊、信息质量过低等都会造成虚假信息。由于我国公众的媒介素养普遍偏低，对信息的甄别能力有限，这又在无形中助长了虚假信息的泛滥。

信息超载的根本原因在于，新媒体环境下信息具有海量性的特点。普通公众成为信息的生产者和上传者。另外，人类可以通过传感器、特定的软件程序，使得自身收集数据的能力大大提升。目前，人类拥有的数据存储量呈指数级增长，已经进入大数据时代。于是，如何在庞大的信息海洋中迅速获取自己想要的信息就成了首要的问题。事实上，人们在面对信息海洋时往往感到无所适从。信息质量过低、检索工具的局限使得人们使用信息的成本大大增加，效率也相对降低了。

（二）网络侵权

网络侵权行为主要表现为对知识产权与人格权的侵犯。知识产权是指智力创造成果的拥有者依法享有对其成果的专有权利。传统的知识产权主要包括工业知识产权和著作权，而网络知识产权是在互联网环境下发生的知识产权。虽然网络知识产权仍涵盖了传统的知识产权，但加入了许多具有互联网特征的知识产权问题，包括计算机软件、网络域名、数字化作品等的知识产权问题。由于新媒体本身的开放性，使得网络知识产权的侵权行为极易发生。目前，网络知识产权保护不力已经严重地阻碍了基于网络的知识生产和发表活动，对于我国文化事业的发展也是极为不利的。

---

①邵培仁.大众传播中的信息污染及其治理[J].新闻与写作，2007(3)：22—23.

②苏洁.新媒体使用中的失德现象及对策研究[D].曲阜：曲阜师范大学，2014.

网络知识产权的侵权行为的具体表现有：软件盗版；未经产权所有者的许可在网络上下载、转载或发布其作品；冒用、窃用网络商标；未经许可使用他人专利号；商业门户网站不规范转发媒体内容并不注明新闻来源；等等。

人格权是指民事主体所固有的、以维护主体的独立人格所必备的生命健康、人格尊严、人身自由以及姓名、肖像、名誉、隐私等各项权利。人格权主要包括生命健康权、姓名权、肖像权、名誉权、隐私权、婚姻自主权等。网络侵权行为对人格权的侵犯主要体现在对姓名权、肖像权、名誉权和隐私权的侵犯。侵犯姓名权和肖像权主要是指未经所有者的许可便使用其姓名或者肖像的行为。这种侵权行为主要是利用所有者的影响力谋取某些商业利益。新媒体环境下对于名誉权的侵犯主要体现在恶意造谣诽谤，并通过网络渠道散播谣言等行为上。对于隐私权的侵犯体现在未经信息权益人的授权就非法搜集、刺探和公开信息权益人的私人信息。近年来，频发的人肉搜索行为就是典型的侵犯名誉权和隐私权的例子。另外，对隐私权的侵犯还表现为软硬件设备的制造商、网络服务提供商甚至是政府在公众不知情或未得到公共许可的情况下搜集公众信息，用于商业或其他目的。

（三）网络导致的人格异化问题

现代人对于新媒体或者网络的依赖愈来愈重，如果一个人出门忘带手机那么必须回去取，否则一天的活动都无法正常开展，并且总是觉得内心不安。这种过度的依赖使得人格异化问题得以产生。异化的一个基本特点就是反客为主和工具性压倒了目的性，物反过来成了奴役人、控制人的力量，原来的主体却成为被动的受制于物的存在。[①] 其中最为典型的就是网络成瘾以及过度使用导致的情感冷漠和迷失。

“网瘾”即“互联网成瘾综合症”，简称为IAD(Internet Addiction Disorder)。它主要是指人们(以青少年为主)由于长时间地沉溺于网络之中，而对网络形成了极为顽固的心理依赖和难以割舍的情感，以至于生活在虚拟世界中不能自拔的一种心理和行为状态。网瘾症多出现于青少年，对其身心成长极为不利。青少年网瘾症引发的悲剧在当今社会上更是屡见不鲜。青少年一旦形成了网瘾，首先受影响的就是他们的学业，导致其学习成绩急剧下滑。并且，由于其过度迷恋于虚拟世界，往往会对现实生活失去兴趣，不愿意正视现实生活，倾向于采取逃避的态度。网络游戏往往具有非常强烈的观感刺激，其游戏设置也常常违背现实生活的伦理道德，青少年沉溺于此容易形成扭曲的世界观，将虚拟世界的想法或行为移植到现实生活中。另外，青少年网瘾症还引发了大量的家庭问题。导致青少年形成网瘾的原因是多方面的，如青少年本身强烈的好奇心，有限的认知能力，错误的家庭教育理念，等等。从新媒体伦理的角度去看这个问题，可以发现有很多方面值得改进，如网络游戏的分级制度、对青少年上网行为的引导、对网络不良信息的过滤等。

人是社会关系的产物，离开了这些社会关系将无法把握人的本质。每个人都需要和其他人交流互动，不仅为了获得信息更为了获得情感上的支持。新媒体环境下的人机互动，或者由网络媒体提供辅助的人人互动，都不可能替代现实中的人际互动。新媒体环境下的人机互动具有虚幻性，也就是说交往的对象实际上是不存在的。网络上的人际互动，交往的双方都具有隐匿性，因此经常出现网络诈骗、网络暴力以及错位的网恋等问题。另

---

①李伯聪.高科技时代的符号世界[M].天津：天津科学技术出版社，2000.

外，过度依赖网络维持社会交往，往往会导致现实社会交往不足的情况发生。一方面，通过网络与千里之外的朋友联系却忽视与现实中身边的人进行互动；另一方面，一些人试图通过网络来扩张自己的社会关系。现实证明，网络上建立或维持的社会关系并不会延伸至现实中，反而造成严重的时间上的、精力上的负担。过度依赖网络社交往往容易导致情感上的冷漠，加重人的孤独感。同时，众多的社交媒体将人的时间严重地碎片化，过多的信息往往让人不知如何取舍，从而造成一种迷失感。

三、新媒体环境下的传播伦理建构

建构新媒体传播伦理应该在公平正义、权利义务、互惠互利、相互尊重、自律他律、节制无害的原则下进行。建构新媒体传播伦理是一个系统的工程，必须从多个方面进行努力，包括健全立法、加强执法、行业自律、社会监督、加强对新媒体从业人员和使用者的道德教育以及采取必要的技术手段等。

（一）通过法律手段建构新媒体伦理

管理公共事务主要有两种基本路径，分别是法治和德治。康德曾提出世界上的两种义务，其一是严格义务，这是比较消极的，如不能偷盗、欺骗等；另一种是善意义务，这是比较积极的，如帮助他人、与人为善、乐于奉献等。从某种意义上讲，法律属于严格义务，也是社会伦理的最后一道底线。同时，法律也是具有约束力和强制力的社会规范。网络社会是现实社会的延伸，是人类社会的有机组成部分，因此也必须受到法律的约束。网络中也存在着大量的犯罪活动，如网络诈骗、网络造谣、通过网络传播不良信息等，这些行为也必须通过法律来进行规范和治理。

从立法的角度来看，许多西方国家的网络立法都可以给中国提供借鉴。美国在网络立法方面起步较早，成为许多后来国家立法的参照。《信息自由法》《信息自由法修正案》《电子信息自由法》以及《开放政府法》等赋予了美国公众从网上获得信息的权利，并且规定了美国政府为公众开放信息的义务。在网络隐私保护方面，1974 年通过了《隐私法案》，1986 年通过了《电子通讯隐私法案》，此后又相继通过了《电子交流隐私法》《计算机查对和隐私保护法》和《联邦信息安全管理法》。1998 年，美国还通过了《网上儿童隐私权保护法》，对儿童在网络上的隐私权和电子通信方面的隐私权进行了有力的保护。这些立法在维护网络隐私安全方面都起到了重要作用。2000 年的《数据质量法》用以保证联邦政府所发布信息及统计数据的质量、客观性、实用性以及完整性。在防止网络诈骗方面，美国制定了《反计算机诈骗和滥用条例》。另外，如加拿大制定了《个人保护与电子文档法》《网络加密法》《保护消费者在电子活动中权益的规定》；日本制定了《个人信息保护法》；英国也制定了《反计算机滥用法》。

事实上，我国政府对于网络管理相当的重视，相关的立法工作也在积极地开展中。2000 年，国务院出台了《互联网信息服务管理办法》。国务院的各部委也分别从各个领域对互联网的传播活动进行规范，如原新闻出版总署、信息产业部于 2002 年联合颁布的《互联网出版管理暂行规定》；原国家版权局、信息产业部于 2005 年颁布的《互联网著作权行政保护办法》；文化部于 2011 年颁布的《互联网文化管理暂行规定》。另外，涉及网络安全与行为规范的还包括《计算机信息网络国际联网安全保护管理办法》《互联网电子公告服务管理条例》《互联网站从事登载新闻业务管理暂行规定》《互联网新闻信息法务自律公约》《互联网搜索引擎服务商抵制淫秽、色情等违法和不良信息自律规范》等。各地方政府部门也对网络传播活动进行了不同程度的规范，如北京市工商管理局发布的《关于对利用电子邮件发送商业信息的行为进行规范的通告》，该通告规定不得利用电子邮件诋毁他人商业信誉，不得利用电子邮件进行虚假宣传，未经收件人同意不得擅自发送电子邮件等。

由于互联网传播活动涉及政治、经济、文化等社会生活的各个方面，因此在我国七大部门法中经济法、民法、刑法等，甚至于宪法中的相关内容涉及网络传播的都对网络传播活动有规范效力。如 2015 年颁布的新《广告法》就对网络广告做出了明确的规定：任何单位或者个人未经当事人同意或者请求，不得以电子信息方式向其发送广告。以电子信息方式发送广告的，应当明示发送者的真实身份和联系方式，并向接收者提供拒绝继续接收的方式。利用互联网发布、发送广告，不得影响用户正常使用网络。在互联网页面以弹出等形式发布的广告，应当显著标明关闭标志，确保一键关闭。

董洁在《网络伦理失范与价值建构》中提出，中国的网络立法要遵循三个原则：第一是继承性原则，即关于虚拟世界的立法要与现实世界的立法一脉相承；第二是尊重性原则，即在立法过程中考虑到网络本身的特点；第三是前瞻性原则，即制定网络法规的时候要考虑到网络本身发展变化的速度极快，立法应该反映网络本身发展的特点、趋势和规律。[①]总的来讲，我国政府在网络立法方面是比较积极的，并且通过政府的立法也有力地保障了我国互联网的健康发展。

再健全的法律也需要切实的执行才能发挥它的效用，因此，在健全立法的同时还需要加强执法。加强执法首先需要一支专业的网络执法队伍，有计划地、常规性地进行执法活动，而不是等到网络犯罪活动造成较大伤害时才做出反应。这样才能够在网络犯罪活动进行的初期就进行制止和惩戒。并且，常态化的网络安全维护有利于维持良好的网络环境。加强执法的一个重要方面就是要加强执法的力度和惩治的力度。由于网络的匿名性和开放性使得违法犯罪活动更容易滋生，形式也更为变化多端，加强执法力度和惩治力度将对其产生有力的威慑作用。另外，由于网络犯罪活动往往涉及多个领域，在执法过程中也需要多个部门配合行动。因此，建立一个长期的协调机制就显得十分必要了。

（二）行业自律

政府监管、行业自律、社会监督是进行社会公共事务管理的三种主要的具体手段。而在我国，政府监管是强有力的，行业自律和社会监督却比较薄弱。马克思提出，“道德的基础是人类精神的自律”。行业自律就是指新媒体行业通过对自身内部的管理和规范，以及其他同行舆论评价的力量对从业的个人或组织形成监督。西方的行业自律发展较我国更为成熟，其行业自律对于行业来讲，规范力度和规范效果都较为明显，这也充分证明了行业自律的价值。

要进行新媒体行业自律首先需要建立新媒体自律组织，主要就是新媒体行业协会或新媒体仲裁评议组织。这些行业组织对行业进行管理可以发挥较高的专业水平，避免了

①董洁.网络伦理失范与价值建构——基于网络主体行为失范的思考[D].西安:陕西师范大学,2014.

外行管理的尴尬。另外,这些行业组织的存在可以有效地调节行业竞争,促进公平竞争,在相互监督中形成良好的市场氛围,促进行业的良性发展。行业组织通过要求行业成员和新进入行业者遵守行业规范,在运营时接受同行监督,在必要的时候执行对行业成员的奖惩措施来履行自己的职责。除此以外,进行新媒体行业自律还需要受道德规范约束和制定新媒体行业的规章制度。道德规范和规章制度应该强调新媒体的社会责任,将其作为最高的道德追求,同时也应该制定明确的奖惩办法,并保证其实施。另外,进行新媒体行业自律还需要建立新媒体行业的自我评价机制。这包括开展媒介批评与监督如开发专门的新媒体产品用以进行媒介批评或提供监督平台,以及建立新媒体新闻评议制度。新媒体新闻评议制度即建立民间自愿性的新闻行业道德评议组织,出版新闻职业道德评议刊物,开展日常性的新闻伦理道德评议活动,以及制定相应的新闻职业道德规范等。①

新媒体行业进行自律其实是其伦理自觉的一种体现。有效的行业自律能够提高新媒体的公信力和社会形象,并且能够在行业内部形成一种良好的道德氛围,从而有利于新媒体行业的发展。

(三)社会监督

政府监管和行业自律的力量是有限的,社会监督的力量是无限的。新媒体时代传者和受者的关系发生了改变,传统的信息接收方现在也成为信息的生产者和发布者。可以说新媒体重新赋予了众多网民话语权。在这种前提下,对新媒体进行社会监督的可行性便大大提高了。就目前来看,在新媒体时代社会监督在反腐以及其他社会重大公共事件上都表现出了明显的积极效应,但直接针对新媒体本身的监督仍然比较少。已有的新媒体社会监督案例都是由网民自行发起的,因此一个事件能否受到社会监督具有一定的偶然性。同时,新媒体环境下的社会监督还具有一定的非理性特征,容易演化为网络谣言或网络暴力行为。所以,要形成良好的新媒体社会监督体系首先要提高网民的伦理道德水平以及媒介素养。另外,新媒体本身应该自动自觉地接受社会监督,为社会监督提供便利的监督途径,并且对社会监督的结果做出积极的回应。

(四)加强德育

德育即道德教育。在建构新媒体伦理时应该重点对两个群体加强道德教育,一是新媒体从业人员,另一个是新媒体的使用者。道德是伦理的载体和形式,道德将伦理的要求内化为规范和德性。因此,要建构新媒体伦理就必须先进行道德建设。

新媒体从业人员的道德水平直接决定着能否成功建构良好的新媒体伦理。新媒体从业人员首先应该提高自己的专业水平,熟悉新媒体的传播环境与传播特征。比如,新媒体从业人员应该提高自身对于网络信息的甄别能力,许多新媒体从业人员对从网络上获得的消息不加以甄别,在没有弄清楚消息源的情况下就盲听盲从,制造了许多报道虚假新闻的闹剧。因此,新媒体从业人员良好的专业素质是建构良好的新媒体传播环境的前提。在社会主义市场经济不断发展的今天,媒介的市场化运作使得很多传媒工作者的思想观念也发生了变化。许多媒体由党政的喉舌变为了追求利润和效益的市场主体,这必然会

---

①沈月娥.新媒体伦理缺失及其体系构建[J].甘肃社会科学,2012(2):19—21.

影响到媒体从业人员的价值观念和职业道德，新媒体更是如此。如今，加强新媒体从业人员的道德教育关键在于加强其社会责任意识的教育。新媒体从业人员也应该清楚地认识到新媒体和传统媒体一样是引导舆论、影响社会的重要力量，只有自身先树立起强烈的社会责任意识，新媒体才能够承担得起应有的社会责任。

当前，媒介伦理研究正在进入一个快速的发展阶段。目前的趋势是媒介伦理研究的关注点正在从媒介组织和媒介从业人员转移到媒介受众。受众伦理的研究之所以越来越多，根本上是由于新媒体使得传统的受众获得了信息的传播权，这使得原有的信息传播权分散化，引发了权力的转移，这也是一个社会权力或公共权力的放开与扩大的过程。在这种前提下，新媒体的用户一方面在生产和传播着媒介内容，另一方面用户的媒介使用行为也会对媒介组织和从业人员产生极大的影响。新媒体的使用者有较高的参与公共事务的热情，但是落实公共意志的渠道却相对匮乏，导致了社会矛盾的排解渠道不畅，因此便出现了网络谣言、网络水军、网络暴力等新媒体环境下的传播乱象。所以，在新媒体环境下建构受众伦理就成为建构新媒体伦理的一个重要部分。陈汝东认为"传播伦理可以概括为两个方面：信息传播的道德和信息解析的道德，或传播伦理和受众伦理。受众伦理是信息接收主体自身的道德因素及其在传播过程中被赋予的道德权利和应承担的道义责任"[①]。在这个意义上，新媒体环境下的受众既应该接受传播伦理的规范，也应该接受受众伦理的规范。

在建构新媒体受众伦理的过程中，一方面是要从整体上提高网民的道德水平，树立其正确的价值观，建立主流的网络文化，另一方面就是要提高网民的媒介素养。在具体的实施方面，颁布网络使用公约或规范，建立网民自治组织，加强学校教育特别是针对青年的媒介素养教育，普及社会媒介素养教育等都是行之有效的方法。

（五）技术手段

建构新媒体伦理在某些时候需要采取一些必要的技术手段。然而，任何的技术手段都具有"双刃剑"效应，会产生一些积极的影响，也可能会带来负面效应。因此，可以说采取必要的技术手段是一种权宜之计。

网络实名制就是必要的技术手段之一。采用网络实名制可以有效地减少由于网络匿名性导致的道德松懈问题。由于身份的公开网民会对自己所发表的言论和传播的信息采取一个更为谨慎和负责任的态度，从而可以有效地抑制网络谣言、网络语言暴力等现象的发生。但另一方面，虽然网络传播也是现实传播的一个部分，应该遵守同样的伦理规范，但是毕竟传播环境有所不同。现实中人们的确是在进行实名制的传播活动，但其传播力远不及网络传播。因为网络传播是没有时空限制的。同样，线下传播时可能不为人所注意，但如果经由网络传播则可能会引起轩然大波。因此，在网络上采取实名制虽然会使网民采取一种比现实中更为谨慎的态度，但这与网络作为社会"宣泄口"的功能是相矛盾的。并且，实名制的实施可能会引发更为严重的网络隐私问题。

必要的网络过滤和审查也是目前正在实施的技术手段之一。网络过滤软件的功能很多，如过滤不良网站、拦截木马、广告和色情内容，以及清除网络痕迹等，网络防火墙还可

---

①陈汝东.受众伦理规范研究：历史、现状与趋势[J].新闻与传播研究，2006（3）：61—67，95.

以阻止未授权的网络访问。网络审查主要是对网络上的言论和网络传播的内容进行审查，通过设置敏感词等方式，对不符合规范的内容进行举报、屏蔽或删除。网络过滤和网络审查是非常便捷的清理网络传播环境的方法，但也在一定程度上损害了网络本身互联互通、平等自由的基本原则。

第二节　新媒体用户的媒介素养

媒介素养这一概念在不同的时期有不同的意义，大致经历了抵制、批判、参与三个阶段。与媒介素养一样，新媒体用户的媒介素养同样关注媒介使用者对于媒介的认知、批判和使用三方面的能力，是用户的媒介素养发展到新媒体时期的产物。为了表述方便，除了标目外，以下将新媒体用户的媒介素养统称为新媒体素养。西方发达国家的新媒体素养教育起步早，有诸多值得我国借鉴的宝贵经验。我国的新媒体素养教育起步较晚，未来发展应以学校为施教主体，发展多主体施教，建设立体的媒介素养教育体系。另外，更多地关注除青少年以外的特殊群体的新媒体素养教育。

一、媒介素养的内涵及其演变

媒介素养这一概念从 20 世纪 30 年代产生以来就处在不断地变化发展之中，从最初的注重抵制、预防媒介的负面影响到对媒介的批判和质疑，再到促进受众积极参与。而关于媒介素养的定义更是不胜枚举，但就目前来看，接受度较高的定义都关照到了受众对媒介的认知、批判和使用三个方面的能力。

（一）媒介素养概念的演变

媒介素养这一概念的首次提出是在 1933 年。英国学者利维斯和汤普森在《文化和环境：培养批判意识》一书中认为，学校应当引入媒介素养教育，并提出了一套完整的建议。书中提到“力求通过媒介素养教育，使学生免受媒介所传播的不良文化、道德观念或意识形态的负面影响”[①]。当时提出的媒介素养观念实际上是那个时代媒介效果研究的产物。当时，在英国以电影为代表的大众传媒制造出的流行文化不断地冲击着传统的社会生活和原有的价值观念。媒介效果研究认为大众传媒以低级庸俗的文化消解着精英文化，推销一种低水平的满足和虚假的幸福感，会误导社会成员的精神追求。大众传媒中暴力、色情、过度娱乐化的内容以及受众对媒介的过度使用都会严重地危害到受众，特别是青少年和儿童。美国媒介素养运动的奠基人尼尔·波兹曼以印刷媒介作为标准来比较和衡量其他的媒介形式。他认为印刷媒介创造了童年这一概念，而电子媒介又使之趋于消逝。为了防止童年的消逝，波兹曼认为家庭和学校应该联合起来抵制电子媒介对儿童的负面影响。基于这样的认识，当时的媒介素养关注的是受众辨别和抵制来自大众传媒的不良影响的问题，实际上这是一种保护主义的媒介素养观。

---

①大卫·帕金翰，宋小卫.英国的媒介素养教育：超越保护主义[J].新闻与传播研究，2000(2)：73—79.

伴随着媒介技术的不断发展，新的媒介形式也在不断地出现。受众本身的媒介体验也越来越丰富，不同受众群体对于媒介文本的解读也不尽相同，受众对于媒介的使用方式，以及媒介在受众生活中扮演的角色都发生了巨大的变化。在这种情况下，再将受众仅仅视为媒介传播效果的受害者就显得不合时宜了。因此，伴随着媒介本身的发展、受众与媒介关系的发展，媒介素养这一概念也在不断地发展之中。媒介素养从最初精英主义提出的抵制和防御到文化多元化的认识与实践，从重视独立批判能力到重视赋予民众传播能力和权力。陆晔和郭中实在《媒介素养的"赋权"作用：从人际沟通到媒介参与意向》中提出："媒介素养从源自精英文化脉络、保护公众免遭不良信息的对抗和免疫式的媒介素养观，转变为对媒介的质疑和批判性思考，并进一步拓展到以公众媒介参与为核心的研究范式。媒介素养并非仅仅教导公众了解媒介信息如何生产，它与现实有何不同，更强调如何使受众成为具有行动能力的现代社会的'积极贡献者'。公众主动通过参与媒介表达自我进而参与社会是媒介素养运动的重要目标。"①

(二)媒介素养的定义

到目前为止，媒介素养已经发展成为了一个多含义、多角度、多层次的概念。有相当多关于媒介素养的定义，它们分别从不同的角度对媒介素养做出了界定。美国学者爱伦·鲁宾认为目前对于媒介素养的定义主要有三种模式："能力模式""知识模式"和"理解模式"。纵观目前对于媒介素养的多种定义，都在这三个模式的范围之内。

1992 年，在美国的全国媒介素养指导会议上将媒介素养定义为获取、分析、衡量及传播信息的能力。这个定义侧重于信息的认知能力，是媒介素养的"能力模式"。

媒介学者保罗·梅瑟利斯认为媒介素养是关于媒介如何在社会中起作用的知识。这一定义关注的是信息是如何传播的，是所谓的"知识模式"。

大众传播研究者贾斯廷·刘易斯和苏特·加利认为媒介素养是理解文化、经济、政治和科技对信息的创造、生产和传播的制约。这个就是所谓的"理解模式"。② W.克瑞斯特和 W.波特认为所有关于媒介素养的定义都包含以下五个元素的部分或全部：第一，媒介是被建构的，也在建构真实；第二，媒介有商业的利益和追求；第三，媒介有政治的和意识形态的诉求；第四，由于内容和形式各异，不同的媒介有各自不同的审美特质、符码和传统；第五，受众获得媒介的意义是通过协商而来的。③ 而事实上，W.克瑞斯特和 W.波特的这一观点也是更加侧重于"理解模式"。

目前，较为成熟和被广泛接受的媒介素养定义都同时包含了鲁宾所提出的三个模式所涵盖的内容。如，李军林认为"媒介素养是指人们对各种媒介信息的认知解读和批判能力以及使用媒介信息为个人生活、社会发展所用的能力"④。张燕认为"媒介素养是指人们获取、分析、评价和传播各种媒介信息的能力以及使用各种媒介信息服务于个人的工作和生活的能力"⑤。在新媒体环境下，我们每个人都是信息的接受者和传播者，新媒体将每个

---

①陆晔，郭中实.媒介素养的"赋权"作用：从人际沟通到媒介参与意向[J].新闻学研究，2007(3)：92—98.

②臧海群.传播学教育新方向：从媒介研究到媒介素养[J].现代传播(北京广播学院学报)，2003(6)：89—92.

③Potter W J.Media Literacy[J].Advertising，1998(1)：3—4.

④李军林，等.信息时代的媒介素养[M].长沙：湖南人民出版社，2010.

⑤张燕.风险社会与网络传播——技术·利益·伦理[M].北京：社会科学文献出版社，2014.

人卷入其中，它不仅仅是一种媒体更是一种生活方式。在这种情况下，是否拥有良好的媒介素养，即认知、批判和使用媒介的能力，直接影响着个人的生活水平和发展机会。因此，媒介素养是现代公民必备的生存能力和生活技能。

二、新媒体用户媒介素养的意义与内涵

新媒体带来了新的传播环境和具有新的使用习惯的受众，因此也带来了新的问题。传统的媒介素养在客观上已经不足以应对新情况，因此必须建构新媒体用户的媒介素养。同时，新媒体环境下媒介素养的建构对于个人和社会发展都将具有长远的意义。目前，对于新媒体素养没有一个公认的定义，但与媒介素养的定义相似，现有的比较成熟的定义都强调对于新媒体本身的使用能力、批判能力，以及运用媒介来实现自身发展的能力。

（一）培养新媒体用户媒介素养的意义

新媒体的诞生极大地改变了已有的媒介生态，新媒体环境下的传播具有及时性、互动性、海量性、全球性等特点。新媒体环境下的用户具有主动性、参与性，接触媒介的机会更多，媒介体验更为丰富的特点。新媒体在当今社会中所起到的作用已经远远超越了传统媒体的作用，它更多地融入社会生活中，成为必要的生产工具或是实现个人发展的重要手段。这些新的情况在传统媒体时代不曾出现，因此，传统媒体时代的媒介素养没有提供应对这些新问题的世界观和方法论。

在上文中，我们已经介绍了媒介素养这一概念的演变。事实证明，在不同的历史和社会语境下，媒介素养都包含了不同的意义。以英国为例，20 世纪 30 年代盛行保护主义的媒介素养理念；20 世纪七八十年代影视媒介素养成为媒介素养的核心；20 世纪 90 年代之后重视赋权的媒介素养教育理念广为接受；近年来，新媒体文化中的潜在风险和个人发展问题成为新的关注点。媒介素养的观念之所以会不断地演进，一方面是由于媒介本身在不断地变化，另一方面媒介研究或者更大范围的社会思潮也在不同的时代表现出不同的特征，这些都会对当时的媒介素养观产生重要的影响。从媒介本身的角度来看，印刷媒介、电子媒介、数字媒介都有各自不同的传播特征，相应地受众接受习惯也有很大的差别。当前是一个多种媒介形式共存的时代，每个人每天都会接触到形形色色的媒介。显然，对于受众来讲，使用每一种不同的媒介都需要调动不同的知识，使用不同的思考模式，对于每一种媒介的批判方式也是不一样的。所以，媒介素养具有针对性，针对不同的媒介形式有不同的媒介素养要求。新媒体时代，人们对于媒介的认识进入了一个新的阶段，同时也面对着新的社会现实。新媒体相对于传统媒体表现出新的特征，传统媒体受众不经过学习无法直接掌握新媒体的使用方式。这些现实都要求在具有普适性的媒介素养观下发展出一种更具有针对性的新媒体用户的媒介素养观。

对于个人来讲具备了新媒体素养将为个人带来更多的学习、工作的机会，也能帮助个人较好地规避新媒体带来的一系列风险。尼古拉斯·尼葛洛庞帝在《数字化生存》中有一句名言“计算不再只和计算机有关，它将决定我们的生存”①。张敬辉在《数字时代的大众

---

①尼古拉斯·尼葛洛庞帝.数字化生存[M].胡泳，范海燕，译.海口：海南出版社，1997.

素养:数字媒介素养》中提出“数字媒体素养是现代社会下个人生存的必然要求”,在网络上如何进行自我宣传,树立良好的自我形象,如何在网络上结交朋友并维持自己的社会关系,这些都是在数字媒体环境下基本的生存技能。[①] 从国家和社会的层面上讲,培养社会公众良好的新媒体素养能够促进社会和谐、提升国家竞争力。张艳秋在《理解媒介素养:起源、范式与路径》中提出:对于整个社会而言新媒体素养有利于促进知识经济发展;有利于促进社会和谐;有利于促进社会公共参与;有利于降低数字媒体风险及危害。[②]

(二)新媒体用户媒介素养的内涵

新媒体素养,与相关研究中出现的“数字素养”“数字媒体素养”“信息素养”“网络媒介素养”等概念有较高的重合性。学者们普遍认为新媒体素养是新媒体用户的媒介素养,是用户的媒介素养在新媒体环境下的具体体现与充实。根据上文的观点,新媒体素养相对于传统媒介素养将更加具有针对性,将着眼于新媒介环境下媒介使用者的能力问题。这些能力与传统媒介素养的要求具有较大的差别。但两者仍然有共同之处,如两者都强调对媒介本身的使用能力、批判能力,以及运用媒介来实现自身发展的能力。

现有的关于新媒体素养的定义有很多。大多数定义都将新媒体素养界定为媒介使用者应该具备的一种能力,相当于上文中鲁宾所提出的“能力模式”。

如美国媒介素养联盟将新媒体素养定义为“识别、检索、评价、组织、有效创造、利用、交流信息处理问题的能力”。[③]

如保罗·吉尔斯特于1997年首次提出的“数字素养”这一概念。他认为数字素养是使用者有效处理及交流各种数字信息和知识所需的能力。吉尔斯特进一步指出了数字素养提出的一些新挑战。他认为人们对于以网络媒体呈现出来的多媒体形式的信息的解读能力需要通过摸索和学习才能获得;网络媒体上的信息检索方式不同于传统媒体,这要求人们必须重新学习新的信息检索方式;数字化传播要求使用者具有多元思维和互动能力。[④] 吉尔斯特所提出的这一定义就是典型的“能力模式”。

如约拉姆·爱施特认为,数字素养不仅包括对数字信息的使用能力,还包括特别的思考能力和心智能力,主要有六种:第一,解读数字媒体上视觉符号或图形所包含的信息和指示的能力;第二,对已有信息进行复制、重排或创新的能力;第三,通过非线性导航来收集碎片化或非文本性信息并对其进行再创造的能力;第四,对数字媒体上的信息进行批判性思考的能力;第五,在虚拟社区中进行有效沟通和自我表现的能力;第六,在压力状态下同时执行多项任务的能力。[⑤]

加拿大“媒介意识网”在项目报告《加拿大数字素养:从无所不包到过度转型》中提出了数字素养应该包括以下三个方面的能力:第一,获取和使用各种数字媒体软硬件所需的技能和知识;第二,批判性数字媒体内容及应用的能力;第三,利用数字技术进行创作的知

---

①张敬辉.数字时代的大众素养:数字媒体素养[J].学理论,2014(18):137—138.

②张艳秋.理解媒介素养:起源、范式与路径[M].北京:人民出版社,2012.

③王帆,张舒予.从教育视角解析媒介素养与信息素养[J].电化教育研究,2007(3):35—39.

④Paul Gilster.Digital Literacy[M].Jonr Wiley & Sons,1998.

⑤Yoram Eshet.Thinking in the Digital Era: A Revised Model for Digital Literacy[J].Issues in Informing Science & Information Technology,2012(9):267—276.

识和能力。这也是一种“能力模式”的定义。

而另一些关于新媒体素养的定义则兼顾了鲁宾所提出的“能力模式”“知识模式”和“理解模式”。如美国学者 Art Slverblatt 认为新媒体素养应该包括以下能力：能够独立负责地进行自身的媒介消费行为；对于网络媒介传播的基本原理有所了解；认识到网络媒介是如何影响个人生活和整个社会的；分析和探究网络媒介上所传播的信息；对网络文化有所了解。① 如中国学者李卫东在《媒介素养：网络道德问题出路新探》中提出网络媒介素养应该包括四个方面的内容：其一，如何认识和看待网络，即网络媒介观；其二，对于网络媒介的历史与现状、网络的结构、特点与功能、传播原理和机制等有一定的了解，即网络媒介知识；其三，了解网络媒介对于个人和社会的用途和影响，以及如何科学地建设、管理和使用网络，即网络媒介能力；其四，对网络参与者、网络信息、网络行为的辨析能力，参与网络过程中的用户活动、精神状态、道德意识以及文化心理等，即网络文化素质。②

类似的关于新媒体素养的定义还有很多，在本书中就不再一一列举了。总的来看，对于新媒体素养的定义有两个较为明显的特征。一方面强调新媒体素养相对于传统媒体素养要求一些更为具体和有针对性的能力；另一方面，新媒体素养所要求的能力从根本上看仍然是对媒介的认知、批判和使用三个方面的能力。

三、新媒体用户媒介素养教育

西方发达国家的新媒体素养教育起步早，有诸多值得我国借鉴的宝贵经验。相比而言，我国的新媒体素养教育起步较晚，目前呈现出比较零散的状态。未来我国新媒体素养教育应在巩固学校为施教主体的前提下发展多主体施教，建设立体的教育体系。另外，应该更多地关注除青少年以外的特殊群体的新媒体素养教育。

（一）国外新媒体用户的媒介素养教育

媒介素养作为一种能力并不是人先天就具备的，而是后天通过教育习得的。随着互联网、新媒体逐渐超越单纯的媒介成为人们的生活方式时，越来越多的企业、服务包括民主活动都转移到了网络上。如果新媒体的使用者不为已经到来的数字化生存准备必需的知识、技能、信息管理能力、创新能力、批判能力以及相应的价值观，那么就会在个人发展上处于不利的地位，甚至有被社会遗落的风险。互联网的发展是人类的一大进步，但这并不代表着所有的人都能从中获益，对于那些缺乏新媒体环境下的媒介素养的人群，这也许会是一场灾难。这恰好证明了进行新媒体环境下媒介素养教育的必要性。另一方面，拥有了传统的媒介素养并不意味着就拥有了新媒体素养，新媒体环境下的媒介素养教育必然有别于传统的媒介素养教育。这就使得各国不得不重新思考媒介素养教育的问题。

相比于其他的发达国家，美国在传统媒介素养教育方面做得并不突出，但在新媒体素养教育方面却走在了前头。美国的新媒体素养教育有三个主要的实施主体，第一个是科研机构。在美国，许多高等院校或研究所都成立了相关的科研项目、计划、工作坊等。比如麻省理工学院的比较媒介研究项目就与各地中小学联合开展了许多相关项目，如“海洋

---

①陈莉，林井萍.浅议网络媒介素养及其培养[J].教育与职业，2005(3)：62—64.

②李卫东.媒介素养：网络道德问题出路新探[J].中国高等教育，2007(19)：27—29.

大叶藻项目”和“麻省理工游戏”等。第二个教育实施主体是社会力量，包括社会团体、民间协会、非营利性组织、个人名义的教育项目、活动等。由于美国的五十个州的教育体系都是独立运作的，这些社会团体十分有利于各州老师之间的接触、沟通和资源共享。第三个教育实施主体是各中小学校，也是新媒体素养教育的主要阵地。除了传授新媒体的相关知识以外，学校主要通过开发网络教学平台，将新媒体运用在教学和学习当中，通过这种以学生为中心的参与式的教学方法来培养其新媒体素养。① 另外，美国的新媒体素养教育往往都是以项目的形式出现的，每一个项目都有特定目标，以培养使用者特定的一种能力。美国的新媒体素养教育可以分为四个层次，分别为初级阶段、中级阶段、高级阶段和成人阶段。初级阶段是要告诉使用者新媒体是什么，怎么使用；中级阶段是要培养使用者一定的批判意识；高级阶段要求使用者学会利用新媒体为个人的成长和发展服务，并且能够评估和管理自己的新媒体使用行为；成人阶段即从宏观角度把握新媒体与国家、社会的相互作用。② 总的来讲，美国的新媒体素养教育受到文化研究视角的影响，重视受教育对象的媒介使用体验，教育过程以使用者为中心，并注重提升其使用媒介的愉悦度。

在英国，新媒体素养教育被视为“公民课程”，目的在于通过新媒体素养教育来保护英国的主流文化及价值观。1989 年，英国教育部将新媒体素养纳入正式的教学体系中，规定小学和中学的学生都要进行新媒体素养的教育。2002 年，英国又在国家课程中新增了“公民课程”部分，在公民课程的大纲中确定了新媒体素养的地位，并且作为中学教育的法定课程。③ 2009 年 6 月，英国政府公布了“数字英国”白皮书。这一国家战略的主要目的就是要将英国打造成为“数字之都”。“数字英国”这一计划共有五个方面的重要内容，其中一项重要内容就是确保所有人公平的数字接入，通过打造普遍的网络接入和公民新媒体素养，使得每一个英国公民都参与到数字经济和数字社会中来。④ 2010 年 5 月，戴维·卡梅伦领导的保守党在英国的大选中取得了胜利。卡梅伦出任首相之后提出了“数据权”的概念。他指出，“数据权”是信息时代每一个公民都拥有的一项基本权利，并承诺要在全社会普及“数据权”。⑤ 近年来，BBC 也推出了系列新媒体素养教育行动，如“首次触网”工程、“校园报道”工程、“BBC 链接”媒介素养网站等，都具有较大的影响力并取得了良好的效果。

加拿大作为媒介素养教育的先行国，在新媒体素养教育方面也进行了许多有益的探索。加拿大从 2006 年开始举办“全国媒介素养周”的活动，该活动每年一次，每次都有不一样的主题。到目前为止，其采用过的主题分别有：你从媒介中的获益；电子育儿；互联网通行证；数字时代的未来新闻采集；性别与媒体；等等。加拿大的“媒介意识网”作为一个媒介素养教育网站全球知名。该网站从 1996 年开始关注新媒体素养教育方面的问题，并于 1999 年推出了“加拿大网络意识工程”，2012 年 5 月，该网站更名为“媒介智者”。该网站一直致力于协调家庭、社会、学校等各方资源，关注各种网络问题，以提高加拿大公民的新媒体素养为己任。

---

①曹洵.西方新媒介素养教育：现状与趋势[J].青年探索，2013(5)：51—56.

②董烈波.西方媒介素养教育的比较及对我国的启示[J].阜阳师范学院学报(社会科学版)，2011 (5)：135—139.

③刘辉，王越.我国青少年新媒体素养教育模式研究[J].山东青年政治学院学报，2014(1)：6—11.

④张艳秋.理解媒介素养：起源、范式与路径[M].北京：人民出版社.2012.

⑤涂子沛.大数据 [3.0 升级版][M].桂林：广西师范大学出版社.2015.

西方国家在新媒体素养教育方面已经做出了许多有益的探索，如制定政策使新媒体素养教育成为学校教育的必需部分；将提高公众的新媒体素养作为国家战略；充分利用各种社会资源，协调家庭、社会、学校的力量等。总的来看，国外的新媒体素养教育呈现出以下特点：发达国家起步早、重视程度高；重视针对家长、老师、学生的多种形式的实践教育；协调多种社会力量。

（二）我国新媒体用户的媒介素养教育现状与展望

相比与西方发达国家，我国的媒介素养教育起步较晚，直至今日也未能形成制度化的、规模化的媒介素养教育体系。相对而言，我国港台地区的媒介素养教育起步较早，已经形成了较为成熟的模式。常志刚在《台湾媒体素养教育：背景、现状与反思》中指出，台湾的媒介素养教育经历了三个发展阶段，分别为理念发展阶段、政策确立阶段、实践推广阶段。台湾媒体素养教育的参与主体有社会组织、媒体以及学界，基本形成了一个完整的媒体素养教育体系。大陆的媒介素养教育整体上比较滞后，到目前为止仍处在探索引进的阶段。在这种情况下，新媒体素养的教育更是严重不足。北京师范大学学者李德刚首先将新媒体素养这一概念引入我国，他在《新媒介素养：参与式文化背景下媒介素养教育的转向》中指出：新的媒介环境，新的媒介文化，新的媒介素养迫切需要新的媒介素养教育策略。一方面对传统媒介素养教育研究的起步较晚，本土的媒介素养理论框架还未搭建成熟；另一方面，国内媒介素养教育还停留在传统媒介素养教育的阶段，新媒体素养教育尚未全面开始。因此，在中国当下的媒介环境中进行新媒体素养教育意义更为深远。①

我国的新媒体素养教育首先是从理论研究开始的。我国对于新媒体素养教育的研究始于对西方相关研究的译介和引进。随后的研究开始在西方理论的基础上反观我国媒介素养教育的现实，探索在我国进行新媒体素养教育的可能性及方式。近年来，关于我国公众媒介素养及新媒体素养的大量实证研究开始涌现，为相关研究积累了大量的原始数据。总之，我国关于新媒体素养教育的研究已经较为成熟，对我国新媒体素养教育的实践起着良好的促进作用。

我国新媒体素养教育起步较晚，到目前为止仍然处于一个比较零散的状态。2004 年，上海师范大学与其附属中学联合开展了国内首次针对中小学生的新媒体素养教育课程。随后，高校或研究单位联合中小学开办媒介素养教育课程的方式迅速扩张开来。刘辉等人在《我国青少年新媒体素养教育模式研究》中将我国新媒体素养教育模式归纳为三种，分别为知识普及模式、行为指导模式和综合建设模式。其中，知识普及模式主要是帮助学生了解新媒体的基础知识，重点是让青少年分辨信息的好坏；行为指导模式主要是在青少年对新媒体有一定了解的基础上，指导其在新媒体世界中的言行，学会正确使用新媒体；综合建设模式则相当于知识普及模式和行为指导模式的结合。②

我国的新媒体素养教育实施主体主要就是学校，学校是进行新媒体素养教育的绝对主力。学校实施新媒体素养教育的途径之一就是将有关新媒体素养的课程加入现有的课

---

①李德刚.新媒介素养：参与式文化背景下媒介素养教育的转向[C].“传播与中国”复旦论坛（2007）：媒介素养与公民素养论文集.2007：39—40.

②刘辉，王越.我国青少年新媒体素养教育模式研究[J].山东青年政治学院学报，2014(1)：6—11.

程体系之中。总的来看，当前中小学校的新媒体素养教育主要都是与高校或者研究机构合办的，中小学校独立开展新媒体素养教育课程的较少。并且，已经开展的课程不成体系，也不够系统，一般不纳入评价体系，因此学生的学习效果无法保证。目前，高校的新媒体素养教育主要是针对新闻传播或者相关专业的学生，开设新媒体素养通识课程的高校较少，并且一般都为选修课。在中国应试教育的大环境下，要实行素质教育始终都会存在一种本质上的冲突。学习新媒体素养的课程会占用学生的学习时间，其学习的效果又不能反映在应试评价中，因此，学生和老师的积极性都会受到一定程度的影响。另外，这也反映出我国新媒体素养教育实施主体过于单一的问题。新媒体素养教育应该是由学校、家庭、传媒以及社会团体联合行动，这样才能形成一个良好的教育氛围，使得效果最大化。而现实的情况是，家庭中青少年的父母往往也严重缺乏新媒体素养；网络媒体的社会责任感严重缺失；我国社会团体、非政府组织发育程度低，所起到的社会作用十分有限。因此，期待政府能够制定相关政策，整合多方力量，构建一个立体的新媒体素养教育体系。

我国新媒体素养教育的教育对象主要为青少年。从客观上讲，青少年的世界观、人生观、价值观尚未形成，容易被网络不良信息误导，也容易因为使用网络行为不当而受到伤害。网络上的暴力、色情信息，网瘾问题以及网络上传播的一些消极颓废的价值观的主要受害对象都是青少年，所以青少年的确是非常需要接受新媒体素养教育的群体。但是，事实上使用新媒体的群体非常庞大，不同的人群呈现出不同特点，并且有着不同的使用需求，这就要求新媒体素养教育能够关照到更为广泛的群体，更具有针对性。近年来，电子政务、微博政务等现象兴起，使得公务人员的新媒体素养成为人们关注的焦点。在学校的新媒体素养教育中，教师承担着一个非常重要的角色。王倩在《教师传媒素养读本》中提到教师具备传媒素养是时代语境和社会发展的必然要求，是更好地开展学校教育活动的需要，是提高自身专业素质的题中应有之义①。崔金贵等人在《编辑的新媒体素养培养》中，对科技期刊编辑的新媒体素养进行了调查，结果显示期刊编辑利用新媒体有效性不佳，因不擅长新媒体技术而产生负面心理状态等问题。② 并在文章中提出了培养编辑新媒体素养的方法。由此可见，不同的职业群体所要求的新媒体素养是不一样的。

另外，我国的新媒体普及程度严重不均衡。在经济欠发达地区，大量的贫困人口没有任何新媒体的使用体验，更不要说新媒体素养了。贫困人口新媒体素养的缺乏会加重数字鸿沟问题，导致贫富差距拉大，进而产生一系列的社会问题。另外，老年群体由于新媒体素养的普遍缺乏，已经严重影响了他们的日常生活。对于这些特殊群体的新媒体素养，教育应该是新媒体素养教育未来主要的着力点之一。

---

①王倩.教师传媒素养读本[M].北京：中国社会科学出版社，2014.

②崔金贵，盛杰，谈国鹏，等.编辑的新媒体素养培养[J].中国科技期刊研究，2014(7)：970—974.

【知识回顾】

媒介伦理涉及新闻、广播电视、出版编辑、广告等多个领域，不仅包括媒介从业人员的职业道德，还包括媒介组织的伦理道德甚至公众的伦理道德。媒介伦理要解决的问题就是媒介从业人员、媒介组织以及公众如何进行伦理抉择的问题。

新媒体环境下并没有产生新的伦理问题，而是旧的伦理问题有了新的表现形式。因此，新媒体实质仍是媒介伦理，是媒介伦理在新媒体环境下的一种表现。新媒体伦理就是各类主体（包括媒介从业人员、媒介组织以及公众等）在参与新媒体活动时，为了获得一种有价值的行为方式而进行伦理抉择的一系列准则。目前，关注较多的新媒体伦理问题包括信息污染、网络侵权以及网络导致的人格异化问题等。

建构新媒体传播伦理是一个系统的工程，必须从多个方面进行努力，包括健全立法、加强执法、行业自律、社会监督、加强对新媒体从业人员和使用者的道德教育以及采取必要的技术手段等。

媒介素养这一概念的发展经历了抵制、批判、参与三个阶段，从最初的注重抵制、预防媒介的负面影响到对媒介的批判和质疑，再到促进受众积极参与。媒介素养主要是指受众对于媒介的认知、批判和使用三个方面的能力。

媒介本身和社会思潮的发展演变要求在具有普适性的媒介素养观下发展出一种更具有针对性的新媒体环境下的媒介素养观。新媒体素养是指用户对于新媒体的认知、批判和使用三个方面的能力。对于个人来讲具备了新媒体素养将为个人带来更多的学习、工作的机会，也能帮助个人较好地规避新媒体带来的一系列风险。从国家和社会的层面上讲，培养社会公众良好的新媒体素养能够促进社会和谐、提升国家竞争力。

相对于西方发达国家，我国的新媒介素养教育起步较晚。未来我国新媒体素养教育应以学校为施教主体，发展多主体施教，建设立体的教育体系。另外，应更多地关注除青少年以外的特殊群体的新媒体素养教育。

【思考题】

1.什么是媒介伦理和媒介素养？
2.在新媒体环境下媒介伦理与媒介素养有哪些新的特征？
3.建构新媒体传播伦理应该从哪些方面努力？
4.在新媒体环境下用户应该如何提高自己的媒介素养？

参考文献

著作类：

1.麦奎尔.受众分析[M].刘燕南，等，译.北京：中国人民大学出版社，2006.

2.巴兰·戴维斯，丹尼斯·戴维斯.大众传播理论：基础、争鸣与未来[M].曹乐书，译.北京：清华大学出版社，2004.

3.克莱·舍基.未来是湿的：无组织的组织力量[M].胡泳，沈满琳，译.北京：中国人民大学出版社，2009.

4.戴维·阿克.创建强势品牌[M].李兆丰，译.北京：机械工业出版社，2012.

5.菲利普·科特勒，何麻温·卡塔加雅，伊万·塞蒂亚万.营销革命 3.0：从产品到顾客，再到人文精神[M].毕崇毅，译.北京：机械工业出版，2013.

6.菲利普·科特勒.营销管理[M].第 14 版·全球版.王永贵，译.北京：中国人民大学出版社，2012.

7.斯科特.口碑：引爆网络狂欢效应的锦囊妙计[M].高游，郭成钢，薛松，译.北京：人民邮电出版社，2010.

8.菲利普·帕特森，李·威尔金斯.媒介伦理学[M].李青藜，译.中国人民大学出版社，2006.

9.桑斯坦.网络共和国：网络社会中的民主问题[M].黄维明，译.上海：上海人民出版社，2003.

10.格拉德威尔.引爆点[M].钱清，覃爱冬，译.北京：中信出版社，2009.

11.赛佛林，坦卡德.传播理论：起源、方法与应用[M].郭镇之，徐培喜，等，译.北京：中国传媒大学出版社，2006.

12.尼古拉斯·尼葛洛庞帝.数字化生存[M].胡泳，范海燕，译.海南：海南出版社，1997.

13.维克托·迈尔一舍恩伯格，肯尼思·库克耶.大数据时代——生活、工作与思维的大变革[M].盛阳燕，周涛，译.杭州，浙江人民出版社，2013.

14.罗杰·菲德勒.媒介形态变化：认识新媒介[M].明安香，译.北京：华夏出版社，2000.

15.米奇·乔尔.湿营销[M].杨洋，译.北京：中国人民大学出版社，2010.

16.查克·布莱默. 点亮社群：互联网营销的本质[M].曾虎翼，译.北京：东方出版社，2010.

17.克里斯塔基斯，富勒.大连接：社会网络是如何形成的以及对人类现实行为的影响[M].简学，译.北京：中国人民大学出版社，2012.

18.赫南·加尔伯瑞.数字电视与制度变迁：美国与英国的数字电视转换之路[M].罗晓军，等，译.北京：人民邮电出版社，2006.

19.李智慧.大型网站技术架构：核心原理与案例分析[M].北京：电子工业出版社.2013.

20.彭兰.数字传播技术应用[M].北京：北京师范大学出版社，2012.

21.王宏.数字媒体解析[M].重庆：西南师范大学出版社，2006.

22.周群.计算机网络技术与应用基础[M].杭州：浙江大学出版社，2003.

23.王宏，陈小申，张星剑.数字技术与新媒体传播[M].北京：中国传媒大学出版社，2010.

24.何威.网众传播：一种关于数字媒体，网络化用户和中国社会的新范式[M].北京：清华大学出版社，2011.

25.胡正荣，段鹏，张磊.传播学总论[M].第二版.北京：清华大学出版社，2008.

26.郭庆光.传播学教程[M].第二版.北京：中国人民大学出版社，2011.

27.郑超然，程曼丽，王泰玄.外国新闻传播史[M].北京：中国人民大学出版社，2000.
28.胡泳.众声喧哗：网络时代的个人表达与公共讨论[M].桂林：广西师范大学出版社，2008.
29.匡文波.新媒体概论[M].北京：中国人民大学出版社，2012.
30.宫承波.新媒体概论[M].第四版.北京：中国广播电视出版社，2012.
31.任向晖，朱方文.社会媒体营销[M].北京：电子工业出版社，2012.
32.黄升民，周艳.互联网的媒体化战略[M].北京：中国市场出版社，2012.
33.张金海.20世纪广告传播理论研究[M].武汉：武汉大学出版社，2002.
34.陈刚，李丛杉.关键时刻战略：激活大数据营销[M].北京：中信出版社，2014.
35.李伦.网络传播伦理[M].长沙：湖南师范大学出版社，2007.
36.唐凯麟.伦理学教程[M].长沙：湖南师范大学出版社.1992.
37.李军林.信息时代的媒介素养[M].长沙：湖南人民出版社，2010.
38.张艳秋.理解媒介素养：起源、范式与路径[M].北京：人民出版社.2012.
39.涂子沛.大数据[3.0升级版][M].桂林：广西师范大学出版社，2015.

期刊类：

1.邓秀军，刘静.基于流媒体技术的网络视频用户自制传播模式分析[J].现代传播，2011(10).
2.陈利，吕格莉，潘正清.流媒体视频存储服务器设计与研究[J].计算机工程与设计，2010(4).
3.李建廷.流媒体技术综述[J].现代电子技术，2005(3).
4.刘成.LBS定位技术研究与发展现状[J].导航定位学报，2013(1).
5.张安勤.移动支付技术综述[J].上海电力学院学报，2006(2).
6.盛红梅，李旭伟.蓝牙技术主要原理综述[J].计算机时代，2009(3).
7.杨东，吴晓蓉.疏离感研究的进展及理论构建[J].心理科学进展，2002(1).
8.彭兰.Web 2.0在中国的发展及其社会意义[J].国际新闻界，2007(10).
9.范哲，朱庆华，赵宇翔.Web2.0环境下UGC研究述评[J].图书情报工作，2009(22).
10.张燕.Web 2.0时代的网络民意表达[J].新闻界，2009(4).
11.孙茜.Web 2.0的含义，特征与应用研究[J].现代情报，2006(2).
12.王伟军，孙晶.Web 2.0的研究与应用综述[J].情报科学，2007(12).
13.孙淑兰，黄翼彪.用户产生内容(UGC)模式探究[J].图书馆学研究，2012(13).
14.赵宇翔，范哲，朱庆华.用户生成内容(UGC)概念解析及研究进展[J].中国图书馆学报，2012(5).
15.谢进川.试论传播学中的增权研究[J].国际新闻界，2008(4).
16.丁未.新媒体与赋权：一种实践性的社会研究[J].国际新闻界，2009(10).
17.丁未.新媒体赋权：理论建构与个案分析——以中国稀有血型群体网络自组织为例.[J].开放时代，2011(1).
18.范斌.弱势群体的增权及其模式选择[J].学术研究，2004(12).
19.唐咏.中国增权理论研究述评[J].社会科学家，2009(1).
20.梁颐，刘华.互联网赋权研究：进程与问题[J].东南传播，2013(4).
21.陈楚洁.公民媒体的构建与使用：传播赋权与公民行动[J].公共管理学报，2010(4).
22.吴倩倩."无从可知""无所不知""有所不知"——浅议新媒体赋权下媒体伦理困境与对策[J].新闻世界，2013(2).
23.张强.病毒式网络传播特点及一般规律[J].当代传播，2012(2).
24.刘文勇.新时代传播的宠儿——病毒式传播[J].东南传播，2007(9).
25.梁涛.从"抢盐危机"看微博与谣言传播[J].今传媒，2011(7).

26.杨振英,刘石检.新媒体时代的语境解读[J].今传媒(学术版),2013(5).
27.熊向群.SNS:网络人际传播的现实化回归[J].河北大学学报(哲学社会科学版),2006(2).
28.黄升民,杨雪睿.碎片化:品牌传播与大众传媒新趋势[J].现代传播,2005(6).
29.彭兰.碎片化社会背景下的碎片化传播及其价值实现[J].今传媒,2011(10).
30.金鑫,杨静怡,殷黎佳,等.碎片化:21世纪营销变化的关键词[J].广告大观(理论版),2007(1).
31.杨树弘.传统媒体的困境与数字化生存路径[J].新闻导刊,2006(6).
32.刘坤,尤永."意见领袖"理论研究综述[J].青年记者,2009(24).
33.马晓峰,李绮.综合门户类网站的盈利模式分析——以新浪网、搜狐网、网易网的盈利模式为例[J].科技创业月刊,2013(10).
34.赵枫,苏惠香.国内门户网站发展过程分析[J].现代情报,2005(12).
35.赵志荣.垂直网站与垂直搜索引擎[J].中国信息导报,2000(11).
36.郝凤英.垂直网站与其信息服务模式[J].情报探索,2001(3).
37.王秀峰,柯青.搜索引擎的商业行为分析与思考[J].情报科学,2005(7).
38.杨晓宏,祁志敏.国内外数字电视发展现状分析[J].有线电视技术,2005(15).
39.胡汉辉,万兴,周慧.网络融合下中国数字电视产业的规制与发展[J].产业经济研究,2010(4).
40.陈秋霞,汪卫国,秦军.中国IPTV的发展现状与前景分析[J].现代电信科技,2007(8).
41.汪青云,陈铁群.楼宇电视的困境与出路[J].东南传播,2011(7).
42.边绍萍.公交车载电视广告传播现状分析及发展建议[J].新闻界,2010(3).
43.陈汝东.受众伦理规范研究:历史、现状与趋势[J].新闻与传播研究,2006(3).
44.大卫·帕金翰,宋小卫.英国的媒介素养教育:超越保护主义[J].新闻与传播研究,2000(2).
45.臧海群.传播学教育新方向:从媒介研究到媒介素养[J].现代传播(北京广播学院学报),2003(6).
46.李卫东.媒介素养:网络道德问题出路新探[J].中国高等教育,2007(19).
47.刘辉,王越.我国青少年新媒体素养教育模式研究[J].山东青年政治学院,2014(1).
48.董烈波.西方媒介素养教育的比较及对我国的启示[J].阜阳师范学院学报(社会科学版),2011(5).
49.曹洵.西方新媒介素养教育:现状与趋势[J].青年探索,2013(5).

后记

记得2013年10月，我与一位大学同学一起回母校看望一位即将退休的老师时，与西南师范大学出版社李远毅总编辑和职教分社杨景罡社长，偶然提起现在新媒体发展迅猛，对报刊、广播、电视等传统媒体形成巨大冲击，而国内不少高校已经开设或正在准备开设“网络传播”及相关专业，有些学校甚至正在筹划“新媒体系”或“新媒体学院”。相对而言，国内尽管出版和翻译出版了不少与新媒体有关的各种书籍，但是体系完整的新媒体系列著作却极少，此情形与20多年前广告学专业“刚开始崭露头角”时颇为相似。有鉴于此，远毅兄与景罡兄便邀请我主编一套“新媒体系列丛书”。在此之前，我的研究方向主要是广告经营管理、媒介经营管理，对新媒体虽然有所涉猎，如在撰写《广告经营与管理教程》(2011)、《广告管理学》(第三版，2012)和《广告法规与管理教程》(2013)时，已有章节涉及“网络媒体管理”的内容，但毕竟不是系统研究。因此，对主编这套丛书以及接下编写《新媒体概论》一书的任务，从一开始我心里还是有些发怵的。好在有远毅兄和景罡兄的信任与支持，有初次担任丛书主编的“诱惑”，于是便接下了这两个“活儿”。后来几经商议，终于在2014年春节期间定下这套丛书的编写体例、首期十本书的书名及相关作者。

概论性书籍，容易编成大拼盘、大杂烩，要自成体系且兼具特色，十分不易。这本《新媒体概论》做了一些有益的探索：一、二章为总论篇，是对新媒体概念、特点、表现形态和发展历程的概述；三、四章为技术篇，是对新媒体三大主体技术——网络技术、数字技术和移动通信技术的解读；五至八章为传播篇，是从传播参与者、传播内容、传播过程和传播效果四个层面，考察新媒体对传统媒体的影响与颠覆；九至十四章为经营篇，是对在新媒体技术构筑的运营平台上，所开展网络媒体经营、手机媒体经营、数字电视媒体经营、新媒体广告经营和企业的新媒体营销的总体把握；十五、十六章为管理篇，主要从新媒体的政府规制、新媒体伦理和新媒体用户的媒介素养三个方面，剖析新媒体管理问题。总之，本书在移动互联、媒介融合、数字营销、大数据和社交媒体等的背景下，沿着技术、传播、经营和管理的逻辑，对新媒体进行梳理和阐释，以期揭示出其内在的脉络与规律。至于这个目标是否达到，只好交给读者诸君去评判了。

本书由周茂君提出整体框架、编写大纲，并完成全书的统稿工作，具体各章节编写者为：第一章由周茂君完成，第二章、第十章由杨娜、周茂君完成，第三章、第四章由王伶俐、周茂君完成，第五章、第九章、第十四章由陈世立、周茂君完成，第六章由周逸青、周茂君完成，第七章、第八章、第十一章由彭铁鑫、周茂君完成，第十二章、第十六章由李抟南、周茂君完成，第十三章由李莎、杨娜、李抟南、周茂君完成，第十五章由周茂君完成。

新媒体属于新生事物，不仅其概念在不断地演进，而且网络技术、数字技术和移动通信技术的进步，也在不断地推动新媒体向前发展，各种新媒体形态及其应用和新知识、新理论层出不穷，而我们的学识与视野有限，故书中疏漏之处恐在所难免，祈望读者正之。

是为记。

周茂君　于珞珈山

2015 年 10 月